Tomás

*Und über allen
der Tango…*

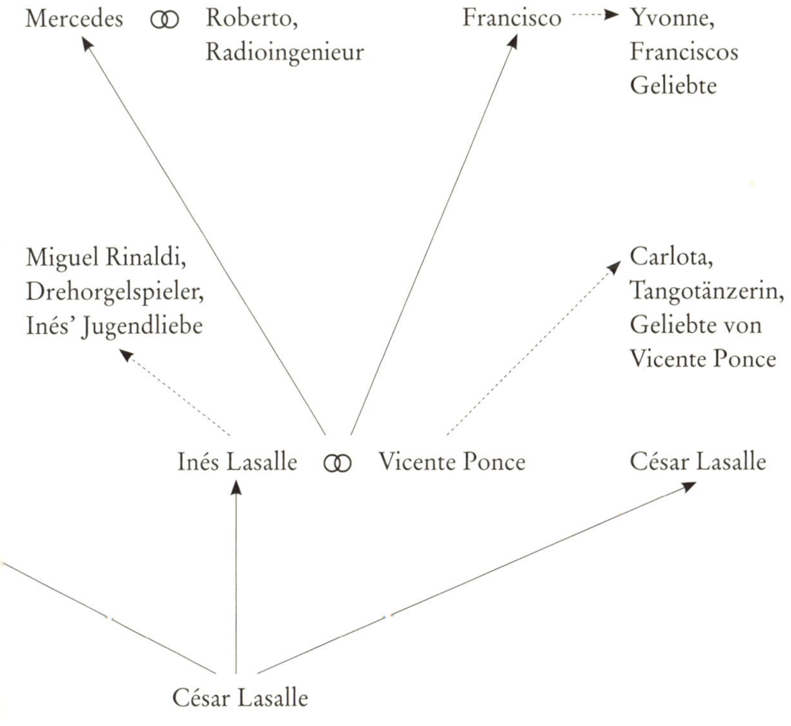

Mercedes ⚭ Roberto, Radioingenieur

Francisco ┄┄► Yvonne, Franciscos Geliebte

Miguel Rinaldi, Drehorgelspieler, Inés' Jugendliebe

Carlota, Tangotänzerin, Geliebte von Vicente Ponce

Inés Lasalle ⚭ Vicente Ponce

César Lasalle

César Lasalle

Elsa Osorio
Im Himmel Tango

Roman

Aus dem Spanischen von
Stefanie Gerhold

Insel Verlag

Die Originalausgabe erschien 2006 unter dem Titel *Cielo de Tango*
bei Ediciones Siruela, S.A., Madrid.
© Elsa Osorio, 2006

Satz: Libro, Kriftel
Druck: Pustet, Regensburg
Printed in Germany
Erste Auflage 2007
ISBN 978-3-458-17338-0

1 2 3 4 5 6 – 12 11 10 09 08 07

Im Himmel Tango

In Erinnerung an meinen Vater
Jorge Osorio Casares

*Wenn Feindesmesser oder die Zeit, dieser
andere Dolch, sie in Schmutz vergehen ließen,
so leben heute diese Toten doch,
jenseits von Zeit und schroffem Tod, im Tango.*
Jorge Luis Borges

Erster Teil
Anfänge

Erstes Kapitel

Nichts bleibt ihren Beinen ein Geheimnis, wenn Pascals kundige Hand ihre Taille führt. Jetzt will er, daß sie Schwung nimmt, und Ana hat selbst mit geschlossenen Augen absolute Kontrolle über dieses schlanke, sinnliche Bein, das der Volant ihres schwarzen Kleids nun entblößt, über diesen Fuß in der Luft, der elegant einen Kreis zieht und im Nu wieder auf dem Holzboden zum Stehen kommt. Sie sieht auch Pascals Oberkörper nicht an, aber sie spürt ihn, seine Spannung, seine Sicherheit, mit der er sie perfekt im Gleichgewicht hält, damit sie auf nur einem Bein diese ganze Drehung ausführen kann, die er ihr auf diesen Taktschlag vorgegeben hat. Welch ein Genuß!

Ein willkommener Zufall, daß sie ihren Freund Pascal im Le Latina getroffen hat, mit niemandem genießt sie das Tangotanzen so wie mit ihm. Zum Glück ist sie doch noch hergekommen, Schluß mit diesem albernen Trübsinn. Als gäbe es nichts Aufregenderes, als den ganzen Abend vor dem Telefon und ihren E-Mails zu sitzen, in der Hoffnung, ihr vielbeschäftigter Freund würde sich vielleicht melden. Da ist Ana, der Zufall hat es gewollt, eine CD von Piazzolla in die Hände gefallen. Schon bei den ersten Akkorden hat es ihr in den Füßen gekribbelt, ihr ganzer Körper hat nach Tango gerufen. Schnell unter die Dusche, und das schwarze Kleid. Sie ist in ihre Sandalen geschlüpft und hat die Tanzschuhe eingesteckt. Nur Tanzen kann sie aus dieser Stimmung holen.

Luis findet es seltsam, daß das Le Latina über einem Kino liegt. Und jetzt, da das Mädchen im Volantkleid sich hingesetzt hat und die Beine, von denen er seit seiner Ankunft nicht hat wegsehen können, seinen Blick nicht mehr bannen, vergleicht er diesen Raum in der Rue du Temple mit den Tangolokalen in Buenos Aires, aber er findet keine Ähnlichkeiten. Das hier gleicht mehr einer Wohnung als einer Milonga, dem typischen Tangosalon. Unglaublich, wie die Franzosen tanzen! Auch wenn er Philippe erklärt hat, er sei kein großer Tangotänzer (er tanzt erst seit drei Jahren, seit er sich von seiner Frau getrennt hat), hat er in Wirklichkeit gedacht, in Paris würde er als Argentinier alle in den Schatten stellen. Aber das Niveau im Le Latina hat ihn etwas kleinlaut werden lassen. Nicht einmal seine Tanzschuhe hat er nach Paris mitgenommen, statt dessen die angezogen, die er bei seinen Terminen trägt, die haben wenigstens keine Gummisohle. Wie hätte er darauf kommen sollen, daß er die Schuhe braucht, wenn er Buenos Aires verläßt! Doch dann hat er es lustig gefunden, daß sein neuer Freund ihn zu einem »bal« einlädt. Ein kleiner Tango in Paris, warum nicht?

Und warum nicht überhaupt etwas mehr auf Tuchfühlung gehen, anstatt nur das Weite suchen, wie es sein Gedanke war, als er beschlossen hat, nach Paris zu reisen und seine Dokumentarfilme zu verkaufen; mit diesem letzten Einsatz wollte Luis endlich die Serie an Bruchlandungen beenden und, nachdem er sich drei Jahre immer wieder mühsam aufgerappelt hat, wieder an etwas glauben, leben, kreativ sein. Eine Woche raus aus der drückenden Stimmung in Buenos Aires, und diese Brise Hoffnung. Auch wenn sich noch nichts Konkretes ergeben hat (Philippe hat ihm einen interessanten Kontakt vermittelt, aber nichts Sicheres), ist Luis überzeugt, daß er auf die eine oder andere Weise schon noch erreichen wird, was er will.

Ana ist von ihrem *Tango noir* geheilt, diesem Fieber, das sie monatelang gepackt hatte, diesem Nicht-aufhören-Können, bis ihr nicht der exakte *pivote*, der vollendete *voleo*, die perfekte *cadencia* gelungen war. Nun einfach der Genuß an der Musik und Pascals Hand an ihrem Rücken, die sie zu den *ochos* rückwärts und der anschließenden ganzen Drehung mit *planeo* anleitet.

Sie wünschte sich, ein Mann würde sie durchs Leben führen wie Pascal sie durch den Tango. Einmal hat sie das zu ihrem Vater gesagt, und der hat ihr geantwortet: Dann solltest du Pascal heiraten. Pascal? hat Ana gelacht, wie kommst du darauf? Er ist ihr Lehrer in Montrouge, auch wenn Ana schon längst sein Niveau erreicht hat. Wir schätzen uns und tanzen sehr gern zusammen, aber nichts weiter, Papa, hat sie ihm erklärt. Gar keine Frage, aber ihr Vater versteht nichts von Tango, vielleicht gerade weil er Argentinier ist, oder wegen seiner persönlichen Geschichte mit Argentinien.

Und versteht sie etwas davon? Seit sie den nötigen Abstand hat und nur noch gelegentlich Tango tanzt, vielleicht schon. Doch wie oft hat sie sich gefragt, warum sie sich so verrückt gemacht hat und, anstatt weiter an der Universität Tangokurse zu geben, unbedingt andere Wege gehen wollte. Zunächst hatte sie ihren Drang nach Höherem mit ihrem Forschungsprojekt über das Spielen mit der Männer- und Frauenrolle im gegenwärtigen Tango entschuldigt. Sie würde nichts verstehen, ohne sich selbst in die entsprechenden Milieus zu begeben, das Tanzen würde ihr neue Aspekte eröffnen, machte sie sich eine Zeitlang vor. Aber es lag nicht an dieser Studie, die sie am Ende nie schrieb, daß sie von Lehrer zu Lehrer wechselte, vom Unterricht in die Praxis, von einem Tanz zum nächsten und noch einem, abends, nachts, in Ballsälen, Bars, Tanzschulen, Workshops in Toulouse und New York. Ein großes Vorhaben, durch diesen Vorhang zwischen Anfängern und Fortgeschrittenen zu treten, aber Ana würde nicht lockerlassen, bis sie nicht die »Hierarchieleiter des Tangos« erklommen haben würde, von der sie damals zu reden begann, nicht ohne über diesen Ausdruck zu lachen und sich der Verstiegenheit ihres Ehrgeizes bewußt zu sein, und doch gab es für sie keinen anderen Weg, als eine gute Tanzpartnerin für die großen Milongueros, die echten Tangoverrückten, zu werden.

Vielleicht lag dem allen etwas Tieferes zugrunde, etwas, das sie nicht sah, sagte sie einmal zu Pascal, als sie dieses Karussell aus Orten und Leuten kurz anhielt, um sich mit ihm zu unterhalten, in Ruhe reden konnte sie nämlich nur mit ihm. Dein Vater vielleicht, deine Herkunft? tippte Pascal (ihm erschien diese Frage nebensächlich, er hatte sie sich nie gestellt, für ihn war das Leben Tango). Nein, sie war sich sicher, daß es nichts damit zu tun hatte, Ana war in Argentinien nur geboren, aber sie erinnerte sich nicht an das Land, sie mochte es auch nicht, sie war Französin. Und sie hatte ihre Eltern nie Tango tanzen sehen.

Da kam ihr die Idee: für ihren Vater zum Geburtstag einen Tango zu tanzen, das war einmal etwas anderes. Sie bat Pascal, ihr Partner zu sein. Er tat ihr den Gefallen, und nicht nur, weil er sie für sein nächstes Programm im Cabaret Sauvage als Tanzpartnerin gewinnen wollte – vergeblich –, sondern vor allem aus Freundschaft.

Ana wollte ihre Familie teilhaben lassen an dem, was sie sich hart erarbeitet hatte, doch ganz und gar nicht deshalb, weil ihr Vater Argentinier war, sondern weil es etwas Eigenes war, wie ihr Soziologieabschluß oder ihr erstes Forschungsstipendium.

Damit endete ihr *Tango-noir*-Trip, keine Akademie, kein Tanzturnier stellte ihr das Diplom aus. Ihr Papa war es, als er sie tief bewegt umarmte: genial, phantastisch.

»Ana, du hast es einfach in den Genen«, sagte er. »C'est génétique«, erklärte er Pascal, »mein Vater und vor allem mein Großvater waren große Tangotänzer.«

Ana war nicht nur überrascht, daß ihr Großvater Tango getanzt, sondern auch, daß ihr Geschenk ihren Vater dazu bewegt hatte, über seine Familie zu reden, so selbstverständlich wie jemand erzählt, mein Papa war Schuster oder stammt aus dem Dorf soundso. Sie kennt den Schatten, der den Blick ihres Vaters trübt, wenn jemand – selten genug – die Lasalles erwähnt. Er haßt seinen Vater César, kann man wohl ohne zu übertreiben sagen, und, so vermutet sie, seinen Großvater gleich mit, der ebenfalls Hernán hieß, noch nicht einmal Namen können sie sich ausdenken, hat er vor Jahren zu Ana gesagt, alles Hernáns, sein Großvater, dessen Onkel, er.

»Was hat dein Vater, dein Großvater damit zu tun?« widersprach ihm Ana. »Ich allein war es, die Stunden um Stunden geübt hat.«

Sie konnte auf keinen Fall hinnehmen, daß er ihr Geburtstagsgeschenk mit seinem Vater César in Verbindung brachte, diesem gräßlichen Menschen, der ihrer ganzen Familie so Schlimmes angetan hatte.

Wie ist sie darauf gekommen, ihm dieses Geschenk zu machen? Mehr ein Geschenk für sie als für ihn, der gerührte Blick ihres Papas hat sie von ihrer Besessenheit in ihr normales Leben zurückgeholt, zu ihren Büchern, ihren Liebesabenteuern, ihrem Studium, dem Kino, ihren Freunden, zu allem, was sie aufgegeben hatte, warum, weiß sie noch immer nicht. Fest steht, daß sie seitdem nur noch ein paarmal Tanzen gegangen ist und sich bis zu diesem Abend in ihr nicht mehr dieses unbedingte Verlangen nach Tango geregt hat.

»Sieh dir den an, den großen Hellblonden«, sagt Philippe, »er ist Holländer, ein Tangomaniac, der durch die ganze Welt tingelt, von Workshop zu Workshop.«

»Ja.« Luis wirft nur einen kurzen Blick auf ihn. »Ich bin hin und weg von dem schlanken Mädchen dort, sie tanzt sensationell gut.«

»Ich kenne sie von den Kursen in der Maison Verte. Warum forderst du sie nicht auf?«

»Vorhin war ich drauf und dran, da ist sie mit ihm auf die Tanzfläche, auch er tanzt genial, ist er ihr Freund, ihr Mann?«

»Weiß ich nicht, aber was soll's, wir sind im Le Latina, hier ist Partnertausch erlaubt, wie überall. In Buenos Aires nicht?«

»Doch, auch, vor allem in letzter Zeit, seit die Leute scharenweise Tango tanzen gehen: Taxifahrer, Kosmetikerinnen, Beamte, Arbeitslose, Junge, Alte, *und in ein und demselben Schlamm suhlen wir uns...*, wie es in einem alten Tango heißt.«

Philippe möchte von ihm Näheres über dieses Phänomen wissen, denn von den Exilargentiniern, die er in den Siebzigern kennengelernt hat, tanzte niemand Tango, jetzt wieder? Aber Luis hört ihm schon nicht mehr zu, weil sie an ihren Tisch zurückgekehrt ist und er ihr mit dem Blick folgt, in der Hand noch das Glas, er zögert.

Eine ziemliche Blamage wäre es, würde er sie zum Tanzen auffordern und über seine eigenen Füße stolpern, und wenn sie ihn abweist? Luis muß über sich selbst lachen, er ist in Paris, sein Leben ist ein einziges Chaos, und er tut so, als hinge alles davon ab, ob dieses Mädchen ja oder nein sagt, ob sie Gefallen daran findet, wie er sie führt. Das ist das Gute an der Milonga, du läßt alles hinter dir, es zählt nur noch, ob dir der Haken, die neuen Schritte gelingen, ob dein Mädchen dir folgt. Er ist bereits aufgestanden, als sie seinen Blick erwidert, und geht über die Tanzfläche auf sie zu.

»Est-ce que vous dansez?« Er hofft, daß sie seinen Akzent nicht heraushört. Sie steht auf, blickt ihn ernst an, dann legen sie die Arme umeinander. Sogleich fallen Luis' Ängste ab, und er spürt den Boden unter seinen Füßen, den Körper einer Frau, der, im vollkommenen Einklang mit dem seinen, seine Phantasie anregt.

»Hernán, Asunción«, ruft Carlota in ihrem Tango-Himmel erregt, »Juan, Mercedes, Rosa, kommt her, seht dort im Le Latina. Hernáns und Asunciόns Urenkel tanzen zusammen. Ist das nicht unglaublich?«

Sie wechseln kein Wort. Ein kurzes Merci, als Luis sie nach einigen Tangos an ihren Tisch zurückbegleitet.

Und du hast sie noch nicht mal gefragt, wie sie heißt? Philippe lacht, wartet aber nicht auf seine Antwort, denn nun erklingen die ersten Akkorde eines Tangos, der ihn wie ein Magnet auf die Tanzfläche zieht, Corajuda, Die Mutige, ob Luis ihn kennt?

Ein Franzose fragt ihn, ob er Corajuda kennt, das ist schon lustig. Er hat ihm keine Zeit gegeben, zu sagen: Ja, von Geburt an, meine Mutter hat mich sicher zur Originalaufnahme gestillt.

»Hör doch, Mercedes«, sagt Juan, »Corajuda, den ich für dich komponiert habe. Siehst du dort, das ranke Mädchen mit den braunen Haaren? Das ist Ana, Hernáns Urenkelin, deine Groß-cousine, so sagt man das wohl.«

»Sie ist wunderbar, sie kommt nach dir, Hernán.«

»Zu unserer Zeit machten wir nicht solche Figuren.«
»Wollen wir es versuchen, Carlota?«

Schon wieder tanzt sie mit diesem Typ, bestimmt ist er ihr Freund. Vielleicht auch nur ihr professioneller Tanzpartner … denn ohne Zweifel sind sie Profis. Was ginge in seinem Großvater vor, wenn er sehen könnte, mit welcher Fertigkeit und welchem Gespür dieses Paar hier, in Paris im Jahr 2000, zu seiner Musik tanzt? Verrückt, in Buenos Aires wäre er nie auf die Idee gekommen, aber auf einmal möchte er sich mitten auf die Tanzfläche stellen und hinausposaunen: Dieser Tango, mit dem ihr euch so genüßlich vorzeigt, ihr tollen Franzosen, ist eine Komposition meines Großvaters, Juan Montes.

Der Blick des Mannes, mit dem sie vorhin getanzt hat, läßt sie nicht eine Sekunde los, er hält sie gefangen, erhitzt sie, sie bekommt direkt Lust, mit ihm ins Bett zu gehen und ihren rücksichtslosen Freund zu vergessen. Warum sagt er jedesmal, wenn er verreist, ich rufe dich an, und läßt sie dann warten? Macht er das absichtlich, um sie an der kurzen Leine zu halten? Oder existiert Ana für ihn gar nicht, wenn er in seinen Besprechungen ist? Aber wie kann sie mit ihren Gedanken überhaupt woanders sein, jetzt, während sie mit Pascal tanzt. Gutes Zeichen, früher wäre ihr das nicht passiert. Von diesem unerträglichen Ehrgeiz, immer noch besser werden zu wollen, keine Spur mehr, an diesem Abend zählt nur der Tango, der sie über die Tanzfläche trägt, und diese vollkommene Stimmigkeit zwischen ihren Körpern.

Zurück an ihrem Tisch, beobachtet Ana die Tanzfläche. Der Mann tanzt nun eine Milonga, viel besser als mit ihr. Sie ist gerührt von dem Anfängerpaar, das sich in einem Fußschieber versucht. Sie muß lächeln, als sie sich in Erinnerung ruft, wie ihre Eltern gestern nachmittag, halbtot vor Lachen, die Schritte geübt haben, die Ana ihnen gezeigt hat. Nach ihrem Geburtstagsgeschenk haben ihre Eltern noch am selben Abend mit dem Tanzen angefangen. Wie schlecht wir sind, nicht wahr?

Schlecht? Ungelenk, ja, aber selbst darin, im Lachen über ihr eigenes Stolpern, passen sie zusammen.

»Wir bekommen die Haken und die Fußschieber nicht hin, guck mal.«

Sollen sie die Pirouetten vergessen und einfach zum Rhythmus der Musik schreiten, so wie sie gemeinsam durchs Leben schreiten, nichts anderes ist der Tango, der Rest kommt von allein.

»*Ana kann das zu ihren Eltern sagen, weil sie in gewisser Weise schon ihren Platz hat in der Ahnenreihe des Tangos*«, behauptet Mercedes, »*in ein paar Jahren ist sie bestimmt bei uns.*«

»*Da bin ich mir nicht sicher, sie tanzt sehr gut*«, Carlota zögert, »*aber da ist etwas, das Ana noch nicht verstanden hat. Diese ganzen Kurse, diese ganze Theorie, dieser Perfektionismus … das erinnert mich an die Tanzakademien in Paris vor dem Krieg. Sie muß sich schon noch sehr ändern, um im Tango Ewigkeit zu erlangen.*«

Das ist sehr intellektuell und geht einem nicht in die Beine, beschwerte sich ihre Mutter, und Hernán: Ana fällt es vielleicht leicht, aber er war schon immer ein Trampeltier, obwohl er Argentinier ist.

Sie würde ihm nicht noch einmal erklären, daß es nichts damit zu tun hatte, ob man Argentinier war, und erst recht nicht, wessen »Gene« man besaß, wie ihr Vater behauptete. Ana kennt viele Franzosen, Holländer, Japaner, die hervorragende Tänzer sind, woraufhin ihre Eltern ihr beipflichteten, vollkommen richtig, niemals würden sie sich auf die Gene berufen wollen. Würden ihre Eltern sich vielleicht ebenso schäbig verhalten wie César Lasalle, wenn Ana oder ihr Bruder anders denken oder handeln würde als sie?

»Nein, niemals.«

»Es ist keine Frage der Gene, sondern der Prinzipien«, sagte Hernán.

»Der Liebe, Papa, doch nicht der Prinzipien.«

Ja, der Liebe, seine Tochter hatte recht. Auf, *allez*, tanzen wir einen Tango. Schon machten sie sich ans Üben und lachten dabei über ihre kleine Ana, zu komisch, sie, eine richtige kleine Französin mit kehligem »r«, erklärte ihren argentinischen Eltern, dem alten Eisen, wie man Tango tanzt.

»Französisch-argentinisch«, verbesserte ihre Mama.

Genauso wie Ana gern vergißt, daß sie in Argentinien geboren ist, vergißt sie auch, daß Marie Französin ist. Vielleicht weil die Geschichte ihrer Eltern so eng mit dem Land verbunden ist, erzählt Ana meistens, daß ihre Eltern Argentinier sind. Dort haben sie sich kennengelernt, dort haben sie sich verliebt, dort haben sie geglaubt, die Welt verändern zu können, und dort schließlich hat man ihren Vater ins Gefängnis gesteckt, während seine Familie ihnen, obwohl sie sich in höchster Gefahr befanden – die Militärs waren bereits an der Macht, und Marie konnte ihnen jederzeit in die Hände fallen –, jegliche Hilfe verweigerte, und so mußten ihre Mutter, ihr Bruder Tomás und Ana von einem Tag auf den anderen fliehen, ohne einen Centavo in der Tasche und mit dem beklemmenden Gefühl, den Vater im Gefängnis zurückzulassen. Zum Glück war Marie, die seit ihrer Jugend in Buenos Aires gelebt hat, Französin, das erleichterte ihnen das Leben im Exil. Das alles weiß sie, weil ihre Mama es ihr erzählt hat, sie selbst erinnert sich an nichts, als wäre sie nie nach Paris geflohen, als wäre sie von Geburt an hier gewesen.

Ana war vierzehn, als ihre Mutter nach Argentinien reiste und von dort diesen Herrn mitbrachte, ihren Vater, den Mann auf den Fotos in der Wohnung, an den sie sich fast nicht mehr erinnerte. Aber kaum sah und umarmte sie ihn, sprang der Käfig ihres Gedächtnisses auf, und heraus purzelten alle Geschichten, Spiele, Zärtlichkeiten, mit denen ihr Vater sie erfreut hatte, als sie ein kleines Mädchen gewesen war und in dem Land gelebt hatte, an das sie sich nicht erinnerte und das ihr für neun entsetzlich lange Jahre den Vater weggenommen hatte. Nicht das Land, sagt ihre Mutter immer, diese Verbrecher waren es ... aber Ana will von der ganzen Geschichte nichts hören. Auch ihr Vater spricht nicht über die düstere Zeit im Gefängnis, nur einmal, vor vielen Jahren, wollte Ana es genau wissen, und er hat ihr knapp geantwortet: Er war Anwalt gewesen und hatte politische Gefangene vertreten, darum hat man ihn eingesperrt. Das Gefängnis war sein Glück, und Ana: Du bist wohl verrückt, Mama, seit wann bedeutet im Gefängnis sitzen Glück. Hier nicht, aber dort, während der Diktatur, hat Marie sie aufgeklärt, rettete ihm sein Status als offizieller Häftling das Leben, und sie hat noch etwas über die geheimen Gefangenenlager gesagt, das Ana vergessen hat, wie ihr mit der Zeit auch die Jahre entfallen sind, in denen sie ihren Vater nicht gesehen hat. Das alles: das Gefängnis, die Geschichten, mit denen ihre Mutter sie nicht mehr belästigt, die verhaßte Familie Lasalle, die nichts für ihren Vater getan und sie alle verstoßen hat, zum Glück ist das alles weit, weit weg. Ana ist von diesem Land nichts geblieben außer der Sprache, in der ihre Eltern reden, gemischt mit Französisch.

Käme der Tango doch nur aus irgendeinem anderen Land, egal aus welchem.

»Was sagt sie da? Ist sie verrückt?«

»Bei dem, was sie durchgemacht haben, will Ana natürlich nicht, daß der Tango irgend etwas mit Buenos Aires zu tun hat.«

Sie will nichts mit diesem Land zu tun haben, sagt sie sich noch einmal, während die Augen dieses Mannes die ihren suchen und er langsam über die Tanzfläche auf sie zugeht. Doch zu spät, schon steht Pascal vor Ana und fordert sie auf, in Buenos Aires hat er diese Parodie eines Zunickens gelernt, die sie sehr amüsiert. Da fällt Luis' Blick auf die Frau, die an Anas Tisch sitzt, Brigitte.

»Luis«, stellt Brigitte ihn vor, »ist Argentinier«, überschwenglich, als hätte sie einen Schatz gefunden.

Keine Reaktion von ihr, nur ein schwaches Lächeln. Er sieht ihr zu, wie sie sich die Schuhe abstreift, die Füße bewegt, zuerst einen, dann den anderen, sie beide umeinander kreisen läßt, als führe sie eine lang einstudierte Bewegungsabfolge aus. Geht sie? Ausgerechnet jetzt, da er endlich an ihrem Tisch sitzt! Ihr Partner flüstert ihr etwas ins Ohr, schon steht sie wieder in ihren Schuhen und auf der Tanzfläche.

Philippe kommt, um ihm zu sagen, daß er geht, Luis ist wie gefesselt von dem tanzenden Paar und bittet ihn, noch kurz zu warten, er will sich diese Schritte ansehen, die er nicht kennt: Ihr Bein gleitet zwischen seine Beine, und dann diese majestätischen Drehungen. Niemand tanzt mehr außer ihnen, alle sind stehengeblieben, um ihnen zuzusehen. Applaus und ein weiterer Tango.

»*Ja, Carlota, sehr gut. Deine gekreuzten Haken sind perfekt.*«

»*Stell dir vor, sie hätte so etwas in den langen Kleidern von damals machen müssen.*«

Kaum hat sie sich gesetzt, streift sie sich die Schuhe ab. Luis' Blick tastet sich über die Rundung ihres Knöchels, ihre vollkommene Wade, ihr Knie und darüber hinaus, ihre straffen Formen, eine Ahnung nur.

Gehen wir irgendwo etwas trinken, schlägt Brigitte vor, und Luis, begeistert, gern, los, auf die Beine.

Während Ana unter der Glut dieses Blicks in ihre Sandalen schlüpft, verkündet sie, daß sie nicht mitkommt, früh aufstehen muß.

»Ich auch«, ein Lächeln wie das ihres Vaters, wenn er sie zu etwas überreden will, »aber ich bin nur noch wenige Tage in Paris.«

»Gut, ich komme mit.«

Luis' allzu offensichtliche Freude, als Pascal sagt, daß er noch bleibt, amüsiert sie.

»Ich glaube, du bist in guten Händen«, verabschiedet sich Philippe mit einem Augenzwinkern.

Ana wartet nur auf die Gelegenheit, ihn zu überraschen, und als Brigitte sie vorstellt, ist es soweit: Aná, non, Ana, gewöhn es dir gleich richtig an, du hast Glück, weil du Luis heißt, wenn du Fernando hießest, wärst du Fernandó. Und er, begeistert: Du bist Argentinierin! Ich kann es nicht glauben!

Nein, Französin ist sie, sie ist nur in Buenos Aires geboren, aber sie erinnert sich nicht an die Stadt und will auch nichts von ihr wissen, sie will nicht einmal wie so viele einen Workshop in Buenos Aires machen, wozu. Paris, das wird dir nicht entgangen sein, braucht sich im Tango vor deiner Stadt nicht zu verstecken. Sie hat Vergnügen daran, ihn zu provozieren, nie wird sie diesen lächerlichen Stolz der Porteños, der Hauptstädter, auf ihre Stadt verstehen.

»Hast du gehört, Hernán? Schrecklich, was Ana da sagt.«
Asunción senkt die Stimme, damit die anderen sie nicht hören:
»Man darf eben nicht vergessen, daß Ana auch Leonors Urenkelin ist. Sie hat dich Buenos Aires entfremdet.«

»Gleich diese Verachtung?« sagt Luis zu ihr. »Was soll's, du wirst deine Meinung schon ändern, wenn ich dir Buenos Aires zeige.«

»Ich habe meinem Enkel viele Geschichten erzählt«, sagt Rosa. »Wir hatten ein Spiel, das der kleine Luis liebte: die Ekken.«

»Ich kenne viele Geheimnisse, die in den Ecken von Buenos Aires versteckt sind.«

Schon setzt er an, eines zu erzählen, sogar auf französisch.

Ana schaut auf die Uhr: Sie verpaßt die letzte Metro. Mach dir keine Sorgen, ich nehme euch im Taxi mit. Wie bestellt, verabschiedet sich daraufhin Brigitte, ich wohne um die Ecke, erklärt sie, und Luis fühlt, wie das Glück ihm zulächelt, und er lehnt sich behaglich zurück. Die Bahn ist frei, ich werde nicht haltmachen – schwört er sich –, bis ich sie nicht verführt habe, und ist selbst überrascht über diese Jagdlust nach so vielen Jahren, er lebt also noch, allen Schlammschlachten zum Trotz.

Sie sind allein, er hat alle Zeit der Welt, im geeigneten Moment wird Luis ihr eine Kurzfassung seines Lebenslaufs erzählen, ein paar Dinge auslassen, damit sie einen guten Eindruck von ihm hat, doch jetzt interessiert er sich erst einmal für Anas Leben, alles, was sie ihm erzählt, ist eine weitere Duftmarke dieses Beutetiers, an das er sich vorsichtig heranpirschen will. Soziologin, dreißig Jahre alt, Dozentin an der Universität, Forschung, hat mit einem Mann zusammengelebt, was nicht funktioniert hat, derzeit wieder ein fester Freund, der immer beschäftigt ist, ein Politiker.

»Fester Freund?« fragt Ana sich selbst in vernehmlicher Lautstärke. »Nein, soeben zum Exfreund erkoren, habe ich beschlossen«, und dieses alles erleuchtende Lächeln: »C'est fini.«

Luis kann nicht anders, als diese Bemerkung als Einladung zu verstehen.

»Dann der Tango, was soll ich dazu sagen. Du hast mich tanzen sehen.«

Hinreißend, diese Siegermiene in Anas Gesicht: Ich habe also bis nach Paris reisen müssen, um die Milonguera schlechthin kennenzulernen: Ana ... wie noch?

»Lasalle.«

»Ich habe dem kleinen Luis von dir erzählt, Hernán«, sagt Rosa, »manches Wahres, und auch manche Lüge.«

»Mein Vater heißt Hernán Lasalle, ich glaube kaum, daß deine Großmutter ihn gekannt hat.«

»Natürlich nicht deinen Vater, aber mit Sicherheit jemand anderen aus der Familie, derselbe Vorname, das kann kein Zufall sein. In den Geschichten meiner Großmutter war Hernán eine zentrale Gestalt.«

Luis lächelt, in seine Erinnerungen versunken, und beachtet Anas Gleichgültigkeit, ihr Achselzucken nicht weiter. Er war ein großer Tangotänzer, einer der ersten, breitet er stolz sein Wissen aus und bemerkt gar nicht, daß Ana bereits ihre Zigaretten eingesteckt hat und sich auf den Weg macht, den Mantel zu holen.

»Nicht ohne Grund tanzt du so!«

Ana, im Stehen, gereizt: Sie tanzt so, weil sie viel an sich gearbeitet hat, er soll nicht solchen Unsinn von sich geben, Luis weiß nicht, mit wem er redet.

Ein Anflug von Rührung, die Ana nicht zeigt, als Luis zu einer Entschuldigung ansetzt: Er will ihre Leistung nicht kleinreden, er hat nur gedacht, sie freut sich, von diesem Hernán Lasalle zu erfahren, einem Mitglied ihrer Familie …

»Ich glaube nicht, daß er aus meiner Familie ist«, unterbricht sie ihn. »Ich muß gehen, jetzt sofort.«

Während Luis die Rechnung bezahlt und ein Taxi bestellt, fragt sich Ana, warum sie so reagiert hat. Wie gern würde sie ihre Antwort abmildern, einen Satz oder eine Geste anfügen, die die Spannung zwischen ihnen abbaut, aber sie kann nicht, sie ist in ihrem Zwang, nicht mit dieser Familie, mit irgend etwas aus diesem Land in Verbindung gebracht zu werden, gefangen.

»Schade, Hernán, daß sie deinen Sohn César und nicht dich zum Großvater bekommen hat.«

»Wenn seine eigenen Kinder, seine Schwiegertochter, seine Enkel ihn hassen«, sagt Asunción, »muß er ein Ekel gewesen sein. Ganz wie seine Mutter.«

»Kränkt den armen Hernán nicht, seine Kinder, seine Eltern sucht man sich nicht aus«, sagt Mercedes. »Ich weiß, wovon ich rede.«

»Was heißt hier arm, nichts und niemand kann uns mehr etwas anhaben, wenn wir einmal in der Tangoewigkeit sind. Wir sind hier, weil wir es uns verdient haben.«

Am besten würde sie nie wieder mit Argentiniern ein Wort wechseln, schwört Ana sich im Taxi, während sie den schweigenden, in sich zusammengesunkenen Luis beobachtet.

Besser keine Fragen stellen, was hat er ihr getan, daß Ana so mit ihm redet? Er will diese Verrückte nur noch nach Hause bringen – zickige Frauen kennt er in Buenos Aires zur Genüge –

und sie nie wieder im Leben sehen. Ana legt ihre Hand auf seinen Arm und flüstert ihm ins Ohr: »Es tut mir leid, daß ich so gereizt bin, ich bin einfach übermüdet, verzeihst du mir?«

Sie ist so nah, riecht so gut, ist so hübsch … und wie sie tanzt.

»Gut, für alles gibt's eine Lösung, nächstes Mal treffen wir uns am Morgen, wenn du ausgeschlafen bist.«

Sie lachen, als das Taxi hält.

Vor Anas Haus – die Telefonnummern sind ausgetauscht, sie wollen sich anrufen, alles scheint sich wieder eingerenkt zu haben – gibt Luis ihr einen Kuß, dann zeigt er sich scherzhaft und gibt mit feierlich erhobener Hand den unglücklichen Satz von sich: Ich schwöre, daß ich nie wieder deinen Verwandten Hernán Lasalle erwähnen werde.

Dieses trockene Zufallen der Tür – Ana hat noch einmal an ihr gezogen, um sicherzugehen, daß sie richtig zu ist – ist schlimmer als jedes Türenknallen und läßt ihm keinen Zweifel, daß sie sich nie mehr wiedersehen werden.

Sie kann nichts dagegen machen, es war schon immer so, sie lebt und sieht sich beim Leben zu, in diesem Lokal heute abend, vorhin an der Haustür, und ist erschüttert über diese Spinnerin, diese Verrückte, die ihr entgegentritt. Aber was kümmert es sie, wie Luis über sie denkt, wenn er doch in ein paar Tagen abreist und in einem anderen Land lebt.

Nur, wenn sie ihn nicht mehr sieht, wer soll ihr dann erzählen, was sie über ihren Urgroßvater wissen will, den großen Tangotänzer Hernán Lasalle.

Zweites Kapitel

Elegant schreitet Hernán vor und bleibt mitten auf der Tanzfläche stehen, einige Sekunden Stillstand, Konzentration, warm und fest die Hand an Joaquinas Taille, angriffsbereit, herausfordernd, dann willigt seine Tanzpartnerin ein, und schon beginnt dieses komplizierte Ineinanderschlingen der Füße, das dem Tanzboden Leidenschaften zuflüstert. Er genießt das weiche Leder des Schuhs, das dankbare Holz unter der Sohle und Joaquinas erhitzten Körper, der von ihm diese *ochos* rückwärts und *voleos* will, um sich im besten Licht zu zeigen.

Vorhin beim Abendessen hat er es zu seinem Freund Maco gesagt: Viel wichtiger als die Vorstadthelden nachzuahmen, ist es, in den Körper der Frau hineinzuhorchen, er gibt dir alles vor. So wie Joaquinas Körper in *ochos* rückwärts brilliert, verlangt die Ñata atemberaubende *quebradas*.

Das Trio aus Geige, Flöte und Gitarre spielt nun *El queco*, und Hernán umfaßt Joaquina. Ein großer Mann mit gelblichem Gesicht, von oben bis unten in Trauer gekleidet, rempelt Hernán an und reißt ihm die Frau aus den Armen.

»Willst du mit ihm tanzen, Joaquina?« fragt Hernán mit ruhiger Stimme.

Das Messer funkelt bedrohlich, und Joaquina senkt als einzige Antwort den Kopf. Angekündigt vom Knistern der Seide rauscht Concepción Amaya an, Mamita, wie ihre Kunden und Mädchen sie nennen, und befiehlt, der Uruguayer soll augenblicklich ihr Haus verlassen, sonst ruft sie die Polizei.

»Und du gehst auch, Joaquina. Ein für allemal.«

Schade, ein großer Verlust, aber Hernán kann der Mamita schlecht befehlen, wie sie ihr Haus zu führen hat. Sie hat Joaquina gewarnt, doch die hat nicht auf sie gehört, nie wieder will sie eine Frau bei sich, die dem Uruguayer, diesem streitsüchtigen Luden, gehört. Verzeihen Sie, Don Hernán, und ziehen Sie mir nicht so ein langes Gesicht, wie, Sie wollen doch nicht gehen, bei all den schönen Frauen hier, die sich um Sie reißen, heute geht alles aufs Haus, sehen Sie dieses Schmuckstück. Danke, aber er bevorzugt die Ñata, sie ist nicht hübsch, aber sie beugt sich wie keine andere bei diesem Paradetango von Campoamor, zu dem das Trio nun aufspielt.

»Tanzen wir, meine Schöne?«

Asunción schloß die Fensterläden ihres Zimmers und zog langsam die Vorhänge zu, als beendete sie damit ein Kapitel ihres Lebens. Sollte Hernán kommen, wann er wollte, was kümmerte es sie. Asunción war nicht mehr die Dumme, die jedesmal, wenn sie ein Geräusch vernahm, zum Fenster rannte und nachsah, ob Hernán in seinem offenen Wagen vorgefahren war. Wie konnte sie nur so abhängig von ihm sein? Diese Liebesgeschichten aus Inés' Büchern waren schuld. Asunción hatte sich für dieses Schmachten nach etwas, von dem sie noch nicht einmal wußte, was es war, Hernán auserkoren, später ihren kleinen Cousin Tulio, und nach seiner Rückkehr aus Oxford wieder Hernán. Sein sonniges Lächeln, seine Liebenswürdigkeit, doch wie immer hatte er keinen Blick für sie: hallo, Naseweis, und dabei trug sie unter der Schürze ein nagelneues feines Kleid und hatte seit Hernáns Abreise mindestens fünf Zentimeter und ein paar Kurven hinzugewonnen. Doch nun wußte sie, daß die Liebe keine Worte aus einem Roman waren, keine Träume, kein nettes Gesicht, nein, die Liebe war dieser Blick des Uruguayers, der ihr unter die Haut ging, sie zur Frau machte.

Sie zog die Schürze aus und legte sich angezogen aufs Bett, ihre Mutter schlief schon. Ihre Hand wanderte hoch zu ihrem Hals, rief die Liebkosung des Uruguayers in ihr wach, und glitt zärtlich hinab zu ihrem Ausschnitt, es war ihre Hand, und doch die dieses Mannes, die sie streichelte und sich weiter vorantastete, als sie es ihm erlaubt hatte, ihr stockender Atem, als sie ihre eigene Brust berührte und zusammenpreßte, und das Verlangen des Uruguayers schürte und überlagerte ihr eigenes.

Mr. O'Gorman, der Engländer, mit dem Hernán über den Verkauf der Lebendrinder verhandeln sollte, erwartete ihn in seinem Büro. Wappne dich, die Engländer sind Spürhunde, hatte sein Bruder César ihn gewarnt.

Das dünne Lächeln, die pelzige Zunge. Wäre er doch am Abend vorher früher zu Bett gegangen, aber mit der Ñata tanzen hieß, nicht vor Morgengrauen den Absprung vom Tanzboden finden.

Hernán zog die Uhr aus seiner Jackettasche. Zehn Uhr morgens, eine Unzeit, sagte er sich, während er in seinem trägen Gedächtnis nach den Zahlen stöberte, die ihm sein Vater gesagt hatte. Hundert Millionen Goldpeso, zweihundert, fünfzig? Klar in Erinnerung behalten hatte er nur, daß gleichsam das Minimum wie das Maximum eines Verhandlungsergebnisses astronomische Summen waren, das hatte er gedacht, als er am Abend zuvor bei Mamita die Blechmünzen für die Frauen gekauft hatte: Der Preis der Kühe und das, was er für einen Tanz bezahlte, standen in keinem Verhältnis zueinander. Wie oft könnte er mit Joaquina oder der Ñata über die Tanzfläche fegen für nur eine dieser Kühe, die der Engländer kaufen wollte? Ein ganzes Leben tanzen, mehrere Leben, denn es waren Hunderttausende Kühe, er wußte nicht mehr, wie viele genau, aber das würde er vor O'Gorman überspielen, es war nur ein erstes Gespräch. Allein bei dem Gedanken, daß es weitere geben würde, sank ihm der Mut.

Er glaubte nicht, daß er eine angemessene Einigung erzielen würde, allein schon deshalb, weil ihn das, was dieser Mann zu sagen hatte, nicht im geringsten interessierte, außerdem hatte ihm sein Vater, seinem Scheitern vorgreifend, eingebleut, sich auf nichts Verbindliches einzulassen und auch nichts zu unterschreiben, bevor er nicht sein Einverständnis eingeholt hätte. Warum schickte er ihn dann vor, wenn er ihm keine Entscheidungsmacht übertragen wollte? Warum griff er nicht selbst zum Telefon oder wählte den Postweg?

Er schüttelte sich leicht, um sich zu sammeln, lieber mit dem

Engländer verhandeln als sich auf den Ländereien an der Küste niederlassen, wo Modernisierungen anstanden. In einer so aufregenden Zeit aus Buenos Aires wegzugehen war die schlimmste Strafe, die Hernán sich vorstellen konnte. Bars, Cafés und Bordelle sprossen wie Pilze aus dem Boden, unzählige Frauen, dunkle, blonde, rote, mit pfirsichrosa und ebenholzschwarzer Haut, zierliche, stämmige, üppige, sanfte, grobe, feingliedrige, begehrliche und begehrende trafen jeden Tag in Buenos Aires am Hafen ein, um sich mit den Einheimischen zu vermischen. Dazu dieser leidenschaftliche Tanz, in dessen Umarmung alle Unterschiede vergessen waren.

Diese Umarmung bin ich, der Tango, ganz einfach, das hast du damals gespürt, Hernán. Jahrelang hat man über meinen Ursprung und meine Entstehung, meinen Namen und die in mir verschmolzenen Kulturen gestritten, hat sich über vollkommen Nebensächliches gezankt, während doch das einzig Wichtige, mein Wesen, diese Umarmung ist.

Aber sich mit Buenos Aires und seinen Menschen zu vergnügen war nicht alles im Leben, Hernán war schon zwanzig, und in seinem Alter war es Zeit, die Zügel in die Hand zu nehmen, wie sein Vater zu sagen pflegte. Sein älterer Bruder César hatte ihn, den Vater, von Kindesbeinen an aufs Land begleitet. Mit fünfzehn hatte er angeregt, die Merinoschafe durch Lincolnschafe zu ersetzen, mit zwanzig hatte er ihm zum Anbau von Grünfutter geraten, um die Qualität der Rinder zu steigern und dem Geschmack des englischen Verbrauchers anzupassen, mit einundzwanzig legte er ein *Herd Book* für ihr Gut Santa Inés an und trug darin detailliert sämtliche Abstammungen ein. Und jetzt, mit seinen gerade einmal fünfundzwanzig Jahren, eine Frau, eine Tochter, und die Verantwortung für hochmoderne Landwirtschafts- und Viehzuchtbetriebe. Seit der ersten Ausfuhr von Lebendrindern, die sie im Jahr 1895 durchgeführt hatten, gaben die Briten ihnen den Vorzug.

Wie oft hast du dir das anhören müssen? Die Kühe deiner

Familie kamen bei den Briten am besten an – aber wenn die Stunde des Tangotanzens nahte, kamst du bei den Frauen am besten an. Das hättest du ihm entgegenhalten sollen.

»Wieviel Stück Vieh könnten Sie im April nach Liverpool liefern?« fragte ihn O'Gorman.

Hernán wich mit einem Lächeln aus: Das hängt von dem Angebot ab, das Sie uns machen, Sie selbst erkennen an, daß die Qualität eins a ist. Und das liegt nicht nur an der Kreuzung mit dem Shorthorn – die auswendiggelernte Lektion –, sondern genauso an dem intensiven Einsatz an Arbeitskraft in der Weidewirtschaft, die Luzerne wächst nicht von allein. Kam sein British humour an, oder klang er ein bißchen dümmlich? Es war zu früh am Morgen, um brillant zu sein.

Sie wuchs nicht von allein, die Arbeitskraft der Tausende von Einwanderern wurde immer billiger, doch selbst das rechtfertigte es nicht, immer noch mehr Geld hineinzustecken, die Ländereien wachsen uns über den Kopf, pflegte Lasalle zu sagen, er würde einen Teil parzellieren und an Pachtbauern vergeben, die würden drei Jahre lang Mais, Weizen oder Flachs anbauen, sie, als Eigentümer, würden einen Prozentsatz einbehalten, und im vierten Jahr fiele das Feld, mit Luzerne bepflanzt und weidefertig, an sie zurück. César überzeugte nach und nach viele Einwanderer, die ihren Traum vom eigenen Land längst aufgegeben hatten, auf ihren Ländereien vor Buenos Aires als Pächter zu arbeiten. So verdienen Sie mehr, Don, und haben weniger Scherereien.

Hernán verstand nicht, wie sein Bruder die Einwanderer so leicht gewinnen konnte, wo er doch mit solcher Verachtung auf sie herabblickte. Seine Eltern und Freunde bogen sich jedesmal vor Lachen, wenn César den Zungenschlag der Italiener nachahmte.

Auch O'Gorman hatte Schwierigkeiten mit der spanischen Aussprache, und trotzdem machten sie sich über ihn nicht lustig. Vielleicht war es sogar umgekehrt, vielleicht lachte er hinter verschlossenen Türen, zu Hause oder in seinem Club, über

Mr. Lasalles Akzent. Hernán würde es übrigens nicht so ergehen, er mochte ein Nichtsnutz sein, aber sein Englisch war makellos. Dabei war er kein eifriger Student, sondern einfach ein begnadetes Talent. Hernán konnte perfekt Stimmen und Gesten nachahmen, nach einem Jahr in Oxford sprach er wie ein Einheimischer.

Während du mit deinen Freunden durch die Amüsierlokale und Bordelle gezogen bist und dort die Pomadenjünglinge aus den Vorstädten nachgeahmt hast, hast du gelernt, mich zu tanzen. Nach kurzer Zeit hattest du deinen eigenen Stil, nun wurden deine Freunde deine Nachahmer. Wegen deines Erfolgs bei den Frauen, haben sie dir gesagt, aber es war viel mehr als das, die Sehnsucht, mich zu beherrschen, mit beiden Beinen im Leben zu stehen wie du auf der Tanzfläche. Aber um sich mich zur zweiten Natur zu machen wie du, reichte Nachahmen allein nicht aus.

Seit einiger Zeit trug sich O'Gorman mit dem Gedanken – gestand er Hernán im Flüsterton, eine Masche, die Diskretion vermitteln sollte –, daß sie anstatt des lebenden Viehs das Rindfleisch besser gefroren einführen sollten. Alles sei einfacher, weniger Probleme mit dem Ortswechsel, ein geringeres Risiko bei der Durchquerung der tropischen Klimazonen – Hernáns strenger Blick bremste ihn. Wären da nicht unsere Fleischer, was sie nicht selbst schlachten, wollen sie nicht.

Hernán dachte, daß es in der Tat töricht war, die Schiffe, auf denen so viele Menschen in die weite Welt reisen könnten, zum Transport von Kühen zu verwenden, aber sein Vater würde diese Anmerkung nicht zu schätzen wissen.

»Sie werden Tiefkühlfleisch doch nicht mit zartem Frischfleisch vergleichen wollen, ich bitte Sie.«

»Tatsächlich wollen meine Leute, so sind sie eben, nur das Beste.« Stolz. »Ihre Rinder und unsere Fleischer, die beste Ehe für unsere Gaumen.«

Sein Vater erwartete von ihm neue Ideen, sein Bruder hatte schon so viele eingebracht. Wäre es nicht besser – rentabler, würde er ihm sagen –, wenn die Briten, wo sie doch schon diese Manie hatten, ihre Fleischer nach Buenos Aires brächten? Hernán könnte sie zu den Lokalen von Mamita, María la Vasca, der Parda und zum Rummel in Recoleta mitnehmen. Und die armen Rinder müßten nicht diese irrsinnige Reise ertragen, wenn man sie doch gleich nach ihrer Ankunft schlachtete.

Spielt Mr. Lasalle Golf? Großartig, am nächsten Tag um sieben, anschließend würden sie im Club zu Mittag essen und ihr Gespräch fortsetzen.

Du hast gedacht, du könntest nur gegen ihn gewinnen, wenn du dich an diesem Abend von mir fernhalten würdest. Doch indem du einen Bogen um mich gemacht hast, hast du mir eine andere Tür geöffnet, durch die ich erfreut, ja gerührt eingetreten bin. Und der Engländer hat nicht gegen dich gewonnen.

Im Viertel San Nicolás brach zu dieser Stunde die große, von einem Pferd gezogene Drehorgel ein wie ein verzerrter Schrei. Ohne vor dem imposanten Palais in der Calle Perú ins Zittern zu geraten, drehte die Hand des Drehorgelspielers weiter die Kurbel.

Vielleicht weil ihre Eltern nicht da waren, wagte Inés, als sie die Melodie hörte, Stückchen für Stückchen das Fenster zu öffnen und schließlich auf den Balkon hinauszutreten. Im Licht der Straßenlaterne Miguel, und dieses offenherzige Lächeln, als er sie entdeckte.

Sie gab nichts auf die Worte, die ihre Mutter ihr gesagt hatte, als sie ihr arglos von ihrer Begegnung mit Miguel Rinaldi auf dem Paseo de Palermo erzählt hatte: Was würde ihr Vater sagen, wenn er erführe, daß Inés mit einem jungen Mann gesprochen hat, den ihr niemand vorgestellt hatte, das sei hoffentlich das letzte Mal gewesen.

Aber es war nicht das letzte Mal gewesen, denn am Mittwoch bat Inés Asunción, sie in den Park zu begleiten. Und dort stand Miguel, genau an der Stelle, wo sie sich unterhalten hatten, als sie mit ihren Cousins dagewesen war, dort hatte er seitdem auf sie gewartet, wissend, daß sie wiederkommen würde. Das war das erste, was er ihr sagte, gleich nachdem er den Hut abgenommen hatte. Jetzt durften sie sich begrüßen, er war kein Unbekannter mehr, redete Inés sich ein, sie wußte, daß sein Vater eine Drehorgelfabrik aufgebaut hatte und Miguel bei ihm arbeitete und daß er es genoß, wenn er seine Drehorgel auf dem Paseo de Palermo zum Erklingen brachte und die hübschen Fräulein wie sie stehenblieben, um zuzuhören.

Asunción war ein Stück weitergegangen. An dem Nachmittag, als sie sich kennengelernt hatten, hatte ihre Tante ausgerechnet in dem Augenblick nach ihr gerufen, als er sie nach ihrem Namen hatte fragen wollen, und die ganzen Tage, sagte Miguel zu ihr, habe er nicht gewußt, welchen Namen er diesem Bild geben sollte, das ihn bei allem, was er tat, begleitete, auch beim Aufschreiben dieses Musikstücks, das er ihr widmen wollte.

»Inés Lasalle.«

Bei dem Namen blieb es nicht, wo sie wohnte, sechzehn Jahre, vier Geschwister, zwei ältere Brüder und zwei jüngere Zwillingsschwestern, wie sehr auch sie die Musik liebte, welche Romane sie las, und dann ließ sie noch den Namen der Familie fallen, die am Samstag ein Fest gab, in der heimlichen Hoffnung, er sei vielleicht auch eingeladen und sie könne ihn auf ihre Tanzkarte schreiben. Aber Miguel kannte diese Familie nicht. Er war erst vor drei Jahren von Neapel nach Argentinien gekommen, er hatte viele neue Freunde, aber darunter war keiner von denen, die sie nannte. Da zählte Inés Namen und noch mehr Namen auf, aber Miguel kannte keinen.

Wie sollte sie ihn dann wiedersehen? fragte sie Asunción, die, obwohl sie im selben Alter war wie Inés, mehr über die Liebe wußte und sogar schon einen Verehrer hatte.

»Keine Sorge, er wird dich finden.«

Und so war es. Inés rannte die Treppen hoch, um Asunción zu suchen, sie würde wissen, was zu tun war.

Die beiden Mädchen im Gang, sie lachten sich tot, hielten die Luft an, ja, sie habe ihn gesehen, Inés solle zu ihm laufen, worauf warte sie noch, Angst wovor, sei nicht dumm, deine Eltern sind nicht da, dein Bruder auch nicht, und die Zwillinge schlafen. Alle im Haus schliefen, außer ihnen beiden, wie in der endlosen Mittagsruhe im Sommer, wenn sie sich wispernd über Romane unterhielten, aber jetzt war Miguel hier, er war kein Adolphe, kein Romeo, er war keine Romanfigur, sondern ein wirklicher Mann, der in Inés verliebt war, ihr eine Serenade spielte, auf sie wartete.

Inés fand nicht den Mut, hinauszugehen, Asunción schon, und wenn sie jemand sah? Und wenn Hernán kam? Asunción würde ihm sagen, er sei ihr Verlobter und er solle sich nicht in etwas einmischen, das ihn nichts angehe.

Eine Ewigkeit war Asunción weg, endlich ihr vom Laufen erhitztes Gesicht und die entzückten Augen mit der Nachricht: Miguel erwartet dich morgen mittag um zwei, hinter dem Cabildo, während der Mittagsruhe wird niemand deine Abwesenheit bemerken.

So scheu war Asunción gewesen, bevor der Uruguayer ihr diese Küsse geraubt hatte, und nun riß sie, sie erkannte sich selbst nicht wieder, Inés' Kleiderschrank auf und holte ein Kleid nach dem anderen heraus, Inés sollte strahlen, wenn sie sich mit Miguel traf, geblendet sollte er von ihrer Schönheit sein.

Ein kleines bißchen Angst, und der heftige Wunsch, so mutig zu werden, wie Asunción es war, seit sie auf dem Fest in der Mietskaserne den Uruguayer kennengelernt hatte, sich hinaus auf die Straße zu wagen, allein mit einem Mann, der ihr mit seiner tiefen Stimme aufwühlende Worte zuhauchen würde wie Saint-Preux zu Héloise, nur eben auf spanisch, und mit diesem putzigen, Miguel eigenen Akzent.

Sie speisten bei Hansen zu Abend, unter einem Dach aus duftenden Glyzinien und Geißblatt.

Maco forderte sie ebenso feierlich wie scheinheilig auf, auf Hernáns Beginn als Geschäftsmann anzustoßen: auf daß es dir so gut von der Hand gehen möge wie deinem Bruder. Das würden sie bei María la Vasca feiern, die neue Verantwortung sollte ihm auf keinen Fall seine andere Karriere zerstören, mit Leib und Seele war er Tänzer.

Meine Welt in ihrer Verruchtheit, Buntheit und Lebendigkeit, in der so andere Verhaltensregeln und Leidenschaften galten als bei ihnen zu Hause, hat sie in Bann gezogen. Deine Freunde wollten wie diese Haudegen sein, aber du hast gewußt, daß es nicht damit getan war, sich schwarz anzuziehen und sich ein Halstuch umzubinden, die schmachtenden Blicke, die die Frauen diesen Vorstadthelden mit ihren geschmeidigen Beinen und flinken Messern zuwarfen, konnte man nicht kaufen. Auch ohne Messer, auch ohne Schlägereien war deine Art zu tanzen provokant genug, um dir in dieser kleinen Welt Bewunderung und Respekt zu verschaffen.

»Du kannst uns doch heute abend nicht im Stich lassen, Hernán.«

Er beachtete ihre Proteste nicht und ging, ehe seine anderen Freunde kämen, die normalerweise gegen zwölf bei Hansen einfielen.

»Probier das an, Inés.«

Asunción breitete ein cremefarbenes Moirékleid auf dem Bett aus, dessen Chiffonbesätze mit Pailletten bestickt waren.

»Nein, Pailletten niemals am Nachmittag«, brachte Inés ihr bei.

»Was kümmert dich die Tageszeit, das Kleid ist wunderschön.«

»Dir steht es wahrscheinlich besser, mich macht es sehr blaß.«

Wenn Nuria, Asuncións Mutter, sie sähe, würde sie sich entsetzlich aufregen, wie damals, als sie sie beim Nachhausekommen in dem grasgrünen, mit Bändern verzierten Kleid überrascht hatte, Inés hatte es ihr für eine Verabredung mit dem Uruguayer geliehen.

»Inés hat es mir geschenkt«, log sie.

»Du kannst nicht ein Kleid von Reichen anziehen und damit draußen herumstolzieren, das ist nicht gut, mein Kind.«

Leichten Herzens tat sie ihrer Mutter den Gefallen und zog es aus, der Uruguayer hatte schon mit diesen Bändern gespielt, ihr nervöses Kichern dabei und dieses verrückte Blubbern in ihrem Bauch. Ist gut, Mama, ich mach's nicht wieder, versprach Asunción.

Aber warum an dem Abend nicht dieses Kleid, in dem sie sich, eine andere und doch sie selbst, aus dem Spiegel an Inés' Schrank hochmütig entgegenblickte, während ihr schwarzes, glänzendes Haar über den Chiffon fiel und sie sich mit offenen Armen drehte und drehte, an sich selbst berauschte.

Du hast es noch nicht gewußt, Asunción, aber du hast dich herausgeputzt, um meine Bekanntschaft zu machen.

»Gehen wir ins Musikzimmer«, schlug Inés vor. »Ich will dir zeigen, wie man eine Mazurka und eine Quadrille tanzt.«

Die mit Brokat ausgeschlagenen Wände des Musikzimmers fangen sie nicht auf: Ihre spitzen, gurrenden Lacher entwischen über den Gang und überraschen Hernán auf dem Weg in seine Zimmer. Er schleicht heran und späht durch den Türspalt. Seine Schwester Inés dreht sich und streckt die Hand aus.

»So, siehst du? Und jetzt du.«

Ein süßer Peitschenhieb dieses pechschwarze, taillenlange Haar, darunter versteckt, dann wieder zum Vorschein kommend diese Haut, betörend. Aber das ist ja … Asunción! Seit wann hat sie diesen Körper und diese Figur? wundert sich Hernán. Ein Satz, und er ist da, nimmt ihre Hand, um sie bei der Mazurka durch die halbe Drehung zu führen: Jetzt dreh dich, sehr gut.

»Idiot, du hast uns erschreckt«, beschwert sich Inés.

Zu dieser späten Stunde tanzen sie? Ob sie getrunken haben wie er? Dann sind sie in der richtigen Laune für ein Erlebnis, das sie nie wieder vergessen werden: Er will ihnen einen neuen Tanz zeigen.

Wahrscheinlich hat Hernán zuviel getrunken, aber das ist nicht der einzige Grund, warum er nun *El queco** zu pfeifen beginnt und Asuncións Taille umschlingt – ihre aufgerissenen Augen, vor Überraschung hochroten Wangen. Sie ist es, ihr hungriger Körper, der ihn anspornt.

Ich sehe es in allen Einzelheiten vor mir. Das schummrige Licht, das Klavier, die Säulen, die Figürchen aus Meißner Porzellan, das Sofa und die Sessel, die großen, von schweren Vorhängen verdeckten Fenster, diese kopflosen Göttinnen, die mit den Büsten wetteifern, den mächtigen Teppich, den du beiseite gerollt hast, und darunter das entblößte Eichenparkett, seine Pracht, auf der du mich vorführen würdest. Es mußten noch viele Jahre vergehen, bis man mich in Häusern wie diesem dulden würde, aber in dieser Nacht im Jahr 1897 habe ich dank dir, Hernán, dank deines stolzen Pfeifens, ganz selbstverständlich Einlaß bekommen.

Inés summt die Melodie und dreht sich. Asunción folgt konzentriert und gewandt den sanften Anweisungen, die Hernáns Hand auf ihren Rücken zeichnet.

Du bist wunderschön, flüstert er ihr ins Ohr. Und sie: Das ist Inés' Kleid, die Pailletten und dieser Hauch von Chiffon. Es ist nicht das Kleid, sondern dieser andere Glanz in ihren Augen, der Duft nach Frau, und diese Haut, deren Zartheit und Wärme er durch den Stoff spürt, jedesmal wenn er mit seinen Fingerkuppen Druck auf ihren Rücken ausübt, um ihr zu zeigen, daß sie bei dieser Berührung, der »Führung«, wie er erklärt, den Fuß überkreuzen und sich erst nach links und dann wieder nach rechts drehen soll, bis er sie auffängt und wieder zu sich herdreht. Du bist für den Tango geboren. Hernáns kräftiger Arm, der sie hält, sie zu sich heranzieht in dieser Bewegung, die für einen endlosen Augenblick anhält. Ein wonniger Schauder, dem er sich nicht hingeben kann, denn da ist seine Schwester Inés, die fordert: Jetzt ich, ich will es auch versuchen.

---

* Ein Verzeichnis der historischen Tangos findet sich am Ende des Buches.

Asunción trällert den Tango, und alle drei lachen, als Inés stolpert und fast ihren Bruder zu Fall bringt. Nein, nicht so, schau, und wieder Asunción, sie hat den Schritt schon gelernt, ein offenes Lächeln, dann ein Lachen, sie schwankt.

In deinem Überschwang warst du von deinen ersten unsicheren Schritten an mein, Asunción, so schwindlig dir von Hernáns überraschendem Kompliment auch war. Ein bißchen zu spät, hast du dir voller Spott gesagt, deinen Körper hatten bereits die Hände des Uruguayers gehalten.

»Fall nicht, so, sehr gut.«

Inés hinter Asunción, sie versucht in übertriebenen Bewegungen, den Schritt nachzumachen, dazu das laute Pfeifen Hernáns und der Gesang der beiden Mädchen, ihnen ist die Melodie schon in Fleisch und Blut übergegangen.

Schau doch, Hernán, sagt Inés, aber wie schwer fällt es ihm, sich von diesem ihm zuraunenden, leichten und doch so stabilen Körper zu lösen, mühelos errät sie, was er von ihr will, als würden sie seit Jahren zusammen tanzen, als wäre es die Tero oder die Ñata, aber es ist Asunción, darum läßt er sie nicht über sein Bein hinabgleiten, um sich zu ihr herabzubeugen und sie zu küssen, wie es ihn verlangt, nein, er sieht sie nur an, wie sie strahlt, seiner Führung ergeben. Vor lauter Träumen merkt er nicht, daß Inés ihre karikaturhaften Bewegungen angehalten hat, daß ihr Trällern verstummt ist. Erst Asunción weckt ihn, als sie sich aus seiner Umarmung reißt, denn dort, vor Inés, stehen ihre Eltern, wohl noch überraschter als sie selbst.

»Aber ... aber was ist das denn ... wie könnt ihr es wagen?« Der Vater. »Hernán, wie kannst du nur mit dieser Musik ankommen und ...« Ohne hinzublicken, zeigt er an die Stelle neben Inés, wohin Asunción sich geflüchtet hat. »Diese unanständige Musik!«

»Ich wußte nicht, daß Sie sie kennen, Vater.«

»Unverschämter Kerl.« Zurückgehaltener Zorn, die leise Stimme und die zusammengekniffenen Augen, als könnte er so Hernán noch präziser unter Beschuß nehmen.

»Auf dein Zimmer, Asunción, wir reden noch«, befiehlt Inés' Mutter und packt ihre Tochter am Arm, um mit ihr hinauszugehen.

Wie kann Hernán sich erdreisten, diese Bordellmusik mit nach Hause zu bringen. Und dann diese … Vertraulichkeiten mit einem Dienstmädchen … vor seiner Schwester!

Hernán hat in Asunción nie ein Dienstmädchen gesehen, vielleicht, weil sie von Geburt an im Haus ist und Inés und sie unzertrennlich sind, fast eine Schwester, ist Nuria nicht die Amme von uns dreien?

»Schwester? Du bist nicht ganz bei Trost, Hernán. Die Kinder, die in unserem Haus geboren werden, bekommen eine besondere Behandlung, eine hervorragende Erziehung, aber das ist kein Grund für dich, sie als Schwester anzusehen. Schwester! Ich bitte dich, Hernán, und darum hast du sie so angefaßt? Und wie du sie angefaßt hast!«

Es war weniger diese Standpauke, dieses was er zu tun und was zu lassen hatte, daran war er schon gewöhnt, es war mehr die Ironie in diesem letzten Satz, die ihn auf die Palme brachte.

»Es war ein Spiel, Vater, beruhigen Sie sich wieder.«

Sein Vater müsse ihm glauben, er würde niemals … bitte, darauf würde er nicht im Traum kommen. Und wenn doch, schärft ihm sein Vater ein, solle er die Form wahren, die Diskretion besitzen, die alle Männer in ihrer Familie besessen hätten. César würde das niemals tun. Es gibt so viele Frauen außerhalb ihres Hauses, warum muß er sich ausgerechnet hier eine suchen. Dieses Lächeln, dieser verschmitzte Ausdruck, er versteht ihn doch, ein Arm auf Hernáns Schulter, und dann in leisem, vertraulichem Ton: Asunción ist fast am Karamelisierungspunkt, und was für Brüste ihr gesprossen sind, das hat er sehr wohl gesehen. Eine Vertraulichkeit, die verletzt. Am besten schaffen sie sie aus dem Haus fort. Auch ich bin einmal jung gewesen, zwinkert er ihm zu, mit Feuer spielt man nicht.

Zwischen Wut und Verwirrung, sein Vater schiebt ihm Gedanken unter, die er nicht einmal wagen würde: Nein, Vater, das ist nicht nötig, glauben Sie mir.

Warum warst du dann so durcheinander.

Bloß fort von hier, bevor sein Vater noch weiter auf diesem Weg der Andeutungen vorstößt: Vater, ich muß los.

»So spät noch?«

»Ja, so spät noch.«

Das leichte Lächeln seines Vaters, während er sich etwas zu trinken einschenkt, gibt ihm zu verstehen, daß er ihm seine nächtlichen Ausgangstouren nicht übelnimmt, sosehr er ihn vor seinem Bruder auch tadelt. Vielleicht beneidet er ihn sogar.

»Amüsier dich gut, Hernán«, dann hebt er das Glas.

Drittes Kapitel

Sieben Monate nachdem er den Río de la Plata überquert hatte, konnte der Uruguayer sich nicht beklagen: zwei Stuten im Stall, ein Zimmer für sich allein in der Mietskaserne, gute Klamotten und der eine oder andere Luxus, das Silbermesser und Asunción, die Puppe aus San Nicolás. Es war nicht verkehrt gewesen, daß er sich nach Buenos Aires verdrückt hatte, als die Polizei in Montevideo lästig wurde. Am Ende hatte die Leiche ihm einen Gefallen getan. Die meisten Einwanderer gingen in Buenos Aires von Bord. Er wußte nicht, wie sie auf die Zahl kamen, aber in etwa dürfte sie stimmen: sechshunderttausend Ausländer, zwei Männlein pro Weiblein. Seine Ware war ein knappes Gut, dem Uruguayer winkte ein glänzendes Geschäft.

Doch die Zockerei mit dem Cortado und der Zwischenfall mit der Mamita – diese Hexe – brachten den Boden unter seinen Füßen ins Wanken. Er spuckte unwirsch aus: Irgendwann würde er die Fliege machen und nach Montevideo zurückgehen, andere Tote hätten längst Gras über die Geschichte wachsen lassen. Aber der Uruguayer mochte keine halben Sachen, und jetzt, da die Frucht jeden Moment herabfallen würde, ging er doch nicht aus Buenos Aires weg. Er leckte sich die Lippen. An diesem Abend wollte er das Zimmer mit irgendwelchem Firlefanz schmücken und das Püppchen vernaschen. Er war eher robust, aber auf solche Kleinigkeiten mußte man achten.

Ausgerechnet jetzt kam die Joaquina mit ihren Ansprüchen. Nicht im Traum fiele es ihm ein, ihrem Betteln nachzugeben und sie mit in sein Zimmer zu nehmen. Er hatte ihr nie gesagt, daß er in die Mietskaserne von Cochabamba umgezogen war, denn er wollte allein sein. Fürs erste würde er sie im Talón lassen, auch wenn sie dort wenig abwarf, die Hälfte dessen, was bei Mamita rauszuholen war. Er mußte Kohle heranschaffen, damit der Cortado die Revanche annehmen würde. Mindestens fünfzig Peso. Und dann auch noch die Joaquina, sie ging ihm auf die Nerven, er war die Kleine leid, mußte neue

Ware suchen. Wenn er das Püppchen aus San Nicolás überreden könnte, aber sie war noch grün hinter den Ohren, bei der mußte noch viel justiert werden, bis sie rund lief. Er war sich sicher – mit Frauen kannte der Uruguayer sich aus –, daß Asunción eine Bombe im Bett war. Er brauchte sich nur seiner Phantasie zu überlassen, wie er sie an den Baum drückte, schon war der Knüppel da. Lange hatte er nicht mehr solche Lust auf ein Weiblein gehabt. Wie sie immer nein, nein sagte, aber die Nippel erregt unter seinen Fingerkuppen, und diese Zunge, die sich schon nach kürzester Zeit gewandt um die seine schlang, sein Gesicht, seinen Hals, sein Ohr leckte, genauso gierig wie der Mund des Uruguayers sich zu Asuncións Brüsten vorarbeitete. Und in höchster Erregung schob sie ihn weg, er mit offenem Maul wie ein Gaul, und sie mit hochroten Wangen: Sie sind nur ein paar Meter von der Haustür, wenn sie sie erwischen, bringen sie sie um. Wenn er sie also mitnähme ... sie selbst gab es ihm zu verstehen.

Wenn er sie ins Bett kriegte, wäre es jedenfalls immer noch ein weiter Weg, bis er sie dazu bekäme, für ihn zu arbeiten, und der Uruguayer brauchte sofort Moos. Nein, das Püppchen war eine Investition in die Zukunft. An ihr war noch viel zu tun. Daß er sie sehr lieben würde, aber noch keine gute Arbeit hätte, würde er ihr erst mal sagen. Asunción, jungfräulich, und doch würde die Glut in ihr bald entflammen, erst kürzlich am Nachmittag, als er sie in den Zirkus eingeladen hatte, hatte sie von Hochzeit gesprochen, und er hatte das Spiel mitgemacht, warum nicht? Jedem Mädchen sein Märchen, war sein Motto.

Sobald er sie vernascht haben würde – viel fehlte nicht – wäre es wie mit allen anderen: Sie würde alles für ihn tun, nur um nicht auf die Wonnen verzichten zu müssen, die er den Frauen zu geben verstand.

Hinter dem Cabildo hatte Miguel Inés' Hand genommen, unter dem Schatten des Ombú-Baums dann dieses scheue Streicheln ihrer Wange, und an einer abgelegenen Stelle des Gitters, an die das Licht der Laterne nicht reichte, dieser rasche Kuß auf den Mund und ein Beben in der Brust. Er liebe sie sehr, wisse sie das? Sie auch, mit ihrem ganzen Herzen.

Dann solle sie nicht nein sagen, bitte, und am Donnerstag mit ihm zusammen zur Einweihung der elektrischen Straßenbahn gehen, er wolle diesen bewegenden Moment mit ihr teilen. Inés hatte viele Straßenbahnen gesehen, aber sie war noch nie in eine eingestiegen. Im Ernst? Wie war das möglich? Um so besser, noch ein bewegendes Erlebnis, sie können zusammen die 76 nehmen.

Am 22. April 1897 bestieg Inés zum ersten Mal eine Pferdestraßenbahn.

»Welch große Ehre, in meinem bescheidenen Fuhrwerk dies bildschöne Geschöpf begrüßen zu dürfen«, empfing sie der Fahrer.

Mit ihrem blumengeschmückten Hut, ihrem eleganten Kleid, ihrem offenen Lächeln hätte niemand vermutet, daß Inés die ganze Nacht geweint hatte. Jetzt wollte sie alles vergessen und in vollen Zügen das Wagnis dieses späten Nachmittags genießen, zwischen den Leuten neben Miguel zu sitzen. Wie hübsch waren diese Zeichnungen, wie nett der Schaffner, und wie behaglich dieses Schaukeln.

Eine Menschenmenge überschwemmte die Straße, als Inés und Miguel aus der 76 ausstiegen. Sie suchten sich einen Platz auf halbem Weg zwischen der Calle del Ministro Inglés und den monumentalen Eingangstoren zum Park von Palermo.

»Da kommt sie«, schrie ein Mann zwischen Panik und Euphorie.

Eine große rote Straßenbahn mit einer Stange auf dem Dach, entlang der Leitung sprühten Funken. Sie fuhr von allein, ohne Pferde! Inés war überwältigt von diesem Gefährt, das mit solcher Geschwindigkeit Entfernungen fraß.

Der Mann neben ihr mit dem seltsamen Akzent sagte, die elektrischen Leitungen seien je nach Wetter eine enorme Gefahr, die Frau ging noch weiter: die Häuser könnten einstürzen, und der mit der grünen Kappe auf dem Kopf: die ganze Stadt könnte niederbrennen. Sei beruhigt, meine Schöne, nichts von alldem wird passieren.

Inés fürchtete sich nicht vor der Straßenbahn, sie fürchtete sich überhaupt vor nichts und niemandem, wenn sie mit Miguel zusammen war. Dann rede mit deinem Vater, kleine Inés, nicht immer diese heimlichen Treffen, Miguel wünschte sich, jeder Tag wäre wie dieser, an dem sie lachten und sich in die Augen sahen, sich vor allen Leuten an den Händen hielten.

An diesem Samstag beim Fest in der Mietskaserne würde der Uruguayer die Kleine auf sein Zimmer lotsen. Er hatte es im Gefühl und darüber hinaus ein sicheres Mittel, das bei den Frauen immer anschlug: vor ihrer Nase mit einer anderen zu tanzen. Tanzen wie es in dieser Mietskaserne nur der Uruguayer verstand. Wenn Asunción ihn erst mit der Polin sähe …

Die Messerklinge an seinem Hals riß den Uruguayer aus seinen Träumen.

»Nächste Woche, allerspätestens«, raunte ein Mann vom Cortado ihm ins Ohr.

»Er wird es bekommen«, antwortete er fest, ohne das Zittern seiner Beine zu beachten.

Der Mann war weg, noch bevor er sein Gesicht hatte erkennen können.

Er hatte selbst auf die Revanche bestanden, war sich so sicher gewesen, da knöpfte ihm dieser Gauner alles ab, was die Joaquina verdient hatte, und obendrauf mußte er dem Cortado noch vierundachtzig Pesos schuldig bleiben, warum hätte er das »ich vervierfache« auch nicht akzeptieren sollen, das war doch nur Muskelspiel, Angeberei, die Pik-Reihe hatte der Uruguayer.

Nur zwölf Pesos in der Tasche, und es war schon Mittwoch. Entweder die Moneten … oder das Messer. Etwas anderes blieb ihm nicht übrig. Karten waren nichts für ihn.

Aber als beim Betreten der Mietskaserne Josep, der Verwalter, von ihm die zehn Pesos Miete forderte, hatte er nicht die

Wahl. Mit dem Katalanen würde er sich so kurz vor dem Fest am Samstag nicht anlegen. Mit überlegenem Lächeln streckte er ihm die Scheine hin.

Die Idee war an einem Sonntag, beim Rummel in La Boca aufgekommen.

»Du, Miguel«, fragte Santos und zeigte auf den Kasten der Drehorgel, »könnten wir da drinnen nicht einen Tango zum Klingen bringen?«

»Aber selbstverständlich, wenn Sie uns dabei helfen.«

Miguel hatte schon hin und wieder daran gedacht, flüchtig, beim Tanzen in einem dieser Cafés, in denen man die Kellnerinnen zum Tanzen auffordern konnte, aber er hätte sich nicht getraut, so etwas seinem Vater vorzuschlagen, hätte ihn nicht die Begeisterung Santos', eines Vollblutmusikers, der seit Jahren in Buenos Aires lebte, bestärkt: Warum spielte die Drehorgel zur Unterhaltung in den Stadtvierteln Walzer, Mazurken und Polkas, aber nicht unsere Musik, den Tango?

Zum dritten Mal besuchte Santos die Rinaldis in ihrer Werkstatt in der Calle Ombú auf Höhe 700, und er kam einfach nicht dahinter, wie dieser teuflische Apparat funktionierte. Er spielte Klavier und Geige und schlug sich auch auf anderen Instrumenten wacker, so schwer konnte es nicht sein, aber diese mit Stiften bestückte Walze, die von einer Kurbel gedreht wurde, erschien ihm höchst kompliziert. Man mußte nicht nur den Notentext auf die diatonische Skala der Drehorgel übertragen, sondern auch die Anzahl der Takte anpassen.

Die Aussicht, mit der Drehorgel jeden Winkel Buenos Aires' mit Tangomusik beschallen zu können, begeisterte Miguel mehr als seinen Vater: Diese Musik, mein Lieber, hat einen sehr schlechten Ruf, in geschlossenen Räumen, ja, aber auf der Straße ...

»Der heutige Nachmittag«, unterbrach Santos ihn feierlich, »merken Sie sich, was ich Ihnen sage, Genaro, wird historisch sein.«

Inés würde dahinschmelzen, wenn sie einen Tango hörte und erführe, daß kein anderer als Miguel ihn für die Drehorgel arrangiert hat. Vielleicht könnte Santos, der so viele Leute in Buenos Aires kannte, ihm helfen: Seit ein paar Monaten gehe er mit einem Mädchen, aber ihre Eltern erlauben ihr nicht den Umgang mit ihm, solange niemand sie einander vorstellt.

»Laß mich nur machen, aus welchem Viertel ist das Mädchen?«

»Aus San Nicolás, sie heißt Inés, Inés Lasalle.«

Santos mit offenem Mund und erstaunten Augen. Er hatte sich in die Tochter von César Lasalle verliebt? Er schwenkte den Kopf von einer Seite zur anderen: Nein, mein Junge, die ist nichts für dich, und mit offener Verärgerung: Wo es doch so viele hübsche Mädchen gibt, warum mußt du es ausgerechnet auf eine dumme Pute absehen, die dir keine Beachtung schenken wird.

Miguel daraufhin: Sie ist nicht dumm, außerdem ist Inés auch in ihn verliebt, das hat sie ihm erst gestern, als sie sich getroffen haben, gesagt.

Santos' dröhnendes Lachen: Was für ein Heidenspaß, dem Alten der heiligen Inés zu erzählen, daß sein Töchterchen sich heimlich mit einem Drehorgelspieler trifft!

»So ist es auch wieder nicht, für meinen Sohn braucht sich niemand zu schämen«, wies Genaro ihn zurecht: »Wenn ein Drehorgelspieler für Sie so verachtenswert ist, was machen Sie dann in meinem Haus?«

»Verstehen Sie mich nicht falsch, Don Genaro, ich würde mich freuen, wenn Miguel und diese Inés glücklich würden.« Ein strenger Blick zu Miguel. »Aber damit sie dir gehört, müßtest du sie rauben und nach Italien schaffen. Wenn du das vorhast, bin ich dabei.«

»Ich will sie nicht rauben, ich will sie heiraten.«

Aber in was für einer Welt lebst du, mein Junge, Lasalle würde das niemals zulassen, diese Leute heiraten nur untereinander, darum kommen auch solche Schwachköpfe, solche Kretins heraus. Und wenn du dir wegen dieses Backfischs Ärger einhandelst, kannst du in Buenos Aires einpacken. Ihnen gehört dieses Land.

»Warum? Weil sie Argentinier sind? Heutzutage gibt es doch mehr Ausländer als Argentinier in Buenos Aires. Waren Sie nicht dabei, als wir Italiener den Jahrestag der Unabhängigkeit gefeiert haben? Wir waren Tausende. Dieses Land gehört uns genauso wie ihnen.«

»Versteh doch: Ihnen gehören Grund und Boden, und du bist ein Dahergelaufener.«

Mit fester Stimme, aufrechter Haltung klärte Genaro Santos auf, daß er nicht mit leeren Händen, ohne Ausbildung nach Argentinien gekommen sei. In nur drei Jahren habe er es weit gebracht, zu einer anständigen Wohnung, einer Werkstatt, und er sei sogar in den Industrieverband *Unión Industrial* aufgenommen worden, sein Gewerbe sei zwar noch im Aufbau, doch Santos müsse bedenken, daß die Regierung die Industrie fördere, bald hätte er eine Fabrik, und sein Sohn sei ein aufrichtiger, fleißiger junger Mann, der zu niemandem neidvoll aufblicken müsse. Don Santos, was Sie da sagen, gefällt mir ganz und gar nicht, das muß ich Ihnen bei allem Respekt sagen.

Auch fand Santos es nicht gut – seine Stimme wurde laut, sein Gesicht hart –, daß ein neunzehnjähriger Mann so hinter dem Mond lebte, es war an der Zeit, daß Miguel und er auch – er bemühte sich, sich zusammenzunehmen, freundlich zu klingen – zu den Versammlungen im Haus der Sozialisten in Balvanera kamen, wo man über die Politik des Landes, die Rechte von allen diskutierte.

Genaro interessierte Politik nicht, damit handelte man sich nur Ärger ein. Santos wollte ihm etwas zu lesen geben, zufällig hatte er eine Ausgabe von *La Rivendicazione* von der italienischen Arbeiterorganisation *Fascio dei Laboratori* dabei.

»Lesen Sie das, Don Genaro. Informiert sein, eine Meinung haben, nur so machen wir das Land, in dem wir arbeiten und leben, zu unserem eigenen.«

Er würde hingehen, gab Miguel nach, aber Inés Lasalle würde er nicht aufgeben.

Ausgerechnet jetzt war es ungünstig, Inés' Eltern bekamen Besuch aus Großbritannien und würden eine Woche auf dem Landgut verbringen, aber bei ihrer Rückkehr würde sie mit ihnen reden – das hatte sie Miguel in der Straßenbahn versprochen. Und kein Wörtchen über das, was ihre Mama ihr angekündigt hatte: Sie hätten Vicente Ponce auf das Landgut eingeladen und würden es mit Freuden sehen, wenn Inés sich dem jungen Mann gegenüber aufgeschlossen verhielte.

»Liege ich mit meiner Befürchtung richtig, Hernán? Wollen sie mich mit diesem Mann verheiraten?«

»Sieht so aus, aber es ist noch nichts beschlossen, mach dir keine Sorgen. Wenn dir ein anderer gefällt, sag's mir, dann lade ich ihn ein.«

Keiner würde ihr gefallen, sie war sich sicher. Es sei denn ... ihr Bruder könnte ihr einen Gefallen tun. Inés hakte sich bei Hernán unter: ob er nicht mit ihr einen Spaziergang durch den Park machen und sich die Blumen ansehen wolle, die sie gepflanzt hatte? Hatte er jemals so schöne gesehen? Es lag nicht an den Samen, etwas Magisches geschehe mit allem. Wenn er ihr verspricht, zu niemandem etwas zu sagen, will Inés ihm ihr Geheimnis erzählen. Gern teilt sie es mit ihrem Bruder: Ich bin verliebt, Hernán, und er in mich, Miguel heißt er, er ist so nett, ein so guter Mensch und so sanft.

Aber seit wann, wie, wo ... Asunción ihre Botin? Erstaunt, aufbrausend: Wie, Asunción hat auch einen Geliebten. Inés durfte ihm nichts von Asunción erzählen, es war ihr nur herausgerutscht, und Hernán mußte ihr versprechen, daß er vor ihr kein Wort darüber verlieren würde. Versprochen. Miguel und sie wollten sich nicht länger heimlich treffen, bloß, wie sollten sie Papa unter die Augen treten, Hernán mußte ihnen helfen: Wenn er ein Freund von dir ist, Hernán, wird Mama nichts dagegen haben können. Er würde ihn in der Drehorgelwerkstatt in der Calle Ombú oder auf dem Paseo de Palermo finden. Bitte, Hernán, bitte.

Er sieht sie im Flur, beim Polieren einer Statuette. Wie ein Blitz an einem bewölkten Tag will er ihr alle Fragen ins Gesicht schleudern: Wer ist er, wann treffen sie sich, wie weit ist es gekommen, aber nein, er wird seine Schwester nicht verraten. Gefangen in seinem Schweigen, bleibt er vor ihr stehen, verzweifelt taucht er in Asuncións Augen.

»Was ist los mit dir? Bist du böse? Warum siehst du mich so an?«

»Einfach so. Weißt du, daß du sehr hübsch bist?«

Sie lächelt ihm zu, blickt ihn an – so wie sie ihren Geliebten anblickt? Nein, wie jemanden, der schon immer da war, als hätte es den Abend, an dem sie zusammen Tango getanzt haben, nicht gegeben.

»Wann machen wir mit dem Tangounterricht weiter?« Er kann sich nicht zurückhalten, flink faßt seine Hand ihre Taille, schnappt mit der anderen nach Asuncións Hand und reißt sie hoch in die Luft, ihn neckend entwindet sie sich, dazu ihr Lachen, dieses neuartige Lachen, und diese glänzenden schwarzen Augen, so wie immer und trotzdem andere.

Endlich hält er sie in den Armen, der spärlich beleuchtete Flur öffnet sich zur Tanzfläche. Nach den ersten Schritten ertönt von der Tür zum Salon die alles zunichte machende Stimme seiner Mutter.

»Hernán, bist du noch nicht weg?« Absichtlich übersieht sie diese erschrocken voneinanderweichenden Körper: »Dein Bruder und dein Vater warten schon auf dich im Club.«

Englische Fleischer nach Buenos Aires bringen! Hernán wird von Tag zu Tag verrückter, er ist verantwortungslos. Vater, Sie sind zu nachsichtig mit ihm. Sie sollten ihn zwingen, sich auf den Ländereien in Santa Fe niederzulassen, damit er sich abhärtet, damit er etwas lernt, bevor Sie ihn in Verhandlungen

schicken. Über Großgrundbesitzer wie Lezama oder Ancho-
rena, die gestorben sind, ohne jemals ihre unermeßlichen Ländereien besucht zu haben, zerrissen sie sich das Maul, aber was
war sein Bruder Hernán anderes als auch so ein Abwesender.
Wann ging Hernán schon aufs Land? Um seinen Braunen aus-
zureiten oder mit den Frauen zu feiern. Aber von Rinderzucht,
von Landbau, hatte er überhaupt keine Ahnung.

»Du übertreibst, César, Hernán hat in der Hochschule für
Agronomie einiges gelernt, auch wenn er den Unterricht nicht
regelmäßig besucht hat. Und er liest viel: *El campo* und die
Sport, die *Gaceta Rural*. Vor kurzem hat er aus Andrés Sautons
Handbuch der Viehhaltung zitiert. Und die Verhandlung mit
O'Gorman ist nicht schlecht gelaufen: dieselben Konditionen
wie 1896, aber mehr Stück Vieh.«

Das war nicht Hernán, sondern der hervorragenden Qualität
der Rinder zu verdanken. Es war nicht gerecht, daß die ganze
Verantwortung auf César lastete, wenn sein Bruder so weiter-
machte, wann könnte man ihm endlich einmal eine Aufgabe
übertragen?

»Er könnte die Agrargesellschaft bei der Organisation der
Viehschau in Palermo vertreten, Kontakte knüpfen liegt ihm.«

»Sie finden, etwas so Wichtiges wie die Viehschau in Palermo, den weltweit größten Züchtermarkt, kann man in Hernáns
Hände legen? Gut, versuchen wir es, aber man wird ihm sehr
genaue Anweisungen geben müssen.«

Hernán kam herein und entschuldigte sich für die Verspätung. Die Antwort auf den Vorschlag seines Vaters brachte seinen Bruder in Rage. Wie konnte er nur sagen, daß Kühe ihn nicht
interessierten, eine nicht zu überbietende Frechheit war das,
und voller Hohn: was denn dann, Pferde? Oder nur Frauen?

Hernán hatte nicht unrecht. Heute wurde hochwertiges
Fleisch von jedermann gern auf den Tisch gebracht, es war
ein Statussymbol, aber noch vor wenigen Jahren wollte außer
einem kleinen Kreis von Großgrundbesitzern niemand etwas
davon hören; sich mit Viehzucht zu befassen gehörte nicht zum

guten Ton, das war etwas für umherziehende Gauchos, für Indios. »Schade um die Viehzucht, so wird nie etwas aus ihr«, hatte Senator Gache 1886 gesagt. Der alte César Lasalle hatte es seinen Söhnen erzählt. Als er und andere im Jahr 1868 die Argentinische Agrargesellschaft gegründet hatten, hatte diese gerade einmal vierzig Mitglieder gezählt, erst nach jahrelanger Überzeugungsarbeit hätten die Großgrundbesitzer erkannt, daß es sich lohnte, in den landwirtschaftlichen Sektor zu investieren. Sie waren die Begründer der modernen Landwirtschaft, sie hatten die besten Heresfords, Shorthorns, Angus eingeführt und die besten Kreuzungen hervorgebracht. Und binnen weniger Jahre hatten sie erreicht, daß Argentinien in der Ausfuhr von Lebendvieh die Vereinigten Staaten übertraf.

»Wessen Vaters Sohn bist du eigentlich?« Césars harter, verschworener Blick zum Vater.

Hernán wollte nicht auf dem Land leben. Wäre er ein paar Jahre früher geboren worden, hätte niemand daran Anstoß genommen, im Gegenteil, das Land widersprach einem zivilisierten Leben, »auf dem Land leben, warum noch mehr verrohen?« hatte Mansilla in seinen Memoiren geschrieben. Kann sein, daß es mit mir durchgegangen ist, gab Hernán zu, er hatte nichts gegen das Land, und schon gar nichts gegen Kühe, aber auch nicht diese grenzenlose Leidenschaft seines Bruders für Qualitätsfleisch.

Als du spät an diesem Abend bei María La Vasca den tanzenden Paaren zugesehen hast, dem Messerstecher Cimarra mit Mireille, dem Engländer mit María, der Italienerin Gina mit dem Mulatten Santillán, hast du gedacht, weitere Kreuzungen auf den Tanzflächen meiner Häuser würden noch besseres Qualitätsfleisch hervorbringen. Womit du nicht falsch gelegen hast.

»Was willst du dann, in einem Geschäft Kaschmir verkaufen?« stauchte César ihn zusammen.

Bald würde er ihnen eine Idee unterbreiten, versprach Hernán, sie nahm gerade erst Form an.

Draußen ein Zwischenfall nach dem anderen, Inés, die sich ihm anvertraut hat, Asunción und ihr Geliebter, das plötzliche Auftauchen seiner Mutter, César und seine grausame Art, doch kaum hat er das mit Girlanden und Arabesken geschmückte Tor des alten, nach der Baskin María benannten Gasthauses durchquert, hat ihn das unbeschwerte Glück wieder. Hier, bei den fröhlichen Takten im Canyengue-Rhythmus, die der Italiener Vicente dem Klavier und der kleine Ernesto seiner Geige entlocken, ist er in Sicherheit. Hernán zahlt zwei Stunden Tanzen im voraus. Mit der Tero doppelter *corte* und *alfajor*, eine getrippelte *corrida* mit Mireille, dann mit der Manuela eine Promenade, Schlag, und *sentada*.

Eine bahnbrechende Idee hat dein Vater von dir gefordert, dir kamen viele an diesem Abend auf den Brettern bei María La Vasca, aber beim Betrachten des perlenden Champagners und der hohen Salondecke mit ihren Verzierungen eines italienischen Malers erwachte in dir diese andere Idee, aberwitzig, wie César meinen würde, glänzend, so Inés.

Hernán hatte beschlossen, Inés nicht zu erwähnen. Bei diesem ersten Gespräch würde er nur über Geschäftliches reden. Er stellte sich in der Drehorgelwerkstatt vor, ohne sich vorher überlegt zu haben, was er eigentlich sagen wollte. Mit einem Lächeln versuchte er, sich aus der Verlegenheit zu winden, in die ihn die argwöhnischen Blicke der Rinaldis gebracht hatten.

Wie war er auf sie gekommen? Wer hatte ihm die Adresse der Werkstatt gegeben, wollte Genaro Rinaldi wissen. Er habe sich informiert, antwortete er vage, weil er ein großer Bewunderer der Straßendrehorgel und daran interessiert sei, in dieses Gewerbe zu investieren. Mit in der Luft malenden Händen, helltönender Stimme: eine große Drehorgelfabrik, sämtliche Musikrichtungen, noch den letzten Winkel des Landes wolle er erreichen.

»Was wollen Sie?« Unterschwellige Gereiztheit. »Wie lautet Ihr Vorschlag, Señor, Lasalle, sagten Sie?«

»Ich kann noch nichts Konkretes sagen. Dafür müßten Sie mir erst Einblick in die Ausbaumöglichkeiten und die Rentabilität Ihres Gewerbes geben.« Der verdutzte Blick der Rinaldis. »Liegt die Produktion vollständig in Argentinien, oder müssen Sie Bauteile importieren?« Ihre versiegelten Münder. »Wie viele Drehorgeln könnten Sie im Monat, im Jahr herstellen?«

»Was wissen Sie über Drehorgeln?« fragte Genaro barsch.

Nichts, er hatte nur hin und wieder auf der Straße eine gehört, oder auf dem Rummel damals diese Drehorgel, die mit ihrem vielstimmigen Krächzen klassische Melodien hinuntergeleiert hatte. Aber das konnte er nicht sagen, und auch nicht, um was Inés ihn gebeten hatte, und überhaupt war sein Besuch eine – wahrscheinlich überstürzte – Reaktion auf den Angriff seines Bruders. Eine bahnbrechende Idee? Drehorgeln.

»Nicht viel, um ehrlich zu sein, ich sehe nur eine große Zukunft für Ihr Gewerbe, und ich bin interessiert, mich daran zu beteiligen.«

Mit seinem Satz traf er ins Schwarze: Ja, in der Tat, der junge Lasalle liege ganz richtig, es sei ein großes Geschäft. Rinaldis Feindseligkeit wich, wurde abgelöst von einem Hinunterrasseln von Zahlen, zu viele, unmöglich zu behalten. Schon bei den ersten erkannte er den Aberwitz seines Vorhabens, trotzdem wollte Hernán mehr wissen, informierte sich über das Material der Walzen, die Kosten für die Arbeitskraft, wie hoch die Investition sein müßte, um die Produktion zu verzehnfachen. Er hätte noch weitergemacht, aber Miguels scharfer Blick bremste ihn.

Du hast versucht, dir diesen jungen Mann mit den zerzausten Haaren, der langen grauen Schürze, dem Hemd mit den hochgekrempelten Ärmeln, den abgetragenen Schuhen und diesem so ausgeprägten Akzent bei dir zu Hause im Eßzimmer vorzustellen: der hochmütige Blick deiner Mutter, die über ihn hinwegsieht, Césars Verachtung. Aber in diesen jungen Mann mit den weichen Gesichtszügen hat deine Schwester sich verliebt.

Nächste Woche müsse Hernán verreisen, aber wäre Miguel Rinaldo einverstanden, bei seiner Rückkehr mit ihm zu essen und ihr Gespräch weiterzuführen? Selbstverständlich. Händeschütteln und ein robuster Schulterschlag von Genero: es war mir ein Vergnügen, mein Freund.

Das Baby von Paquita und Nicola wechselt von Arm zu Arm, alle wollen es hochheben, ihm nach fettigen Teigtaschen schmeckende Küßchen geben. Es ist das erste Baby von einem Paar, das sich im Hof dieser Mietskaserne kennengelernt hat, wo sie nun seine Taufe feiern. Es ist ein bißchen das Kind von allen, von Josefa und Paco, Samuel und Ruth, Esthercita, Luigi und Margarita, Kurt und der Porota. Sogar der Uruguayer, der als letzter eingezogen ist, will es hochnehmen und liebkosen. Paquita verweigert es ihm nicht, mißtrauische Blicke, dann nimmt die Porota dem Uruguayer das Baby aus dem Arm. Aber was soll er dem Kleinen schon antun, übertreib nicht, Porota. Niemand weiß etwas über diesen Kerl, woher er das ganze Geld nimmt, immerhin bezahlt er ein Zimmer für sich allein, ob er eine Arbeit, eine Verlobte hat. Es heißt, er habe Paquitas Freundin den Kopf verdreht, dem Mädchen, das dort hinten sitzt und ihn dümmlich anschaut, die in dem rosafarbenen Kleid. Wie aus einer Modezeitschrift, was für eine feine Dame, ich glaube nicht, daß sie den Uruguayer überhaupt beachtet. Ich schon, ich sehe sie auf die schiefe Bahn geraten.

Auch dem Katalanen Josep, dem Verwalter der Mietskaserne, ist der Uruguayer ein Dorn im Auge, doch er wirft ihn nicht hinaus, weil er pünktlich das teuerste Zimmer zahlt, es liegt beim Eingang und hat ein Fenster zur Straße.

Aber in diesem Augenblick, da sie den Tanz eröffnet haben, bekommt der Uruguayer auch von Josep einen bewundernden Blick, die Gewandtheit, mit der er eine Jota genauso gut tanzt wie eine Polka oder eben diesen hübschen Tango, zu dem die Gitarren nun aufspielen.

Es war eine andere Melodie als die, zu der du mit Hernán getanzt hast, doch du hast mich sofort erkannt. Es vibrierte in dir, ein warmer Hauch auf deinen feuchten Lippen. Der Uruguayer hat auf dem gepflasterten Hof seine Zierfiguren vorgeführt und in den Armen diese blasse Dünne, und die ganze Zeit dieses Beben in deinem Körper, vergeblich hast du dich zu beruhigen versucht. Warum sie und nicht du? Das hast du ihn später in seinem Zimmer gefragt. Wie hätte er darauf kommen sollen, daß ein junges Ding wie du bereits in diese Spiele eingeweiht ist. Wer war es? hat der Uruguayer nachgebohrt, gespannt wie eine Saite. Du hättest ihm nicht antworten sollen, Asunción.

Josep ist für die Moral in der Mietskaserne verantwortlich, darum baut er sich nun wütend in der Mitte des Patios auf, wo der Uruguayer seine *cortes* und *quebradas* vollführt.

»Das ist ein anständiges Haus«, brüllt er und reißt ihm die Polin weg, »diese Schritte sind verboten.«

Eine einzelne, zerstreute Gitarre spielt die Taktschläge des Tangos weiter und immer weiter, unbeirrt von Geschrei und Gezänk, nichts bringt sie ab von ihrem beseelten Spiel.

»Danke, Kumpel«, sagt der Uruguayer zu dem Musiker und schlägt ihm auf die Schulter, »du bist der einzige musikalische hier.«

Die Gemüter haben sich wieder beruhigt. Nur ein paar Jugendliche und die Polin regen sich über das Einschreiten des Katalanen auf, die übrigen, auch die, die vorhin die Figuren des Uruguayers bewundert haben, haben sich darauf geeinigt, daß man vor ihren Ehefrauen und Töchtern nicht so unanständig tanzen darf.

An eine Säule gelehnt, mit festem Blick auf Asunción, wartet der Uruguayer, daß sie seine stumme, aber eindeutige Einladung erwidert und von ihrem Stuhl aufsteht.

»Sieh dir die an, spielt das schüchterne Mädchen und geht dann mit diesem Kerl aufs Zimmer.«

In dieser Nacht im Zimmer des Uruguayers hast du, Asunción, beim Klang zweier zarter, in den Hausflur bestellter Gitarren begriffen, daß dein Leben meinen Rhythmus hat.

Viertes Kapitel

Nuria wußte es schon seit ein paar Tagen, aber sie und die Señora hatten vereinbart, Asunción nichts davon zu erzählen. Die Lasalles waren mit ihren Gästen aus England auf dem Landgut. So hatten sie mehr Zeit zu reden, und Nuria konnte ihrer Tochter in aller Ruhe erklären, welche Vorteile die Entscheidung hatte, zu der sie gekommen waren.

Wie, sie sollte gehen, auch noch allein? Klar, ihre Mutter war die Wirtschafterin, ihr unterlagen sämtliche Arbeiten im Haushalt. Sie würde sie sehr vermissen, aber sie wollte nicht egoistisch sein, sie wollte, daß ihre Tochter diese Chance nutzte, die die Herrschaften ihr boten, das Hoffnungsglänzen in ihren Augen: studieren wie ein Mädchen aus gutem Hause! Sie würde ein so anderes Leben haben als sie selbst.

Aber warum? Die ungeheuere Angst, daß irgendwer erfahren haben konnte, was in der Mietskaserne passiert war, ihre Mama vielleicht?

»Wer hat darauf gedrängt? Du?«

Sie hatte sich noch nicht einmal getraut, es Inés zu erzählen, wie sollte man vor einem Kind über diese Hände reden, die sie beim Tango geführt hatten und die seither immer weiter über sie zu gleiten schienen, über diesen kräftigen Körper, der immer und immer wieder in sie gestoßen war, über diese feuchte Blume zwischen ihren Beinen. Eine Frau, mit einem Mal. Die Frau des Uruguayers.

»Nein, es war die Idee der Señora.«

Seit jenem Abend, als sie beim Tanzen überrascht worden waren, glitt ihr Blick über Asunción hinweg, als sähe sie sie nicht, mit aller Macht das Gift verbergen, zuviel für ein unbedeutendes Hausmädchen, nur einmal blitzte es in ihren Augen auf, im Flur, aber kein Wort. Ob sie den Entschluß an dem Nachmittag gefaßt hatte, als sie sie im Flur mit Hernán beim Tangotanzen erwischt hatte? Asunción wäre es lieber, sie würde sie laut schimpfend fortjagen, anstatt sich ihrer in dieser widerlichen, unaufrichtigen Art zu entledigen, zu deinem Besten, wie Nuria ihr nach dem Mund redete.

»Zu meinem Besten werfen sie mich hinaus?«

»Sie werfen dich nicht hinaus, sei nicht undankbar.«

»Wer will wissen, was für mich das beste ist? Die Señora? Und warum muß ich nach Santa Fe gehen? Kann man in Buenos Aires nicht studieren?«

Sie hörte den Lügen, die ihre Mutter nachplapperte, gar nicht mehr zu, die Arme glaubte sie. Und warum soll ich gerade jetzt gehen?

Denn jetzt endlich, nachdem sie jahrelang davon geträumt hatte, hatte Hernán auf einmal Augen für sie und brachte ihr Tango tanzen bei. Die Wut erwachte in ihr, Hernán war schuld, daß sie sie hinauswarfen, kroch ihr den Nacken hoch, wegen ihm würde sie den Uruguayer verlieren, tobte in ihrem Kopf, vielleicht stand er selbst hinter diesem Plan, kribbelte ihr in den Armen, den Beinen, bestimmt hatte er heimlich beobachtet, wie sie und der Uruguayer sich am Gittertor umarmt hatten, und setzte sich in ihrem Herzen fest, Hernán war eifersüchtig.

Wut, aber irgendwie auch ein Reiz: Hernán eifersüchtig auf den Uruguayer, Hernán, der dich so sehr liebte, daß er dich lieber weit weg gewußt hätte als in den Armen dieses Kerls. Den Gefallen würdest du ihm nicht tun.

Die Worte, die Miguel Rinaldi im Haus der Sozialisten hörte, sollten ihn für den Rest seines Lebens prägen. Es durfte nicht wahr sein, daß er in den ganzen drei Jahren, die er in Argentinien lebte, nie die Ungerechtigkeit bemerkt hatte, in der sie lebten. Vielleicht weil Miguel keinen Zwölfstundentag hatte, oder weil sein Vater immer nur Lobreden auf dieses Land hielt, in dem er in so kurzer Zeit so viel erreicht hatte.

Argentinien, die Kornkammer der Welt, hieß es in Europa, aber wie viele profitierten von diesem Reichtum. Die Exportzahlen aus dem Jahr 1896 beeindruckten ihn, und '97 würden sie noch höher ausfallen. Was mochte einen Mann, der Millionen Goldpeso im Jahr für seine Ausfuhren erhielt, dazu bewegen, in seine Drehorgelwerkstatt zu investieren? Wie viele Hunderttausende von Drehorgeln glaubte Hernán Lasalle bauen und verkaufen zu können? Diese Frage war so albern, daß er fast lachen mußte, hätte ihn nicht dieses mulmige, bittere Gefühl bedrückt. Inés hatte ihm über Asunción ausrichten lassen, daß ihr Bruder ihnen helfen wollte. Aber wie konnte er sichergehen, daß er seinen Vater und ihn letzthin nicht auf den Arm genommen hatte? Und für den Fall, daß diese Schnapsidee wirklich ernst gemeint war, könnte Miguel sich nach allem, was er erfahren hatte, mit einem aus der besitzenden Klasse einlassen? Im Jahr 1816 war in Argentinien die Sklaverei abgeschafft worden, aber das schien an den Gutsherren vorbeigegangen zu sein, wenn man danach urteilte, wie sie ihre Arbeiter behandelten.

Miguel hatte nicht die Erfahrung der Deutschen, Franzosen und Italiener, die im Haus der Sozialisten das Wort ergriffen, aber er nahm aus der Versammlung die Überzeugung mit, daß sie, wenn sie sich organisierten und die Macht denen abrangen, die sie immer besessen hatten, die Gesellschaft von Grund auf verändern könnten. In seiner Euphorie verbannte er den Gedanken, wie er diese neuen Ideale mit der Frau seiner Träume vereinbaren sollte.

An diesem Morgen hatte er sein Messer sorgfältig geschliffen. Sie waren nirgendwo fest verabredet, aber der Uruguayer wußte, daß die Männer ihn finden würden. Allerdings hatte er nicht damit gerechnet, daß der Cortado selbst aufkreuzen würde. Und allein. Was für ein Geck er war, daß er sich ihm ohne seine Messerstecher stellte, er legte es wohl darauf an, daß der Uruguayer ihm zeigte, wer er war. Das Geld hatte er nicht, aber sein Messer. Und er war schneller als der Cortado.

»Wer hat dir gesagt, daß du mir Tango tanzen beibringen sollst? Das verzeihe ich dir nie, Hernán.«

Wie konntest du ihm das vorwerfen, Asunción? Hernán hat uns doch einander vorgestellt.

»Ich weiß nicht, wovon du redest.«

»Ihr wollt mich loswerden? Ich gehe, aber ihr könnt mich nicht einfach irgendwohin schicken, ich gehe wohin es mir paßt.«

Hernán hält sie am Arm fest. Asunción reißt sich los und stapft davon. Hernán hinterher: Was ist los, warum willst du denn gehen, sag schon.

Als du ihm erzählt hast, was deine Mutter dir gesagt hat, hat sein erstarrtes Gesicht dich überrascht. Es war absurd zu vermuten, daß Hernán hinter dem Plan stand.

»Ich kann mir schon denken, was los ist, aber mach dir keine Sorgen, du wirst nicht gehen, Asunción, das verspreche ich dir. Merkst du nicht . . .«, ihm erstickt die Stimme, ». . . daß ich sterbe, wenn ich dich nicht jeden Tag sehe?«

Kurz die Versuchung, sich von diesem Bekenntnis verleiten zu lassen. Aber du warst losgezogen, den Uruguayer zu suchen, du wußtest, was du wolltest. Wußtest du es wirklich, Asunción, oder haben dich die Umstände getrieben?

»Wenn es stimmt, was du sagst, überzeug deine Eltern. Und jetzt laß mich, wenn sie uns zusammen sehen, glauben sie noch wer weiß was.«

Er müßte die Joaquina aus dem Talón holen. María La Vasca hatte ihm versprochen, es mit ihr zu versuchen. Aber er schlüpfte besser im Hof der Mietskaserne bei den spielenden Kindern und waschenden Frauen unter. Niemand würde den Uruguayer, den Spaßvogel, Frauenschmeichler, Witzereißer, verdächtigen, soeben einen stadtbekannten Mann umgebracht zu haben. Wie sehr genoß er diese Stunden, wenn die Ehemänner weg waren, dann fühlte er sich als der Herr der Mietskaserne. Wenn er der Lude aller dieser Miezen wäre, würden sie sich mehr amüsieren als mit ihren Männern, er würde ihnen verführerische Kleider und Parfüms kaufen und sie im Tango nach hinten beugen, wie in der Mietskaserne nur er sich darauf verstand. Glücklich wärst du, grunzte er Paquita ins Ohr, während er ihr Baby hielt, und ihr funkensprühendes Lachen gab ihm recht.

Wenn die Polizei ihn hier suchte, würden sie alle einschließlich ihrer Kinder bezeugen, daß er sich nie aus dem Hof wegbewegt hat. Aber die Polizei fürchtete er weniger als Cortados Männer. Auch wenn sie ihn nicht mehr wie einen Deppen behandeln würden, auch wenn sie jetzt wußten, daß mit ihm nicht zu spaßen war. Trotzdem, er wollte nicht, daß ihm sein letztes Stündlein in Buenos Aires schlagen würde, und vielleicht sollte er für eine Weile verschwinden, nach Uruguay zurückkehren, dort könnte er leicht eine der Frauen wiederbekommen, die er bei seiner Flucht verlassen hatte. Aber dann würde er Asunción verlieren ... und er hatte es noch nie gemocht, Dinge nicht zu Ende zu bringen.

Ein Lächeln trat auf sein Gesicht, als er sie den Gang entlangkommen sah, wie sie stehenblieb, scheu, und sich nicht weiter in den Hof hineintraute. Der Uruguayer gab ihr ein Zeichen, daß sie nicht weitergehen sollte. Zum Glück ging sein Zimmer in den vorderen Flur hinaus. Er mußte unbemerkt von der Weiberschar dorthin gelangen. Schade. Er wäre gern im Hof geblieben, weich gebettet bei den Frauen der Mietskaserne, wenn ihn die Polypen holen kämen. Aber Asunción, diese saftige Frucht, wartete auf ihn, und er war durstig.

Hernán hatte ihn eigentlich beiläufig fragen wollen, warum er Asunción in die Provinz schicken wollte, wie etwas, das ihm nichts bedeutete, zwischen anderen Themen: die Vorbereitungen für die Einweihung des neuen Jockey Clubs, die Gäste auf dem Landgut, Onkel Hernáns Gesundheit, die Idee mit der Drehorgelfabrik, aber er konnte nicht.

Er schrie es heraus, weniger eine Frage, mehr eine Anklage, als die Lachsalve, mit der man seine Idee des Drehorgelgeschäfts aufgenommen hatte, noch nicht verklungen war. Tausende Hektar hätten sie verpachtet, um zu sparen, und Hernán wollte in Drehorgeln investieren, lächerlich. Hatte er etwa nicht bis zum Überdruß gehört, wie sie über die Regierung und deren Protektionismus der Industrie schimpften? Das reichte ihm wohl noch nicht, jetzt wollte er ihnen auch noch Geld schenken?

»Mach dir nicht die Mühe, es ihm zu erklären, Vater, er begreift es nicht«, sagte César.

Dabei waren sie es, die nichts begriffen, diese Ignoranten schotteten sich in der unendlichen Weite der Pampa in ihrer kleinen Welt der Kühe, Winterweide, Briten und Clubs ab und bekamen gar nicht mit, wie sich Buenos Aires veränderte, Hunderttausende waren von Bord gegangen, Menschen aus allen Ecken und Enden der Welt mit ihren verschiedenen Geschmäckern und Lebensweisen, sahen sie sie nicht? Sahen sie in ihnen nichts als Hände für ihre Luzerne? Die Erhebungen aus dem Jahr 1895 sprachen für sich: 91% der Industrie- und 87% der Handelsunternehmen waren im Besitz von Ausländern, und die Mehrheit der dort Beschäftigten waren ebenfalls Ausländer. Alles Engagement, alle Energie lagen in den Händen von Leuten, die radebrechend Spanisch sprachen und über die du dich so lustig machst, César. Man mußte Chancen ergreifen, sich auf neue Märkte einstellen.

»Wie konnte es passieren, daß wir das nicht gesehen haben, Vater!« Césars Lachen donnerte durch die Bibliothek. »Ein großer Markt für Drehorgeln, das Qualitätsfleisch ist nichts dagegen.«

»Und jetzt wollt ihr Asunción hinauswerfen.«

Sein Plan in Scherben, der strenge Blick seines Vaters durchbohrte ihn: Und was hat das damit zu tun? Nichts, natürlich nichts, aber Hernán würde es nicht zulassen, daß sie über Asuncións Kopf hinweg entschieden, ohne sie überhaupt zu fragen, als wäre sie ihr Eigentum, als wäre sie Vieh.

»Frauen haben eine ausgeprägte Intuition«, sein Vater zu César, als wäre er nicht da. »Aus irgendeinem Grund möchte deine Mutter Asunción aus dem Haus haben.«

Sinnlos, er hätte besser nicht den Mund aufgemacht. Weg hier, auf zu Inés, es würde mehr bringen, wenn sie mit ihrer Mutter redete.

Der junge Herr, hat sie zuerst nur geantwortet, Hernán, hat der Uruguayer dann noch aus ihr herausgequetscht. Aber die Verbindung zieht er erst jetzt, als er ihn auf der Tanzfläche sieht, wieder mal eng umschlungen mit der Joaquina. Der Kerl, der seine Kleine in den Tango eingeführt hat, ist also derselbe Schnösel, mit dem er sich schon im Mamita angelegt hat! Er spürt, wie ihm das Blut in den Kopf steigt, ihm fast die Schläfen platzen. Die Paare haben die Tanzfläche geräumt, sie ihnen allein überlassen, und klatschen zu jeder ihrer gezierten Pirouetten. Genau dafür hat er Joaquina an dem Abend geholt, um der gesamten Konkurrenz vorzuführen, daß er sie beim Tango am besten herumwirbelt, aber Madame hat ihm einen Strich durch die Rechnung gemacht. Der also hat sich erdreistet, sich an seinem Püppchen zu vergreifen! Asunción hat gesagt, nein, niemals, geschworen hat sie es ihm, nur an einem einzigen Abend habe er ihr die Tangoschritte gezeigt, ein Spiel. Hernáns Beine zwischen denen Joaquinas, eine *medialuna*, der sie folgt, Ausrufe der Bewunderung, Applaus. Den angespannten Körper des Uruguayers drängt es zur Tat.

Bei María La Vasca keinen Streit, hat der Mann der Baskin, der Engländer Carlos Ken, ihm eingeschärft. Aber was kümmert es ihn, der Joaquina hat er die Kohle schon abgenommen, und hier wird er sich nicht wieder blicken lassen. Joaquina läßt sich hinabgleiten, Hernán beugt sich mit dem Oberkörper langsam über sie, doch bevor er sie küssen kann, fährt der Uruguayer dazwischen und packt ihn an den Haaren.

»Und der hier ist für Asunción«, sagt er zwischen zwei Faustschlägen, das Messer läßt er an diesem Abend besser stecken, mit diesem Weichei wird er auch so fertig.

Der Engländer hat es geschafft, sie zu trennen, jetzt geht Hernán auf ihn los, aber irgendwelche Männer halten ihn zurück. Der Uruguayer tut, als würde er sich den Staub von den Kleidern klopfen: Besorgt ihm einen Arzt, er soll ihm sein artiges Gesicht wieder zusammenflicken.

Der kleine Koffer unter dem Bett versteckt, die langen Stunden und dieser schwierige Brief: Mama, verzeih mir, ich gehe fort. Im Kerzenschein fügt sie noch hinzu: Leide nicht wegen mir, ich bin glücklich. Allerdings hat ihre Mutter, anders als Asunción, nicht Lesen gelernt, Inés wird ihr den Brief vorlesen, und Asunción hat sie befugt, alles Notwendige zu sagen, damit sie sie nur nicht suchten ... und damit meine Mama getröstet ist. Inés und Asunción haben alles abgesprochen, sich umarmt und gegenseitig alles Gute im Leben gewünscht und dabei geweint. Wie sehr sie sie vermissen wird, Inés sollte dasselbe tun wie sie, niemals werden sie ihr erlauben, Miguel zu heiraten.

Der Lärm schreckt sie auf. Stimmen, Schritte, ein erstickter Schrei, um diese Uhrzeit?

Sie hat die ganze Nacht kein Auge zugetan. Fünfmal hat die Uhr geschlagen, als Inés zu ihr ins Zimmer kommt und ihr Zeichen gibt, daß sie gehen kann. Ihr aufgeregtes Wispern: Hernán ist verletzt worden, sie hat es ihr nicht eher sagen können, weil alle da waren, die Freunde, die ihn gebracht haben, ihre Eltern, der Arzt, die aufgeregten Stimmen haben Inés aufgeschreckt, ein blutüberströmtes Gesicht hatte er, als er kam, blaugeschlagene Augen, Blutergüsse am ganzen Körper, er hatte Glück, sagte der Arzt, er hätte tot sein können.

»Ich will ihn sehen, bevor ich gehe, bitte, Inés.«

Ihre Eltern haben sich bereits zurückgezogen. Inés wird vorgehen, um sich zu versichern, daß niemand da ist, Asunción soll auf ihr Zeichen warten.

Ihr zieht es das Herz zusammen, als sie ihn im Bett sieht, eine ganze Seite seines Gesichts ist verbunden. Sie nähert sich auf Zehenspitzen, um ihn nicht zu wecken. Eine plötzliche Zärtlichkeit führt ihre Hand, hauchzart möchte sie Hernáns Wange berühren, ohne daß er es bemerkt.

Du bist erschrocken, als seine Hand die deine gedrückt hat, kräftig und gerührt: Asunción! Nur dein Name, aber du hast gespürt, wieviel mehr er dir gesagt hat.

Das erste Tageslicht schimmert durchs Fenster. Sie darf nicht eine Minute länger bleiben. Sie löst ihre Hand aus der Hernáns, läßt nicht zu, daß er sie zurückhält. Entschlossen geht sie zur Tür, dreht sich um, um ihn anzusehen, sie macht kehrt, drückt kurz ihre Lippen auf Hernáns verwundeten Mund, dann geht sie, ohne seine Reaktion abzuwarten, hinaus.

»Es war wegen dir, Asunción, der Uruguayer ...«

Aber Asunción ist nicht mehr da. Auf dem Platz erwartet sie ein großer Mann von schmieriger Eleganz, der sie auf die andere Seite des Río de la Plata, nach Uruguay bringen soll.

Miguel hielt Santos das Billett hin, das Hernán Lasalle ihm hatte überbringen lassen, um ihr Treffen abzusagen.

»Sieh an, die Gründe, warum er dich versetzt, sind seinem Willen fern«, spottete er.

»Wer weiß, vielleicht ist es so.«

Miguel wollte seine Zeit nicht mit unnützen Grübeleien verschwenden. Sein eigentliches Problem war, daß er nicht wußte, wie er zu Inés Kontakt aufnehmen sollte, schon mehrmals war er an ihrem Haus vorbeigegangen, und nie hatte er das Mädchen gesehen, dem er immer die Botschaften gegeben hatte.

Santos verstand nicht, wie Miguel nach allem, worüber sie nach der Versammlung im Haus der Sozialisten gesprochen hatten, immer noch in diese höhere Tochter vernarrt sein konnte. Denk an die miserablen Verträge, die Überstunden, die Ausbeutung.

»Inés ist nicht ihr Vater«, verteidigte sich Miguel. »Wir werden unser Leben führen, nicht seines.«

Er wollte von Santos nichts mehr hören, er wollte arbeiten, sie hatten sich doch getroffen, um den Tango in das Drehorgelrepertoire einzubauen. Im Gespräch mit Inés würde er schon herausfinden, ob sie, wenn es darauf ankam, immer noch zu ihren Gefühlen stehen würde.

Inés sorgte selbst für die Verabredung, sie trug den Zettel zum Paseo de Palermo und legte ihn Miguel hin, ohne daß ihre Tante etwas bemerkte.

»Zum Glück hattest du den Mut, meine Schöne.« Die Liebe, die aus seinen Augen sprach, doch, bestimmt würde Miguel einverstanden sein. »Ich habe dich so vermißt.«

Sie erst, was für eine Freude, ihn zu sehen, und was es alles zu erzählen gab: Hernáns Verletzung, Asuncións Flucht mit ihrem Liebsten, der Plan ihrer Eltern, sie mit einem Schwachkopf zu verheiraten. Aber sie würde nicht auf sie hören, auf keinen Fall, sie wollte keinen anderen als Miguel. Sie holte Luft, stockte, und danach leiser: ihr Entschluß stand fest, seit Asunción ihr von den Plänen mit dem Uruguayer erzählt hatte, war sie sich sicher, ganz sicher. Das allein hatte ihr die Kraft gegeben, sich ihrem Vater zu widersetzen: Ich werde Vicente Ponce nicht heiraten.

Was schlug Inés ihm da vor?, aufbrausend, aus Buenos Aires fliehen?, empört, sie rauben?, gekränkt, sich verstecken, weil Miguel nicht einer von ihnen war?, so fremd an ihr dieses gequälte, spöttische Lächeln ... ihr Geliebter, und nicht ihr Ehemann sein? Im Zwielicht wollte sie leben, wo doch draußen die Sonne schien?

»Aber Miguel, ich bin darauf gekommen, weil Asunción ...«

Sie sollte begreifen: Ich würde niemals zulassen, daß du so etwas tätest wie Asunción, ich liebe dich, du bist die Frau meines Lebens, ich will dich heiraten – warum durchbohrte sein Blick sie dann so –, aber du schämst dich für unsere Liebe, du willst fliehen, mich verbergen. Liebte sie ihn wirklich von ganzem Herzen, wie sie behauptete? Dann sollte sie ihre Familie nicht länger belügen und von ihrem Vater verlangen, daß er ihn empfing, damit er um ihre Hand anhalten konnte. Sie sollte ihm ankündigen, daß sie Miguel Rinaldi zum Mann nehmen würde.

Als sie sich an der Ecke der Calle Perú verabschiedeten, war Miguel wieder wie immer, sanftmütig: es tue ihm leid, daß er so in Rage geraten sei, und verschmitzt: er sei eben ein heißblütiger

Neapolitaner, mit Nachsicht: er verstehe, daß es für Inés schwierig sei, voller Zuversicht: aber sie werde schon sehen, sie müsse nur ihren Mut zusammennehmen und mit ihren Eltern ein klares Wort reden, dann würden sie bald Mann und Frau sein, und zärtlich: er liebe sie sehr.

Fünftes Kapitel

Luis hat noch zwei Wochen in Paris. Nur zwei Wochen. Ein Wurm windet sich in seinem Magen. Und wenn die Produktionsfirma sein Dokumentarfilmprojekt ablehnt? Philippe hat ihm gesagt, er gehe davon aus, daß sie daran interessiert seien, und in dem Fall hätten sie in ein paar Tagen ein Gespräch. Der Wurm wächst zur Boa. Er sollte noch mehr unternehmen, weitere Kontakte knüpfen, aber Philippe ist anderer Meinung: das wäre nicht klug. Was für Luis mehr wie eine Anweisung als wie ein Ratschlag klingt. Philippe hat Luis' Projekt einem Bekannten aus einer anderen Produktionsfirma vorgeschlagen, und sie sollten seine Antwort abwarten.

Einerseits ist er erleichtert, nicht weiter an fremden Türen anklopfen, Bekannte von Freunden anrufen zu müssen, andererseits quält ihn der Gedanke, er würde nicht genug tun. Wenn es ihm nicht gelingt, die Dokumentarfilme in Frankreich zu verkaufen, kann er seinem Sohn kein Geld geben und wird ihn seine Exfrau nicht in Ruhe lassen, ihm immer weiter vorhalten, wie dumm und verantwortungslos es von ihm gewesen ist, bei der Werbeagentur gekündigt zu haben, dort haben sie dich schließlich jeden Monat bezahlt, und es war gute Kohle, aber du hast was weiß ich was geglaubt, vor dich hingeträumt hast du, und sieh dir an, was drei Jahre später aus dir geworden ist, ein Versager.

Er hat nicht aus einer Laune heraus die Arbeit aufgegeben, er hat nur dieses eine Leben, und irgendwann mußte Luis die Filme doch drehen, die er sich ausdachte und schrieb, in der absoluten Überzeugung, daß es das war, was er machen wollte und mußte, nur wie, kannst du mir das bitte sagen, Silvia, wenn er vierzehn Stunden am Tag in der Agentur festsaß, und zu Hause war Fede, und zu alldem kamen Silvias ständige Vorwürfe, ihr Gezeter, weil er nicht so war, wie sie es sich vorstellte. Da kam Albertos Vorschlag, mit ihm zusammen eine Produktionsfirma zu gründen, für zwei Aufträge waren sogar schon Verträge unterschrieben, und in einer einzigen Woche machte Luis Schluß mit der Agentur und mit Silvia, du bist verrückt, du kannst doch nicht einfach so gehen, so geben sie dir keine Abfindung. Die Abfindung war ihm egal, für die Jahre, die er ihre Mäkeleien hatte ertragen müssen, würde ihn auch niemand entschädigen, er würde nun seine eigenen Filme drehen, wie damals, als er Silvia kennengelernt hatte und Fede geboren wurde – erinnerte sie sich nicht mehr, wie sehr ihr seine beiden Kurzfilme gefallen hatten? Nein, sie erinnerte sich nicht, das war auch gar nicht der Punkt, das Problem war, daß er die Zeichen der Zeit nicht erkannt hatte. Silvia hatte recht, er hatte nicht den großen Reibach gemacht wie so viele in den Neunzigern in Buenos Aires, wie Silvia selbst mit der Marktforschung: sollte er doch abhauen, lächerlich, wie konnte er sich seiner Sache so sicher sein.

Ja, damals war Luis sich sicher, aber drei Jahre später, da er Tag für Tag das Geld für das Allernotwendigste zusammenkratzen muß und an Kreativsein nicht zu denken ist, ist es aus damit. Was ist aus seinem Film geworden, aus den Augen hat er ihn verloren unter den tausend Projekten, die sich in diesen drei Jahren zerschlugen, und es wird immer schlimmer, denn wer macht in Argentinien bei der herrschenden Rezession noch etwas für einen Film locker. Niemand natürlich. Überall ist es schwierig, wenn sogar Silvia und ihre angepaßten Freunde auf dem letzten Loch pfeifen, weil sie keine Anstellung finden, aber in seinem Fall liegt es natürlich nur an seiner eigenen Verantwortungslosigkeit, er selbst hat es so gewollt, als er bei der Agentur gekündigt hat, wo sie ihn sowieso wegen Personalabbaus gekündigt hätten, begreifst du nicht, Silvia, ich gebe dir deshalb nicht mehr Geld, weil ich keins habe.

Er hat noch zwei Wochen. Diese Boa frißt ihn von innen auf. Philippe war einer von denen, bei denen er angeklopft hat und die ihm großzügig eine Tür geöffnet haben, doch wie soll er ihm erklären, daß er unmöglich mit leeren Händen nach Buenos Aires zurückkehren kann. Sicher, niemand hat von ihm verlangt, nach Paris zu gehen, es ist seine Entscheidung gewesen.

So ein Gefühl, daß er in Frankreich aus seinem Tief kommen, eines seiner Projekte verkaufen könnte, und wenn ihn dieses Gefühl ebenso getrogen hat wie damals, als er bei der Werbeagentur gekündigt hat? Er lacht, sich als Putzlumpen zu fühlen, schafft er mittlerweile schon ohne Silvia, über Jahre ihre aufbauende Art, das färbt ab.

Natürlich freut er sich nicht, daß es Silvia jetzt schlechtgeht, aber irgendwie sieht er mit einer gewissen Befriedigung dem Abstieg all dieser Leute zu, die dem Menem-Boom vertraut und alles darauf gesetzt haben, ohne sich auch nur einmal die Frage zu stellen, für wen sie eigentlich arbeiteten. Wochenendhaus, neues Auto, Ski fahren in Las Leñas, nach Miami reisen, um irgendwelchen Schnickschnack zu kaufen, Dollar, Dollar, Dollar, so grün wie das Moos, das sie ansetzten, das alles Frische an ihnen erstickte, denn früher einmal hatte nicht nur Silvia, hatten viele von ihnen noch an etwas geglaubt, Ideale gehabt. Aber er ist doch nur neidisch, meint Silvia, weil er nicht auf den Zug aufgesprungen ist und sich keinen günstigen Kredit gesichert hat.

»Irgendwann ist Schluß mit der Dollarparität, und dann will ich sehen, wie wir das alles bezahlen wollen, Silvia.«

Aber noch vorher waren sie selbst am Ende, keine Aufträge in Sicht, nichts. Die »Allianz« hat die Wahlen gewonnen, und der Dollar steht immer noch genauso, eins zu eins mit dem Peso, darin hat Silvia recht behalten. Kohle haben sie beide nicht, aber anders als sie hat Luis auch keine Schulden, da er auf Druck von Silvias Anwalt alles unterschrieben hat, alles für sie, die Wohnung, das Wochenendhaus mitsamt Kredit, du hast doch deine Produktionsfirma und deine Kunst, sagte sie zu ihm, die Kredite laß nur meine Sorge sein. Diesen letzten Satz scheint sie nun vergessen zu haben, denn jedesmal, wenn sie ihn anruft, erinnert sie ihn an die Tilgung für das Wochenendhaus. Das Haus verkaufen?, du bist verrückt, und Federico?, wenn du wenigstens an deinen Sohn denken würdest, er hat dort alle seine Freunde.

Manchmal gibt er Menem und seinen Anhängern die Schuld für das Scheitern seiner Ehe. Aber er weiß, daß einer wie Menem sich nur deshalb zehn Jahre halten konnte, weil viele Silvias und noch viel Schlimmere an diesen Traum – diesen Albtraum – glauben wollten, den er ihnen verkaufte. Luis ist nie darauf angesprungen, er weiß auch nicht, so war es eben, sonst hätte er nicht bei der Agentur gekündigt, dort waren ihm viele Tausend Dollar im Jahr ebenso sicher wie ständige Demütigungen. »Kreativer« war seine Berufsbezeichnung. Was kreierte er? Nichts. Aber seit er gekündigt hat, entstehen auf seinem Computer Ordner über Ordner mit immer wieder neuen Ideen, bei denen die Luft raus ist, bevor er sie überhaupt anpacken kann, ständig muß er überlegen, wie er Geld verdienen, die Produktionsfirma halten kann.

Liegt es an der Krise im Land oder an dieser inneren Leere, daß er nicht in seinen Film hineinkommt? Es gibt keine Entschuldigung: Besäße er noch dieselbe Leidenschaft wie damals, als er seinen ersten Kurzfilm gedreht hat, hätte er schon einen Weg gefunden.

Das Telefon klingelt, als er sich gerade den Regenmantel anzieht. Lieber nicht rangehen, mit so einer Laune kann man schlecht Werbung für sich machen, man verrät nur, wie es wirklich um einen steht. Das Telefon klingelt immer noch, und wenn es Fede von Buenos Aires aus ist?

Ana? In geflüstertem, trockenem Französisch gibt sie sich ihm als das Mädchen zu erkennen, das er im Le Latina getroffen hat, ob sie nicht etwas trinken gehen wollen, bevor er in sein Land zurückkehrt, sie will ihn ein paar Dinge fragen ...

Es ist nicht so eilig, zieht Ana sich zurück, als Luis vorschlägt, sie könnten sich in einer Stunde im Café de Flore treffen. Für ihn auch nicht, und auf spanisch: Aber ich würde mich sehr freuen, dich zu sehen.

Er duscht sich und wählt sorgfältig aus, was er anziehen will, die Boa, der Wurm sind besiegt. Endlich ereignet sich einmal etwas Positives, Aufregendes in seinem Leben.

»Im Grunde ist Luis ein Optimist wie sein Großvater. Es sind diese Zeiten, in die er hineingeboren ist, die ihn so in Verzweiflung stürzen.«

Seine Großmutter Rosa hat es ihm erzählt: Hernán Lasalle, einer der ersten Tangotänzer, war Milchbruder von Luis' Urgroßmutter.

»Milchbruder?« fragt Ana nach.

»Das bedeutet, daß sie dieselbe Amme hatten. Bei den Reichen wenigstens war das üblich, die Armen konnten wohl kaum eine Amme bezahlen. Du und ich, wir sind also ein bißchen verwandt.«

»Verwandt?«

»Nicht blutsverwandt, aber ein und dieselbe Brust hat unsere Ahnen genährt.«

»Ahnen, was für ein Wort.«

»Schon gut, Ahnen hast du, nicht ich. Die Reichen sprechen von ihren Ahnen. Deine Familie ...«

»Sag nicht meine Familie.«

»Hast du mir nicht gesagt, er könnte dein Urgroßvater sein, hat dein Vater dir nicht von einem Tangotänzer in eurer Familie erzählt?«

»Aber ich kenne diese Menschen doch gar nicht, sie sind nicht meine Familie.«

»Ich habe meine Urgroßmutter, die Milchschwester deines Urgroßvaters, doch auch nicht gekannt, und trotzdem ist das meine Familie, sie ist die Mutter meines Großvaters, so wie Hernán der ...«

»Das ist doch etwas anderes.«

»Warum? Das verstehe ich nicht.«

»Nicht so wichtig, erzähl weiter, das interessiert mich.«

»Wie gesagt, meine Urgroßmutter wurde im Haus deiner ... der Lasalles geboren und hatte ihr ganzes Leben lang eine sehr enge Verbindung zu ihnen. Das geht so weit«, Luis lacht, »daß ein gewisser Verdacht besteht ... Lassen wir das, ich will meine arme Urgroßmutter und deine Ahnen nicht in Verruf bringen für Sachen, die meine Großmutter Rosa sich so überlegt hat.«

»Rosa, was hast du Luis über mich erzählt?« fragt Asunción.

»Das weiß ich nicht mehr, ich habe den Geschichten, die ich ihm erzählt habe, etwas Würze verliehen, um sie spannender zu machen.«

»Was denn für ein Verdacht, sag schon, wen soll das schon noch kümmern, sie sind doch alle tot.«

»Tot? Das glaubt Ana vielleicht, im Tango haben wir Unsterblichkeit erlangt.«

»Sie hat den Verdacht geäußert, ich weiß noch, wie sie es mir im Flüsterton erzählt und mich gebeten hat, es niemandem weiterzusagen ...«

Ana wird fast neidisch, wie er sich lächelnd an sie erinnert: Was für eine wunderbare alte Dame ... und die Geschichten, die sie mir erzählt hat! Keine Märchen, Dinge, die wirklich passiert sind, na ja, vielleicht hat sie ihre Erinnerungen etwas ausgeschmückt. Als Kind war ich sehr beeindruckt von den Persönlichkeiten und Schauplätzen, die sie mit viel Liebe zum Detail vor mir hat erstehen lassen. Die Schauplätze! Da waren sie in ihrem Element.

»Aber Luis, du erzählst mir gar nicht das Geheimnis, diesen Verdacht, den sie hatte.«

»Tatarata! Mach dich auf etwas gefaßt, Ana, was ich dir jetzt erzähle, könnte bahnbrechend sein ...«

Ana würde ihn am liebsten bitten, nicht immer abzulenken, er soll es endlich sagen, raus damit, aber sie tut es nicht, eine Angewohnheit aus dem Tango, still auf den Impuls des Mannes warten und sich erst dann bewegen.

»Deine Großmutter hat dir offenbar die Tricks beigebracht, wie man seine Zuhörer bei der Stange hält.«

»Meine Großmutter hat mir vieles beigebracht, die Bewunderung für die Frauen zum Beispiel.«

Ana weicht seinem Blick aus, sie ist nicht gekommen, um

sich verführen zu lassen, sondern um etwas über die Familie ihres Vaters, die auch ihre ist, zu erfahren. Sie weiß nicht genau, woher diese Neugierde kommt – krankhaft, vielleicht –, aber seit ihrer Unterhaltung mit Luis vor ein paar Tagen taucht vor ihr immer wieder dieses Lächeln auf, mit dem er von diesem anderen Hernán Lasalle gesprochen hat, und sie fragt sich, wie jemand aus dieser durch und durch finsteren Familie solche Sympathie wecken kann. Vielleicht, denkt sie jetzt, weil er nur eine Figur aus den Geschichten aus Luis' Kindheit ist, so wie Ana sich an das Bärchen Pimpín erinnert, das in den Geschichten ihres Vaters vorkam. Doch mit ihren Fragen wendet sie sich lieber an einen Fremden als an ihren Vater. Darum hat sie beschlossen, Luis anzurufen.

»*Nur deswegen? Das glaube ich nicht. Luis gefällt Ana.*«

Gern würde sie sich in diesem Blick verlieren, diese so übertrieben gestikulierenden Hände auf ihrer Haut spüren, aber Ana hat sich entschieden, diese Tür nicht zu öffnen, vielleicht um sich vor dieser Welt, von der sie bis vor wenigen Tagen nichts wissen wollte und der Luis angehört, zu schützen. Ihn zu Rate ziehen wie eine Bibliothek, eine Internetsuchmaschine.

»Ich sage das im Ernst, sie hat es mir beigebracht, weil sie eine außergewöhnliche Frau war, vor allem, wenn du bedenkst, in was für einer Zeit sie gelebt hat.«

»Du wolltest mir etwas über deine Urgroßmutter verraten, nicht über deine Großmutter, wenn ich dich daran erinnern darf. Hinterher kannst du mir gern von deiner Großmutter erzählen.«

»Soll ich? Ich erzähle liebend gern die Geschichten meiner Großmutter. Aber in letzter Zeit nicht mehr, selbst das ist mir vergangen.«

Ein Schatten legt sich über Luis' Blick, nur kurz, dann verscheucht er ihn wie eine Fliege und hat sein Lächeln wieder. Er ist charmant, viel netter als Paul. Et très beau.

»Gut, meine Ana, es ist soweit, ich enthülle dir mein Geheimnis. Meine Großmutter hatte den Verdacht, ihr Mann, also mein Großvater, könnte der Sohn von Asunción und ... Hernán Lasalle sein.«

»*Aber wie kannst du so etwas sagen?*« *fährt Asunción auf.* »*Warum?*«

»*Manchmal kann eine Lüge etwas, das an der Wirklichkeit falsch ist, zurechtrücken. Ich habe es auch nicht behauptet*«, *verteidigt sich Rosa,* »*ich habe nur den Verdacht geäußert. Und dem kleinen Luis hat es so gut gefallen.*«

»*Mir gefällt es auch*«, *sagt Hernán.* »*Es hätte so sein können, wenn die Umstände uns nicht im Weg gestanden hätten. Wenn wir diesen Tango weitergetanzt hätten ...*«

Ana platzt heraus, wozu soll sie sich anhören, mit wem ihr Urgroßvater Kinder hatte, wenn sie bis vor kurzem noch nicht einmal von ihm gehört hat. Es ist Luis' Masche, sie immer erst etwas zappeln zu lassen.

»Das würde heißen, du und ich ...« Ihr Lächeln wächst an zu einem offenen Lachen. »Wo man nicht alles einen Cousin von sich trifft ... sogar im Le Latina.«

Nein, woher denn, er ist nicht ihr Cousin, er ist nicht mit Ana verwandt, dieser Verdacht ist sicher nur eine dieser Erfindungen seiner Großmutter. Der Vater seines Großvaters war so ein Hallodri vom Land, sie nannten ihn den Uruguayer.

»Und warum kommst du erst mit dieser Geschichte an, wenn du jetzt nicht willst, daß ich sie glaube?«

»Um deine Aufmerksamkeit zu gewinnen, dein Lachen, du bist so hübsch, wenn du lachst.«

So leicht entkommt er ihr nicht, nein, er soll ihr erzählen, warum seine Großmutter diesen Verdacht geschöpft hat, sie will die Wahrheit wissen, die ganze Wahrheit.

Er weiß es nicht, er kann sich nicht erinnern, daß sie ihm irgendeinen Grund genannt hat. Vielleicht hätte es ihr gefallen, wenn es so gewesen wäre. Sie mochte Hernán.

»*Ja*«, *sagte Rosa,* »*deshalb habe ich es wahrscheinlich gesagt.*«

»Aber dein Großvater hieß nicht Lasalle, Hernán war also ein übler Hund wie sie alle, er hat es sein Leben lang geleugnet.«

Sie bremst sich gerade noch, nicht zu sagen: So wie mein Großvater, der meinen Vater, meinen Bruder und mich geleugnet hat. Luis blickt sie neugierig an. Und sie: »Wie hieß dieser Kerl vom Land?«

»Keine Ahnung, er war immer nur der Uruguayer.«

»Wie hieß dein Großvater?«

»Montes, Juan Montes.«

»Du bist der Enkel von Juan Montes? Das kann ich nicht glauben! Oder ist das wieder so eine Erfindung deiner Großmutter, weil sie ihn bewundert hat?«

»Nein, im Ernst, Juan Montes war mein Großvater.«

»Dann hieß der Kerl aus der Vorstadt also Montes?«

»Nein, das ist eine lange Geschichte, und es geht hier doch nicht um meine Urgroßmutter, sondern um die Lasalles.«

»Erzähl sie mir trotzdem.«

»Die Einzelheiten kenne ich nicht, aber ... es muß in den letzten Jahren des vorvorigen Jahrhunderts gewesen sein, damals floh sie mit diesem Kerl aus dem Haus der Lasalles.«

»Das ist die offizielle Version, wahrscheinlich haben sie sie aus dem Haus der Lasalles geworfen, weil sie von Hernán schwanger war«, behauptet Ana kategorisch, die sich immer mehr in diese Geschichte hineinsteigert, sie zu ihrer eigenen macht.

»Zu lustig, Ana, meinst du nicht, es sollte umgekehrt sein?«

»Ich verstehe dich nicht.«

»Ich sollte diese Familie verfluchen, und nicht du, schließlich heißt du Lasalle. Und Hernán war einer wie du, ein großer Tangotänzer. Mir gefällt dieser Hernán.«

»Weil er deiner Großmutter gefällt, warum auch immer.«

»Das ist ein guter Grund, wenn sie ihn mochte, kann er kein so mieser Kerl gewesen sein. Als junges Mädchen war mit meiner Großmutter nicht zu spaßen, sie war eine Anarchistin, die für ihre Ideale kämpfte, sie wurde des Landes verwiesen.«

»Anarchistin?«

Luis' abwesender Blick, als redete er mit sich selbst: Anarchisten, Sozialisten, die ersten Aufstände gegen die Macht. Ich würde gern mehr über diese Epoche lesen, vielleicht würde ich dann begreifen, wie es so weit kommen konnte ..., daß unser Land so in der Scheiße steckt.

Daraufhin dieser unaufhaltsame Schwall an Frustrationen, der leidende Blick, die scharfe Falte in seiner Stirn, und diese geballte Ladung an Bitternis, an Sorge, die ihn in wenigen Minuten um Jahre altern läßt. Ana würde ihn aus Interesse gern das eine oder andere fragen über diese schrecklichen Jahre, wie Luis sie nennt, aber dann hievt sie ihn doch lieber aus der Stimmung, wie ihren Vater, wenn sich der Schatten der Vergangenheit über ihn legt. Sie unterbricht ihn mitten im Satz mit der vollkommen unvermittelten Frage: Und warum hieß dein Großvater dann Montes? War das der Nachname seiner Mutter? Oder willst du mir das noch nicht verraten?

Na also, von einem Augenblick auf den anderen ist der attraktive, verführerische Luis von vorhin wieder da.

»Wenn ich dir erzählen soll, warum er Montes hieß, würde ich das gern bei einem guten Essen und einer Flasche Bordeaux tun. Gehen wir?«

Sechstes Kapitel

Asunción wußte, daß Juan kommen würde, als der vom Río de la Plata herwehende Wind ihr Fenster aufstieß. Der Schmerz war nur kurz, aber heftig.

Der Uruguayer würde wer weiß wann zurückkommen, wenn überhaupt, denn seit ihr Bauch sich zu runden begonnen hatte, ließ er sich immer seltener in dem Zimmer blicken. Bis zu vier Tagen blieb er fern.

Wo sollte sie ihn suchen, mitten in der Nacht? Sie wollte nicht allein zur Hebamme gehen. Asunción setzte Wasser für Mate auf, und noch ehe es kochte, wieder dieser stechende Schmerz. Dabei hatte die Hebamme ihr doch gesagt, es würde im Dezember kommen, und der Oktober war noch nicht vorüber.

Sie würde zur Ecke vorgehen, die Pensionswirtin lieber nicht wecken. Jedesmal, wenn Doña Carmen schlecht über den Uruguayer redete, verteidigte Asunción ihn: Er ist eben so, er geht abends weg wie fast alle Männer, aber er liebt sie sehr, sonst hätte er nicht alles in Buenos Aires zurückgelassen, um mit ihr zusammen zu fliehen. Und warum heiratete er Asunción dann nicht, wie ordentliche Männer es tun? erwiderte Doña Carmen. Da ließ Asunción sie mit ihrer Frage stehen, wie sollte sie dieser verwelkten Frau die Beredsamkeit der Hände, der Küsse des Uruguayers erklären, wie die Hitze seines an sie geschmiegten Körpers beim Tangotanzen. Früher.

Wie lange hat er dich schon nicht mehr mit zu den lärmenden Festen mit seinen Kumpanen genommen, wo ich bis in den Morgen alle in Schwung gehalten habe? Monate.

Aber nach der Geburt würde alles anders werden, der Uruguayer würde an ihr die verlorene Taille wieder ertasten, würde sie wieder fühlen wie früher, mit ihr *medialunas* und *corridas* tanzen und sie vor den Männern herzeigen, wie es ihm gefiel.

»So kann ich nicht, Süße, du bist an allen Stellen gleich, ich kann dich nirgendwo anfassen«, verschmähte er sie, als sie auf dem Hochzeitsfest seiner Freunde unbedingt tanzen wollte.

Schade, daß der Uruguayer nicht spüren konnte, wie das Kind in ihrem Körper wuchs, so wunderbar, Asunción genoß es sehr. Ein süßer Schrecken, wenn es sich bewegte.

»Schau«, sagte sie eines Morgens begeistert und führte seine Hand an ihren Bauch, »spürst du die Beule an meinem Bauch, die kommt und geht?«

Das Leben dort drinnen grüßte sie beide, und der Uruguayer zog nur erschrocken die Hand weg. Laß den Unsinn. Vielleicht konnte er es nicht wie sie genießen, weil er ein Mann war, es geschah nicht in seinem Körper, entschuldigte sie ihn, aber wenn sein Kind erst geboren war, würde der Uruguayer es gewiß genauso lieben wie sie und bestimmt Abstand nehmen von dieser absurden Idee, Asunción müsse arbeiten, dasselbe machen wie mit ihm, nur mit anderen. Sie hatten sich entsetzlich gestritten an jenem Abend, als er sie zu der Mulattin Taica gebracht hatte.

Es hat dir schon gefallen, mit diesem Nordamerikaner zu tanzen, die Achten, die Drehungen, als sein Gesicht sich deinem genähert hat, doch als er dir mit der Hand in den Ausschnitt gefahren ist, hast du ihn gebissen.

Und wo hat der Uruguayer gesteckt? Draußen vor der Tür. Geh mit dem Ausländer mit, hat er ihr befohlen. Bist du verrückt? Ein feuchter Kuß in ihrem Nacken, am Ohr, die sich aufblähende Stimme: Du gehst mit ihm, meine Kleine, ich warte zu Hause auf dich, und wenn du zurückkommst, kriegst du von mir noch viel mehr, in den siebten Himmel will ich dich heben.

Noch nie war sie so schnell gerannt. Der Uruguayer hat sie an der Ecke eingeholt, ihr eine geknallt, als sie ihn beschimpft hat. Tagelang haben sie kein Wort, keine Zärtlichkeit gewechselt.

Sein Durst hat dich gedrängt, als die Gitarren mich im Patio der Pension zum Klingen gebracht haben, nur ein Lächeln, seine ausgestreckte Hand, schon hat sich euer Streit in der Umarmung aufgelöst. In mir gibt es keinen Groll.

Was kostet es dich, meine Kleine, was ist schon dabei, denk

nicht, mach es einfach, du bist mein, und niemand wird dich rauben. Sie würden ihre Schulden bezahlen können, beharrte er, seine Zunge an ihrem Hals, sparen, die Hand entdeckte zwischen ihren Schenkeln den Punkt allergrößter Lust, sag nicht nein. Irgendwann würde er eine gute Arbeit finden, etwas Besseres als diese Scheiße, die man ihm immer anbot, er knöpfte sich die Hose auf, dann würden sie eine richtige Familie. Es war egal, ob Asunción ihm glaubte oder nicht, ihre aufeinandergepreßten Münder und dieses Beben in ihrem Körper, ganz ihm gehörend, und ganz sich selbst.

Als er sie unter Druck setzte: entweder sie machte es, oder er würde sie verlassen, bat sie um Bedenkzeit, wie sollte sie auf dieses Gefühl der Wärme verzichten, das sie jedesmal durchströmte, wenn sie aufwachte und ihn schlafend neben sich liegen sah. Sie müßten ihre Pläne verschieben: Asunción erwartete ein Kind. Nein, Liebster, ich habe es nicht darauf angelegt. Ja, danach, später, ich verspreche es dir.

Aber wenn der Uruguayer alle diese Monate bei ihr geblieben war, wenn auch oft abwesend und ruppig, dann doch nur, weil er sie liebte, machte Asuncíon sich Mut, er würde schon noch zur Besinnung kommen.

Sie zuckte zusammen, was für ein brennender, heftiger Schmerz. Dann ihr Strahlen: Gleich würde ihr Kind geboren werden.

Sie legte sich den Schal, den Inés ihr geschenkt hatte, um die Schultern – ach, wäre Inés doch da, dann hätte sie keine Angst – und ging hinaus.

An der Ecke, wo der Uruguayer oft mit seinen Freunden herumstand, war er nicht. Zwei Straßenecken noch bis zur Schänke. Sie krümmte sich unter dem Schmerz, der harte Bauch, dieser kräftige Druck nach unten. Asunción lehnte sich an die Mauer. Schaffte sie es bis dorthin? Manchmal schaute er auch bei Rosendo, dem Schielauge, hinein. Hoffentlich fand sie ihn, hoffentlich. Ein Schritt und noch einer, dann mußte sie stehenbleiben, es brannte, bohrte, drückte.

Fühlen Sie sich nicht gut, liebe Frau? fragte sie der Mann, der gerade vorüberkam, und sie, danke, es geht schon, doch der bohrende Schmerz mußte ihr im Gesicht gestanden haben, denn auf einmal stützte der Mann sie, und sie sank an seine Brust wie beim Tango.

»Es kommt gleich.«

Die Hebamme wußte nicht, wer Esteban war, aber für Erklärungen war keine Zeit. Sie wies ihm einen Stuhl, auf den er sich setzen konnte, und ging mit Asunción ins Zimmer.

Ich bin niemand, hätte er ihr sagen wollen, als die Hebamme herauskam, um ihm das Baby zu zeigen: Ein Junge, kerngesund, aber er schwieg. Seine Frau schläft, wenn er will, kann er reingehen und sie sehen, aber wecken Sie sie nicht, Don ...? Woraufhin er Esteban sagte und auf Zehenspitzen hineinschlich, um sich das friedliche und erschöpfte Gesicht dieser Frau anzusehen, welche die Hebamme für die seine hielt und deren Namen er noch nicht einmal kannte.

»Hier, halten Sie ihn, er beißt nicht«, sagte die Hebamme, und schon hielt er ihn und betrachtete ihn mit einer Zärtlichkeit, von der er selbst nicht wußte, woher sie kam.

»Hübsch ist er, wie seine Mutter«, sagte Esteban.

»Ein Galicier!« wunderte sich die Hebamme, die geglaubt hatte, er sei ein Einheimischer, weil Asunción ihn immer den Uruguayer genannt hatte. Für die von der anderen Seite des Río de la Plata sind wir alle Uruguayer.

Er fand nicht die Gelegenheit, sie zu korrigieren: Ja, er war Spanier, aber nicht Galicier wie die meisten, sondern Asturianer.

Er solle jetzt besser gehen und am nächsten Morgen Asunción abholen kommen.

Esteban bedankte sich und ging rasch weg, bevor der Schwindel auffliegen würde. Warum hatte er sich als ihr Ehemann ausgegeben? Vielleicht, weil diese Frau so schutzlos wirkte, daß er dachte, sie habe keinen Mann. Sie hatte ihn überhaupt nicht erwähnt, nur die Adresse der Hebamme, und dann diese verzweifelten Augen, aus denen sie ihn angesehen hatte, als sie glaubte, es würde an Ort und Stelle, auf der Straße, geboren werden.

Jetzt mußte er ihren Mann suchen und es ihm sagen.

Ihn zu finden hatte ihn viel weniger Mühe gekostet als erwartet. Es kamen nur zwei Lokale in Frage, in denen der Uruguayer sich immer herumtrieb, ein liederlicher Kerl, wie Don Llende aus der Saftbar ihm sagte.

Bei der Mulattin Taica ist die Milonga auf dem Höhepunkt, als Esteban hereinkommt. Der, nach dem er sucht, ist gerade mit einer Frau in einem Zimmer beschäftigt, will er so lange tanzen? Sie hätte da ein paar süße Miezen, wenn ihm nach Tanzen ist, und … Nein, er kann nicht tanzen, er ist erst vor kurzem aus Spanien gekommen, entschuldigt er sich und kommt sich dumm vor, als er fragt, ob sie nicht vielleicht weiß, wann der Herr fertig ist. Das schallende Lachen der Frau ermutigt ihn nicht gerade, ihr den Grund seines Drängens zu nennen. Sie unterbreche ihre Kunden nicht, und falls er mit dem Uruguayer etwas auszumachen habe, das ist ein anständiges Haus, damit das klar ist, hierher kommen die Leute, um sich zu vergnügen und zu tanzen, und nicht, um sich zu prügeln, das hat sie auch schon zum Uruguayer gesagt: keine Waffen. Die Frau tastet ihn ab, prüft, ob er ein Messer trägt, dann ruft sie Hortensia: Bring dem Galicier was bei, hab Geduld mit ihm.

Esteban kommt nicht dazu, abzulehnen, da steht er nun und erregt mit seinen ungelenken Schritten das Gelächter der Gäste.

»Du hast mich gesucht?« fragt ihn ein großer, schöner Mann mit indianischen Zügen.

Er löst sich aus Hortensias Armen, winkt ihn an die Seite neben der Tanzfläche: Er ist gekommen, um ihm die Nachricht zu überbringen, daß seine Frau niedergekommen ist, sie befindet sich im Haus der Hebamme, der Uruguayer soll sie am Morgen abholen. Die funkelnden, stechenden, starr auf Esteban gerichteten Augen zwingen ihn, ihm die Umstände darzulegen, in die er sich wenige Stunden zuvor verwickelt gesehen hat.

»Wissen Sie, wo das Haus der Hebamme ist?« sagt der Kerl zu ihm und umarmt die Frau, die sich zu ihm gesellt hat.

Ja, in der... Aber der Uruguayer läßt ihn nicht ausreden, und mit höhnischem Grinsen: Dann gehen Sie doch zu ihr, wenn Sie schon so hilfsbereit sind. Und fort ist er, fädelt seine Schritte in die der Frau. Esteban steht am Rand der Tanzfläche, starr vor Staunen. Die Leute machen dem Uruguayer und seiner Partnerin Platz, ihre Schritte entlocken ihnen bewundernde Zurufe.

Er fühlt, wie die Wut durch seinen Körper kriecht, anwächst, sich verdichtet, zu physischer Gewalt wird und sich in dieser Faust sammelt, die er nun ballt. Seine Füße rücken in die Mitte der Tanzfläche vor, wo der Uruguayer sein Weibchen gerade in einer *quebrada* vorführt. Er packt ihn am Arm und zerrt ihn weg: Haben Sie mich verstanden? Ihre Frau...

Da zückt der Uruguayer ein Messer. Mich töten ist nicht die Lösung, Ihre Frau und Ihr Sohn warten so oder so auf Sie, doch das Messer kommt langsam, genüßlich auf Esteben zu, kitzelt ihn mit der Spitze, vom Gürtel hinauf zum Herzen.

Die erwartungsvolle Stille der Umstehenden scheint ihn anzustacheln. Die Gitarren sind verstummt. Man hört noch nicht einmal den Atem dieser aufeinander losgehenden Männer, Stille, als die Mulattin Taica an ihn herantritt: Sie hat ihm doch gesagt, daß sie keine Messer in ihrem Haus will. Der Uruguayer schubst sie weg, halt's Maul, Hexe, da auf einmal die Drohgebärde eines aus dem Nichts aufgetauchten Trumms von einem Mann, da hat die Taica ihr Gleichgewicht und ihren Zorn wieder: Der Galicier hat kein Messer, und wenn du ihn anrührst, wird dich das teuer zu stehen kommen.

Der Momo, Taicas Mann, sagt kein Wort, er läßt nur seine fast zwei Meter und seinen drohenden Blick wirken, was bei dem Uruguayer offenbar angekommen ist, denn der hat das Messer nun zur Seite genommen.

»Ich mache dich nicht zu Hackfleisch, der Taica zuliebe«,

leeres Gebell, »und jetzt hau ab, verschwinde dorthin, wo du herkommst.«

Die Taica gibt nicht Ruhe, bis sie gehen, sie sind hier nicht in Buenos Aires, also packt der Uruguayer die Frau neben sich am Arm, zieht sie zu sich heran: Du kommst mit mir. Ich will schon die ganze Zeit irgendwo anders mein Glück versuchen, wo die Leute noch Schneid haben.

Als sie Juan an die Brust legte, vergaß Asunción die schmerzliche Leere in ihrem Bett, die Worte dieses Mannes, der sie abgeholt hatte: daß der Uruguayer eine Arbeit in einem anderen Teil des Landes angenommen habe, und auch die Warnungen von Doña Carmen: Sie habe ihr doch gleich gesagt, daß er ein übles Geschmeiß sei, jetzt gab es für sie nur noch dieses rhythmische, leise Schmatzen des nuckelnden Mündchens, dieser glückliche Frieden gab ihr Halt.

Was sollte sie jetzt machen? Sie wußte es nicht, aber ihr Sohn, ihr Juan, sagte ihr, daß sie eine Lösung finden würde.

Sie mußte Doña Carmen bezahlen, sie schuldete ihr schon drei Monate. Sie würde ihr anbieten, das ganze Haus zu putzen, ihr Kleider zu nähen, um ihre Schulden abzubezahlen, bis sie Arbeit finden würde. Sie könnte Inés schreiben, bestimmt würde sie ihr helfen.

Seit sie weggegangen war, hatte sie nichts mehr von ihr gehört. In jener Nacht, als sie ihr beim Packen geholfen hatte, hatte sie ihr gesagt, sie beneide sie um ihren Mut, sie würde es niemals schaffen, sich ihrem Vater entgegenzustellen. Vielleicht hatte sie doch den Mut gehabt und war jetzt die Frau Miguel Rinaldis. Wohl kaum, bei dieser Familie. Trotz allem, was passiert war, fand Asunción, daß Inés recht gehabt hatte: Anders als Inés konnte sie tun, was sie wollte. Und sie genoß es in vollen Zügen. Der Uruguayer hatte sie verlassen, aber da war Juan. Das Leben pur.

Und Hernán? Eine leichte Rührung, wenn sie sich an den Abend erinnerte, an dem sie ihn zum letzten Mal gesehen hatte.

Was wohl aus Hernán geworden war? Auch wenn das, was er ihr in jener Nacht zu verstehen gegeben hatte, daß er sie liebte, aufrichtig gewesen sein mochte, hätte er niemals mit ihr leben können.

Im Grunde bemitleidete sie sie: Sie waren reich, schön, auf den ersten Blick stand ihnen alles offen, doch sie waren gefangen, wie ihr Sohn es niemals sein würde.

Esteban schlug ihr vor, zu heiraten und das Kind ins Familienbuch eintragen zu lassen, aber Asunción sagte ihm, dafür sei es zu früh, sie kannten sich kaum, und der Vater des Kindes könnte jederzeit zurückkehren, wie stellte er sich das vor, ihn als seinen Sohn eintragen zu lassen?

Es war nicht nur wegen Asunción, Esteban hatte dieses Kind seit dem Tag, als er sie bei der Hebamme abgeholt hatte, ins Herz geschlossen. Wenn Asunción ihr Leben lang weiter auf diesen Verräter warten wollte, war das ihre Sache, aber der Junge brauchte einen Namen.

Er war schon sechs Monate alt, als Esteban ihn ins Zivilregister eintragen ließ: Juan Montes. Klingt doch gut, nicht wahr?

»Ja, sehr gut«, sagte Asunción mit Tränen in den Augen. »Danke, Esteban.«

Sie schien ihn zu lieben, so, wie sie ihn anlächelte und ihm einen Kuß gab. Warum heiratete sie ihn denn nicht. Noch nicht, sie war sich nicht sicher. Auch dann noch nicht, als sie endlich bei Esteban übernachtete, nachdem sie Juans ersten Geburtstag gefeiert hatten. So anschmiegsam, so ... glühend war sie in dieser Nacht gewesen, aber nein, noch nicht. War es nicht unsinnig, daß sie mit Juan weiter in der Pension wohnte, wenn die Wohnung, die Esteban gemietet hatte, groß genug für sie drei war?

Er hatte Glück, alle seine Kunden empfahlen ihn weiter. Das ist nicht Glück, berichtigte ihn Asunción, sie fragen nach dir, weil du der beste Klavierstimmer bist. Sie bewunderte ihn, sie verbrachten so schöne Momente zusammen, und trotzdem nicht? Wartete sie etwa immer noch auf diesen schamlosen Kerl? Drei Jahre kostete es Esteban, bis er Asunción überredet hatte, bei ihm einzuziehen.

»Vorübergehend«, war ihre verletzende Antwort, »bis ich mit dem Nähen mehr verdiene.« Esteban wollte sich von dieser Bemerkung seine Freude, die beiden endlich bei sich zu haben, nicht verderben lassen. Er selbst hatte sie ermuntert, nichts anderes als Näharbeiten anzunehmen, Asunción war im Umgang mit Nadel und Schere eine Künstlerin. Dieses »vorübergehend« hatte sie nur gesagt, um sich zu verteidigen, seit der Erfahrung mit diesem Unmenschen war sie ein gebranntes Kind. Manchmal verhielt sie sich ihm gegenüber seltsam, einmal war sie gleich in die Luft gegangen und hatte tagelang kein Wort mit ihm geredet, nur weil er am Weihnachtsfest mit ihr nicht hatte Tango tanzen wollen. Esteban mochte diese Musik nicht. Aber das alles war nicht wichtig, er führte mit Asunción und Juan ein friedliches, angenehmes Leben.

Musik von Wilden hat Esteban mich genannt, vielleicht weil ich für ihn mit der Erinnerung an das Messer des Uruguayers behaftet war. Das ist nichts für uns, Asunción, hat er dir an jenem Heiligabend gesagt. Wie solltest du das Leben mit einem Mann teilen, der dich von mir fernhalten wollte? Vielleicht für dich nicht, mag sein, hast du ihm erbost entgegnet.

Der Junge war ein Sonnenschein. Immer zufrieden. So aufgeweckt, so intelligent. Esteban nahm ihn hin und wieder mit zur Arbeit, unglaublich, wie aufmerksam Juan zuhörte, wenn er ihm etwas erklärte. Beim ersten Mal, er war noch keine drei Jahre alt, wollte er ihn nur ablenken, damit er nicht schrie oder rumrannte wie sonst Kinder in seinem Alter und er in Ruhe das Klavier fertig stimmen konnte. Er hatte ihn kurz hochgehoben und ihn das offene Klavier bestaunen lassen, Juan war ganz still, ganz gebannt. Er protestierte erst, als er ihn wieder auf den Boden stellte. Daraufhin kletterte Juan aus eigenem Antrieb auf den Hocker, um keine Einzelheit von dem Spektakel zu verpassen: die Werkzeuge, die Tasten und der sich fügende Zusammenklang der Saiten, das Glänzen in den schwarzen Kinderaugen und diese angeborene Empfänglichkeit für Klänge. Sein Fingerchen, das an die Stimmgabel schlug: a, a, sang er nach. Da nahm Esteban ihn wieder und immer wieder mit und erklärte ihm alles, was er wußte. Immer wieder legte Juan die Hand auf die Tasten und fingerte sich eine Melodie zusammen, probierte an einem Werkzeug herum, und nun machten sie die Kontrolle nach dem Ende des Stimmens schon gemeinsam, und dabei ist Juan erst fünf. Die Klavierstimmer, nannten sie ihre Kunden im Scherz, aber er wußte, daß es so war.

Esteban war eigentlich sehr glücklich. Er hatte sich sein Leben nicht so vorgestellt, er hätte gern wirklich eine Frau gehabt und nicht nur eine hin und wieder, und mehr Kinder. Doch eines Tages würde Asunción schon erkennen, daß nicht alle Männer wie der Uruguayer waren, und dann würde sie ihn von sich aus heiraten und mit ihm eine vollwertige Familie sein wollen.

Er war ein guter Mann, und sicher hätte er seine Meinung mir gegenüber geändert, wenn er hätte hören können, was Juan, viele Jahre nachdem er ihm die Musik nahegebracht hatte, komponiert hat. Es hat wie eine Laune von dir gewirkt, Asunción, auch wenn es das nicht war. Immer wieder hast du ihn gedrängt, mich zu tanzen. Du hättest gern von ihm gehört: jetzt nicht, irgendwann vielleicht. Irgendwann vielleicht, das hast du immer wieder zu Esteban gesagt und ihn doch nie geheiratet. Du hast es bereut, aber da war es zu spät.

Als Juan geboren wurde, verspürte Asunción den Wunsch, Inés einen Brief zu schreiben. Sie tat es nicht, aus der Einsicht heraus, daß es das beste war, die unschuldigen Jahre in guter Erinnerung zu behalten. Doch als im Jahr 1907 diese Kugel des Polizisten aus Montevideo Estebans Leib traf, ihres lieben Esteban, ihres Gefährten, der ihrem Sohn ein so wunderbarer Vater gewesen war, den Gott ihr gesandt hatte, fühlte Asunción, daß sie in tausend Stücke zerbrach: Liebe Inés, hoffentlich erreicht Dich dieser Brief, wo auch immer Du jetzt wohnst.

In Buenos Aires hätte es ihm genauso passieren können, auch dort wurden die Demonstrationen niedergeknüppelt, und es fielen Schüsse. Aber Asunción war es egal, was man ihr sagte, für sie war dieses Land des Uruguayers das eigentliche Verhängnis, und nicht der von Polizeichef Jorge West befohlene brutale Übergriff, bei dem ein unschuldiger, fleißiger und ehrlicher Mann ermordet worden war, nur weil dieser sich dem Ruf nach Gerechtigkeit seiner anarchistischen Genossen angeschlossen hatte, und sie wollte das Leben ihres Sohns nicht gefährden.

Am 12. Februar erhielt sie Inés' Brief mit einer Einladung, am 14. schifften sich Asunción und Juan nach Buenos Aires ein.

Siebentes Kapitel

Sie weiß nicht recht, wie oder warum, aber Ana hat Luis zugesagt. Sie wird mit ihm diesen Film machen, die Idee wurde während ihrer Unterhaltung im Café de Flore geboren, Ana, begreifst du? Dieses Sprühen in seinem Blick, seit Jahren habe ich nicht mehr solche Begeisterung gespürt. Siehst du es nicht vor dir? Deine und meine Familie, das obere und das untere Ende der sozialen Skala, tanzen einen mehr als ein Jahrhundert alten Tango mit seinen Figuren und Stilen, *cortes* und *quebradas*, Aufforderungen und Abweisungen, der führenden Hand des Mannes. Das müssen wir zusammen machen.

»Wir werden alle in Luis' Film auftreten: Hernán, Asunción, Juan, Mercedes, ich.«

»Ich nicht.« Carlota, *betrübt.* *»Ich gehörte zu keiner der beiden Familien.«*

»Wer weiß. Wenn sie im Leben meines Vaters nachforschen«, muntert Mercedes sie auf, »werden sie dich finden.«

Aber wie soll ihre Mitarbeit aussehen, Ana schreibt nicht, dreht keine Filme. Sie kann recherchieren, das ist doch ihr Gebiet, nicht wahr? Sie weiß einiges über den Tango und tanzt wie eine Göttin. Und die Hauptsache: Sei dabei, wenn sich mit diesem Film ein Traum von mir verwirklicht, komm, du wirst es bestimmt nicht bereuen.

Irgend etwas in ihr sträubt sich gegen das, was Luis von ihr will. Da sitzt Ana nun vor dem weißen Blatt und versucht, ein paar Notizen aufs Papier zu bringen, bevor sie Remi treffen und ihr von ihrem Projekt erzählen wird. Ihr Projekt? Zum Glück kann man Luis' Auftrag an sie nach außen als Recherchejob darstellen, denn wie soll sie über das reden, was sie wirklich bewegt? Ich will wissen, was für Menschen sie waren, was sie getan haben, und wie es dazu kam, daß in meinem Vater solcher Haß, solcher Schmerz entstanden ist.

Sie hat Luis gleich am selben Abend zugesagt, aber sie muß noch etwas klarstellen: Sie hat schon einiges zusammen und kann noch mehr recherchieren, aber sie will auf keinen Fall übermäßig viel Zeit hineinstecken, sie hat genug zu tun. Sie denkt auch nicht daran, nach Buenos Aires zu fliegen, in Argentinien soll Luis recherchieren, und sie in Frankreich. Sie könnten über E-Mail in Kontakt bleiben, bis Luis wieder nach Paris kommt. In der Zwischenzeit will Ana für ihr Projekt ein Forschungsstipendium beantragen. »Ein einzigartiger Tanz, Buenos Aires und Paris«, als das würde sie es vorstellen.

Seine Mutter verstand nicht, wieso Luis sie extra aus Paris anrief, um sie nach Hernán Lasalle zu fragen, sie hatte ihn doch gar nicht gekannt. Ich brauche es für die Arbeit, sag mir alles, was du von damals noch weißt.

Jahre und Personen purzelten durcheinander, ihr Großvater als Kind, ihr Großvater in New York, in Paris, der Mann, der ihm in der Tanzakademie Arbeit gegeben hatte, sie erinnerte sich nicht an seinen Namen, Arolas, der ihn in sein Orchester aufnahm, der Klavierstimmer aus Asturien, Hernán Lasalle, der leidenschaftlich gern Tango getanzt hatte, seine Schwester Inés, Mercedes' Mutter, erinnerst du dich an sie? Sie war oft bei uns zu Hause.

Wenn er allein bei diesem Gespräch mit seiner Mutter schon Szenen, Bewegungen, Beleuchtungen, Klänge vor sich hat, wie wird alles erst Gestalt annehmen, wenn er Fotos sieht, mit den Leuten redet, tiefer in die Geschichte eindringt.

Von dem Drehorgelspieler hat seine Mutter ihm nichts erzählt, aber er sieht ihn vor sich, in seinem Film soll er Sozialist sein. Hernáns Schwester hat bereits ein Gesicht, und auch schon ihre matte und unnahbare Art. Arolas, der Bandoneontiger, mit seinen gestreiften Hosen und dem kurzen taillierten Jackett. Seine Großmutter Rosa in der Mietskaserne, und singend auf dem Schiff bei ihrer Rückkehr aus Galicien.

Berauscht von dieser Flut an Bildern, beschließt Luis, Alberto, seinen Partner in der Produktionsfirma, anzurufen. Er will mit ihm seine Freude teilen, er soll schon mal auf ihren Film anstoßen. Die Saga zweier grundverschiedener Familien, Anas und meiner – erklärt er Alberto –, und die Welt um sie herum, die Brücke schlägt der Tango.

»*Die Welt um sie herum, hat Luis doch gesagt. Du wirst auch vorkommen, Carlota.*«

»*Glaubt ihr, daß sie mich finden?*«

»*Wenn sie dich nicht finden, Carlota, werden sie dich erfinden.*«

Alberto versteht nichts, wer ist Ana. Er hat sie hier kennengelernt, in einem Tangolokal, sie ist eine Nachfahrin von ... eine lange Geschichte, er will sie ihm erzählen, wenn er zurück ist. Er wollte ihm nur schon mal sagen, daß er es hat, endlich hat er es gefunden, dieser Tango ist die Geschichte von Buenos Aires, samt seiner explosiven Mischung aus Einheimischen und Einwanderern, Kämpfen, Rindern, Verrat und Leidenschaft, ich sehe es vor mir, noch heute abend setze ich mich hin und schreibe das Exposé, ihr sollt es noch vor meiner Abreise bekommen. Aber Alberto ist in Buenos Aires, steckt in diesem Sumpf wie er selbst bis vor wenigen Tagen: Du bist nicht nach Paris gereist, um herumzuspinnen, wenn die Franzosen kein Geld lockermachen, sag mir bitte, wie du, dein Sohn, meine Frau, meine Kinder, ich, wie wir die nächsten Monate überstehen sollen. Turtle meinetwegen mit dieser Kleinen, laßt euch über eure Verwandtschaft aus, aber verkauf die Dokumentarfilme.

Luis beruhigt ihn: Sie werden die Dokumentarfilme schon machen, dann verabschiedet er sich. Der springt schon noch drauf an. Alberto ist ein toller Typ, einer, der immer an etwas geglaubt hat, das wird schon noch so sein, auch wenn er in den letzten Jahren einen Mühlstein um den Hals hatte. Genau wie er, aber das ist vorbei, jetzt ist er ganz in seinem Film, der dort in seinem Notebook wartet.

Fast hätte er ihn daheimgelassen, Luis reist gern mit leichtem Gepäck, und während er ihn nun einschaltet, denkt er, daß er ihn wohl mitgenommen hat, weil er das, was nun geschieht, doch im Gespür gehabt haben mußte: diese Schmetterlinge im

Bauch, diese Erregung, mit der er vor dem Computer sitzt und es nicht erwarten kann, die Bilder auszugestalten, die Geschichte aus sich herauszuschreiben, die er in seinem Film erzählen will. Die Fingerkuppen, ihre zärtliche Entschlossenheit zu jedem Buchstaben, die Buchstaben, die sich zu Wörtern verbinden, die Wörter zu Sätzen, aus denen schließlich ein kompliziertes Gewebe aus Bildern und Klang, Bewegungen und Standbildern, Blicken und Stille wächst. Nun steht er vor der ersten wichtigen Entscheidung, muß festlegen, womit die Geschichte beginnen soll. Mit den Alten? Mit der Hauptfigur in den zwanziger Jahren? Oder mit den Zeitgenossen, mit ihnen selbst, Ana und ihm?

Die Beine einer jungen Frau beim Tangotanzen. Ja, der Film soll damit beginnen, wie Ana im Le Latina tanzt. In einer anderen Szene betrachtet die Frau ein altes Foto, sieht es sich genau an, das Foto löst zwiespältige Gefühle in ihr aus. Es ist ihr Urgroßvater, Hernán Lasalle, einer aus dem Teil der Familie, der dort geblieben ist, in dem vergessenen Land, was es für Ana ja ist.

Als Luis fallenläßt, daß er bei der Besprechung am folgenden Tag ein neues Projekt vorstellen will, wird Philippe ärgerlich. Schließlich hat er sich bei der Produktionsfirma für seine Dokumentarfilme eingesetzt, dafür sollen sie ihm Geld geben, wir machen das nicht zum Spaß, Luis. Philippe hat recht, er ist in Paris und nicht in Buenos Aires, plötzlich etwas anderes zu wollen, wenn die Sache einmal in Gang gekommen ist, bringt nur alle in Aufruhr.

Später, beim Essen, in einem anderen Ton und nachdem er Philippe sein Wort gegeben hat, bei der Besprechung nichts anderes als das Vereinbarte anzusprechen, erklärt er ihm, daß man in der Gesellschaft, in der Luis lebt, unentwegt von einem Projekt zum nächsten springt, von einer Pleite in die nächste, zum Stehaufmännchen wird: allen Niederlagen zum Trotz mußt du immer wieder auf die Beine kommen, und dann noch die täglichen Ohrfeigen, weil alles sich permanent ändert und das, was dir gestern versprochen wurde, heute nicht mehr gilt, du darfst dich auf nichts versteifen, mußt dich von Tag zu Tag auf neue Bedingungen einstellen, wenn nicht, hast du nichts zu beißen. Darum hat er sofort gedacht, er darf nichts unversucht lassen. Er ist in Übung, er kann die Dokumentarfilme drehen und gleichzeitig das Drehbuch zu seinem Film schreiben, er erfüllt den Vertrag schon, keine Sorge, schreiben wird er in seiner freien Zeit.

»Ich habe auch eine Weile lang alles gemacht, habe jeden Auftrag angenommen, den man mir angeboten hat«, sagt Juan »aber in einer anderen Zeit. Damals war es uns nicht bewußt, aber wir waren in den zwanziger Jahren in einer glücklichen Lage. Armer Luis, es muß schlimm sein, so sehr fürs Überleben kämpfen zu müssen, daß keine Zeit für Kreativität bleibt.«

»Aber Luis läßt sich von den Umständen nicht unterkriegen, er ist wie du, Juan, am Ende bekommt er, was er will.«

Philippe ermutigt ihn: Die Krise geht vorbei, und seine Projekte kommen voran, er wird schon sehen, warum erzählt er ihm nicht von seiner neuen Idee.

Er findet nicht so recht den Anfang, denn was er am Abend zuvor geschrieben hat, ist viel zuwenig, aber während er redet, wächst dieser Film wie aus sich selbst heraus, wie ein Zug, der sich im Fahren seine eigenen Gleise legt, und als der Kaffee kommt, sehen sie ihn beide vor sich.

Warum gleich zu ihrem Vater gehen? Sie hat die Universitätsbibliothek, Suchmaschinen im Internet, Tangospezialisten, und Luis kann ihr noch viel mehr erzählen, hat er ihr an diesem Abend jedenfalls gesagt, sprudelnd vor Begeisterung, ein einziger Schwall an Worten, Bildern, er selbst ist kaum hinterhergekommen, sie alle einzufangen und in eine Ordnung zu bringen. Luis' Begeisterung war so anders als die ihre, die etwas versteckter war, nicht so unbeschwert, etwas trieb sie, hinter die Geschichte dieser Familie zu kommen, hinter die Herkunft dieses Menschen, der sie ihrem Schicksal ausgeliefert und ihnen die Hilfe verweigert hatte, »weil ich mich nicht zum Komplizen von Subversiven machen will«. Ihre Mutter hat es ihr so oft erzählt, daß sie schon glaubt, selbst ihren Großvater César diesen Satz sagen gehört zu haben. Aber vertu dich nicht, Ana, Subversion ist ein schönes Wort, auch wenn dein Großvater es als Vorwurf gemeint hat, Subversion heißt Revolution.

»César kam nach Leonor«, sagt Asunción überzeugt.

Um acht habe ich in der Nähe eine Verabredung, schiebt sie als Grund vor, um kurz bei ihnen vorbeizuschauen, was gibt es Neues von ihrem Bruder, wie ist es in der Praxis, Mama, mal wieder irrsinnig viel los, und ach, Papa, was ich dich fragen wollte, weißt du, wer Juan Montes war?

»Ein Tangokomponist«, ohne den Kopf von der Zeitung zu heben.

»Hast du ihn gekannt?«

Warum ihn herausfordern, warum unliebsame Erinnerungen wecken, wenn er ihn gekannt hat, dann über seine Familie. Ihr Vater sieht sie fest an, er würde wohl gern wissen, was diese Fragerei soll: Nein, habe ich nicht. Ich erinnere mich nicht. Warum? Einfach so, lügt sie, es interessiert mich, ob du als junger Mann seine Musik gehört hast, ob er berühmt war. Hernán ist wieder hinter seiner Zeitung verschwunden, was Marie gleich zu einer ihrer Bemerkungen ausnützt: Für Tango hatten wir in unserer Jugend nun wirklich nichts übrig, wir hatten andere Sorgen, waren politisch engagiert. Hernán hat von der Zeitung wieder aufgeblickt und sieht sie aufmerksam an. Juan Montes, hast du gesagt? Ja, Juan Montes. Bei ihnen zu Hause hätten sie tatsächlich seine Platten gehört, seinem Vater habe er gefallen.

»Du hast mir mal gesagt, daß dein Vater sehr gut Tango getanzt hat.«

Marie sieht sie tadelnd an, weiß sie nicht, wie schmerzhaft diese Gespräche über die Familie für ihren Vater sind? Trotzdem muß sie es wissen, schließlich ist auch sie eine Lasalle, sie ignoriert ihre Mutter einfach.

»Ja, als er noch kein Arschloch war, tanzte er sehr gut Tango, später vielleicht auch noch, das weiß ich nicht, ich habe ihn seit fünfundsiebzig nicht mehr gesehen.« Er wendet sich schon zum Gehen, bleibt aber im Türrahmen stehen. »Und weißt du, Ana, was für ein Zufall, mein Vater kannte Juan Montes. Aber sie waren nicht befreundet, um sein Freund werden zu können, mußte man ein Stück Scheiße mit Macht sein.«

Ana würde ihn gern umarmen, ihn um Verzeihung bitten dafür, daß sie die Gemüter so heftig erregt hat, aber dann schweigt sie lieber doch und sagt zu Marie, daß es ihr leid tut und sie nicht daran gedacht hat, und ihre Mutter nur, sie soll unbesorgt sein, er wird es schon verwinden, woher hätte Ana wissen sollen, daß der Unsägliche Montes gekannt hat.

Dabei hat sie es vermutet, wollte nur Gewißheit haben. Obwohl es sie schmerzt, daß sie ihrem Papa die Stimmung verdorben hat, fühlt sie sich besser. Jetzt ist es ausgewogen, und es gibt einen Anknüpfungspunkt, Luis' Familie sagt der Name Hernán Lasalle etwas, und der Familie Lasalle der Name Juan Montes.

Der Wein, das Bœuf Bourguignon, die wenigen ihnen bekannten historischen Personen verschwimmen mit denen, die in Luis' Kopf entstehen. Ana hat im Internet eine Menge Informationen über Juan Montes gefunden, sie weiß nun, neben dem, was Luis ihr kürzlich über ihn erzählt hat, wie weit er es als Musiker gebracht hat, aber sie will noch mehr Material suchen. Der Uruguayer sagt Luis überhaupt nichts, er wüßte nicht, daß sein Großvater ihn irgendwann einmal aufgesucht hätte.

Schon auffallend, daß Juan erst in seinen letzten Lebensjahren darüber sprach, wieviel er seinem Vater verdankte, wobei er nicht den Uruguayer meinte, sondern diesen Asturianer. Und das, obwohl meine Urgroßmutter ihn nie geheiratet hat, aber wie pflegte meine Großmutter zu sagen, manche Geheimnisse nimmt man mit ins Grab.

»Sie hat ihn nicht geheiratet, weil sie noch immer in Hernán verliebt war«, spekuliert Ana. »Die Liebe hielt damals ein Leben lang.«

»Du denkst, meine arme Urgroßmama und überhaupt alle Frauen müssen in Hernán Lasalle verliebt gewesen sein, nur weil du ihn dir wie deinen Vater vorstellst.« Ana gelingt es nicht recht, zu lächeln. »Aber das stimmt nicht, da kann meine Großmutter erzählen, was sie will. Hast du denn zu Hernán auch Material gesucht?«

»Nein, welche Bedeutung hat er schon für den Tango, er hat nur getanzt.«

»Nur getanzt?« sagt Carlota. »Das findet sie also wenig? Entschuldige, Hernán, aber deine Urenkelin ist mir unsympathisch.«

Luis findet Anas Verachtung nicht richtig: Hernán persönlich nicht, aber viele wie er trugen dazu bei, daß der Tango aus den Bordellen und Spelunken herausfand und schließlich überall getanzt wurde. Doch Ana ist nicht einverstanden, Tango ist die Musik des Volkes, Luis' Zurechtweisung verstimmt sie.

»Du brauchst dir nur anzusehen, wem viele der frühen Tangos gewidmet sind.«

»Jedenfalls soll Juan die Hauptfigur sein, oder?«

Luis findet nicht, daß die eigentliche Hauptfigur seines Films Juan sein soll, oder irgend jemand anderes wie Asunción, Hernán, der neapolitanische Drehorgelspieler, der Messerheld oder die unverzichtbare Vergnügungsdame, die Hauptrolle soll der Tango selbst haben, als Gewebe all dieser komplizierten Beziehungen, als Umarmung aller Unterschiede.

»Juan hat bei dem Asturianer viel über Musik gelernt. Und danach? Wann war seine erste Begegnung mit dem Tango?« fragt Ana.

»Eine Weile hat er als Zuhörer weitergelernt, bis er selbst Stunden bekam.«

»Als Zuhörer?«

»Ja, er hörte bei den Klavierstunden der Tochter deiner... ist es deine Urgroßtante? ... zu, der Tochter von Hernán Lasalles Schwester, Mercedes hieß sie. Ich kannte sie noch.«

»Mercedes?« Wissensdurstig. »Mercedes, und weiter? Hat Hernáns Schwester in Montevideo gelebt?«

»Nein, wie kommst du darauf, sie soll im Socorro-Viertel in Buenos Aires gewohnt haben.«

Luis spürt so etwas wie Zuneigung zwischen ihnen, eine still-schweigende Komplizenschaft. Es wird Zeit, aufzubrechen, für den nächsten Tag ist er mit Philippe verabredet: Ich will ihn davon überzeugen, unseren Film zu produzieren, wollen wir zusammen mit ihm sprechen?

»Morgen kann ich nicht, mein Freund kommt aus London zurück.«

Während sie die Straße entlanggehen, ist Luis die Lust am Lachen und Scherzemachen vergangen.

»Ist etwas?« fragt Ana.

Nein, nichts, hat sie mit ihrem Freund nicht Schluß ge-macht? Ana schüttelt den Kopf. Das hat sich aber anders an-gehört, als sie sich kennengelernt haben. Kann schon sein, wenn Paul sie nicht anruft, wird sie jedesmal wütend auf ihn, aber dann wird ihr wieder klar, daß er einfach sehr beschäftigt ist, mit echter Leidenschaft bei seinem Beruf, und sie sich manchmal wie eine dumme Gans benimmt. Jetzt ist mit Paul alles wieder gut, und zu seiner Rückkehr haben sie einen be-sonderen Abend geplant.

»Solltest du aus irgendeinem Grund deine Pläne ändern, sag Bescheid. Ich reise am Sonntag ab.«

Er rufe von einer Telefonzelle aus an, er habe nicht bis zur Ankunft im Hotel warten können, sagt er ihr. Er sei ganz aus dem Häuschen: Philippe ist an unserem Film interessiert, er will, daß ich ihm so bald wie möglich etwas dazu schreibe. Wann sehen wir uns?

An diesem Abend, wie gesagt, nicht. Sie könnten sich für den Tag darauf verabreden, auch wenn sie da auch schon einen Ter-min hat.

»Unser Film interessiert dich also nicht.«

Sie weiß nicht, ob es sie wütend machen soll, daß er so mit ihr redet, als müßte sie für Luis' Film alles stehen- und liegenlassen, oder ob sie sich geschmeichelt fühlen soll, daß er sie einbezieht, von »unserem« Film spricht. Doch als sie am Samstag abend, nachdem sie stundenlang mit Luis geredet hat, spät, zu spät zu Paul nach Hause kommt, ist sie guter Stimmung.

»Eine anspruchsvolle, aber interessante Arbeit«, erklärt sie ihrem Freund, und sie wird nicht in sich gehen und nachforschen, warum sie das Gefühl hat, daß sie etwas verbirgt, daß sie lügt.

Das Flugzeug hebt ab, und Luis lächelt. Er hat sich für diese Reise nichts weiter vorgenommen, als die Dokumentarfilme zu verkaufen. Nichts im Vergleich zu dem, was er mitbringt. Und dann Ana. Ana, wie sie mit ihm spricht, Ana, wie sie mit ihm tanzt, Anas Beine, Ana, wie sie ihn am letzten Abend angelächelt hat.

»Luis ist dabei, sich in deine Urenkelin zu verlieben, Hernán«, sagt Asunción. »Rührt dich das nicht?«

»Hoffentlich tut Ana ihm nicht dasselbe an wie du mir. Nicht daß er warten muß, bis er zu uns in den Tango-Himmel kommt, um seine Liebe zu leben.«

Aber besser gar nicht erst zu viele Gedanken an sie verschwenden, nicht nur weil sie einen Freund hat, nein, vor allem will er nicht seinen Film aus den Augen verlieren, jetzt, da er endlich wieder Lust zu etwas hat, sich wieder kreativ fühlt, davon überzeugt ist, daß seine Arbeit ihn in jedem Sinne erfüllt und er mit ihr sogar genug verdienen kann, daß Fedes Unterhalt gesichert ist und Silvia Ruhe gibt … und er nach Paris reisen und Ana besuchen kann.

Sie hat es in keinem Buch gelesen, ihr ist auch kein Foto von damals in die Hände gefallen, es gehört noch nicht einmal zu ihrer Rechercheaufgabe, und trotzdem sieht Ana es in aller

Deutlichkeit, so als würde es sich vor ihren Augen abspielen. Ein mit malvenroter Seide tapeziertes Musikzimmer, einen Flügel, ein Mädchen von zehn, elf Jahren, das genauso aussieht wie sie in dem Alter, nur mit Locken, was für ein hübsches Spitzenkleid, einen jungen Klavierlehrer mit Brille, und seitlich dahinter, zusammengekauert in einem Sessel, Juan, seine glänzenden schwarzen Augen. Was spielt Mercedes? Eine Mazurka, einen Walzer?

Zweiter Teil
Alte Garde

Achtes Kapitel

In das malvenrot tapezierte Musikzimmer einzutreten ist allein schon eine Freude. Und das liegt bei weitem nicht nur an der eleganten Einrichtung, den wirkungsvoll im Raum aufgestellten Objekten, dem weichen Licht, das durch die Fenster fällt, dem prächtigen Flügel. Jordi Torrents hat viele prunkvolle Musikzimmer kennengelernt, seit er zum Klavierlehrer en vogue für die höheren Töchter in Buenos Aires geworden ist, aber in keinem fühlt er sich so behaglich wie in diesem. Und so läßt Jordi sich verleiten und spielt, im vollen Bewußtsein, daß es nicht hierher paßt, seinen Schülern eine neuartige Musik vor. Die Noten von *El choclo* perlen durch den Raum.

Es liegt an diesem Mädchen, an Mercedes Ponce Lasalle, ganz anders als seine anderen Schülerinnen gibt sie ihrer kleinen Welt eine Ahnung von Freiheit, legt die herrschenden Gesetze vollkommen unbekümmert nach ihren Bedürfnissen aus.

In der ersten Stunde hat Mercedes ihm mitgeteilt, Juan, ein Freund, würde bei den Klavierstunden dabeisein. In der dritten hat sie Juan ans Klavier gebeten, damit Jordi ihm erklärt, wie man die Finger für ein Arpeggio aufsetzt. Über ein Jahr ist vergangen, und niemand stellt mehr in Frage, daß er der Lehrer der beiden Kinder ist, noch nicht einmal diese herbe Frauensperson, Mademoiselle Duval: Was hat der Sohn des Nähmädchens in der Klavierstunde zu suchen? Mercedes hat es geschafft, ihr den Mund zu verbieten, nachdem sie eines Nachmittags ihre Mutter in die Klavierstunde eingeladen hat, damit sie Juan spielen hört. Ist er nicht ein Genie, Mama? Die Señora de Ponce, wie schön sie ist, hat erweicht gelächelt und ihm zum Monatsende das doppelte Honorar gezahlt.

Und es liegt an diesem Jungen, Juan, der ebenso begabt wie beharrlich ist und wie ein Schwamm gierig alles aufsaugt, und dann diese unverstellte Glückseligkeit, die er beim Spielen ausstrahlt.

Nie wäre es Torrents eingefallen, zu Hause bei einer Familie einen Tango zu spielen, das ist eine Verfehlung, die ihm die Stelle kosten kann, aber diese beiden so besonderen Kinder, ihr Zutrauen, ihre kindliche Weisheit verleiten ihn dazu, jetzt auch noch *La guiñada* von Agustín Bardi zu spielen.

Beide stehen je auf einer Seite des Klaviers, als Jordi die Schlußakkorde anschlägt und sie gespannt anblickt. Er weiß: diese Kinder wird der Tango nicht ungerührt lassen.

»Wunderschön, wie eine überschäumende Welle!« Alles erscheint ihm unbedeutend neben diesem Blick, gefangen im Körper einer Elfjährigen. Sie müssen uns versprechen, daß Sie es uns beibringen, bitte. Und Juan, mit der Überzeugung des zu etwas Berufenen: Ich will diese Musik spielen.

»Wenn ihr brav seid, bringe ich euch irgendwann mal die Noten mit.« Der Zeigefinger auf den Lippen, zum Schweigen mahnend: »Aber kein Wort, das ist ein Geheimnis zwischen uns dreien.«

Die Klänge einer Drehorgel brachen in die Stille des Socorro-Viertels ein. Inés trat ans Fenster und überzeugte sich, daß der Drehorgelspieler nicht Miguel Rinaldi war.

Vielleicht war es nur diese in die Herbstabende sickernde Wehmut, die ihr die Kehle einschnürte. Wie konnte sie sich nach einem Leben sehnen, von dem sie gar nicht wußte, was es ihr bereitgehalten hätte?

»Das Leben ist nicht so, wie wir damals geträumt haben«, hatte Asunción vor ein paar Tagen zu ihr gesagt.

Sie mußte es wissen, mit ihrer Erfahrung.

Aber was spielte es für eine Rolle, was aus ihrem Leben geworden wäre, wenn sie Miguel geheiratet hätte. Auf ihre Weise lebte Inés mit ihm. Spazierte an Miguels Arm durch die Straßen von Buenos Aires, lachte wie damals, als sie zum erstenmal eine elektrische Straßenbahn gesehen hatten, picknickte mit Miguel und ihren Kindern in einem Park. Und auf der Terrasse ihres Hauses in Mar del Plata, mit Blick aufs Meer, diese süßen und schwärmerischen Gespräche.

Miguel hatte sich während einer von Vicentes langen Abwesenheiten in ihr Leben geschlichen: Du bist noch immer das hübscheste Mädchen auf der ganzen Welt, hatte er ihr gesagt. In jener Nacht liebte er sie in zärtlichem Ungestüm, und am Tag darauf wurde ihm warm ums Herz, als Inés ihm mit lauter Stimme einige der *Grausamen Geschichten* von Villiers de l'Isle-Adam übersetzte. Die Schuld stach sie an dem Tag, als ihr Sohn Francisco seine ersten Schritte machte. Inés wünschte, Vicente sähe ihn, aber er war nicht da, und da ließ sie sich zu diesem Bild hingleiten: Miguel, der seine Arme ausbreitete und ihren Sohn zu sich rief, beide so glücklich ... Wie konnte sie träumen, ihr Kind hätte einen anderen Vater, sie einen anderen Mann? Sie nahm allen Mut zusammen und beichtete, der Pfarrer erlegte ihr drei Vaterunser und drei Ave-Maria als Buße auf, vielleicht hatte er ihr auch gar nicht zugehört, doch Inés befand, es sei eine läßliche Sünde, und jedesmal, wenn sie ohne zu wollen in dieses Leben mit Miguel abglitt, betete sie eben zur Buße. Seit Jahren tat sie auch das nicht mehr, Miguel war Teil ihres Lebens, wie die Romane, die sie las, die Kinder, die Feste, die Empfänge, die Sonntagsmesse, die Reisen aufs Landgut, die Sommerfrische in Mar del Plata, ihr Ehemann. Sie konnte alles mit Miguel teilen.

»Mit deinem Miguel«, hatte Asunción zu ihr gesagt, als sie davon erfuhr. »Wie du ihn dir erfindest, wer weiß, wie Miguel jetzt ist, was noch übrig ist von dem jungen Drehorgelspieler, in den du dich vor Jahren verliebt hast.«

Jahre her war auch Miguels vermessene Forderung bei ihrer letzten Verabredung, sie solle ihrem Vater gegenübertreten. Inés wußte, daß es sinnlos sein würde, daß ihr Vater ihm niemals die Gelegenheit geben würde, um ihre Hand anzuhalten, daß er mit ihm noch nicht einmal reden würde. Diese letzte Verabredung löschte sie aus ihrem Gedächtnis, sie behielt das Lächeln im Park, diese heimlichen Küsse und die Wärme seiner Hand, und schuf sich ihren imaginären Gefährten. Damit war sie zufrieden, ihre Träume von Miguel hatten ihr schon sehr geholfen, sie litt nicht mehr unter Vicentes Art wie in der ersten Zeit. Eine würdige, stilvolle Schwermut.

Liebst du Vicente noch, wollte Asunción wissen, und sie hob die Schultern: Ja, irgendwie schon, er ist mein Mann. Aber das, was sie bei dem Festessen zu Vicentes Ehren gedacht hatte, stimmte: sie interessierte sich nicht im geringsten für das, was er tat. Nicht mehr, eine Zeitlang hatte sie sich bemüht, aber seit er nicht mehr in ihr Zimmer kam, um ihre Nähe zu suchen, hatte sich Inés nach und nach der Gleichgültigkeit ihres Ehemanns angepaßt. Wie viele Male: Hörst du mir zu, Inés? Und sie: Er solle es bitte noch einmal sagen, sie sei mit ihren Gedanken woanders, bei der Lektüre gewesen.

Keiner verlangte mehr etwas vom anderen: Sie nicht seine Anwesenheit, seine Zuwendung, und er nicht, daß sie wie andere Damen der Gesellschaft an den Wohltätigkeitsveranstaltungen teilnahm, mehr Sozialleben pflegte. Ihre behutsamen Umgangsformen errichteten zwischen ihnen eine Routine aus Abendessenseinladungen, Festen, unerläßlichen gesellschaftlichen Verpflichtungen und einmal im Monat einen Empfang. Daß Inés bei diesen Zusammenkünften kaum redete, erregte kein Aufsehen mehr. Sie war so: absonderlich, alle sagten das.

Sie wehrte sich nicht im geringsten dagegen, daß die Wirtschafterin Emilia, die ihre Schwiegermutter ihr bei ihrer Heirat vorgesetzt hatte, fast alles im Haus entschied. Es war für sie bequem; bis Asunción aus Montevideo kam, besprach Inés sich nur mit dem Gärtner und Mademoiselle Duval, der Lehrerin, als ob die Pflanzen und die Erziehung ihrer Kinder das einzige gewesen wären, bei dem die Señora de Ponce etwas mitzureden hatte.

Emilia sah sie mißbilligend an, als Inés ihr vorschlug, Asunción anzustellen, jeden Nachmittag die anfallenden Näharbeiten zu verrichten. Sie hatten keinen Bedarf, diese Aufgabe erledigte María, eines der Dienstmädchen.

»Asunción wird meine Privatschneiderin sein, sie wird jeden

Tag kommen«, setzte Inés durch. »Sorgen Sie dafür, daß sie einen guten Lohn bekommt.«

Zum erstenmal traf sie bei der Führung ihres Haushalts eine Entscheidung. Übermütig, wie wenn sie etwas Unerhörtes ausgeheckt hätte, schmiedete Inés Pläne: Sie würde exklusive, importierte Kleider kaufen und vorgeben, Asunción hätte sie gefertigt, sie würde Hernán bitten, ihr alle französischen Modezeitschriften zu schicken, Asunción könnte dann gleich ans Werk gehen und unter strenger Geheimhaltung die Modelle nachnähen, gemeinsam würden sie losziehen und die ausgefallensten Stoffe kaufen, und bald könnte Asunción aus der Pension, in der sie mit ihrem Sohn untergekommen war, ausziehen und ein Atelier für Haute Couture aufmachen. Asunción stimmte sie um: bei ihr als Näherin zu arbeiten sei ihr genug. Auch wolle sie nicht, sie solle sie nicht falsch verstehen, daß Inés sich zuviel im Nähzimmer aufhalte, sie unterhalte sich zwar sehr gern mit ihr, aber damit würde sie sich nur Probleme mit den anderen Hausangestellten einhandeln. Asunción wollte jeden Tag, bevor sie ging, einen Moment bei ihr in der Bibliothek vorbeischauen.

Ich habe dich im Flur überrascht, du warst auf dem Weg zu Inés. Wie ein gezielt ausgeworfenes Lasso hat dich die Klaviermusik eingefangen, die aus dem Musikzimmer drang. Verwirrt bist du stehengeblieben, als ob *La guiñada* und die Wirklichkeit um dich herum unvereinbar gewesen wären. Das gesamte Haus war in seinen Grundfesten erschüttert, nicht mehr der sichere Hort. Dir blieb das Herz stehen. Dort drinnen war dein Sohn bei seiner Klavierstunde.

Beim Betreten der Bibliothek zitterte Asunción noch immer. Sie beschloß, Inés nichts zu sagen, aber sie wußte, daß dieser Tango in den Fluren des Hauses Ponce das fragile Gleichgewicht, in das sie ihr Leben gebracht hatte, zerstören konnte. Sie hatte eine gute Arbeit, ein geräumiges Zimmer in einer Pension in der Calle Alsina, eine Ausbildung für Juan, ganz Buenos

Aires, um am Wochenende spazierenzugehen, und die innigen Gespräche mit Inés, die ihr so guttaten. Aber es war nicht einfach gewesen, sich in diesem Haus eine Stellung zu verschaffen, und sie wollte sie nicht verlieren. Mit viel Klugheit und Geduld hatte sie langen Gesichtern, Forderungen, Neid ausweichen müssen, und mehr als einer Gemeinheit, wovon sie Inés nie etwas erzählt hatte.

Daß der Klavierlehrer auch ihrem Sohn Stunden gab, hatte schon genug für Ärger gesorgt, die französische Hexe und die Wirtschafterin Emilia hatten einen Aufschrei getan, was würden sie erst sagen, wenn sie mitbekämen, daß der Katalane auch noch Tangos spielte. Das konnte jeden Tag herauskommen, und sie wollte nicht, daß ihr Sohn dann darin verwickelt war, diese Klatschweiber steckten überall ihre Nasen hinein, ihnen war zuzutrauen, daß sie noch Juan die Schuld zuschoben.

Du konntest nicht verhindern, daß deine Gedanken immer wieder an jenen Abend im Musikzimmer der Lasalles zurückgekehrt sind: Seitdem ist nichts mehr gewesen wie zuvor. Zum Glück, Asunción! Die Erinnerung an Hernáns Hand an deinem Rücken und an deine ungelenken Schritte löste alle Anspannung.

»Weißt du noch, wie deine Eltern uns beim Tangotanzen erwischt haben?« fragte sie Inés.

»Natürlich weiß ich es noch, wie sehr haben wir uns an dem Abend amüsiert. Armer Hernán, sie gaben ihm die ganze Schuld.«

»Nein, sie machten mich dafür verantwortlich, darum wollten sie ... mich fortschicken, weil sie mich Tango tanzen gesehen haben.«

»Du irrst dich«, sagte Inés mit zurückgenommener Stimme. »Der Grund war nicht der Tango ... sondern Hernán.«

Eine unbehagliche Stille, Inés blickte abwesend in den Garten, als wollte sie vor ihrem eigenen Satz das Weite suchen, und Asunción traute sich nicht zu fragen, was sie meinte.

»Weißt du etwas von Hernán?«

Ja, er hatte ihr geschrieben. Sie würden in der nächsten Zeit nicht reisen, Leonor wollte nicht aus Paris fort. Hatte sie es ihr schon gesagt? Sie mochte ihre Schwägerin nicht, Inés kannte sie zwar kaum, aber sie konnte sich nicht vorstellen, daß Hernán mit ihr glücklich war.

Sie hatte ihr nur erzählt, daß Hernán kurz nach dem tragischen Unfall, bei dem ihr Bruder César ums Leben gekommen war, nach Paris gezogen war. Und daß er dort die Tochter des argentinischen Botschafters in Frankreich geheiratet hatte.

»Warum denkst du, er ist nicht glücklich?«

»Ich kenne ihn. Seine Briefe sind voll von dem hektischen Gesellschaftsleben, das sie führen, nicht eine Zeile über seine Gefühle.«

Vielleicht teilte er sich Inés nur nicht mit, bestimmt liebte er sie, sonst hätte er sie nicht geheiratet. Inés lächelte bitter: Hatte Vicente sie etwa geheiratet, weil er sie liebte? Aber Asunción hatte recht, Hernán war nicht wie ihr Ehemann, er mußte irgendwann einmal in Leonor verliebt gewesen sein, obwohl sie sich nicht erinnerte, das jemals aus seinem Mund gehört zu haben, auch nicht, als er ihr seine Hochzeit ankündigte. Dabei hatte Hernán Inés bis dahin immer von seinen Herzensangelegenheiten erzählt, seit er sich in dich, Asunción, verliebt hatte.

Es war nur ein Satz unter vielen, als hätte er keine Bedeutung, schon redete sie weiter: Paulina, das Mädchen, das er bei den Festzelten im Recoleta-Viertel kennengelernt hatte, dann die Apothekerwitwe, und Françoise ... immer diese Geschichten ohne Zukunft. Habe ich dir erzählt, wie es mit Françoise ausgegangen ist? Er stellte sie mir im Richmond vor, wir tranken dort Tee, ich war damals schon verheiratet ...

Hernán hat es dir in der Nacht, als du mit dem Uruguayer geflohen bist, gezeigt, aber es aus dem Mund seiner Schwester zu hören war eine Offenbarung. Du wolltest nicht, daß Inés mitbekam, welche Gefühle ihre Bemerkung in dir erweckt hatten, und doch mußtest du das noch einmal von ihr bestätigt haben.

»Hernán war in mich verliebt?« hast du sie unterbrochen.

Sie sprachen über fast alles, doch das hatte Inés ihr nie gesagt, vielleicht aus Scham.

Sie rückte nur langsam damit heraus, so als schmerze es sie noch immer, wie sehr Hernán gelitten hatte, als Asunción nach Montevideo ging, monatelang immer wieder neue Pläne, um ein anderes Leben zu beginnen. Er zog von zu Hause aus, machte seinen Vater und den armen César dafür verantwortlich, daß Asunción mit dem Uruguayer geflohen war, und wollte sich irgendwo in der Stadt, wo niemand ihn kannte, eine Arbeit suchen und auf sie warten. Er war sich sicher, daß Asunción zurückkehren würde, sobald sie begriffen haben würde, wer der Uruguayer war, und dann könnten sie ein Liebespaar sein. Inés überredete ihn damals, wieder nach Hause zu kommen, sie sagte ihm, Asunción habe ihr geschrieben, sie und der Uruguayer hätten geheiratet, daß sie ein Kind erwarte und sehr glücklich sei.

»Und warum hast du ihn belogen?«

»Weil …«, stammelte sie, die rechten Worte suchend, die es nicht gab, »weil …«

»Weil du geglaubt hast, ich würde den Uruguayer nie wieder verlassen?«

»Weil er dich niemals hätte heiraten können, so wie ich Miguel nicht heiraten konnte.«

Dann hat sie dich umarmt, als wollte sie sich entschuldigen für die Härte, mit der sie dir gezeigt hatte, wo dein Platz war, doch darüber warst du dir sowieso im klaren, weit mehr als Inés.

Inés sah ihr in die Augen, sie hatte sich in ihr getäuscht, nicht wahr? Sie hatte so viel an ihren Eltern auszusetzen gehabt, dabei war sie genauso. Kürzlich hatte sie sich gefragt, was sie tun würde, wenn sich Mercedes eines Tages zum Beispiel in ihren Klavierlehrer verlieben würde. Hätte Inés den Mut, ihrem Mann entgegenzutreten und die Wahl ihrer Tochter zu verteidigen?

Asunción lachte nervös, ob Inés ihn beim Tangospielen gehört hatte? Wußte sie es etwa schon?

Warum hat es dir so viel ausgemacht, daß Torrents mich in ihrem Haus gespielt hat? Wovor hast du dich gefürchtet? Dein Zurückweichen, Asunción, deine Absicht, mich vor Inés zu verbergen, hat mich getroffen. Ich bin nicht vererblich, aber wenn Juan mit dem, was du im Flur gehört hast, etwas zu tun gehabt haben sollte, hättest du stolz sein sollen. Habe nicht ich bei dieser Umarmung, aus der du später deinen Sohn empfangen hast, eine tragende Rolle gespielt? Offenbar warst du so angesteckt von der Beschränktheit einiger Bewohner dieses Hauses, daß du vergessen hast, wer du warst und mit welcher Lust du mich getanzt hast.

Asunción bemühte sich, ihre Verstörtheit mit einem Scherz zu überspielen: Bist du vielleicht heimlich in den Katalanen, diesen netten jungen Mann, verliebt?

»Du hast ihn gesehen?« Inés lächelte. »Ein ausgenommen schöner Mann. Und so sensibel!«

Deine Furcht war vollkommen abwegig, Inés war nicht wie ihre Eltern, und schon gar nicht wie ihr Mann Vicente. Für ihn war es unvorstellbar, ausgeschlossen, daß in seinem Haus dieselbe Musik erklang, die er ein paar Stunden später bei Laura hören sollte.

Vicente Ponce ist Stammgast in dem Haus in der Calle Paraguay. Er geht zu Laura weniger um der Frauen willen als wegen der Unterhaltungen mit den Männern, aus denen er immer irgendeinen Nutzen für seine Geschäfte ziehen kann. Auf seiner letzten Parisreise hat er es seinem Schwager gesagt: Lauras Lokal ist eine hervorragende Informationsquelle, die Männer sind entspannt dort, und Information, Hernán, ist Macht, das solltest du langsam lernen. Alles animiert zum Reden: der Alkohol, die Frauen, auch der weinrote Brokat an den Wänden, die breiten Sessel, die Gobelins und noch dieses Eisbärenfell, das sich keiner von ihnen zu Hause hinlegen würde, das aber zweifellos ein weiterer origineller Blickfang ist.

Diese Originalität von Laura, dieser großartigen, intelligenten Frau, die ihr Haus mit einem Geschäftssinn führt, den keiner der Männer um ihn herum besitzt, ist wirklich bemerkenswert. Auch sein Schwager Hernán ist unfähig, er nutzt noch nicht einmal seine hervorragenden Kontakte in Paris geschäftlich aus.

»Du gehst also gar nicht wegen der Frauen hin?« Hernáns Lachen, das ihm schon immer zuwider war. »Also nein, Vicente, du erinnerst mich an meinen Vater, mit gutem Grund hat er dich als Ehemann für meine Schwester ausgesucht.«

Woran er gut getan hat. Hätte man Hernán gelassen, was wäre aus dem Vermögen der Lasalles geworden. Es war Vicente, der mit den Briten neue Verträge mit besten Bedingungen ausgehandelt hat. Jetzt will er in der Tiefkühlindustrie mit den Nordamerikanern zusammenarbeiten.

Den Nordamerikaner hat er bei Laura kennengelernt. In Clubkreisen wäre er ihm niemals begegnet, aber zu Laura kann jeder gehen, der viel Geld hat. Ja, Vicente hat ihr viel zu verdanken, er sieht sie als Freundin an. Als gute Freundin. Sie weiß das, darum hat sie es sich erlaubt, Vicente bei seiner Unterhaltung mit diesen Herren zu unterbrechen und ihn zu sich zu rufen.

»Du mußt mir einen Gefallen tun, Vicente.«

Die Leidenschaft, die der schwarze Rosendo Mendizábal dem Klavier entlockt, hat die Körper der Männer und Frauen zum Tanzen ermuntert. Und du, Carlota, hast aus deinem Versteck auf dem Treppenabsatz herausgespitzt, dein gespannter Körper und dein pochendes Herz unter dem langen weißen Nachthemd.

»Sag schon, Laura.«

»Überrede deinen Freund Fermín, mit irgendeinem der schönen Mädchen hier zu tanzen, sag ihm, was du willst, wenn er nur aufhört, bitte.«

»Womit aufhören.«

Laura senkt die Stimme, ein bedeutungsschweres Murmeln,

das kaum gegen das Klavier ankommt: Ich weiß nicht, wie es passieren konnte, der Vorhang war auf einmal offen, ich werde schon noch herausfinden, wer es war. Fermín hat meine Tochter auf dem Treppenabsatz erspäht und sich in den Kopf gesetzt, mit ihr zu tanzen.

Vicente, verwundert: Ihre Tochter? Er weiß gar nicht, daß Laura eine Tochter hat.

Nein, sie hat es ihm nie gesagt, sie findet es unpassend, über ihr Privatleben zu sprechen. Sie will ihre Tochter heraushalten, hat eine sorgfältige Ausbildung in Mendoza bezahlt, wo sie bei Lauras Mutter gewohnt hat. Doch leider ist ihre Mutter im April gestorben, und sie mußte Carlota zu sich nach Buenos Aires holen. Sie überlegt, sie in ein Schwesterninternat zu schikken ... sie ist schon in Verhandlungen.

»Und ihr Vater?« fragt Vicente.

Über den will sie nicht reden, ein Spanier, den Laura sehr jung geheiratet hat, er ist in sein Land zurückgekehrt und hat sie mit dem Kind zurückgelassen. Das Mädchen schläft im anderen Trakt des Hauses, Laura hat ihr verboten, sich den Räumen des Lokals zu nähern – ein leichtes Zittern lüpft ihre Braue. Ich habe ihr ordentlich den Kopf gewaschen, da ist sie zurück auf ihr Zimmer.

In deinem Versteck kauernd, Carlota, hast du nur einen schmalen Ausschnitt gesehen von etwas, das du nicht kanntest, doch wie sehr hast du dich hingezogen gefühlt. Lisette hat verstohlen den Vorhang etwas mehr zur Seite gezogen, so konntest du die ganzen Körper der Paare beobachten. Die Moralpredigt deiner Mutter war dir egal, angespornt von dieser Lust auf mich bist du aufgestanden und hast in diesen dir verbotenen Salon geblickt. Du hast bereits mir gehört, vielleicht mehr als irgendwer in diesem Haus, wozu dich weiter verstecken?

Vicente blickt hoch und entdeckt hinter dem geöffneten Vorhang auf der Treppe diese Kindfrau in ihrem langen weißen Nachthemd, den übers Geländer gebeugten Körper, der über den Salon fliegen zu wollen scheint. Er sagt nichts zu Laura, um ihr den Ärger zu ersparen, aber auch, um sich von diesem Bild, das ihn verzaubert, nicht losreißen zu müssen.

Abend für Abend, seit sie bei ihrer Mutter im Haus ist, diese Musik, die durch Türen und Flure dringt und Carlotas Körper unruhig macht, so daß sie sich schlaflos im Bett wälzt. Jetzt sieht sie diese Hand an Margaritas Rücken, erfährt aber nicht mehr, zu welcher Bewegung sie sie anleitet, denn schon gibt der kleine, vom Vorhang begrenzte Ausschnitt andere Körper frei.

Seit mehr als einem Monat ist Carlota im Haus ihrer Mutter und kennt die Mädchen, denn sie sind immer schon eine Weile vor diesen Tanzveranstaltungen da. Kaum eine redet mit ihr, Laura muß es ihnen verboten haben, höchstens ein Hallo, meine Hübsche, und keine antwortet auch auf ihre Fragen. Carlota begreift nicht, worin die Arbeit ihrer Mutter besteht, sie hat sie schon gefragt. Lauras Antworten sind ausweichend: sich um das Wohl der Gäste kümmern. Aber was sollen diese Musik, diese drallen Mädchen, diese üppige Dekoration, das also ist – so die Worte ihrer Großmutter – das florierende Geschäft ihrer Mutter in Buenos Aires.

Nur Lisette, in Wirklichkeit Elisa, ist Carlota gegenüber auskunftsfreudig. Lisette ist eine Erfindung deiner Mama, hätte Elisa sich je erträumt, mit so vielen feinen Leuten Bekanntschaft zu schließen und französischen Champagner zu trinken, Austern zu essen und einen Siegeszug durch die Stadt anzutreten? Niemals.

Vor zwei Monaten, als sie neu war in Buenos Aires, hat Elisa in der Gaststätte am Bahnhof Constitución Laura kennengelernt. Seitdem ist ihr Leben ein Traum, sie ist nun Lisette, spricht viel leiser als bei sich auf dem Dorf, besitzt diese wundervollen Kleider, die beim Gehen fru-fru machen, bewegt sich wie ein Katze, und sogar einen Französischlehrer hat sie. Alles das verdankt sie Laura, darum liebt sie sie so sehr.

Carlota muß ihr versprechen, niemals zu verraten, daß Lisette ihr den Vorhang etwas zurückgezogen hat, damit sie sehen kann, was dieser Tanz, den der schwarze Rosendo auf dem Klavier spielt, mit den Oberkörpern von Mamas Freunden macht, mit ihren Beinen, ihren Händen, ach, diese Hände an meinem Rücken, die mich drehen und drehen, immer mehr, bis ich von ihnen was weiß ich was glaube, was sie hinterher gar nicht sind. Carlota versteht nicht, was sie sagen will, aber Lisette läßt sich zu keiner Erklärung bewegen. Ihr diesen Einblick zu geben ist schon genug, dieses Risiko nimmt sie auf sich, weil es sie rührt, wenn Carlota ihr erzählt, diese Musik gehe ihr durch Mark und Bein. Lisette bekommt bei ihr Gänsehaut, vor allem, wenn die Hand des Mannes sie zu den *ochos* anleitet: Ach, das ist das Paradies!

Und Carlota will dieses Paradies kennenlernen.

Enthalte sie mir nicht vor, Laura, bitte, bettelt Fermín. Bevor Laura etwas bemerkt, geht Vicente zu dem Vorhang, hinter dem die Treppe hochführt, und zieht ihn zu.

Laura zupft immer wieder ihr kostbares Jäckchen aus Spitzen und Bändchen zurecht, an diesem Abend scheint ihr ihre Selbstsicherheit, für die sie bekannt ist, abhanden gekommen zu sein: Ich habe Ihnen gesagt, daß das unmöglich ist, Fermín.

Vicente kann Fermín dazu überreden, mit der schönen Lisette zu tanzen, und tritt zu seiner Freundin: Es ist ratsam, die Kleine aus dem Haus fortzuschaffen. Wie alt ist sie? Vierzehn. Laura will, daß ihre Tochter die Erziehung eines Mädchens aus gutem Haus bekommt, damit sie anständig heiraten kann – ihre brechende Stimme –, aber das ist nicht so einfach, die Schwestern haben ihre Aufnahme abgelehnt. Eine Demütigung, die Laura nicht noch einmal erleben will. Und dann dieses strahlende Lächeln, das alle Schatten vertreibt: Aber ich habe ja gute Freunde, die mir vielleicht helfen können.

In ihrer Jugend muß sie eine Schönheit gewesen sein, selbst jetzt noch das augenblickliche Begehren, sich mit Laura auf diesem Bärenfell, das ihren Salon schmückt, zu wälzen, natürlich würde Vicente niemals den Fehler begehen, ihr so etwas vorzuschlagen. Das würde sie auch nicht annehmen: Sie ist die Dame mit dem höchsten Ansehen in der Stadt. Nichts weiter als ein fester Blick, wie zwei angriffsbereite Raubtiere, und eine ruhige Stimme: Sie soll sie nur in seine Hände geben, er kennt eine Schule in Santa Fe, in der Nähe einer seiner Ländereien, er wird den Betschwestern schon das Entsprechende sagen, damit sie ihre Tochter aufnehmen und ihr die Erziehung geben, die ihr zusteht. Währenddessen könnten sie ihre Einführung in die Gesellschaft vorbereiten.

Mit derselben Ernsthaftigkeit, die er in seine Geschäfte legt, wird Vicente Ponce alles tun, um zu seinem Wort zu stehen, das er seiner Freundin gegeben hat. Er will dafür sorgen, daß Laura und ihre Tochter wie jeder andere aus den besseren Kreisen zur Einweihung des neuen Theater Colón eingeladen werden. Wenn jemand fragen sollte, würde ihm schon etwas einfallen. Wer würde schon Interesse daran haben, seine Worte über diese Frau, der nichts und niemand in diesen Kreisen unbekannt ist, in Frage zu stellen.

Asunción wollte bis Sonntag warten und ihn bei ihrem Spaziergang fragen. Ganz nebenbei, damit es nicht so auffiel: Was er diese Woche in der Schule gelernt hatte, brauchte er irgendein Arbeitsutensil? Und was die Klavierstunden machten, übte er ein neues Stück? Und wenn Juan nicht mit der Sprache herausrücken würde, würde sie es anders versuchen. Sie mußte mit ihm reden, ihn warnen.

Aber Juan überraschte sie am Freitag, mit diesem wunderbaren Lächeln, das sie dahinschmelzen ließ: Mama, ich habe ein Musikstück gehört, das mich irrsinnig glücklich macht. Jordi hat es in der Stunde gespielt. Und seitdem sitzt es hier drinnen – und er deutete auf sein Herz – und hier – auf den Kopf – und im ganzen Körper.

Du bist so ergriffen gewesen, daß alle deine Befürchtungen wie weggeblasen waren.

»Einen Tango?« hast du ihn verschwörerisch gefragt.

Und er, ja, woher wußtest du das.

»Ich habe es erraten, an deinem Überschwang.«

Neuntes Kapitel

Über eine komplette Häuserzeile erstreckte sich nun das Teatro Colón, der Neubau nördlich der Plaza de Mayo war der ganze Stolz der Opernfreunde. Endlich hatte das Colón für die anspruchsvollen Städter das angemessene Format. Seine ausladenden Balustraden, seine großzügigen Foyers, sein Zuschauerraum mit sechs Rängen, seine mit allerlei Raffinessen ausgestattete Bühnentechnik und Beleuchtungsanlage ließen die Behauptung zu, Buenos Aires besitze das modernste Opernhaus der Welt. Die Euphorie erfaßte alle und jeden einzelnen von denen, die sich an jenem Abend im Mai 1908 zu seiner Eröffnung einfanden.

Schwarzer Satin mit Chantillyspitze, Bouton-d'or-Atlas und cremefarbene Schärpen, heliotropfarbener Samt, nilgrüner Moiré mit Stickereien im Louis-quinze-Stil, perlgrauer Chiffon mit lachsrosa Schleife, Brochémuster auf rosafarbenem, perlenverziertem Grund, schleierdünner Musselin und Federn. Ein Meer an Kleidern, dekolletierte, rüschenbesetzte, kostbare, extravagante und bedacht schlichte. Feiner Tüll, Schleierstoffe, transparente Spitzen, echte Blüten auf den Schultern. Smaragde und Brillanten. Am nächsten Tag würde *La Prensa* ihnen Vor- und Nachnamen geben.

»Wen begrüßt du da?« fragte Lucía Quirno Costa und beeilte sich, mit ihrer Lorgnette die Stelle zu finden, zu der ihr Gatte, Fermín Iriarte, blickte. Es ist unglaublich, man kennt gar niemanden mehr, sie sollten den Hafen schließen, wer sind die beiden dort? Sind das Ausländerinnen, Fermín?

Vicente hob grüßend und mit breitem Lächeln die Hand: Es ist die Witwe eines Gutsbesitzers aus der Provinz mit ihrer Tochter.

Kennst du die beiden, Inés? Ja, sie kennt sie, antwortete Vicente, aber sie ist so zerstreut, daß sie eines Tages dich nicht mehr erkennen wird. Sieh dort, Figueroa Alcorta, der Präsident, wollte er Fermín ablenken, doch der ließ Carlota nicht aus den Augen. Aber nicht nur Fermín, wie Vicente aus seiner Loge gut beobachten konnte, Carlota, die ein leuchtend grünes Kleid und das gewellte Haar offen trug, drehte sich immer wieder aus einer der vorderen Parkettreihen um.

»Das ist kein passendes Kleid für ein Mädchen, findest du nicht, Inés?«

Inés las das Programmheft, sie wußte nicht, über wen sie sprachen.

»Ich bin mir sicher, daß ich sie noch nie im Leben gesehen habe, woher kennst du sie, Fermín?«

Wenn nur die Lichter ausgehen und endlich die Oper anfangen würde. Erzähl uns, worum es geht, Inés, du hast doch sicher alles über Aida gelesen, wandte er sich an seine Frau.

»Die Sopranistin Lucia Crestani singt die Aida, und der Tenor Amadeo Bassi ...«

Die Lichter verglommen, und die Unterhaltungen ebbten ab. Vicente war empört über die Unvorsichtigkeit seines Freundes, noch immer hatte er mit seiner Lorgnette das Parkett im Visier. In der Pause, alles strömte zu dem prachtvollen Café, zitierte er ihn flüsternd zu sich: Wollte er vielleicht einen Skandal? Fermín lachte, nette Geschichte, das mit der Witwe aus der Provinz und ihrer Tochter, ihren Schützling zur Einweihung des Teatro Colón mitzunehmen war eine weitere Provokation von Laura, genauso, wie sie im Nachthemd als zu begutachtende Ware auf die Treppe zu stellen. Aber Fermín war das einerlei, er würde sie bekommen, koste es, was es wolle.

Am nächsten Tag erfuhr er von Laura, daß Fermín am Morgen zu ihr gekommen war und sie aufgefordert hatte, ihm das Mädchen zu überlassen. Sie habe ihm nicht gesagt, daß sie ihre Tochter sei, das wisse nur Vicente, und sie zähle auf seine Diskretion. Freundlich, aber bestimmt sei sie zu ihm gewesen: Das Mädchen würde nicht arbeiten, sie sei ihr Patenkind und für eine Weile bei ihr zu Besuch, doch Fermín sei vollkommen außer sich gewesen, er habe ihr eine große Summe geboten und sogar versucht, die Schwelle zum Salon zu übertreten und Carlota zu suchen.

»Fermín ist ein Heißsporn und daran gewöhnt, alles zu bekommen, was er will«, sagte Vicente.

Laura kannte ihn gut, nicht selten hatte sie Fermín seine Gelüste erfüllt. Egal zu welcher Tages- oder Nachtzeit, wenn Fermín ein Mädchen haben wollte, mußte es sofort sein. Aber abgesehen von dem einen oder anderen Ausrutscher hielt sich Fermín an die Regeln des Hauses, und er war ein guter Kunde. Sie konnte ihm den Zugang zu ihrem Salon nicht verwehren, das würde ihre Kundschaft ihr übelnehmen, doch etwas mußte sie tun ...

»Sobald wie möglich das Mädchen aus dem Haus fortschaffen.«

In einigen Tagen würde Vicente in die Vereinigten Staaten reisen müssen, bis dahin hätte er das Problem gelöst, gab er Laura sein Wort. Wenn sie wollte, könnte sie Carlota schon am nächsten Tag in den Zug nach Santa Fe setzen, ein Bediensteter würde sie am Bahnhof abholen. Die Nonnen würden Vicente keine Bitte abschlagen. Laura konnte beruhigt sein: Ihre Tochter würde in guten Händen sein.

Carlota kam mit dem Mittagszug. Vicente hatte die Anordnung erteilt, man möge ihr ein Zimmer geben und sich um sie kümmern, er würde am Tag darauf anreisen.

Alles erschien ihr wunderbar in den Mauern von Las Pléyades, das Zimmer, der riesige Park mit seiner unermeßlichen Vielfalt an Bäumen und Pflanzen, die große Galerie mit ihren Arkaden, das Essen, das man ihr in einem Speisesaal servierte, die Freundlichkeit, mit der man sie behandelte: ob sie sich ausruhen wolle, ob man ihr ein Bad einlassen solle, oder wolle sie vielleicht im Sulky die Ländereien erkunden oder reiten, könne man ihr sonst etwas anbieten? Nein, danke, sie wollte einfach spazierengehen.

Nach Herzenslust wandelte sie unter den Paradiesbäumen, spazierte über die Grenzen des Parks hinaus, unterhielt sich mit diesem netten Gitarre spielenden Jungen, dann mit dem Mann, der ihr die Pferde zeigte, und später bestaunte sie diesen wunderlichen Apparat mit dem Trichter und alle die reich ausgestatteten Zimmer im Haus, und dabei stellte sie sich vor, sie selbst würde dort leben und wie ihre Mutter Bälle geben, in dem Salon mit diesen Wandteppichen, die einen zum Träumen anregten, und im Sommer in der Galerie. Wie schön mußte es sein, in der lauen Brise einer Sommernacht hier zu tanzen!

Das war das erste, was sie noch vor einem Wort der Begrüßung zu Vicente sagte, als er sie allein in der Galerie überraschte, wo sie sich lachend und mit ausgebreiteten Armen drehte und drehte. Er war ihr eine Erklärung schuldig: Endlich einmal hatte er sich früher freimachen können, darum war er doch schon am Abend gekommen. Gehen wir hinein, Carlota, es ist kalt.

Wie ein Nachtfalter flatterte sie um Vicente herum: Sie ist so glücklich, es ist so schön hier. Kann ich ein paar Tage länger auf Ihrem Gut bleiben?

»Nein, auf keinen Fall, du mußt in die Schule. Morgen bringe ich dich hin. Ich muß nächste Woche verreisen und habe deiner Mutter versprochen, den Piaristenschwestern deine Erziehung anzuvertrauen.«

»Nur ein paar Tage, was kostet es Sie?« Ihr Lächeln verfehlte nicht seine Wirkung auf diesen unzugänglichen Mann, dessen Gesichtszüge weich wurden, was könnte sie alles erreichen, wenn sie das, was Lisette ihr kürzlich am Nachmittag gezeigt hatte, nachzumachen verstünde, dann schnurrte sie: Und wann müssen Sie fort? Ein aufgesetzter Wimpernschlag. Können wir es nicht bis zum letzten Moment aufschieben? Ich werde für lange Zeit in dieses Kloster eingesperrt sein, zielsicher ihr feuchter Blick. Bitte, Señor Vicente, ich weiß, daß Sie mir diesen Gefallen tun werden.

Sie war ein Kind. Sie war die Tochter seiner Freundin Laura, er durfte diesen Ansturm der Gefühle nicht zulassen, dieses unpassende Begehren, denn am liebsten wollte er ja zu allem sagen, daß sie auf seinem Gut bleiben könne, so lange sie wolle, daß auch er bleiben werde, nicht in die Vereinigten Staaten fahren und auch nicht arbeiten werde.

»Bitte, Vicente«, das Señor hatte sie weggelassen, »gönnen Sie mir eine letzte Freude, bevor Sie mich bei den Nonnen abliefern.«

»Das sehen wir noch, jetzt mach dich fertig zum Abendessen.«

Im weichen Licht der Kandelaber sticht das gewagte Grün ihres Kleides heraus, Carlota hat es schon im Teatro Colón getragen. Als Frau verkleidet, oder vielleicht war sie schon ... bestimmt, wenn nicht, würde sie ihn nicht so ansehen, würde sie nicht zu ihm sagen: Ich möchte gern etwas trinken.

Am nächsten Tag wird er sie ins Kloster bringen, aber heute abend, warum sollte er ihr nicht den Gefallen tun? Darauf hat es Vicente doch abgesehen, auch wenn er es sich nicht zugibt, warum sonst ist er, bevor er aus Buenos Aires aufgebrochen ist, noch einmal ins Büro gefahren und hat dort die beiden Tangoplatten geholt, die Hernán ihm auf seiner letzten Parisreise geschenkt hat.

Will Carlota Musik hören? Er zeigt ihr das Grammophon Marke Pathé. Ja, mit Vergnügen, die Augen wie Leuchtkäfer, sie hat sich am Nachmittag diesen Apparat schon angesehen, aber nicht gewußt, daß aus ihm Musik kommt. Wie gern würde sie einen Tango hören, und Vicente soll ihr zeigen, wie man ihn tanzt.

»Es gibt keine Tangoplatten in Argentinien.« Ein leichtes Lächeln, Augenzwinkern, und verschwörerisch: »Aber ich habe welche, zwei, sie sind letztes Jahr in Paris herausgekommen.«

Carlota hüpft wie ein Mädchen, das ein neues Spielzeug bekommen hat: Welch ein Glück, endlich kann ich tanzen. Dieser beschwipste Ausdruck Vicentes, obwohl er noch kaum etwas getrunken hat: Er ist ein schlechter Tänzer, und sie: bitte, es ist ihr letzter Abend.

Ein Lachen, das ein Mädchen nicht haben dürfte, das sie aber für Vicente ausprobiert. Die Nadel auf der Schellackplatte und ein zierlicher und doch fester Körper in seinen Armen, der ihn dazu anstachelt zu tanzen, wie er es nicht kennt, weil er noch nie – sooft er es schon gesehen hat – eine Große Drehung getanzt hat, und auch diesen Seitwärtsschritt nicht, den doppelten Schnitt und dann dieses angeberische Aufstampfen. Auf einmal hat der Arm den Bogen raus, die Körper streifen sich, berühren sich, und von der Hüfte zu den Füßen dieses spielerische, einander ausweichende Ineinandergreifen, das sie inniglich vereint. Carlotas Hand an seinem Hals, ihre parfümierte Stimme: Wie glücklich ich bin, danke.

Mit dem Morgenlicht überraschte ihn der Anblick dieses neben ihm liegenden Mädchens, dieses Lächeln, das selbst im Schlaf nicht aus ihrem Gesicht wich: wie schön sie war.

Er erinnerte sich nicht mehr, wie es so weit hatte kommen können, nur, daß er irgendwann auf einmal die Gewißheit hatte, daß sie kein Mädchen mehr war, daß diese Art, sich an ihn zu schmiegen, diese Lustseufzer, diese tiefen Küsse, diese aufreizenden Erwiderungen seiner Zärtlichkeiten von einer erfahrenen Frau kamen, auch wenn Laura vielleicht nichts davon wußte. Aber als er im letzten Moment entdeckte, daß er ihr erster Mann war, hielt Vicente nicht inne, nein, zu wissen, daß sie Jungfrau war, steigerte nur noch seine Lust: Carlota hatte ihn erwählt, er sollte sie zur Frau machen. Eine plötzliche Sanftheit lenkte seine Hände, seinen Körper, sein Geschlecht, seine Worte: Hab keine Angst, Kleine, ich werde dir nicht weh tun, du wirst mir nur gehören, wenn du es willst.

Noch nie hatte er sich so gefühlt, weder in der Hochzeitsnacht mit Inés noch als junger Mann, als er die beiden Mädchen auf dem Land entjungfert hatte. Ihr Gebieter, ihr Geliebter, ihr Mann, der sie an die Grenzen der Lust führte. Und darüber hinaus.

Das kannte er gar nicht von sich, für seine Abenteuer suchte er sich immer erfahrene Frauen, woher dieses Fieber, das ihn trieb, bis der Schlaf ihn besiegte? Er blickte zu Carlota, und zu seinem Unbehagen drängte sich Laura in seine Gedanken, er mußte das Mädchen noch am selben Morgen ins Internat bringen. Als hätte sie seine Gedanken gehört, wachte Carlota auf und warf Vicentes gute Vorsätze über Bord. Ihre vom Schlaf samtene Stimme: Komm noch mal kurz ins Bett, ich will noch mal verwöhnt werden, komm.

Du hast nichts vorgespielt, du warst glücklich in Vicentes Armen, endlich konntest du diese Empfindungen, die seit Monaten in dir gefangen waren, freilassen. Mit ihm Liebe zu machen war so natürlich wie die *ochos* im Tanz. Du hast nicht mehr an deine Mutter gedacht und nicht mehr an das Internat, das dich erwartete, nichts gab es mehr außer der Freude über dieses Leben, das sich dir eröffnete.

Carlota dachte noch nicht einmal daran, was ihr verbotenes Spiel alles auslösen konnte, sie gab sich immer mehr den Wonnen hin. Sie mußte lachen über Vicentes Vorkehrungen, über seine Panik, jemand könnte sie in seinem Zimmer überraschen, über die lange Liste von Anweisungen, die er ihr gab, wenn er für ein paar Stunden wegging: sie solle nicht rausgehen, mit niemandem reden, ihr Bett zerwühlen, als hätte sie darin geschlafen.

Das Grammophon hat nicht aufgehört zu spielen in den zehn aufeinanderfolgenden Nächten, in denen ihr mich in eurer Umarmung zum Leben erweckt habt. Jedesmal die letzte Nacht, so Vicente. Aber du hast dich nicht beirren lassen, natürlich würde es nicht die letzte sein.

Warum sollten sie auseinandergehen, wenn sie doch unentwegt neue Spielarten entdeckten? stellte Carlota ihn zur Rede. Sogar beim Ausreiten an diesem Morgen hatten sie ihren Spaß gehabt, das konnte er nicht leugnen. Ihr schallendes Lachen, als sie Vicente in Erinnerung rief, wie wenig er sich um die Anwesenheit eines Knechts geschert hatte, als Carlota vom Pferd stürzte, sich zum Spaß tot stellte, und Vicente verzweifelt alle diese heißen Worte aussprach, und als er entdeckte, daß sie am Leben war, Küsse über Küsse auf ihre Wange, ihr Haar, ihren Mund drückte. Carlota wußte längst, was sie tun mußte, damit er die Welt, die draußen auf ihn wartete, vergaß. Sollte er sie nur hinterher schelten wie ein Kind, an diesem Morgen hatte sie erfahren, wie sehr er sie liebte, und das würde sie nicht vergessen.

»Aber wir können nicht so weitermachen, Carlota, das gehört sich nicht.« Auf einmal war er alt, düster. »Ich bin ein verheirateter Mann, ich habe eine Familie, eine Position, viele Verpflichtungen.«

»Und wegen deiner Verpflichtungen muß ich eingesperrt in einem Nonnenkloster sitzen?«

Auch sie war eine Verpflichtung, die Vicente auf sich genommen hatte, er hatte ihrer Mutter versprochen, sie zu den Nonnen zu bringen, rief er ihr in Erinnerung.

Ach ja, sehr wichtig die Verpflichtung gegenüber ihrer Mutter, fuhr sie ihn an, und was war mit ihr? Und mit ihm selbst? Waren ihre Umarmungen, ihr Tanzen Tag und Nacht und ihr unersättliches Küssen, ihre Sinnenfreuden und ihr Genießen und Lachen etwa keine Verpflichtung, wollte Vicente das einfach beenden?

Du warst wütend, er hat deinen berechtigten Einwand einfach nicht verstanden, Carlota. Du jedenfalls hattest gelernt, deiner Lust treu zu sein, das würde dir keine Entscheidung eines Mannes mehr nehmen. Seinen Vorschlag hast du annehmen müssen: nach Hause zu deiner Mutter zurückzukehren, immerhin hatte Vicente sich damit abgefunden, dich nicht ins Kloster zu bringen. Wie hättest du damals ahnen sollen, mit was er sich noch alles würde abfinden müssen. Es war erst der Anfang eines langen Weges.

Sie einigten sich darauf, Laura zu sagen, er hätte sie nach einer Woche wieder aus dem Kloster abholen müssen, nachdem die

Nonnen ihm gemeldet hätten, Carlota würde pausenlos weinen, das Essen und das Befolgen jeglicher Anweisung verweigern.

Vicente hatte seine Reise um viele Tage verschoben, was er sich für seine Verhandlungen mit den Nordamerikanern eigentlich nicht erlauben konnte, er mußte unverzüglich abreisen. Sie solle nicht weinen, sie würden sich gleich bei seiner Rückkehr wiedersehen, versprach er Carlota, obwohl er den klaren Entschluß gefaßt hatte, mit dieser Verrücktheit aufzuhören. Wenn Carlota älter und verheiratet sein würde, könnten sie vielleicht noch einmal ein wunderbares Abenteuer zusammen erleben, aber vorerst wollte er vernünftig sein und um Lauras Lokal einen großen Bogen machen, bis er sich Carlota aus dem Kopf geschlagen, aus dem Leib gerissen haben würde.

Während seiner dreimonatigen Abwesenheit aus Argentinien kämpfte Vicente gegen dieses Bild an, das sich zwischen seine Gespräche mit den Nordamerikanern drängte, in seine einsamen Nächte im Hotel, sogar zwischen seine heißen Verabredungen mit der Ehefrau des argentinischen Konsuls in New York.

Die Verhandlungen hatten seine Erwartungen erfüllt. Die Geldspritze für sein Tiefkühlunternehmen käme sofort, obwohl man sich noch nicht festlegte, wann genau es endgültig unter die Kontrolle der Nordamerikaner fallen würde. Das sollte ein sorgfältig gehütetes Geheimnis bleiben, bis Vicente taktvoll die vielen Fäden, die er in der Hand hielt, verknüpft haben würde. In Buenos Aires schöpfte niemand Verdacht über den wahren Grund seiner Reise in die Vereinigten Staaten. Dafür sorgte ein perfektes Alibi: Gleich nach seiner Ankunft hatte ihm Minister Quintana zu seiner Gesprächsführung mit der Bank der Vereinigten Staaten gratuliert.

Alles war in bester Ordnung, nur der Umstand, Carlota so nah zu wissen und sie nicht sehen, nicht berühren zu können, verstörte ihn. Aber wenn er wieder zu Hause bei seiner Frau und seinen Kindern sein und die Ereignisse der letzten Monate verdaut haben würde, würde er sicher wieder zur Ruhe kommen.

Ein liebenswürdiger Vicente, der sich für Inés' Lektüre, für die schulischen Leistungen seiner Kinder interessierte, überraschte seine Familie. Die Reise hat Ihnen gutgetan, Vater, sagte seine Tochter Mercedes, dieses mürrische, unergründliche Mädchen, mit einem schönen Lächeln. Und sein Sohn Francisco: Er wolle ihn irgendwann zur Rindermast begleiten. Warum nicht, sehr gern. Francisco hatte offenbar seinen Elan, in ein paar Jahren könnte er sein Partner sein. Alle so nett. Sogar Inés war, ermuntert durch seine Aufmerksamkeit, fast gesprächig, sie hatte sich in seine Unterhaltung mit Francisco eingeschaltet und erzählte irgend etwas Blödsinniges über ihren nichtsnutzigen Bruder, was Vicente stoisch über sich ergehen ließ.

An diesem Abend wollte er seinen Frieden haben, sich in seinem großartigen Haus in der Calle Juncal zurückziehen, in die bequemen Polster seines Familienkreises sinken und später vielleicht – das fiel ihm auf einmal ein – seine Frau in ihrem Schlafzimmer besuchen, wer weiß, ob sich nach so langer Zeit irgendein Gefühl in ihm regen würde, ihm war alles recht, nur nicht zu Laura gehen.

Er gab seinen Kindern einen Gutenachtkuß.

»Gute Nacht, Vicente«, sagte seine Frau.

»Bleib noch, Inés, wie lange ist es her, daß wir uns zum letzten Mal unterhalten haben«, bat er sie und schenkte sich im Salon ein Glas ein.

Was sollte dieses ungläubige Lächeln, er hatte eben beschlossen, sich zu ändern, basta. Sie sank matt in einen der Sessel. Der Funken Lebendigkeit, den sie beim Abendessen vor den Kindern gezeigt hatte, war erloschen.

»Wie sind die Geschäfte gelaufen?« fragte sie mit angestrengter Liebenswürdigkeit.

Er wollte nicht über die Arbeit reden, er war nach seiner Rückkehr erschöpft, lieber sollte sie ihm etwas erzählen. Inés' Blick verlor sich auf dem Wandteppich, als verlangte es eine ungeheure Kraftanstrengung, ein Wort zu formulieren. Vicente bemühte sich, auf ihr Schweigen nicht ungeduldig zu reagieren, ganz im Gegenteil, wenn nötig, würde er ihr auf die Sprünge helfen, er hatte beschlossen, seine Frau für voll zu nehmen und keine Hürde zu scheuen. Er griff irgendein Thema heraus: wie sei die Hochzeit von Alcira Lynch mit Patricio Cambaceres gewesen, prunkvoll, nehme er an. Sie sollte reden, auch wenn es sie Überwindung kostete, sich wie eine normale Frau zu benehmen, jetzt, da er die besten Absichten hatte.

Ja, es war schön. Das ist alles? drängte er sie, war sie nicht in der Lage, ihm irgendeine Einzelheit zu erzählen? Er verlor fast doch die Geduld: Es wird doch immer irgendwas geredet. Die meisten Kommentare, sagte Inés endlich, fielen über das Ausbleiben der Iriartes, Lucía wollte nicht allein kommen. Allein? Fermín hat sie verlassen. Was sagst du da? Er ist ausgezogen und denkt nicht an Rückkehr, er lebt in ungeordneten Verhältnissen mit einem jungen Ding.

Er konnte nicht glauben, was er da hörte, diese Hochzeit hatte ihn nicht im geringsten interessiert, er hatte nur nach irgend etwas gesucht, damit Inés und er sich wie ein normales Ehepaar unterhalten konnten, und nun dieser Dolchstich. Die Wut stieg in ihm hoch wie kochende Lava und entlud sich auf Inés: Wie könne sie dieses elende Geschwätz nachplappern, diese Verleumdungen, solche seichten Behauptungen, so kenne er seine Frau gar nicht. Aber Vicente habe sie doch darum gebeten.

Er war sich sicher, daß dieses junge Mädchen eine Erfindung Lucías war, Inés sollte nicht alles nachreden, Fermín war ein anständiger Mann. Inés' abwesender Blick, als wäre sie nicht da, brachte ihn noch mehr auf die Palme. Aufgebracht, jähzornig: Und wer ist dieses junge Ding?, seine schrill anschwellende Stimme, sie solle es ihm auf der Stelle sagen. Inés stand auf.

»Antworte mir, du wirst mir alles erzählen, was du über diese niederträchtige Geschichte gehört hast«, forderte er.

Inés sah ihn eine lange Weile an, dann sagte sie mit betont

ruhiger Stimme: Mich interessiert nicht, was Fermín macht, und auch Lucía nicht, und dieses junge Mädchen schon gar nicht, ich kenne sie noch nicht einmal. Und jetzt, wenn du gestattest, ziehe ich mich zum Lesen zurück.

Die Fenster des Salons standen offen, und die metallene Melodie einer Drehorgel drang herauf. *Felisa!* Ausgerechnet der Tango, zu dem sie sich Tag und Nacht in den Armen gelegen hatten. Er war benommen vor Schmerz, versuchte, ihn in Zorn zu entladen. Was sollte dieser Lärm? Konnte Inés ihm das erklären? War das schon einmal vorgekommen? So kümmerte sie sich also um ihre Familie? Sie ließ zu, daß in ihrem eigenen Hause diese Bordellmusik einzog?

Inés hätte gehen können, doch dort stand sie, wenige Schritte vor dem Balkon, ein seltsamer Ausdruck auf ihrem Gesicht und ein leichtes Zittern, das ihm nicht entging. Auf einmal fühlte Vicente die Lächerlichkeit seiner Schimpftirade, in die er sich genüßlich hineingesteigert hatte.

»Es tut mir leid, ich bin müde von der Reise, und diese Musik vor der Tür meines eigenen Hauses hat mich erbost. Verzeihst du mir, Inés?«

Er wartete nicht auf ihre Antwort, er riß das Fenster auf und brüllte den Mann an: Verschwinden Sie augenblicklich von meiner Haustür. Aber der Dreistling gehorchte nicht nur nicht, er erlaubte sich auch noch zu entgegnen, daß die Straße allen gehöre und nicht Privatbesitz sei. Bestimmt so ein Spaghettifresser!, suchte er den Beifall seiner Frau, aber Inés war nicht mehr da.

Bevor er hinausging, schloß Vicente alle Fenster, obwohl es nicht mehr nötig war, Stille war wieder ins Socorro-Viertel eingekehrt.

Scham überkam ihn bei dem Gedanken, Laura konnte über das, was zwischen ihm und ihrer Tochter vorgefallen war, Bescheid wissen. Doch sie begrüßte ihn mit der gewohnten Freundlichkeit. Wie sollte er das Thema Carlota ansprechen, ohne sich anmerken zu lassen, durch welche Hölle er ging? Wie sollte er ihr die Nachricht beibringen, ohne seine bohrende Verzweiflung offenzulegen? Laura überraschte ihn: Ja, sie wußte, daß ihre Tochter bei Fermín war, er hatte es ihr selbst gesagt, sie wollte erst mal nicht darüber sprechen, aber um Ihnen, Vicente, die Wahrheit zu sagen, Fermíns Liebe zu meiner Tochter berührt mich. Aber sie war doch noch fast ein Kind, wie konnte sie das mit ansehen? Wollte sie ihre Tochter nicht gut verheiraten?

»Natürlich, Vicente, kann ich das Geschehene nicht gutheißen, aber die Liebe geht ihre eigenen Wege. Ich als Frau«, diese einstudierte Gebärde, »kann nicht anders, als Fermín für seinen Mut zu bewundern, er hat für den Triumph der Liebe über die Konventionen gekämpft.«

Sie hakte sich bei Vicente unter, und während sie den Tanzsalon durchquerten, erzählte sie ihm, daß Fermín als Anhänger Rocas mit der Scheidung einverstanden sei.

»Fermín, ein Mann von Roca?« unterbrach Vicente sie entrüstet. »Das sagt er jetzt wahrscheinlich, weil ihm das mit der Scheidung gelegen kommt, Roca wirbt dafür. Leute wie wir haben noch nie die PAN gewählt. Die Barbaren aus dem Norden haben unsere Eltern sie genannt, als er mit seiner Horde in den Achtzigern Buenos Aires überfiel. Bei der Wahl zu seiner zweiten Amtsperiode haben wir uns ebenfalls der Stimme enthalten.«

Lästigerweise kam ihm – worüber er schwieg – die Erinnerung an die tausend Lincoln-Schafe und zwei Herden Stuten, die sein Vater Rocas Sohn geschenkt hatte, und das Zuchtpferd mit Stammbaum, das Roca von Fermíns Vater bekommen hatte. Von den dreißig Millionen Hektar, die man den Indios abgeknöpft hatte, gingen zwanzig in privaten Besitz über, es war wichtig, daß das Land in die richtigen Hände gelangte. Zweihundertsiebzigtausend kaufte Fermíns Vater. Aber nicht darum nannte Fermín sich einen Rocaanhänger, nein, das hatte einen viel banaleren Grund. Vicente hatte es im Club mitgehört. Roca war mit einer Konkubine, einer Polin, aus Europa zurückgekehrt und hatte die Absicht, sie in Gesellschaftskreisen als seine Frau vorzustellen.

Laura verstand nichts von Politik, aber von der Liebe sehr wohl, und wenn Fermín sich mit dem Gedanken trug, mit Carlota nach Europa zu gehen und vorübergehend in Biarritz zu bleiben, bis sie heiraten konnten – dort waren die Gepflogenheiten andere –, dann, weil er sie wirklich liebte. Ach, ausgefuchstes Weib, das ist dein Wunschtraum, deine reiche Tochter in Frankreich zu besuchen, dachte Vicente, doch er sagte nur: Er wird niemals die Scheidung durchsetzen, das würde ihn sein Ansehen und wahrscheinlich sein Vermögen kosten.

Damit hatte er Laura einen Schreck einjagen wollen, doch er bekam nur ein zynisches Lächeln und nicht das geringste Verständnis dafür, warum man von Fermín die Rückgabe Carlotas fordern sollte. Er hätte ihr am liebsten gesagt, er selbst könne sie nehmen, doch das ließ er bleiben, er hielt noch etwas auf die Ehre, auf die Freundschaft. Hatte er etwa aus Ehrgefühl, wegen seiner Freundschaft mit Laura von Carlota die Finger gelassen? Seine eigene Frage machte ihn wütend.

Er trank ein Glas mit John Duncan, versuchte von ihm in Erfahrung zu bringen, ob über seine Geschäfte in den Vereinigten Staaten irgend etwas geredet wurde, Duncan auf seiner Seite zu haben war nützlich. Nur eines konnte Vicente in diesem Moment beruhigen, sich kurz von seiner Obsession ablenken, indem er weiter an diesem schlauen Komplott schmiedete, das sein Vermögen Jahr für Jahr wachsen ließ.

Kaum hört sie im La Marina das Trio aus Geige, Flöte und Gitarre, kann Carlota ihre Füße unter dem Kleid nicht mehr ruhig halten. Schade, daß sie nicht tanzen können, nicht wahr?, aber sie ist auch so sehr glücklich, dieser Ort ist ein Traum. Fermín schürzt leicht die Lippe – diese Miene macht sie fuchsig – und zeigt damit seinen Widerwillen: Die Musik geht ja noch, aber dieser Ort ist … dégoutant. Man hat ihn ihm empfohlen, aber das muß eine Verwechslung sein, an der Ecke Suárez und Necochea gibt es mehrere Cafés, in denen Tango gespielt wird.

Am nächsten Tag das Royal. Fermín will zuerst nicht, aber Carlota überredet ihn dann doch. Seit Tagen verlassen sie die Wohnung nicht, nur weil Fermín keinem Bekannten in die Arme laufen will. Dann eben die Cafés in La Boca, dem Viertel, über das er die Nase rümpft, dort würde niemand von seiner Familie, seinen Freunden einen Fuß hinsetzen.

Geige, Gitarre, Flöte, und dieses Bandoneon, Arturo Bernsteins Spiel, berühren sie tief und rufen sie auf die Tanzfläche. Nein, an diesem Ort können sie unmöglich tanzen, sagt Fermín, ist dir nicht klar, Carlota, die Tänzerinnen hier sind ... leichte Mädchen.

Du hattest noch nie ein Bandoneon gehört. Dein ganzer Körper hat in meinem Rhythmus wie ein Ziehharmonikabalg gewogt. Noch kanntest du sie nicht beim Namen, aber du hast sie gesehen: Antonina, die Stupsnasige, mit dem dünnen Enrique, die kleine Italienerin Luciana mit dem Escoberito. Und Fermín hat sich geweigert zu tanzen. Diese kunstvollen Figuren, *abanico*, *alfajor*, *medialuna*. Wie konntest du nur sitzen bleiben und zusehen?

Carlota steht entschlossen vom Tisch auf und tritt an die Tanzfläche, wo die Paare in diesem ungezwungenen, fröhlichen Tango im Canyengue-Rhythmus schwelgen. Der Mann bleibt vor ihr stehen, dreht den Kopf zur Seite.

Die Könnerhand des Moskauers an deiner Taille, dein Körper offen für seine Anleitungen, so hast du endlich eine meiner Tanzflächen erobert. Die abgewetzten Bretter des Royal, der rote Wandteppich, vor den du anmutig und stolz deine Arabesken gesetzt hast. Du und ich, wir beide wußten in diesem Moment, daß niemand dich mehr von diesen Brettern wegbringen würde, auf denen wir zusammen zu Höhenflügen ansetzen sollten.

Er hatte sich vorgenommen, nicht mehr zu Laura zu gehen, aber wie sonst erführe er Neuigkeiten über Carlota, Fermín schien vom Erdboden verschluckt. Die Gerüchte, die im Club die Runde machten, brachten ihn nicht weiter, und von seiner gesellschaftsfeindlichen Frau bekäme er bestimmt keinen Hinweis. Aber Vicente Ponce war niemand, der sich mit solchen Schieflagen abfand, er würde sie zurechtrücken. Benutzt und verhöhnt hatte ihn dieses Rotznäschen, da war er sich nun sicher, so leicht sollte sie nicht davonkommen.

Er unterhielt sich gerade mit Duncan über ein mögliches Abkommen zwischen den Tiefkühlunternehmen, das den Fleischpreis festsetzen sollte, als er Fermín hereinkommen sah. Eine hastige Entschuldigung, daß er den Engländer mit dem Wort im Mund stehenließ.

Die Kundschaft schenkte gerade der Erstaufführung eines Tangos von Grecco Applaus, als Laura Fermín bat, doch bitte leiser zu sprechen. Vicente zerrte ihn am Arm aus dem Salon.

Carlota war abgehauen, Fermín war gekommen, um nachzusehen, ob sie zu ihrer Mutter zurückgegangen war, und um Laura aufzufordern, ihre Tochter zu suchen, wo auch immer sie steckte.

Vicente in aller Bestimmtheit: Als erstes mußte Fermín zu seiner Familie zurückkehren, war er denn verrückt, wollte er alles verlieren für ein dahergelaufenes Mädchen?

Dessen funkelnder Blick gab ihm zu verstehen, daß das nicht der richtige Weg war, wahrscheinlich hatte Carlota ihm erzählt, was auf dem Gut vorgefallen war. Vicente könne seine Leidenschaft für Carlota verstehen, sagte er zu ihm, verschwörerisch, aber nicht diesen Anfall von Selbstzerstörung, in dem er alles für ein Mädchen über Bord warf, das noch nicht einmal wußte, was es wollte. Er würde ihm helfen, sie ausfindig zu machen, aber Fermín mußte ihm versprechen, daß er nach Hause zurückkehren würde, der Schmerz seiner Frau, die Scham seiner Familie …

»Wo, glaubst du, könnte Carlota sein?«

»Weiß ich nicht. Seit wir in den Cafés in La Boca waren, war sie auf einmal eine ganz andere, sie wollte nur noch dorthin, jeden Abend. Ich begreife das gar nicht. Die Leute, die in diese Lokale gehen, sind so vulgär!«

Vicente konnte dazu nichts sagen, er kannte diese Cafés nicht, aber schon der Name La Boca weckte in ihm Widerwillen, von dort hatte es dieser Sozialist, Alfredo Palacios, in die Abgeordnetenkammer geschafft. Er war mit der Bezirksreform von 1904, die es ermöglicht hatte, daß die Viertel ihre Vertreter wählten, nie einverstanden gewesen, was sollten diese Horden von Hohlköpfen in La Boca schon wählen. Hatte Fermín sie dorthin geführt?

»Ja, weil dort in den Cafés Tango gespielt wird, in einigen wird sogar getanzt, und Carlota ist verrückt nach Tango, ich verstehe gar nicht, warum.«

Seinetwegen!, die Hoffnung tat einen Satz, Vicente war schuld, die Tage, in denen sie sich auf dem Gut Tango tanzend geliebt hatten. Herzpochen: Carlota vermißte ihn, darum diese Tangosucht, sie liebte ihn immer noch. Angesichts dieser Entdeckung fiel es ihm schwer, Fermíns Klagerede zuzuhören: Er habe ihr alle Wünsche erfüllt, alle, wie habe sie ihn verlassen können, er wollte doch mit ihr nach Europa gehen, so glücklich waren sie ... gut, in den letzten Tagen hatte es Streit zwischen ihnen gegeben, weil er ein paar Verhaltensweisen Carlotas nicht dulden wollte ... er hätte nicht so hart zu ihr sein sollen. Schluchzte er? Er hatte sie überall gesucht, aber offenbar steckte dieses Gesindel mit ihr unter einer Decke und hielt ihren Aufenthaltsort vor ihm geheim.

Er brauchte eine Stunde, dann endlich brachte Vicente Fermín dazu, ihm einige Orte zu nennen, an die Carlota gern ging, und den Namen dieses deutschen Journalisten, Klaus Bühl.

Journalist? Bestimmt ein Aufrührer, aber Fermín war ein Schwachkopf, der nichts mitbekam, Vicente fand, das Einwanderungsgesetz müßte sehr viel härter sein, sie hatten vielleicht eine Handvoll Männer ausgewiesen, doch wenn diese ausländischen Unruhestifter nicht da wären und den Einwanderern Flöhe ins Ohr setzen würden, gäbe es keine Streiks im Hafen und keine Proteste überall, wo man hinsah. Sogar die Verbrecher streikten, das mußte man gesehen haben. Der Staat müßte durchgreifen, wie er auf seinen Ländereien, wer nicht einverstanden war, flog raus, sofort.

In wenigen Tagen hatte Carlota viel von ihren neuen Freunden gelernt, vor allem von Klaus, diesem Deutschen, der bei der Sitzung der Sozialistischen Partei, zu der sie eingeladen war, die Anwesenden aufwiegelte. Von seinen Worten ging mehr Glanz aus als von allen Diamanten, die Fermín ihr geschenkt hatte, von ihnen hänge die Zukunft ab, davon, wie sie sich organisierten, die politischen Aktionen, daraufhin glühende Blicke und erhobene Fäuste, denn entweder blieb die Arbeiterklasse träge und ließ sich von Tag zu Tag mehr versklaven, oder sie stand auf, setzte ihre dringlichsten Interessen durch und bereitete die Befreiung vom Joch des Kapitalismus vor.

Carlota hatte bei dieser Veranstaltung an seinen Lippen gehangen wie Klaus später an ihren, als er sie im Hauseingang der Mietskaserne küßte, wo sie eine Bleibe gefunden hatte. Es überstieg ihr Verständnis, wie sie eine Gesellschaft schaffen wollten, in der der Besitz gleichmäßig verteilt sein sollte, aber wie alle, die zugehört hatten, war sie davon überzeugt, daß sie früher oder später siegen würden. Und sie wollte dabeisein.

Auch meinetwegen wolltest du deine Freiheit. Klaus' Freundinnen, mit denen du in der Mietskaserne das Zimmer geteilt hast, lag es fern, dich zu kontrollieren wie deine Mutter oder Fermín.

Zehntes Kapitel

Es war fast zwei Uhr morgens, als Vicente das Café Royal betrat. Das schwache Licht der Petroleumlampen und der Zigarettenrauch verdüsterten noch mehr diese rohen, in ihrer Unterschiedlichkeit so gleichförmigen Gesichter. Menschlicher Schweiß gemischt mit ranzigem Fritierten. Sie tranken, redeten, lachten, rauchten, pfiffen, türmten sich um schwankende Tische. Wie sie ihn anekelten. Wie konnte Carlota an diese Menschen geraten? Er suchte ihr schwarzes, leuchtendes, gewelltes Haar inmitten dieser Menge an Haarschöpfen in allen Farbtönen, stumpfen, glänzenden, fettigen, suchte ihre feine Taille inmitten dieser vulgären, riechenden, nachlässig gekleideten Körper.

Vielleicht lag es an ihren tadellosen Hemden, ihren gutgeschnittenen Anzügen, ihren Havannas, die so gar nicht in diese Umgebung paßten, daß sein Blick an Martínez Vivot und diesen anderen beiden Männern, vermutlich seinen Freunden, haftenblieb, sie grölten und redeten laut, genauso besoffen und großmäulig wie dieser Wilde mit der Kappe, und dann diese kunterbunten Frauen in ihrer Gesellschaft. Was für ein Kasperltheater! Hinterher im Club zogen sie über die Nordamerikaner her, und hier tummelten sie sich mit ihnen in diesem Affenstall, empörte sich Vicente. Er wollte verhindern, daß sie ihn sahen. Zu spät. Der ebenfalls anwesende Gonzalo erkannte ihn, ging auf ihn zu und lud ihn ein, sich zu ihnen zu gesellen, sie hatten guten französischen Champagner, den der Wirt des Cafés für sie kaufte, und erstklassige Weiber.

Sie stand mit dem Rücken zu ihm, als Vicente vorbeiging, doch er erkannte sie an ihrem Lachen. Dieses offene Lachen, frei wie ein Vogel, das ihn in glücklichen Tagen mit seiner Fröhlichkeit so angesteckt hatte, traf ihn nun wie ein Peitschenhieb. Er mußte sich zusammennehmen, um sie nicht am Arm zu packen und mit Gewalt aus dem Café zu zerren. Von Gonzalos Tisch aus konnte er sie von vorn sehen, sieh mich an, sieh mich an, befahl er ihr stumm, und explodierte fast vor Zorn.

»Kennt ihr euch?« überfiel ihn Gonzalo, und bevor er sich eine Entschuldigung einfallen lassen konnte: »Das ist Bernstein, der Deutsche mit der Ziehharmonika.«

»Irgendwo habe ich ihn schon mal gehört«, log er.

Er ist exzeptionell, ein Jammer, daß Vicente erst so spät gekommen ist, und voller Stolz: Ein Freund von mir, darf ich vorstellen.

»Hier, Bernstein, einer deiner Bewunderer, Vicente Ponce.«

Carlota war auf der anderen Seite des Tischs, ohne echten Anlaß drückte Vicente eilig alle diese groben Hände, bis er endlich vor ihr stand. Wenn überhaupt von Angst die Rede sein konnte, dauerte sie nur eine Sekunde, denn schon hielt ihm Carlota mit herausforderndem Lächeln die Hand zum Kuß hin.

Diese hauchzarte Berührung, seine Lippen auf Carlotas Haut, genügte, und alle Küsse, alle Zärtlichkeiten waren mit einemmal wieder da, ihr nackter, ihn begehrender Körper, die süße Feuchte ihres Geschlechts. Jetzt mußte Vicente auch noch den hartnäckigen Händedruck dieses Mannes neben ihr über sich ergehen lassen, Bühl? Er hörte seinen Namen nicht richtig, alles war überlagert von den Bildern Carlotas, im Gras hingegossen, als sie vom Pferd gefallen war, zwischen den Laken versteckt, damit er sie entdeckte, ihr Honiglächeln. Stumm und steif, lachhaft, blieb er vor ihr stehen, bis Gonzalo ihn zurück an seinen Tisch holte. Der Blonde sah ihn feindselig an, als Vicente sich mit einem aufgesetzten Lächeln verabschiedete.

Ihm waren Hände und Füße gebunden, er hatte keine Möglichkeit, mit Carlota zu reden und sie von hier fortzuschaffen, ohne einen Skandal zu erregen. Gonzalo und seine Freunde waren allerdings so betrunken, daß sie sich am nächsten Tag schwerlich an irgend etwas erinnern würden, machte Vicente sich Mut, aber welche Ausrede würde er den Leuten an den anderen Tischen nennen. Auf einmal war es ihm egal, was die anderen dachten, denn er sah, wie der Blonde seinen Arm um Carlotas Schultern legte und sie auf die Wange küßte. Diese

Provokation würde er nicht hinnehmen. Augenblicklich stand er bei ihr.

»Du kommst auf der Stelle mit.«

»Wer ist dieser Kerl, Carlota?«

»Ein Freund der Mutter dieses Mädchens«, fuhr er bevormundend dazwischen.

Als der Deutsche sich drohend vor ihm aufbaute, sagte Carlota zu ihm: Ich rede schon mit ihm. Sie hakte sich ganz selbstverständlich bei Vicente unter, und sie gingen vom Tisch weg.

Der Wortwechsel dauerte keine fünf Minuten: Carlota dachte nicht daran, mit Vicente irgendwohin zu gehen, anfänglich schon, aber da hatte er nicht gewollt, erinnerte er sich? Und jetzt wollte sie nicht mehr, jetzt hatte sie Einwände, und wenn er sie weiter belästigen würde, würde ihn das teuer zu stehen kommen. Die zurückgehaltene Wut: Sie, so ein Mäuschen, wollte einem Mann wie ihm drohen? Vicente wollte kein Wort mehr hören. Er packte sie am Arm und wollte sie hinter sich herschleifen, doch von Carlotas Widerstand spürte er nicht mehr allzuviel, denn der gezielte Faustschlag des Deutschen streckte ihn zu Boden.

Der Haß, den Vicente fühlte, als er sich erhob, verführte ihn zu der Annahme, er könnte es mit dem Deutschen und jedem an diesem verdorbenen Ort hier aufnehmen. Carlota versuchte dazwischenzugehen, aber er, vielleicht war es auch der Deutsche, schob sie weg. Plötzlich flog eine weitere Faust, wie eine Puppe fiel Vicente von einer Seite zur anderen, Fußtritte, Frauengekreisch, Männer, die sich untereinander schlugen, Gonzalo und seine Freunde, das blutende Gesicht des Deutschen, das nach ihm suchte, und Vicente, der seine ganze Wut darauf ablud, ein ungeheurer Schmerz in seiner Brust, daß es ihn zerriß, alles schwarz, blau, rot, und dann eine durchdringende, kräftige Stimme: genug, genug, laßt ihn.

Als er die Augen öffnete, sah er diesen unbekannten Mann, der ihn freundlich fragte, ob er sich aufrichten könne. Er half ihm aufstehen: Gehen Sie am besten nach Hause, Señor.

Vicente sah noch diese Gruppe, die ein Stück weiter von ihm stand, jemand wollte vortreten, doch der Mann mit den schwarzen Locken und dem italienischen Akzent verhinderte es. Er begleitete ihn hinaus auf die Straße und ging noch ein Stück mit.

»Wollen Sie nicht zu einem Arzt, Señor? Ich kann Sie zur Krankenstation bringen.«

Der Schmerz war heftig. Nein, es ging schon, er wollte zu seinem Wagen. Das komme nicht in Frage, in seinem Zustand könne er doch nicht fahren, er werde ihn zu einem Arzt bringen. Nein. Dann eben nach Hause.

Sie sprachen auf dem ganzen Weg kein Wort. An der Haustür bedankte sich Vicente, falls er einmal irgend etwas brauchen sollte, könne er sich jederzeit an ihn wenden, hier habe er seine Visitenkarte. Guten Abend.

Der Mann murmelte etwas, das Vicente nicht verstand.

»Was sagten Sie?«

»Nichts, es ist nicht wichtig. Gute Nacht.«

Es war besser, daß er ihn nicht verstanden hatte, als der Mann Ponces eigene beleidigende Worte wiederholt hatte: Bestimmt ein Spaghettifresser. Was hätte es für einen Sinn gehabt, ihn daran zu erinnern, daß er niemand anderen als ihn von der Straßenecke vor seinem Haus fortgejagt hatte, sagte sich Miguel Rinaldi, während er Vicentes Visitenkarte zerknüllte und auf die Straße warf. Würde das vielleicht etwas ändern? Er hatte seinen Freund Klaus deshalb daran gehindert, ihn zu töten, weil der Kampf zu dem Zeitpunkt sehr ungleich gewesen war. Man mußte sich auch nicht die Hände mit Blut schmutzig machen wegen einer Angelegenheit, die mit ihrem Kampf nichts zu tun hatte, einer Frau wegen.

Er mußte über sich selbst lachen, war es nicht vielleicht sogar wegen einer Frau, wegen Inés, daß er Klaus daran gehindert hatte, Vicente Ponce zu töten?

Wie viele Tage saß Inés in diesem Sessel neben seinem Bett? Fünf, sechs. Seit der Arzt in jener Nacht gegangen war. Vicente hatte gesagt, er habe sich gegen irgendwelche Räuber verteidigt, und sie wollte nie Näheres über den Vorfall wissen. Was für eine seltsame Frau er hatte. Sie wechselte ihm die Verbände, schob ihm die Kissen zurecht, damit er es bequemer hatte, brachte ihm das Tablett mit dem Essen, verabreichte ihm das Beruhigungsmittel, und nicht ein einziges Wort. Immer nur lesen, lesen, lesen.

Wisse sie, ob Fermín nach Hause zurückgekehrt sei? Nein. Sie solle sich erkundigen, bitte, er sei sehr in Sorge. Inés öffnete den Mund, wie um etwas zu sagen, und verließ das Zimmer.

Nach fünf Minuten kam sie wieder herein, trat zu ihm.

»Fermín ist zu Lucía zurückgekehrt.« Kein Wort zuviel, schon saß sie wieder in einem Sessel und schlug ihr Buch auf.

Gut. Ein Stein war aus dem Weg geräumt. Jetzt mußte er nur noch eine kluge Strategie finden, um Carlota zurückzugewinnen, bloß keine überstürzten Aktionen mehr. Diese armen Teufel würden ihn nicht aufhalten.

Um auf andere Gedanken zu kommen, ging er ein weiteres Mal die Besprechung durch, die er mit den Geschäftsführern der anderen Tiefkühlfirmen haben würde, er wußte, was er zu sagen hatte, um ihre Zustimmung zu gewinnen und damit den internationalen Markt zu kontrollieren. Doch er müßte mit Bedacht vorgehen: Molinari hatte ihm gesagt, die Briten seien schon dabei, die argentinischen staatlichen Kontrollorgane zum Einschreiten zu bewegen, um angebliche monopolistischen Bestrebungen und Verstößen gegen die guten Handelssitten einen Riegel vorzuschieben.

Bei den ersten Gerüchten über den möglichen Verkauf der Tiefkühlfirma *La Plata* an das nordamerikanische Unternehmen *Swift* war für Vicente alles klar: Die Vereinigten Staaten wollten ihre Marktposition im Fleischhandel zurückgewinnen und in die argentinische Tiefkühlindustrie investieren. Nur darum, nicht aus sonstwelchen Gründen, die im Club die Runde machten, entschloß er sich, Land zu verkaufen: um zwei kleinere Tiefkühlfirmen zu erwerben und möglichst schnell *La blanca y celeste* zu gründen.

Blanca y celeste – weiß und himmelblau, die Farben der argentinischen Fahne, ziemlich gespreizt für einen Firmennamen, eine Laune. Er wußte vom ersten Tag an, daß er die Firma den Nordamerikanern verkaufen würde, sobald er die notwendigen Schritte getan haben würde, um seine Investition zu vervielfachen und sich ganz nebenbei einen hervorragenden Preis für den Absatz der kommenden Jahre zu sichern. Doch es war sinnlos – und unvernünftig –, das Hernán zu diesem Zeitpunkt zu erklären. Zum erstenmal hatte sein Schwager auf eine Entscheidung Vicentes reagiert. Was falle ihm ein, ohne Rücksprache einfach dieses Land zu verkaufen? Habe er vergessen, daß es im Besitz der Familie Lasalle war? Gehe er mit seinem Begriff von Verwaltung nicht etwas zu weit? Die Tiefkühlindustrie, Hernán, ist das Geschäft der Zukunft. Aber wenn er das nicht so sah, machte es auch nichts, Vicente würde ihm in ein oder zwei Jahren das Geld, das er verwendet hatte, zurückgegeben, mit Zinsen und so weiter, dann könnte Hernán das Land der Familie zurückkaufen, wenn er dessen Verlust so sehr bedauerte, und bissig: Er könnte sogar versuchen, es wirtschaftlich zu nutzen. Aber eines mußte klar sein, Hernán würde nicht Gesellschafter bei *La blanca y celeste*. Selbstverständlich.

Mit dem Gewinn aus dem ersten Jahr zahlte er ihm das gesamte Geld zurück, und in weniger als drei Jahren – ich habe es dir doch gesagt, Hernán – war *La blanca y celeste* der zweitgrößte Exporteur von Tiefkühlfleisch. 1907 machte er große Gewinne mit dem »chilled«, wie man zu dem Tiefkühlfleisch sagte. Hernán lachte, er freute sich für ihn und erinnerte sich schon nicht mehr an dieses Gespräch, das für Vicente so bedeutsam gewesen war.

Seine Geschäftspartner aus dem Norden waren einverstanden: Man solle schlafende Hunde nicht wecken, am besten würde Vicente, ein Argentinier, weiterhin die Geschäfte führen.

Sobald man sich mit den kleineren Tiefkühlunternehmen über den Preis für Tiefkühlfleisch einig geworden sein und er mit den Politikern ein paar Fragen geklärt haben würde, würde er *La blanca y celeste* an das nordamerikanische Konsortium verkaufen. Als erstes mit dem Finanzminister reden: Er selbst, ein alteingesessener Argentinier, sei doch der Beweis, daß die Klagen der Briten ungerechtfertigt seien. Und, unter uns, sollen sie nur aufeinander losgehen, ein Krieg der Kolosse wird unseren Export nur begünstigen.

Minutiös plante er jeden Schritt, er war sich sicher, auf der ganzen Linie zu gewinnen. Er hatte einen merkwürdigen Gedanken: Er würde gern mit Carlota darüber reden, ihre Bewunderung spüren, ihre vor Stolz glänzenden Augen, ihre Arme an seinem Hals, jeder Erfolg von ihm ein großes Fest.

Er sah zu Inés, die neben ihm las. Nie wäre ihm eingefallen, noch nicht einmal in der ersten Zeit ihrer Ehe, ihr irgend etwas über seine Geschäfte zu erzählen. Inés interessierte sich auch nicht dafür, aber mit Carlota, da war er sich sicher, wäre es ganz anders.

Vielleicht weil er seit Tagen daniederlag, geschwächt war, erkannte Vicente, daß er eine Frau brauchte, mit der er alle seine Höhenflüge teilen konnte. Sollte Inés zu Hause bei ihren Kindern, ihren Büchern, ihrer Bewunderung für ihren Nichtsnutz von Bruder bleiben, und bei ihrer Näherin, mit der sie stundenlang schwatzte, wie die über jeden Verdacht erhabene Emilia ihm berichtete, aber er – beschloß er in diesem Moment – würde sich einen Ort suchen, an dem er sich wohl fühlen, das Leben genießen konnte. Einen Ort für sich ... und für Carlota.

Als Carlota aus Fermíns Wohnung floh, bat Klaus Ingrid, eine junge Deutsche von der sozialistischen Gewerkschaft UGT, um Hilfe. Sie bewohnte zusammen mit zwei jungen Galicierinnen ein Zimmer in der Mietskaserne »Die vierzehn Provinzen«. Sie würden eben etwas zusammenrücken, dann hätte Carlota ein Bett, alle würden ihr helfen, bis sie Arbeit gefunden hätte.

Carlotas Geschichte hatte die Mädchen berührt, aber als sie zum zweitenmal ohne die Arbeit, die eine von ihnen ihr beschafft hatte, zurückkam, begannen die Spannungen: Wie lange willst du dich hier noch aushalten lassen, sagte die Galicierin Susana zu ihr. Ingrid verteidigte sie: Sie müßten ihr etwas Zeit geben, sie sei noch ein Kind, und ihre Großmutter habe sie in Watte gepackt, dann diese Mutter und ihr Bordell für Reiche, das Kapitalistenschwein, das sie mit seinem Geld habe kaufen wollen, sie müßten ihr schon helfen, zu einem würdigen Leben zurückzufinden, Klaus, den sie doch alle bewunderten, hatte sie darum gebeten. Aber wenn wir die Miete nicht bezahlen, setzen sie uns vor die Tür, Klaus. Da übernahm er den Anteil der Miete für Carlota: Du mußt eine Arbeit finden, meine Liebe.

Sie bemühte sich, aber es ging nicht. Carlota befestigte auf jeden der Hüte das Band so, wie man es ihr gezeigt hatte, aber es verrutschte ihr, immer verrutschte es ihr, und nur darum, ich schwör's dir, Susana, nur wegen eines doofen Bandes, das noch dazu so weit oben ist, daß sowieso niemand sieht, ob es schief ist, haben sie mich zusammengestaucht, mich beleidigt und mich noch nicht einmal die Woche Probezeit zu Ende bringen lassen. In der Fabrik würde ihr so etwas nicht passieren, ermunterte sie Ingrid, dort würden die Genossen von der UGT willkürliche Kündigungen verhindern.

Das Schmieröl in Dosen zu füllen war nicht schlimm, auch diese schwarze Schmiere nicht, die sich hartnäckig unter ihren Fingernägeln festsetzte, hart war nur, daß sie um sechs Uhr morgens anfangen mußte.

Diese Arbeitszeiten waren nichts für eine leidenschaftliche Nachtschwärmerin wie dich. In den Cafés in La Boca sind wir beide, du und ich, herangewachsen. Deine Stimme hat ihren kindlichen Klang verloren und das Timbre einer Frau angenommen, während ich alle Flötenheiterkeit hinter mir gelassen habe und mit dem Bandoneon ernster, langsamer geworden bin. Stück für Stück, wenn auch mit Rückschlägen, sind wir aus der Pubertät in den Trubel der Jugend übergegangen. Meinen Lokalen den Rücken kehren, weil du am nächsten Tag arbeiten mußtest, wie hätte das gehen sollen?

»Bitte, Klaus, bleiben wir noch ein bißchen, bis sie zu spielen aufhören, ich bin nie müde.«

Am dritten Tag, an dem sie um die Mittagszeit kam, warfen sie sie hinaus, doch sie hat sich nicht an die Genossen von der UGT gewandt. Sie würde schon eine andere Arbeit zu einer weniger zermürbenden Uhrzeit finden.

Die fünfte Etage in dem Gebäude, das erst vor kurzem in der Avenida de Mayo auf Höhe 1100 bezugsfertig geworden war, war noch frei. Ein hervorragender Kauf: Der Originalentwurf für die Fassade war in Paris angefertigt und in die Umgebung eingegliedert worden, die kunstvollen Schmiedeeisenbalkone brauchten sich vor denen in der Avenue Foch nicht zu verstekken, der Aufzug stammte von der besten Adresse in New York, und dann diese apart geschwungene Kuppel, die nach oben hinausragte. Stuckdecken, Schmuckleisten an den Wänden, Marmor und in jedem der großzügigen Räume dieses wunderbare Licht. Er verhandelte nicht über den Preis: Das war der angemessene Rahmen für die Schönheit Carlotas.

Vicente kaufte Bilder, Kronleuchter, Wandteppiche, Möbel, Vorhänge, ein aus Frankreich importiertes Grammophon Pathé und sämtliche neu erschienenen Schellackplatten.

Der Mann, der Klaus Bühl verfolgte, informierte ihn, daß das Subjekt im Barracas-Viertel in einer Mietwohnung lebte, zusammen mit einem anderen Mann deutscher Herkunft, Bernstein heiße er, ein Bandoneonspieler. Sei er sicher, daß bei Bühl keine junge Frau wohne? Nur dreimal habe in Bühls und Bernsteins Wohnung eine blonde junge Dame übernachtet, englischer Herkunft, sie arbeite in einem Blumengeschäft. Dann war es nicht Carlota. Vicente stellte eine Spanierin an, die sich um den Haushalt kümmern sollte. Daß Carlota kommen würde, war nur eine Frage der Zeit, in jeder Lampe, jedem exquisiten Einrichtungsgegenstand, den er auswählte, Carlota.

Er war schon einige Male gesehen worden, nicht nur im Royal, auch im La Marina, und einmal im Salón San Martín in der Calle Rodríguez Peña. Wie er allein dasaß und trank. Er erregte kein Aufsehen, kam niemandem zu nahe. Sie sollten ihn einfach nicht beachten, ein Verrückter, sagte Carlota. Ein Verrückter? Miguel Rinaldi beunruhigte dieser Zaungast mehr als Klaus Bühl. Was wollte Vicente Ponce in diesen Cafés? Nichts anderes als viele andere eitle Gockel auch, warum wunderst du dich? Nein, er benahm sich anders, und man konnte auch nicht sagen, daß er ein Tangobegeisterter war, er applaudierte kaum, tanzte nie, überwacht er uns?

Er sagte es so, im Plural, doch eigentlich hatte Miguel keinen Zweifel, daß Ponce wegen Carlota hier war, sein dürstender Blick wich nicht eine Sekunde von ihr. Das schien sie nicht zu bekümmern, ganz im Gegenteil, an einem der letzten Abende sah Miguel sie flüchtig lächeln, als sie Ponce hinten im Raum entdeckte.

Er wollte es Klaus nicht sagen, schon ein paarmal hatte er ihm vorsichtig geraten: Er solle seine Romanze mit diesem Mädchen besser nicht allzu ernst nehmen, nicht daß er am Ende noch enttäuscht sein würde, doch er reagierte nur barsch. War es nicht ein bürgerliches Vorurteil, Carlota der Unmoral zu verdächtigen, nur weil sie die Tochter einer Bordellbesitzerin war? Ein Mädchen, das mit fünfzehn Jahren den Mut besaß, einem verdorbenen Leben zu entfliehen und ihr eigenes Glück zu suchen, war eine Verheißung. Und Carlotas Intelligenz erst, ihre Sensibilität für fremdes Leid, ihre Stärke, als junges Mädchen den jähen Wechsel von einem Leben im Luxus zu einem Zimmer in einer Mietskaserne gemeistert zu haben, und diese Fröhlichkeit, mit der sie sich auf ein armes, aber würdiges Leben einläßt.

Kaum zu glauben, daß ein Kämpfer, ein so heller Kopf – so die Worte der Galicierin gegenüber Miguel – sich so in diese faule Trine verguckt hatte, die an nichts anderes dachte, als abends auszugehen. Aber wo doch Klaus im vergangenen Mo-

nat in Rosario gewesen war, um den Sozialistenkongreß mit-
zuverfolgen, war Carlota dann allein ausgegangen? Manchmal
mit Ingrid, manchmal auch allein oder mit wer weiß wem: Susana sah es nicht als ihre Aufgabe, sie zu überwachen, Klaus
schien es ja egal zu sein ...

Miguel kam es vor, als würde die Galicierin ihn benutzen,
damit er ihre Lästereien an Klaus weitertrug, offensichtlich war
sie auf Carlota eifersüchtig. Aber der Satz saß wie ein Stachel,
und an diesem Abend, als sie nach der stürmischen Versammlung im Haus der Sozialisten beschlossen, noch im La Marina
vorbeizuschauen, ließ Miguel seinen Blick über die Gäste
schweifen und war erleichtert, Carlota nicht zu sehen. Klaus
bedauerte, daß sie so spät dran waren und Carlota nicht mehr
hatten einladen können, wo ihr der Tango doch so gut gefiel.

»Vor lauter Reisen, Zeitungsredaktion und politischen Versammlungen vernachlässige ich Carlota, armes Ding.«

»Warum zieht sie nicht zu dir?« fragte Miguel ihn, als sein
Blick sich mit dem Vicentes traf.

Das konnte er diesem Mädchen unmöglich antun, bei ihrer
schrecklichen Geschichte, nein, Klaus wollte ihr Zeit geben,
groß zu werden, ihre eigenen Erfahrungen zu machen, sich
ihr Leben zu erkämpfen, zur Frau zu werden, und wenn sie
die gleichen Voraussetzungen hätten, und sie ihn freiwillig wählen würde, erst dann könnte sie ihm eine Gefährtin im Leben
sein. So lange würden sie sich sehen, wann immer seine Aktivi-
täten es zuließen, bei dem Leben, das er führte, war er auch
nicht auf eine Frau eingestellt. Erst einmal hatte das politische
Engagement Vorrang, und Carlota verstand das, Miguel wußte
ja nicht, wie interessiert sie ihm gefolgt war, als er ihr erklärt
hatte, wie es ihnen gelungen war, Palacios als Abgeordneten
durchzusetzen. Nimm's mir nicht übel, sagte Miguel, aber
mir scheint es unklug, Carlota in alle Einzelheiten unserer Pläne
einzuweihen, sie ist noch sehr jung, sehr naiv, sie kann es her-
umerzählen. Du irrst dich, und sei beruhigt, ich würde ihr
nichts erzählen, was nicht allgemein bekannt ist, und jetzt sei

still, Roberto Firpos Trio spielt auf zu den ersten Akkorden von seinem Tango *El compinche*.

Er würde sich hüten, seinem Freund etwas zu sagen, aber Miguel hatte überhaupt kein Vertrauen in dieses Mädchen, und dieser Ponce immer und überall machte ihn noch unruhiger. Er sah ihn aufstehen, ein paar Münzen hinlegen und das La Marina verlassen. Miguel verabschiedete sich von Klaus, Müdigkeit vorschiebend, und folgte ihm.

Er sieht, wie er innerhalb weniger Minuten erst im Royal, dann im Teodoro verschwindet und wieder herauskommt. Jetzt das La Turca. Miguel läßt eine gute Viertelstunde verstreichen, dann schleicht er sich, Deckung zwischen den Leuten suchend, hinein. Er schließt die Augen, blind in dieser verqualmten Düsternis, die kaum Umrisse erkennen läßt. Er öffnet sie langsam, wie um ihnen Zeit zu geben, sich ihren Weg zu suchen durch diese vom Tango in Bewegung versetzte Menschenwoge.

Er arbeitet sich vor in eine Ecke, von der aus man einen Blick auf eine improvisierte Tanzfläche hat, die Paare führen dort ihre *cortes* und *quebradas* vor.

Den dunklen Typ, der mit Carlota tanzt, kennt er schon, es ist einer der persönlichen Leibwächter Benito Villanuevas. Wenige Meter weiter, auf die Tanzfläche starrend, diese Augen, in denen er Zorn zu sehen meint: Ponce. Dann geht alles sehr schnell: Carlota und der Dunkle, die reglos auf den Beginn eines neuen Tangos warten, Vicente, der mit sicherem Schritt herannaht, Carlota etwas ins Ohr flüstert und wieder geht, der Dunkle, der Carlota anfährt, sich aus der Umarmung freimacht, ein Vorwurf?, Carlota allein auf der Tanzfläche, sie bleibt stehen, als wüßte sie nicht, was sie machen soll, dann Vicentes ausgestreckte Hand, die sie retten, von dort fortbringen will, aber Carlota verneint, sie bewegt sich nicht von der Tanzfläche weg, sie will diesen Tango tanzen, mit Ponce, sobald der Dunkle fort ist.

Plötzlich ein Tohuwabohu an Stimmen, Händen und Körpern, direkt vor Miguel bricht eine Schlägerei aus, er braucht etwas, um sich von dem Stoß zu erholen, mit dem sie ihn in den Zank hineinzuziehen versucht haben, der Sprung zur Seite, da hat er sie aus den Augen verloren, Carlota und Ponce sind schon nicht mehr auf der Tanzfläche.

Warum muß er unbedingt eingreifen? Warum diesen Kontakt um jeden Preis verhindern? Sie suchend, bahnt Miguel sich einen Weg durch die Leute, wegen seiner Freundschaft mit Klaus?, um Carlota zu retten?, das Fieber, das das Trio des Italieners Genaro Espósito bei den Leuten auslöst, hat auch Miguel erfaßt, um zu verhindern, daß Vicente Ponce seinen Willen durchsetzt, wie damals, als er die Frau ehelichte, die Miguel liebte? Das Brummen des Bandoneons, wie kann er, obwohl er Inés ganz für sich hat, sich nach einer anderen umsehen? Er geht auf die Straße hinaus. Vorn an der Ecke blickt er in alle Richtungen, nirgendwo sieht er sie. Also zurück ins La Turca. Er rempelt, stolpert, muß sie finden.

Auf dem Gang, der zur Küche führt, steht Carlota an die Wand gelehnt und ihr gegenüber der Blutsauger. Mit seiner aufgeregten Stimme platzt er in ihre gehauchten Worte, ihr sanftes Lächeln hinein.

»Carlota, soll ich Sie nach Hause bringen?« Seine Frage klingt wie ein Befehl.

»Miguel, was für eine Überraschung! Kennt ihr euch?« Daraufhin dieses kristallklare Lachen. Natürlich kennen sie sich, von diesem Abend, den man besser verdrängt – keiner von beiden streckt dem anderen die Hand hin. Ich habe Señor Vicente gerade gebeten, meine Mutter zu beruhigen – ein hinterlistiger Blick. Sagen Sie ihr, daß ich sie vielleicht besuchen komme … in den nächsten Tagen. Wenn sie mich so sehr liebt, wie sie sagt, soll sie doch nicht leiden. Finden Sie nicht, Miguel?

Ein schwaches Lächeln löst für einen Augenblick den steinernen Ausdruck Ponces, Carlota trägt ihm gerade eine verschlüsselte Botschaft zu. Und wenn er sich täuscht und sie nur irgendwie versucht, die Gefahr mit einer falschen Versprechung abzuschütteln?

»Gehen wir?« läßt Miguel nicht locker.

Wie um ihm recht zu geben, hängt sich Carlota bei ihm ein: Gute Nacht, Don Vicente.

An dem Morgen schrieb er einen Brief an Williams, um ihm von seinem Erfolg bei der Versammlung der Geschäftsführer der Tiefkühlfirmen zu berichten. Auch sein Treffen mit dem Präsidenten Figueroa Alcorta sei fruchtbar gewesen, der Finanzminister federte die Forderungen der Engländer ab: Es gab keine Beweise für ihre Behauptungen, und die argentinischen Behörden könnten einen unter dem Schutz der Verfassung stehenden Handel nicht verbieten, aber sie würden die Sache im Auge behalten.

Er beschloß, zu Fuß zur Wohnung zu gehen. Sein Körper fühlte sich jung und beschwingt an. María war seinen Anweisungen gefolgt und hatte die am Morgen angekommenen Pakete ausgepackt, es war bereits alles im Schrank der Señora verstaut.

Vicente streichelte die blaue Seide, den weißen Satin, den grünen Chiffon, seine Finger tasteten sich über ihre Kleider, hielten am Rocksaum, am Ausschnitt inne. Da wußte er, daß wenig fehlte. Keinen Fuß mehr würde sie in diese stinkenden Cafés in La Boca setzen.

Von seinem Informanten, der Klaus Bühl auf Schritt und Tritt verfolgte, wußte er Carlotas Adresse. Er hatte ihn mehrmals mit einem dunkelhaarigen jungen Mädchen aus der Mietskaserne gehen und in den frühen Morgenstunden zurückkommen sehen. Er überlegte, ihr die Adresse in einem riesigen Rosenstrauß zukommen zu lassen, verwarf die Idee aber wieder. Besser keine Aufmerksamkeit erregen. Ein schlichter Umschlag, ein Kärtchen mit der Adresse, zu welcher Stunde, an welchem Tag es ihr genehm sei. María war angewiesen, die Señora zu empfangen und ihr bei allem zur Hand zu gehen.

An dem Nachmittag nahm Carlota die Straßenbahn und ging in der Avenida de Mayo zu Fuß bis Höhe 1100, nur um sich das Haus von außen anzusehen. Der Gedanke, daß dort eine Wohnung für sie allein bereitstand, reizte sie, auch wenn sie nicht einzuziehen gedachte.

Wie sehr hat es dir gefallen, auch wenn du es dir nie eingestanden hättest, daß Vicente trotz der Schläge, die er eingesteckt hatte, noch einmal in die Cafés in La Boca gekommen ist, um dich zu sehen. Liebte er dich? Sein begehrender Blick hat dich umarmt, bewundert, während du Klaus' stets brillanten Worten zugehört hast.

Am liebsten hätte sie Ingrid davon erzählt, als diese sie tröstete, nachdem die Galicierin am Abend bei dem Fest in der Mietskaserne so gemein zu ihr gewesen war. Susana habe ganz recht, wenn sie von ihr fordere, bald eine Arbeit zu finden, sagte Ingrid, aber ihr vorzuwerfen, daß sie tanze, sei ungerecht gewesen: Du hast kein Recht, auf das Fest zu gehen, du bist hier nur geduldet. Sie solle sie nicht beachten, es sei eine Lüge, daß alle Carlota haßten und sie forthaben wollten. Vor allem die Frauen, so Susana, weil Carlota angeblich ständig versuche, ihnen den Ehemann oder Verlobten wegzunehmen, irgendein Dummer würde sich schon finden, der sie aushielt.

»Ich will niemandem irgend etwas wegnehmen, Ingrid, aber wenn ihr euch schämt, mit mir das Zimmer zu teilen, kann ich jederzeit gehen.«

Sie sagte Ingrid nur deshalb nicht mehr, weil sie fürchtete, diese würde ihr an den Kopf werfen, wie unwürdig es sei, von den Brosamen der Reichen zu essen. Was sie auch keineswegs vorhatte, denn obwohl sie solche Ausdrücke wie »die wissenschaftliche Organisation der Produktion« und »die höhere gesellschaftliche Moral« nicht ganz verstand, wollte Carlota zu dem Arbeitervolk dazugehören und mit dafür sorgen, daß viel mehr Menschen gut leben würden, wie Ingrid für sie die vielen Worte, die auf der Versammlung im Haus der Sozialisten auf sie eingeprasselt waren, vereinfacht hatte.

»Schämen? Warum? Weil du gern tanzt? Gehen wir nicht manchmal mit zum Tanzen? Beachte Susana nicht. Allerdings wäre es schon gut für uns alle, Carlota, wenn du eine dauerhafte Arbeit finden würdest.«

»Tanzen. Da würde ich durchhalten. Lach nicht, Ingrid, das ist eine Arbeit, es gibt viele Frauen, die man nur fürs Tanzen bezahlt.«

»Nur fürs Tanzen? Ach, Carlota, wie naiv du bist.«

Von allem, was Ingrid ihr erklärte, stimmten sie nur ihre Worte über die fehlende Freiheit nachdenklich.

Freiheit, dieses Wort, das du so oft in den letzten Monaten gehört hattest und das für dich etwas ganz anderes bedeutete, für dich war es nicht nur eine Sehnsucht wie für deine Freunde, sondern Wirklichkeit. Irgendwann warst du enttäuscht, daß Klaus dir nicht vorgeschlagen hat, zu ihm zu ziehen, ob er dich nicht liebte, dich nicht begehrte?, aber nach wenigen Tagen in der Mietskaserne hast du es zu schätzen gelernt, zu kommen und zu gehen, ohne irgendwelche Erklärungen abgeben zu müssen.

Allein durch die Straßen gehen, mit den anarchistischen, so netten Zimmermannsleuten aus dem hinteren Zimmer Mate trinken, und dann die Unterhaltungen mit Rosa, die so schön singen konnte, schade, daß sie nicht älter war, dann könnten sie zusammen ausgehen. In die Cafés in La Boca gehen, die großen Musiker hören: die Brüder Grecco, Villoldo, Lomuta, den Italiener Genaro, Castriota, Ponzio, Firpo. Und tanzen, tanzen, tanzen.

Vielleicht hatte Ingrid recht: Wenn sie für Geld tanzen würde, müßte sie jeden nehmen, einen Tangotrampel genauso wie einen aufdringlichen Widerling, und vorbei wäre es mit dem Vergnügen. Kürzlich im Las Flores hatte Carlota einen Mann geohrfeigt, der ihr beim Tanzen an den Hintern gefaßt hatte. Gut gemacht, hatte Sarita Bicloruro sie beglückwünscht. Sie tat nicht lange herum, sobald einer sie belästigte, zückte sie das Messer, das sie im Strumpfband trug.

Carlota verstand nicht, warum Klaus sich so oft mit den Anarchisten traf. Zogen er und seine Leute nicht ständig über sie her? Oder hatte sie da etwas falsch verstanden?

Über alle noch so tiefgreifenden Meinungsverschiedenheiten hinweg – erklärte ihr Klaus – müßten sie gemeinsam Front machen. Auch wenn die Anarchisten sagten, sie würden durch ihre Unterordnung unter die Partei den Klassenkampf in den Dreck ziehen, auch wenn die Anarchos jeden Versuch boykottierten, die Gewerkschaften organisatorisch unter ein Dach zu stellen, an diesem ersten Mai würden die sozialistische Gewerkschaft UGT und die Argentinische Arbeiterföderation FORA alle Arbeiter gemeinsam zur Plaza Lorea zusammenrufen und den Vaterlandsveräußerern die Macht der Arbeiterschaft zeigen.

Würde Carlota hingehen? Ja, würde er sie abholen? Nein. Sie konnten nicht zusammen gehen. Warum nicht? Alles konnte er ihr eben nicht erzählen, wäre sie bei den Arbeitern organisiert und in irgendeinem Gremium der Partei, würde sie mit ihren Genossen gehen.

Du hattest den Verdacht, auch Klaus würde sich wie die Mädchen in der Mietskaserne schämen, sich mit dir zu zeigen. Du hast es wissen wollen.

Wenn er sie schon nicht mit zu der Kundgebung nehme, sollten sie später zusammen in ein neues Café gehen, El Griego, dort spiele ein Quartett, das ... Klaus ließ sie ihren Satz nicht zu Ende bringen: Das war doch frivol, sie redeten über die Mobilisierung der Bevölkerung, und sie hatte nichts anderes als ein neues Café im Sinn. Nach der Kundgebung würde er einen Artikel über die Ereignisse des Nachmittags schreiben oder, was das Wahrscheinlichere war, sich gegen die Repressionen der Staatsgewalt wehren, und sich keine Tangos anhören.

»Wenn es gefährlich werden kann, wie kannst du mir dann sagen, ich soll allein gehen?«

»Geh mit den Mädchen.«

»Dir ist die Partei also wichtiger als ich.«

Klaus hat dir in aufbrausendem Ton bestätigt, daß es selbstverständlich sehr viel wichtiger war, sich um die Belange einer ganzen Gesellschaft zu kümmern als um ein selbstverliebtes Gör.

Er habe sie nicht anschreien wollen, sie müsse ihn entschuldigen, er sei nervös wegen der ganzen Verantwortung, die auf ihm laste, und wegen Carlotas kindischer Art habe er die Kontrolle verloren. Ein Café, ein Quartett. Dir geht es doch nur um Tango, ja, jetzt sah es Klaus klar, der Tango war wie Opium für Carlota.

Du hast es beleidigend gefunden, für mich, oder für dich, mich Opium zu nennen, und wolltest wissen, ob er das Tanzen wirklich genoß oder ob er nur so tat, um sich bei seinen Freunden beliebt zu machen, ob er nur den Argentinier gab, er, der er eine so schlechte Aussprache hatte. Wütend warst du, hast dich lustig gemacht: die »Plonde«, hast du gesagt, die »Kenossen«, und dann diese unsinnige Schimpfkanonade, aus reiner Angriffslust: Du hast eine unmögliche Aussprache, kritisierst stundenlang die Ausländer, die sich das Land unter den Nagel reißen, und bist selbst einer. So einen Ausdruck hast du auf Klaus' Gesicht noch nicht gesehen, aber du konntest einfach nicht mehr aufhören.

»Du tust so, als würde dir der Tango gefallen, aber in Wirklichkeit findest du, er ist Opium fürs Volk.«

Carlota vermenge alles, sagte Klaus zu ihr, es sei müßig, es ihr erklären zu wollen. Ein Vorstoß, sie zu beschwichtigen: Er sei sich sicher, wenn sie erst einmal ein normales Leben führen werde ... Carlota daraufhin: Sag mir die Wahrheit, du magst den Tango nicht. Aber was hat das denn zu tun mit ... Kommst du mit mir zur Plaza Lorea?

Klaus küßte sie auf die Stirn, drehte sich auf dem Absatz um und ließ sie mitten auf dem Platz stehen, sie fühlte sich ähnlich ratlos wie auf der Tanzfläche im La Turca. Das Bild von Vicente, der ihr die Hand bot, seine verliebten Worte, aber sie wollte Klaus nicht verlieren und ebensowenig dieses Leben, zu dem sie sich manchmal versehentlich wild um sich schlagend vortastete, darum rannte sie ihm hinterher, er solle ihr bitte helfen, ihr zeigen, wie sie es machen solle, ihre sich fest an Klaus' Arme klammernden Hände, ihr Körper vor seinem, ihre glänzenden Augen. Er sah sich nur peinlich berührt nach allen Seiten um und riß sich aus Carlotas Händen los.

»Carlota, bitte, benimm dich.«

Die erbarmungslose Sonne hat dich so lächerlich aussehen lassen, wie du dich gefühlt hast, da hat Klaus deinen Arm genommen und dich aufgefordert, Ruhe zu geben und jetzt nichts mehr zu sagen.

Er würde sie bis zur Ecke vor ihrem Haus bringen, dann müsse er zu seinen Verpflichtungen, viele seien es. Vor allem auf ihn selbst wirkten seine gemahnenden Worte beruhigend, denen Carlota schon nicht mehr zuhörte, nur eine Umarmung von ihm hätte sie trösten können.

»Es ist alles in Ordnung, du brauchst mich nicht zu begleiten, ich laufe dir nicht mehr nach, versprochen.«

Ein Lächeln zur Belohnung, ein Küßchen auf die Wange, dann ging er in die andere Richtung fort.

Es lag nicht an diesem Streit mit Klaus, und auch nicht an dem, den sie einige Tage darauf hatten, als er sie so spät im La Marina mit den Musikern plaudernd antraf, es lag auch nicht an der panischen Angst, die sie auf der Plaza Lorea erfaßt hatte, als sie sah, wie die Polizei blindwütig die jungen Leute umbrachte, und auch nicht an ihren Problemen mit dem Leiter der Konditorei, in der sie arbeitete, und auch nicht daran, daß das Zusammenwohnen mit Susana immer unerträglicher wurde, daß sie an jenem Junimorgen ihre Schritte in die Avenida de Mayo lenkte. Sie wachte auf und wußte, daß ihr Leben eine Umkehr von ihr verlangte. Da war das Angebot von Vicente, und ohne einen weiteren Gedanken ging sie hin.

Sie hinterließ Ingrid eine knappe und herzliche Notiz, damit sie sich keine Sorgen machte. Sie würde ihr fehlen, aber selbst der Gedanke an Ingrid konnte sie nicht zurückhalten.

Als sie hinausging, war Rosa beim Seilhüpfen und ihre Mutter in der Tür: Wie oft solle sie ihr noch sagen, daß sie nicht auf der Straße spielen dürfe. Carlota umarmte sie zärtlich.

»Ich gehe, Rosa, sei nicht traurig, ich komme dich besuchen.« Ihre Mutter rief immer weiter nach ihr. »Und hör auf niemand anderen als auf dich selbst. Versprochen?«

»Empfinde es nicht als Verrat, Klaus, als Scheitern oder als Verlust«, sagte Ingrid zu ihm. »Ich kenne Carlota gut und bin mir sicher, daß dieses Mädchen in sich trägt, was wir in ihr gesät haben. Sie wird es nie mehr vergessen, wir haben lange darüber geredet, was sie am Tag der Arbeit auf der Plaza Lorea gesehen hat. An diesem düsteren Nachmittag hat Carlota mehr begriffen als bei allen unseren Reden. Sie muß ihren Weg machen, vielleicht nicht den, den du dir vorgestellt hast, Klaus, aber du darfst sie auch nicht verdammen, als wäre sie für dich gestorben.«

Elftes Kapitel

Hernáns erste Reaktion auf Guerreros Brief war Lachen. Welche dunklen Ränkespiele mochten hinter diesem Vorschlag stehen? Warum sollte ausgerechnet er, der in Paris lebte, den Vorsitz der Argentinischen Agrargesellschaft übernehmen? Sein Name mußte nach äußerst geschickten Vorbereitungen aus dem Hut gezaubert worden sein von diesen Herren, mit denen ihn nichts außer einem prominenten Familiennamen verband. Er war Sohn eines der Visionäre, die zu Zeiten, als alle vom Handel sprachen und von Landbau niemand etwas wissen wollte, die Argentinische Agrargesellschaft gegründet hatten, und Bruder des seinerzeit jüngsten Mitglieds der Vorstandsriege, ein anderes Verdienst hatte er nicht.

Er schüttelte den Brief über dem Teppich aus, als würden so die an dem feinen Papier haftenden Lügen abfallen. Bestimmt hatte sein Schwager die Hand im Spiel. Aus irgendeinem Grund benötigte er eine Marionette auf dem Präsidentenposten. Schon bei seiner letzten Parisreise hatte er ihm so etwas angedeutet: Wenn er zurückkehre, könne Vicente ihm, Hernán, einen wichtigen Posten in der Agrargesellschaft verschaffen, auf diese Weise gewönne er rasch die Macht zurück, die er in den Jahren seiner Abwesenheit verloren habe. Macht? Aber was redete er, verwechselte er ihn nicht mit seinem Bruder César, mit seinem Vater?

Ein paarmal hatte Hernán an irgendwelchen Sitzungen teilgenommen, um den Viehmarkt in Palermo, den wichtigsten Züchterwettbewerb des Landes, mit zu organisieren. Aber es war ein offenes Geheimnis, daß sein Bruder César bestimmte, wofür sich Hernán bei diesen Versammlungen einsetzen sollte. Es hätte nicht gut ausgesehen, wenn sein Bruder und sein Vater als Vorstandsmitglieder der Agrargesellschaft auch noch im Organisationsausschuß gesessen hätten.

»Du brauchst nichts anderes zu tun, als sicher deinen Text aufzusagen und deinen Charme für etwas einzusetzen, das wichtiger ist, als sich zu amüsieren und Frauen zu verführen«, hatte César zu ihm gesagt.

Er fügte sich in seine Rolle in der Agrargesellschaft, es war das kleinere Übel, sonst hätte es geheißen aufs Land ziehen, in aller Herrgottsfrühe aufstehen, Entscheidungen treffen.

Er legte die *Estampes* von Debussy auf, lehnte sich auf dem Sofa in der Bibliothek zurück und zündete sich eine Zigarette an. Diese endlosen Versammlungen, stundenlang das Gähnen zurückhalten, hinter vermeintlich aufmerksamen Blicken und freundlichem Lächeln verbergen, daß er sich nicht im geringsten für die Diskussionspunkte interessierte, wie anstrengend war es jedesmal, sich nicht im Wortgewirr zu verlieren und die eigene Position im Kopf zu behalten. Mit César ging er Punkt für Punkt die Tagesordnung jeder Sitzung durch. Bei B würde er nachgeben, bei C hingegen mußte er um jeden Preis erreichen, daß für seinen Antrag gestimmt würde. Das erstaunliche war, dachte er oft, daß er es jedesmal schaffte, die anderen von etwas zu überzeugen, das ihm egal war, und oftmals mit improvisierten Argumenten. War es sein Lächeln, sein stets maßvoller Ton? Seine Gabe, überall, wo er hinkam, eine Atmosphäre der Herzlichkeit zu schaffen? Eher, so dachte er, lag es an der Autorität seines Bruders und seines Vaters, sie hallte in seiner Stimme nach.

Wie hatte er das alles ertragen können, und auch noch mit gewissem Humor? Bestimmt, weil er durch diese erbärmliche Rolle endlich seinen Vater zufriedenstellen konnte: Hernán hat wirklich großes Geschick im Verhandeln, lobte er.

Aber daß alles unerträglich war, konnte er auch nicht sagen, die Eröffnung der Viehschau genoß er jedesmal sehr. Es war der einzige Zeitpunkt im Jahr, an dem er sich César nah fühlte, sein Stolz auf die neue Züchtung, diese prachtvollen Exemplare, war auch Hernáns Stolz. Niemand anderes als sein Bruder war der junge, so bewunderte Züchter mit dem »nachhaltigen, unermüdlichen Fleiß«, wie Blaquier sagte, als sie auf dem Friedhof von seiner sterblichen Hülle Abschied nahmen.

Es hat dich bewegt, wenn diese Tiere die Freifläche in der Mitte durchquert und vor Hunderten von Zuschauern ihre majestätische Körperfülle zur Schau gestellt haben. Wie die Tero, die ein paar Meter vom Viehmarkt entfernt auf den Brettern im Tambito den komplizierten Tanzfiguren ihres Mackers folgte. Doch was ist in dich gefahren, als den besten Exemplaren des Jahres die Medaillen umgehängt wurden und dein Vater und dein Bruder sich fühlten, als heftete man ihnen selbst die Auszeichnung an die Brust. Es ist dir so lächerlich vorgekommen. An dem Tag hast du zwei der Medaillen gestohlen, sie dem Hereford heruntergerissen und später der Joaquina an den Unterrock geheftet, um diese verhexten Beine zu prämieren, die beim Tanzen immer schon die Absichten der deinen erraten haben.

Letztlich war César immer der Beharrlichere von ihnen beiden gewesen, dachte er, während seine Augen sich an dem Monet weideten, er wußte, was er wollte, und hat dafür hart gearbeitet. Es schmerzte ihn, wenn er sich an die Streitereien mit seinem Bruder erinnerte.

»Du mußt immer alles tun, was Papa will, oder sogar mehr, weil du dich über ihn stellen willst, über uns alle.«

»Und du willst dich immer drücken ... vor dir selbst, vor Hernán Lasalle.«

Vielleicht hatte er aus seiner Sicht sogar recht, die Verantwortung, die es bedeutete, der Sohn des alten César Lasalle zu sein, des Besitzers der besten Ländereien Argentiniens, belastete Hernán. César hingegen fühlte sich als Nachkomme der Gründer des Vaterlands dazu berufen, durch Modernisierung seiner Ländereien und Herden das ganze Land in die Prosperität zu führen und dies der Welt zu zeigen. Dabei verwechselte er die eigenen Ländereien mit dem ganzen Land, worauf Hernán ihn mehr als einmal stieß.

Sie hatten unnötig aufeinander eingehackt, sich in fruchtlosen Diskussionen aufgerieben, bedauerte Hernán. Für César war das moderne Argentinien allein ihr Werk, die Hunderttausende Einwanderer waren nur Gäste, die sich bewußt sein sollten, wo ihr Platz war und was für ein Glück sie hatten, in diesem Land leben zu dürfen.

Manchmal tat er dir leid, wie er in seinem Gefängnis in der unendlichen, dampfenden Pampa saß, wie einem Pferd mit Scheuklappen war ihm der Blick auf das ganz in der Nähe tobende Leben versperrt. Wie viele Gefühle, wie viele Geschichten hast du mit Menschen geteilt, mit denen dein Bruder kein Wort gewechselt hätte.

»Zum Glück ergeht es Inés nicht auch so«, hatte Hernán an dem Abend ihres großen Streits zu ihm gesagt.

»Dann hast du gewußt, daß sie sich mit diesem Spaghettifresser, dem Drehorgelspieler, getroffen hat.« Ihm zitterte vor Bestürzung die Stimme. »Und du bist nicht eingeschritten?«

Inés' rasche Heirat mit Vicente Ponce glich einem Rettungsakt, als litte sie unter einer unheilbaren Krankheit.

Arme Inés, dachte er, während er die Schellackplatte gegen eine von Satie auswechselte, am Ende hatte Vicente Hernán gerettet. Césars Unfall, sein Tod, der Entschluß seines Vaters, sich aus seinem Berufsleben zurückzuziehen, nötigten Hernán die unmögliche, nicht abzulehnende Aufgabe auf, die Geschäfte fortzuführen. Da bot sich Vicente, der mehr Ehrgeiz als Land besaß, ein Schlaufuchs und durch seine Heirat mit einer Lasalle legitimiert, als ideale Lösung an. Entgegen Hernáns Erwartungen verlangte sein Vater nichts von ihm, er zog ihn auch nicht zu Rate, sondern teilte ihm nur mit: Ponce werde sein Vermögen verwalten, er müsse nur ein paar Verträge, Schriftsätze unterschreiben und sich hin und wieder bei einer Versammlung in der Agrargesellschaft zeigen, aber sei unbesorgt, Hernán, die Entscheidungen wird Vicente treffen.

Vielleicht lag es an dem tiefen Schmerz, der ihn nach Césars Tod ergriffen hatte, vielleicht an seinem Instinkt eines Reichen, daß er Vicente Ponce als seinen natürlichen Nachfolger wählte. Trotz aller Enttäuschung lebte in seinem Vater die Hoffnung fort.

»Deine Söhne vielleicht …«, sagte er, und eine ungeheure Müdigkeit hinderte ihn daran, den Satz zu Ende zu führen.

Sie warfen sich nichts vor, Hernán nahm mit Erleichterung das Taugenichtsdiplom von seinem Vater an und verpflichtete sich innerlich, jene Söhne zu bekommen, damit sie den Platz einnahmen, den man ihm vorenthielt.

»Ich muß die geeignete Frau suchen, um einen echten Lasalle zu zeugen«, sagte er zu seinem Freund Fernando und lachte, »und nicht so einen Blender wie mich. Leopoldina, María Marta, Mireya, Lulú, Bernardita, Françoise.«

»Ist eine davon geeignet, die Sippe fortzuführen?« scherzte Fernando.

Das Vergessen hatte schon an dir zu arbeiten begonnen, da hat dich Inés' Brief mit den Nachrichten über Asunción aufgewühlt.

Was sollte es ihm in seinem jetzigen Leben anhaben, nach so vielen Jahre und seiner Heirat mit Leonor, daß Asunción nach Buenos Aires zurückgekehrt war? Nichts. Trotzdem suchte Hernán sie voller Ungeduld in Inés' Briefen: Asunción erstaunt, wie Buenos Aires gewachsen war, Asuncións Sohn, letztens sagte Asunción, das Kleid, das Asunción mir genäht hat. Wenige Splitter, doch genug, damit sie sich wieder in seinen Gedanken festsetzte.

Der Satz, den er an diesem Abend las, hatte nicht mehr Gewicht als andere, er bezog sich noch nicht einmal auf Asunción, sondern auf ihren Sohn: Zu Hause im Flur wurde ich von einem Tango überrascht, es war Asuncións Sohn, der ihn spielte. Der Auslöser war dieses Wort: Tango, so dicht an ihrem Namen, schon jagten ihn wie eine Meute die Bilder jenes Abends im Musikzimmer. Auch Asunción habe sich an ihn erinnert, schrieb Inés.

An einem der nächsten Abende, beschloß er, wollte er ins Le Chat Blanc gehen, dieses Lokal in der Rue Odessa, von dem ihm sein Freund, der Romancier Manuel Uzarte, erzählt hatte. Ein Pianist aus Marseille spielte dort Tango.

Du wolltest diese Umarmung spüren, dieses Gefühl wiederfinden, zu mir zurückkehren. Nie hättest du dir erträumt, daß die Pariserinnen dir erliegen würden. An diesem Abend haben Leóntine Massart und die andere aus dem Odéon dich aus der Lethargie gerissen, in die die Empfänge deines Schwiegervaters, die Opernabende und die gähnend langweiligen Abende mit Leonor dich haben sinken lassen.

Warum dieses Vergnügen nicht mit Leonor teilen? Hernán öffnete das Möbel, in dem er die Schellackplatten aufbewahrte, von Villoldo und Gobbi und diese kuriosen Tangos, die das Orchester der Republikanischen Garde in Paris erst kürzlich aufgenommen hatte. Er brauchte eine Weile, bis er sich entschieden hatte, welche er ihr als erste vorspielen wollte, dann legte er sie auf das Grammophon und holte seine Frau.

Er rannte die Treppen hoch, rief und riß die Tür von Leonors Zimmer auf. Könne sie kurz zu ihm ins Arbeitszimmer kommen? Er habe eine Überraschung für sie. Jetzt nicht, sie habe sich noch nicht fürs Abendessen fertiggemacht. Macht nichts, komm einfach, du bist wunderschön, schon zerrte er sie, allen Protesten zum Trotz, am Arm.

Leonor war unbehaglich zumute, ihre Haare offen und das Kleid noch nicht zugeknöpft, als Hernán die Nadel auf die Platte setzte. Als Flora Rodríguez' Stimme zu *La morocha* anhob, verzog Leonor das Gesicht. Auch wenn es zum Tanzen bessere Tangos gab, schien er Hernán für den Anfang eine gute Wahl. Kenne Leonor diese Musik? Er ermunterte sie, aufmerksam zuzuhören, und noch bevor sie reagieren konnte, nahm er sie in die Arme, ein ersticktes Kieksen, legte seine Hand an ihren Rücken, drückte. Was machst du da, Hernán. Sich zur Musik wiegen, die ersten Tanzschritte, und mit einemmal dieser Frohsinn, warum war er nicht früher darauf gekommen? Er konnte zu Hause, mit seiner Frau tanzen. Seine Frau, sein Mädchen, dachte er auf einmal, und drückte sie an seine Brust. Leonor war verstört, sträubte sich gegen seine Anleitungen. Sie würde es lernen, in kürzester Zeit würde aus ihr eine

Milonguera werden. Gefällt es dir? Sie, lachend: Woher hast du diese Platte? Was für eine Schnulze, und nachäffend: Ich bin das Määdchen, aus Argentiinieeen.

Hernán blieb schlagartig stehen, ließ die Arme sinken: Was ist daran schnulzig?

»Was für eine Frage. Alles: der Text, die Musik, die Stimme der Sängerin.«

Leonor hörte zum erstenmal einen Tango, das würde sich schon ändern, er durfte nicht zuviel erwarten.

»Leonor, heute nach dem Abendessen will ich dir beibringen, wie man Tango tanzt.«

Ihr Mann war ein wenig seltsam, hatte er ein Gläschen zuviel getrunken? Sie wartete nicht auf seine Antwort und ging, ihr Kleid zuknöpfend, weg.

Du hast dich nicht wiedererkannt. Eine Frau, seine Frau beim Zuknöpfen ihres Kleids, was für eine aufreizende Handlung, aber bei Leonor hat sie dich kaltgelassen.

Wahrscheinlich wurde er alt, oder die familiären Pflichten lasteten so schwer auf ihm. Als er Leonor seinem Vater vorstellte, hatte er in dessen Lächeln die Bestätigung gefunden, daß er die Erwartungen erfüllt hatte. Das Mädchen sei eine Freude, und so hübsch, seine Mutter umarmte ihn gerührt. Nach ein paar Tagen war Leonor schon wieder nach Paris zu ihrer Familie zurückgekehrt. Sein Vater erlitt einen Infarkt, so als hätte er nur darauf gewartet zu erfahren, daß Leonor und Hernán der Familie Nachkommen schenken würden. Am besten würden sie die Hochzeit nicht aufschieben, sie sollten keine Zeit verlieren, in Paris heiraten, sagte seine Mutter, sie war sich sicher, daß sie ihr wunderschöne Enkel schenken würden.

Er würde nicht ohne ein Kind nach Buenos Aires fahren, hatte er letztens zu Leonor gesagt und sich dabei grausam und dumm gefühlt. Entschuldige, Liebes, da spricht die Ungeduld meiner Mutter.

»Die Kinder kommen, wann Gott will«, konterte Leonor.

Es schien sie nicht mit Sorge zu erfüllen, daß sie in zwei

Jahren nicht schwanger geworden war, die Modisten, die Oper, die Kunstausstellungen, die Empfänge in der Botschaft und in ihrem Haus an der Champs-Elysées, die unzähligen Feste nahmen sie vollkommen in Beschlag.

An diesem Abend erzählte Hernán seiner Frau von dem Vorschlag, den man ihm unterbreitet hatte. Nach Buenos Aires ziehen? Nein, das komme nicht in Frage, sie habe alle ihre Freunde in Paris, und die interessanten Argentinier treffe man alle in der Botschaft. Allerdings hatten sie beschlossen – wer? Hernán und Leonor?, nein, sie und ihre Eltern –, zu den Hundertjahrfeierlichkeiten nach Buenos Aires zu reisen. Es wäre nicht schlecht, wenn ihr Mann Präsident der Agrargesellschaft wäre, von ihrem Vater wußte sie, daß auch Vertreter des europäischen Adels eingeladen waren, es wird sicher vergnüglich, und hinterher gibst du das Amt wieder ab, und wir fahren heim.

Hernán lachte, Leonor dachte wohl, die Präsidentschaft der Agrargesellschaft war so etwas wie ein zugewiesener Platz bei einem Mittagessen in der argentinischen Botschaft in Paris, doch so einfach war es nicht. Er würde ablehnen, stimmte aber zu, mit ihr zu den Hundertjahrfeierlichkeiten zu reisen.

Doch die Bilder, die sie im Kopf hatte, waren ganz andere als deine. Nicht die Lokale von Hansen, von María La Vasca, Laura, denn dort verkehrte dein Schwager, du hattest die Cafés in La Boca im Sinn, wo, so hat man dir gesagt, herausragende Quartette und Trios auftraten, Joaquina, die Tero, die Ñata, Sarita Bicloruro. Und Asunción. Du würdest sie wiedersehen.

Asunción war noch kaum eingetreten, da überfiel Inés sie: Hernán komme nach Buenos Aires, sie sei so froh. Seine Frau habe ihr auch geschrieben, sie schien die Hundertjahrfeier für einen ihrer Empfänge zu halten, lud Tod und Teufel ein und wollte von Inés, daß sie ihr half, Landfeste, Galaabende, Tanzbälle, Abendessen, Ausflüge zu organisieren. Allein diese Liste regte sie auf, bei was sie ihr alles helfen sollte.

»Da ist sie ja bei dir genau an die Richtige geraten«, sagte Asunción, und sie lachten beide.

»Leonor ist eine dumme Pute, und was sie sich herauszunehmen erlaubt.«

Als sie geheiratet hatten, war Inés nicht nach Paris gefahren, ihr Vater war kurz zuvor gestorben, und sie wollte bei ihrer Mutter bleiben. Ihre jüngeren Schwestern und Vicente fuhren. Ihr Mann mochte Leonor, aber die Zwillinge hatten ein paar Episoden zu berichten, die sich mit dem Bild, das Inés von der Frau ihres Bruders gewonnen hatte, deckten. Und nun dieser Brief, du müßtest ihn lesen, Asunción, was für Fragen sie mir stellt! Kann ich in Buenos Aires auf einen Friseur *comme il faut* zählen? Wohnt überhaupt noch wer in San Nicolás?

»Das verstehe ich nicht.«

»Sie sollen für die Zeit bei Mama im Haus wohnen, aber da viele Familien ins Socorro-Viertel gezogen sind, befürchtet Leonor, in der Calle Perú zu wohnen würde bei ihren Gästen schlecht ankommen.«

»Aber es ist doch ein wunderbares Haus, das schönste von Buenos Aires. Deins ist auch schön«, beeilte sich Asunción zu sagen, »aber mir gefällt das andere besser, vielleicht, weil ich dort aufgewachsen bin.«

»Es gefällt dir, weil es prachtvoll ist, aber Leonor meint, an der altmodischen Einrichtung, der Lage etwas aussetzen zu müssen, sie zweifelt, ob man in den Salons heutzutage noch Empfänge geben könne. Hernán hat ihr zum Glück verboten, meiner Mutter Einrichtungsratschläge zu geben, und darum bittet mich Leonor nun, daß ich vor ihrer Ankunft alle möglichen Veränderungen in die Wege leite. Stell dir vor, wenn ich das Haus meiner Mutter nach ihrem Geschmack einrichten würde. Die Bilder sind in Ordnung, laß sie hängen, befiehlt sie mir. Wie konnte Hernán eine so vornehmtuerische, eingebildete und dumme Frau heiraten?«

Du hast es bedauert und es dir so erklärt, daß die vielen Jahre in Paris möglicherweise ihren Einfluß gehabt hatten. Auch auf ihn, so deine Befürchtung. Wie Hernán wohl jetzt war? Ein leichtes Schaudern, eine gewisse Furcht, und die ungeheuerliche Lust, ihn wiederzusehen. Das ist ganz normal, hast du dich gerechtfertigt, sie hatten ihre Kindheit zusammen verbracht.

»Paris übt auf alles Einfluß aus, Paris diktiert die Moden in Buenos Aires«, sagte Inés. »Ich lese lieber Französisch als Spanisch, ich bewundere diese Kultur, der Architekt, der unser Haus entworfen hat, ist Franzose, die Kleider, die du mir nähst, sind französischen nachempfunden. Aber es liegt nicht an Frankreich, daß Leonor eine dumme Kuh ist.«

Inés' Lachen, ihr verschmitzter Ausdruck aus anderen Zeiten: Wenn sie wüßte, daß in meinem eigenen Haus diese Gossenmusik erklingt! Daß meine Tochter und dein Junge Tangos spielen!

Wußte sie es also doch! Dir stieg die Schamröte ins Gesicht, als fühltest du dich irgendwie verantwortlich. Inés immer in ihrer Luftblase, bei ihren Büchern, ihrem Traum-Miguel, nie hättest du vermutet, daß sie etwas gehört hatte.

»Sie üben heimlich, das rührt mich an, und ich tue, als wüßte ich nichts davon.«

»Sie haben es von ihrem Klavierlehrer. Aber es ist keine Gossenmusik, Inés, da irrst du.«

»Das hat Vicente gesagt, als er Miguels Drehorgel gehört hat. Getobt hat er.«

Warum hättest du auch nicht stolz darauf sein sollen, daß dein Sohn eine solche Freude daran hatte, mich zum Klingen zu bringen. Auch ohne daß du dich in den Armen eines Mannes nach hinten lehnen konntest, hat Juan, haben seine Inbrunst und Begeisterung dir ermöglicht, in mir zu schwelgen. Aber die Unterhaltung mit Inés hat in dir wieder diese lächerlichen Ängste geweckt.

Wenn Vicente wegen der Drehorgel in die Luft gegangen war, wie würde er erst reagieren, wenn er entdeckte, daß in seinem Haus Tango gespielt wurde ... Wie soll er es denn erfahren, wenn er doch nie zu Hause ist, hatte Inés zu ihr gesagt, sie solle sich keine Sorgen machen, das sei doch nicht mehr als ein Kinderstreich.

Asunción hatte Juan gebeten, diskret zu sein, doch sie würde deutlicher werden müssen: Er durfte bei Ponces keine Tangos spielen, das war zu gefährlich. Am besten würde sie ihn unter dem Vorwand, er habe die Abendschule und die Arbeit, aus Torrents' Unterricht herausnehmen.

Ich verstehe dich nicht, es rührt dich, wie einfühlsam ich Tangos spiele, und jetzt willst du auf einmal nicht mehr, daß ich Klavierstunden nehme. Aber Mama, ich bin doch schon über zwei Jahre dabei, wieso soll es nun auf einmal ein Problem sein, und sie daraufhin, nein und noch mal nein, sie weiß, was sie sagt, es hätte da einen Vorfall gegeben, als sie ein sehr junges Mädchen war. Ich habe nicht lockergelassen, bis sie es mir erzählt hat: Mercedes' Onkel, der in Paris lebt, hatte Mama und Doña Inés eines Abends gezeigt – wie man Tango tanzt! Es hatte einen riesigen Krach in der Familie gegeben. Damals wußte sie nicht, daß Tangomusik verboten war. So ein Unsinn, Mama, wie kann man eine Folge von Tönen, einen Rhythmus verbieten. Sie lachte, natürlich ist es absurd, der Tango ist Musik, die einem die Seele streichelt. Einmal rutschte ihr heraus, sie hätte Tango mit meinem Vater getanzt, mit dem, der fortgegangen ist, nicht mit Esteban, aber mehr wollte sie nicht erzählen. Wie schade, daß Mama jetzt nicht tanzen kann, ich will versuchen, sie mit Manolo bekannt zu machen, er ist immer noch Junggeselle. Er geht in Cafés, in denen Tango getanzt wird. Nehmen Sie mich mit, habe ich ihn gebeten. Wenn du älter bist, war seine Antwort.

Noch älter. Mir kann keiner mehr sagen, ich bin ein kleines Kind, denn seit vier Monaten, seit ich mit der Fünften fertig bin, gehe ich arbeiten. Morgens verkaufe ich Zeitungen, abends gehe ich in die Schule, und am Nachmittag, nicht immer, aber fast immer, gehe ich Mutter in der Arbeit besuchen, weil ich mit

Mercedes irrsinnig viel Spaß habe. Mit Francisco spiele ich nicht, er ist ein Ekel. Er hat mich nie beachtet, Mercedes schon, und sie ist fast ein Jahr älter als ich. Sie erzählt mir Geschichten aus Büchern, die sie liest, und was sie so denkt, und wie sie die »Madmoa« ärgert, das ist ihre französische Hauslehrerin. Ein Gezeter hat diese Gans vielleicht gemacht, als sie mich in der Klavierstunde gesehen hat, aber Doña Inés hat alles geregelt, und das nicht, weil sie Mamas Freundin ist, sondern weil sie mich mag.

Mich mögen fast alle, außer dieser Idiot Francisco und die Madmoa. Ich habe mich mit Manolo angefreundet, dem Lehrer aus der Schule in der Calle Bolívar, in die ich früher ging, und mit dem Schuster eine Straße weiter, und die sind schon Männer. Seit ich durch die Arbeit mehr auf der Straße bin, habe ich eine Menge Leute kennengelernt, schließe schnell neue Freundschaften. Der kleine Stänkerer, der am Donnerstag so wild geworden ist, weil ich angeblich an seiner Ecke stehen und ihm das Geschäft verderben würde, hat, nachdem wir einen Vormittag zusammengewesen waren, nicht nur mit mir Frieden geschlossen, sondern mich gleich zu sich nach Hause eingeladen.

Pirucho wohnt in einer Mietskaserne in der Calle Bransen, im La-Boca-Viertel, und spielt Flöte. Du hast Glück, habe ich ihm gesagt, du kannst die Flöte mit in die Arbeit nehmen, ich nicht, ich spiele nämlich Klavier. Auch ihm gefällt der Tango. Er hat mich eingeladen, am Samstagabend in ein Café in sein Viertel mitzukommen, in dem irrsinnig gute Musiker spielen. Hoffentlich läßt Mama mich gehen. Ich weiß schon, was ich ihr sagen werde: Wenn ich am Abend in die Schule gehen darf, warum darf ich mich am Abend dann nicht auch amüsieren gehen.

Ich bin im Park und vertreibe mir die Zeit, bis Mercedes bei der Madmoa fertig ist, mit einem Buch, das sie mir geliehen hat. Gleich kommt Jordi, und ich gehe in die Stunde mit, obwohl Mama es nicht will, heute wollen wir nämlich *El choclo* und *El porteñito* spielen. Mercedes und ich haben in den ganzen letzten Monaten die Stücke, die er uns dagelassen hat, geübt, haben ihm aber nichts gesagt, weil wir ihn überraschen wollen. Ich stelle mich vor die Tür des Musikzimmers, solange Mercedes das Stück übt, und dann umgekehrt, und wenn der Feind in Sicht ist, haben wir ausgemacht anzuklopfen, dann spielt derjenige, der gerade übt, schnell eine andere Musik. Wir sind gut, ich noch besser als sie, sagt Mercedes, und sie hat recht. Dieses Kribbeln, das von meinen Fingern durch meinen ganzen Körper läuft, in meinem Kopf zum Sprühen kommt – in deinem Herzen, korrigiert mich Mercedes – oder in meinem Bauch, und von dort fließt es mit aller Kraft wieder in die Tasten, für nichts in der Welt würde ich das eintauschen. Vorgestern, als ich die Begleitung mit ein paar zusätzlichen Oktaven verstärkt habe, habe ich gespürt, daß das für mich *El porteñito* ist, obwohl es so nicht auf dem Notenblatt steht.

»Bist du vorbereitet?« fragt mich Mercedes aufgeregt.

»Ja, gestern abend habe ich achtzigmal die Begleitung durchgespielt.«

»Gestern abend?« wundert sie sich. »Hat dir jemand ein Klavier geliehen?«

»Nein, ich habe im Kopf gespielt, wie immer vor dem Einschlafen. Habe ich dir das nicht erzählt? Mit geschlossenen Augen mache ich mir überall mein Klavier. Ich setze meine Finger auf, wohin sie fallen, und höre die Töne.« Dabei zeige ich mir an den Kopf. »Hier drinnen.«

»Aha, so ein Heimlichtuer bist du also, du spielst besser, weil du mehr übst.«

Wir bogen uns vor Lachen, als Jordi kam. Ich setzte mich in meinen geliebten Ohrensessel, und Mercedes ans Klavier.

»Spiel die *Zweistimmigen Inventionen* von Bach, hast du sie geübt?«

»Ja, Señor, aber vorher möchte ich ein anderes Stück spielen«, fast im Flüsterton, »das, welches Sie uns vor einiger Zeit gegeben haben.«

Hoffentlich spielt sie gut, hoffentlich. Ich wollte, Mercedes sähe Jordis Lächeln, während sie spielt. Sehr gut. Es gelingt ihr so gut wie noch nie, *El choclo* klingt anders, wenn Mercedes es spielt, weich, rosa wie ihre Wangen, die nun glühen, als Jordi ihre Hand hochnimmt und die Fingerhaltung korrigiert.

Jordi kann nicht verbergen, wie zufrieden er ist, als Mercedes ihn fragt, jetzt *El porteñito*? Er nickt nur, steht neben ihr, tippt den Takt an. Mercedes ist glücklich, ich merke es ihr an, sie spielt ihren Tango brillant. Ich schließe die Augen und lasse mich treiben.

Der Klavierdeckel schlägt mitten im Takt zu. Mein Herz rast, und meine Mutter kommt mir in den Sinn, als ich das fassungslose Gesicht dieses Herrn erblicke, den ich noch nie gesehen habe, bestimmt Mercedes' Papa. Er macht den Mund auf und zu, als finde er nicht die passenden Worte für Jordi, er blickt ihn wutentbrannt an. Das Zimmer ist eng geworden, es ist, als würde gleich etwas explodieren, Mercedes springt von der Bank auf und sucht meinen Blick, ich bekomme Lust, ihre Hand zu fassen und mit ihr hinauszurennen, aber ich rühre mich nicht aus dem Sessel, mache mich möglichst unsichtbar.

»Haben Sie eine Erklärung für mich, Señor ...?«

»Torrents, Señor Ponce.« Er streckt ihm die Hand hin. »Erfreut, Sie kennenzulernen.«

Jordis im Raum stehengelassene Hand, Mercedes' Wanken zu dem Ohrensessel, und dieses Monster, dessen flammender Blick alles in eine Feuersbrunst zu verwandeln droht, die Freude ein Scherbenhaufen.

»Auf dein Zimmer, Mercedes. Wir reden noch.«

Ich will mit ihr gehen, aber wenn ich mich bewege, so fürchte ich, macht er Mus aus mir, wie aus den Wörtern, die beim Austreten aus seinem Mund zerbrochen klingen.

»Wie kann es sein, daß meine Tochter diese ...«, er spricht nun leise, aber ich verstehe ihn, »... Nuttenmusik spielt? Bringen Sie ihr das bei?«

Jordi nimmt die Noten und zeigt sie ihm.

»Von diesen Partituren werden in den letzten Jahren ungeheuer viele verkauft, den jungen Mädchen gefällt diese Musik.«

»Nicht meiner Tochter.«

»Ach nein, fragen Sie sie doch.« Was macht Jordi da, worüber lacht er, warum tritt er ihm so nahe. »Jetzt sage ich Ihnen etwas: Ihrer Tochter gefällt der Tango genausogut wie Ihnen Ihre Nutten.«

»Verlassen Sie augenblicklich mein Haus.« Doch Jordi geht bereits zur Tür. »Ich werde dafür sorgen, daß Sie das bekommen, was Sie verdienen.«

Jordi wendet sich im Gehen um.

»Reden Sie von meinem Honorar? Oder ist das eine Drohung? Wenn das so ist, kann auch ich dafür sorgen, daß Sie das bekommen, was Sie verdienen.«

Jetzt macht mir das Monster keine Angst mehr, auch nicht, als er mich anfährt: Und was hast du hier zu suchen? Fort mit dir.

Ich gehe mit Jordi aus dem Haus. Er biegt sich vor Lachen: Du hast doch sein Gesicht gesehen, Juan, als ich ihm das mit den Nutten gesagt habe, ein Heidenspaß war das.

»Aber Sie werden uns jetzt keine Stunden mehr geben.«

»Ja, für Mercedes tut es mir leid, aber früher oder später wäre es so gekommen. Und du, mach dir keine Sorgen, ich wollte dir schon seit längerem das Angebot machen, dir bei mir zu Hause Stunden zu geben. Du kannst auf meinem Klavier üben, wenn ich nicht da bin.«

Zwölftes Kapitel

Sie spielt in einem fort, als könnte sie mit dem Hämmern der immer selben Stücke ihre ganze Wut herauslassen. Jetzt, da Mercedes ihren Vater nach Hause kommen sieht, rennt sie ins Musikzimmer, läßt die Tür offen und haut mit doppelter Wucht auf die Tasten.

Du hast meinen Rhythmus vergewaltigt, mich geschlagen, doch wie habe ich dich, Mercedes, in diesem Moment geliebt, als dein Vater deine Hände von den Tasten gezerrt und du mit offenem Haar und glühenden Augen immer wieder *El porteñito* heruntergedroschen hast, jeder Akkord eine Ohrfeige.

»Inés«, brüllte Vicente. »Komm auf der Stelle.«

Er würde sich nicht trauen, dich zu schlagen, schon damals hast du ihm angst gemacht.

In ungekannter Raserei stürzt sich Mercedes immer wieder in dieselbe Melodie, reizt ihn bis aufs Blut. Und jetzt *El choclo*, aber nicht weich, wie sie ihn sonst interpretiert, sondern erregt und grob wie der Ton, mit dem ihr Vater über ihre Mutter herfällt. Da springt Mercedes vom Klavier auf.

Sie sind verrückt, Vater, und ein Rohling. Das war hoffentlich das letzte Mal, daß Sie meine Mutter so angeschrien haben, ich spiele hier, nicht sie. Die Hand trifft flach auf Mercedes' Wange. Das hat mir nicht weh getan.

»Wage es nicht, mir zu widersprechen, und wehe, du spielst noch einmal ... diesen Schund auf dem Klavier.«

»Ich spiele die Musik, zu der ich Lust habe.«

»Komm, Mercedes«, umarmt sie ihre Mutter.

Noch an dem Tag, als Hernán aus Paris kam, bat Inés ihn, für Asunción eine Wohnung zu mieten. Mit ihrem Mann konnte oder wollte sie darüber nicht sprechen. Er sei unerträglich in letzter Zeit, erzählte sie, so schlimm wie noch nie, und nach dem Aufstand, den er gemacht habe, als er Mercedes beim Tangospielen erwischt habe, würde er ihr so eine Bitte bestimmt verweigern. Vicente machte nicht nur Inés verantwortlich, sondern auch den schlechten Einfluß von Asunción Sohn, und hatte ihm Hausverbot erteilt.

Es war nicht rechtens, daß seine Schwester jedesmal, wenn sie Geld brauchte, Vicente Erklärungen abgeben mußte, schließlich war ein Großteil der Ländereien, die Vicente verwaltete, im Besitz ihrer Familie. Sein Schwager pflegte eine allzu wörtliche Auslegung des Gesetzes über die absolute Unterordnung der Frau unter ihren Ehemann: wonach er der einzige rechtmäßige Verwalter der durch und nach der Eheschließung erworbenen Güter wäre. Er mußte mit Vicente reden ...

Die Idee eines Haute-Couture-Ateliers, die Inés Hernán so begeistert unterbreitete, schien ihm ebenso versponnen wie dieser einstige Plan, in Rinaldis Drehorgelfabrik einzusteigen, aber er sagte nichts. Sei beruhigt, ich werde mich darum kümmern.

Hernán beriet sich mit Florencio, einem Bauunternehmer. Er hatte mehrere interessante Wohnungen im Palermo-Viertel, dort entstand jeden Tag ein neues Gebäude, wodurch der Besitz im Wert noch steigen würde. Hernán wollte nicht kaufen, nur mieten. Dann könne ihm Florencio eine seiner eigenen Wohnungen anbieten. Zum Beispiel die in der Calle Humboldt, nur wenige Straßenzüge vom Warenhaus Pacífico und der Avenida Santa Fe entfernt, eine gute Wohnung. Erstbezug, Marmortreppe, Parkettboden, Mosaike, zwei Zimmer, Salon, drei hübsche Balkone, große Terrasse, geschmackvoll eingerichtet.

Das Grammophon hatte Hernán gekauft, aber er würde den Mädchen sagen, es sei Teil der Ausstattung. Asunción wußte noch nichts, Inés wollte sie überraschen, wenn alles fertig wäre.

Die Tür. Hernán, was für eine Freude, alt bist du geworden, und du, hübsch siehst du aus, ihre Umarmung, warum nicht, wenn doch nur Inés da ist, und ihr Lachen wie als Kinder, als sie Verstecken spielten.

Er hat eine Überraschung für sie. Er geht zum Grammophon und legt *El porteñito* auf. Kennen Inés und Asunción ihn? Wie sollen sie ihn nicht kennen, es ist der Tango, den Mercedes andauernd spielt.

»Tanzen wir?«

Die einander umschlingenden Körper: Du bist ja eine Könnerin, Asunción!

Kurz ist das Bild des Uruguayers mit seinem Messer vor dir aufgetaucht, aber du hast es weggeschoben, es durfte dir nicht die Freude verderben, mit Asunción zu tanzen.

»Jetzt bin ich dran«, bettelt Inés.

»Laß dich tragen, Inés, beweg dich nicht zu viel, nur von den Hüften abwärts.«

»Ist das deine Wohnung, Hernán?« fragt Asunción verwundert.

»Nein, deine.«

»Wie, meine?« Angst in ihren Augen.

Seit Hernáns Rückkehr aus Paris haben sie diesen Plan ausgeheckt. Du hast mir gar nichts gesagt, Inés, weil ich dich kenne, Hernán hat sich um alles gekümmert, nein, es war Inés, ich habe nur ein paar Papiere unterschrieben. Asunción will von ihnen wissen, was das alles kostet und wer die Miete bezahlen soll.

»Du selbst, sobald es mit deiner Arbeit vorangeht«, sagt Inés.

»Ihr macht euch keine Vorstellung, was es heißt, zu arbeiten.«

Asunción glaubt nicht, daß sie soviel Geld verdienen kann, um die Miete bezahlen zu können, und will von Inés' Vorschlägen nichts wissen: daß sie ihre Geschäftspartnerin werden, ihr Kundinnen, Stoffe, Modelle besorgen werde, ich will nicht, das habe ich dir schon oft gesagt, daß du wegen mir noch mehr Probleme mit deinem Mann kriegst.

»Vicente braucht davon nichts zu wissen.«

Hernán will sie nicht streiten hören, er ist sich sicher, daß das Haute-Couture-Atelier wunderbar laufen wird und daß Asunción und ihr Sohn sich in dieser Wohnung wohl fühlen werden, sie ist klein, aber komfortabel, sie hatte sich noch gar nicht umgeschaut, gefällt sie dir nicht, Asunción? Natürlich gefalle sie ihr, doch ihr sei nicht wohl dabei, wem müsse sie das Geld zurückzahlen, und wieviel, sie sollen es ihr klar sagen.

Sie gehöre einem Freund Hernáns, der nur sehr wenig dafür nehme. Es sei vollkommen ausreichend, wenn Asunción es ihm in ein oder zwei Jahren zurückzahlen würde.

»Ich wünsche mir, Asunción, daß du uns nicht länger ausschimpfst und ein bißchen lächelst.«

In all den Tagen ist es dir nicht in den Sinn gekommen, Hernán, hast du dir immer nur eingeredet, du würdest es für deine Schwester tun, aber in diesem Augenblick wußtest du, daß du auf Asunciós Lächeln gewartet hast.

Hernán will dieser so plötzlich über ihn kommenden Gefühlsduseligkeit keinen Raum geben, er ist nicht mehr zwanzig. Er gibt Asunción den Schlüssel, sie könne einziehen, wann sie wolle, er müsse jetzt gehen, seine Frau warte auf ihn.

Vicente kommt sehr spät nach Hause, und wieder fährt ihm diese Melodie in die Glieder. Die Kinder müßten schon seit Stunden im Bett sein. Mit großen Schritten eilt er ins Musikzimmer. Mercedes im Nachthemd, mit wirrem Haar, ihr sinnlich wogender Körper, die geschlossenen Augen, wie Carlota, wenn sie mit ihm tanzt.

Diesmal wird er diesem Früchtchen nicht die Möglichkeit geben, frech zu werden.

Er klopft an der Zimmertür seiner Frau nicht an, er reißt sie auf und befiehlt: Inés, hol deine Tochter aus dem Musikzimmer, jetzt auf der Stelle, bevor die Dienstboten sie sehen. Und zu Martín, dem Hausdiener: Wecken Sie alle, und schaffen Sie augenblicklich das Klavier aus dem Haus, werfen Sie es auf die Straße.

Als ob dieses Nie-mehr-wieder-ein-Klavier-im-Haus dich in die Knie zwingen könnte, Mercedes. Wie sehr hast du gelitten, aber du würdest ihn dafür bezahlen lassen. Jahrelang.

Alles ging so schnell, daß mir jetzt noch schwindlig ist: die Stunden zu Hause bei Jordi, Grecco, Firpo, die begnadeten Musiker, die ich in den Cafés in La Boca gehört habe, die Begegnung mit Pacho im La Paloma, die neue Wohnung mit einem Zimmer für mich allein, der Zauber der Straßen in Palermo mit ihren Menschenströmen.

Ich stehe an der Ecke von Mercedes' Haus, vielleicht habe ich Glück und sehe sie heraus- oder hineingehen. Wie sehr ich sie vermisse. Ich habe Mama gebeten, ihr einen Brief zu bringen, aber seit das Monster mir Hausverbot erteilt hat, will sie dort nicht mehr hin.

Am Ende hat dieser Schwachkopf uns ohne zu wollen noch einen Gefallen getan. Mama hätte es niemals akzeptiert, daß Inés ihr für ein Jahr die Wohnungsmiete vorstreckt, und auch wenn sie fürchterlich Angst hat, nicht genug Aufträge zu bekommen, ist es eine Freude, zu sehen, wie glücklich sie jetzt ist. Dieser Tage habe ich sie beim Nähen *El porteñito* trällern hören und habe ihr gesagt, daß sie in der neuen Wohnung sogar eine andere Stimme bekommen hat, jetzt singt sie richtig gut. Sie lachte: Wieso? Habe ich vorher schlecht gesungen? Vorher hat sie gar nicht gesungen, dachte ich, habe ihr aber gesagt: Vorher hast du oft die Töne nicht getroffen, um sie zum Lachen zu bringen.

Es ist alles fertig eingerichtet, Mama empfängt schon ihre ersten Kundinnen. Ich habe mit Tusche ein paar auffällige Plakate gezeichnet und sie überall verteilt, in den Geschäften im Viertel, an die Briefkästen der Nachbarn des Monsters und im Stadtzentrum, wo ich Zeitungen verkaufe, und auch den Musikern und Leuten, die ich in den Cafés kennengelernt habe, habe ich welche gegeben: Macht Werbung für meine Mutter, sie kann sehr gut nähen. Ich bin mir sicher, daß wir bald eine Menge neuer Kundinnen bekommen. Mamas Geld ist bald aufgebraucht, und mit meinem Verdienst bezahle ich Jordi, er wollte nichts von mir nehmen, aber nicht mit Mama: Er ist ein Arbeiter wie wir, das ist nicht gut. Sie hat recht, außerdem würde Jordis Mutter noch viel mehr zetern, wenn ich ihm nichts bezahlen würde. Überhör sie einfach wie das Rattern der Straßenbahn, riet mir Jordi, als sie bei meinem ersten Besuch im Flur vor sich hingrummelte und schimpfte, weil ich bei ihnen in der Wohnung übte. Sie nervt ein wenig, ist aber eine gute Seele. Die Arme, mußte hierher nach Argentinien kommen, weil sie nach dem Tod ihres Mannes in Barcelona nichts mehr zu essen hatten. Früher sind sie fast reich gewesen, hat sie mir erzählt. Ich bringe ihr hin und wieder eine der Zeitschriften mit, die ich geschenkt kriege, wenn ich die Zeitungen zurückbringe, seitdem macht sie nicht mehr ein ganz so bitterböses Gesicht. Sie sieht es nicht gern, daß Jordi Tangos spielt, daß er spät ins Bett geht, trinkt und sich mit Frauen trifft, sie wünscht sich, ihr Sohn würde in einem klassischen Symphonieorchester unterkommen und nicht dieses Lotterleben führen. Ein bißchen hat sie recht, es ist schon zweimal vorgekommen, daß ich um eins da war und Jordi noch geschlafen hat. Ich kann ihn doch schlecht kritisieren, so viel, wie er mir beibringt.

Ich würde am liebsten nur noch Tangos üben, jetzt muß ich doch niemandem mehr etwas vormachen, aber Jordi ist nicht einverstanden: Ohne Bach hättest du dir nicht diese Begleitung ausdenken können. Er war hin und weg, als er sie gehört hat.

Er kennt viele Musiker, weil er Tangomusik, die nicht aufgeschrieben ist, in Noten setzt. Die meisten Tangos sind Kompositionen von Musikern, die nach Gehör spielen, die Urheber von *La cara de la luna* und *El morochito* können keine Noten lesen.

»Dann übe ich besser nicht mehr.«

»Du weißt nicht, was du sagst, sie hätten alles gegeben, um in deinem Alter Musikunterricht zu bekommen. Außerdem könntest du es sowieso nicht lassen, du hast es im Blut.«

Hundertmal habe ich ihn gebeten, und endlich hat er sich bereit erklärt, mich ins La Paloma mitzunehmen, um einen Bandeonisten zu hören, Juan Maglio ist sein Name, aber alle nennen ihn nur Pacho, Jordi hat seine ersten Tangos in Noten gesetzt. Wie er spielt! Er wartete mit einem neuen Tango von sich auf und mußte ihn für die Gäste was weiß ich wie oft wiederholen. Ich habe hinterher gar nicht einschlafen können, weil die Musik immer weiter in mir fortklang. Da habe ich das Notenheft herausgeholt und die Melodie festgehalten. Es ist gar nicht schwer. In der Zeit mit Mercedes habe ich mich so daran gewöhnt, mir zum Üben im Kopf den Klang des Klaviers vorzustellen, daß ich gar kein Klavier mehr brauche. Gestern habe ich Jordi meine Notation gebracht, damit er sie korrigiert. Er war beeindruckt, aber streng, wie er ist, hat er zu mir gesagt: Ich soll hier nicht auf Wunderkind machen, Stufen zu überspringen ist nicht gut, und ich hätte noch viel zu lernen. Dabei will ich gar nicht Eindruck schinden, ich habe es nur zum Üben, zum Spaß gemacht. Wenn ich mehr Übung habe, kann ich Geld damit verdienen, die Tangos der nach Gehör spielenden Musiker aufzuschreiben. Und ich werde nicht nur Tangos aufschreiben, ich werde meine eigenen Tangos komponieren.

»Was hast du hier zu suchen?« Franciscos Piepsstimme schreckt mich auf. »Hat dir keiner gesagt, daß mein Vater dir das verboten hat?«

»Ich gehe spazieren, ich habe dein Haus nicht betreten.«

Zum Glück ist Inés bei ihm und gibt mir einen zärtlichen Kuß, und dann flüstert sie mir ins Ohr: »Warte am Platz auf sie.«

Ich sehe, wie sie angelaufen kommt, die losen Haarsträhnen, die Augen voller Tränen: Mein lieber, liebster Juan, meine Wange von ihrem Kuß benetzt. Sie hat mir noch nie einen Kuß gegeben, vielleicht weil wir uns sonst jeden Tag gesehen haben. Hastig erzähle ich ihr alles, von dem Bandoneonspieler, den Klavierstunden, wie glücklich meine Mutter ist und was ich für ein hübsches neues Viertel habe. Was bin ich doch für ein Ignorant, sie ist so traurig, und ich komme aus dem Schwärmen nicht heraus. Sie haßt ihren Vater, das sagt sie, als wollte sie die Wörter zerbeißen, sie haßt ihn. Ich kann nicht glauben, was sie mir erzählt: er hat das Klavier auf die Straße geworfen. Ungeheuerlich. Widerwärtig. Wenn seine Wut sich gelegt hat, kauft er dir bestimmt ein neues, doch sie, nein, das wird er niemals tun. Mercedes hat sich nicht vom Fenster wegbewegt, bis ein paar Männer das Klavier spätnachts von der Straßenecke fortgetragen haben. Sie haben es einfach auf die Straße gestellt, damit es sich irgendwer holen kommt? Warum bin ich ausgerechnet am Donnerstag nicht vorbeigekommen? Dann hätte ich's mir geschnappt, sage ich ohne nachzudenken und bitte sie um Verzeihung, und sie, weinend: Warum? Ich habe dasselbe gedacht, aber ich wußte nicht, wie ich dich benachrichtigen sollte, noch nicht einmal mit Mama hat er mich reden lassen.

Jetzt müsse sie schnell zurück, das habe sie ihrer Mutter versprochen. Ja, hör nur auf sie, sonst knöpft er sich sie auch noch vor. Wir sehen uns dann ja auf dem anderen Platz, am Samstag, wenn die Madmoa weg ist. Du fehlst mir sehr, Mercedes. Du mir auch, und überbringe Señor Torrents einen Kuß von mir.

Arme Mercedes. Wenn ich nach Hause komme, sage ich Mama, daß wir uns nie über irgend etwas beklagen dürfen, denn wir haben das große Glück, uns gegenseitig liebzuhaben, auf daß es uns immer so irrsinnig gut gehen möge wie jetzt.

»Was haben sie denn da für ein schäbiges Zirkuszelt in der Florida aufgestellt«, sagte Leonor, während sie den Hut abnahm. »Ich hoffe, das kommt wieder weg, bis die Gäste da sind.«

Frank Browns Zirkus war ihnen ein Dorn im Auge, sie fanden, er verschandle die Stadt und würde diese vornehme Gegend mit lästigem Volk überschwemmen. Bei Alzagas, bei Ponces, im Jockey Club hatte Hernán sie vom Zirkus reden hören. Ihre Klagen waren bis zum Präsidenten Figueroa Alcorta getragen worden. Doch den Zirkus fortzuschicken wäre unklug, das könnte den Pöbel zu einer dieser lärmenden Demonstrationen animieren, und es waren bereits die ersten Delegationen für die Hundertjahrfeier in der Stadt. Vicente hoffte, der zukünftige Präsident Sáenz Peña werde das Aufenthaltsgesetz streng anwenden und alle diese ausländischen Agitatoren aus dem Land werfen, gar nicht mehr leben könne man in Buenos Aires: Streiks, Protestkundgebungen, übelste Hetzschriften, Attentate. Übertreib nicht, Vicente. Er übertreibe nicht, sagte Mariano, Hernán lebe seit Jahren nicht im Land, er hätte sehen sollen, was im letzten Jahr los war: unentwegt diese Menschenmengen auf den Straßen, lästig wie Schmeißfliegen forderten sie mit ihrem Gegröle und ihren Bannern die Freilassung dieser Aufrührer, doch die hatte man nach der Ermordung von Oberst Falcón und dessen Sekretär wohlweislich eingesperrt. Wußte Hernán, wie viele Streiks es 1909 gegeben hatte? Hundertfünfzig! Zum Glück hatte Ponce *La blanca y celeste* verkauft, jetzt mußten sich die Nordamerikaner mit diesem Pack herumschlagen.

»Wegen der Streiks hast du verkauft?« fragte Hernán verwundert.

»Nein.«

Die Blicke, die Dufour und Alzaga wechselten, gaben ihm zu verstehen, daß seine Frage unpassend gewesen war. Er habe sich entschlossen zu verkaufen, weil die Firma zuviel Zeit beansprucht habe, und er sei vor allem Produzent, sagte er, demonstrativ an die anderen gewandt. Meine Ländereien reichen mir vollauf, wenn man nicht hinterher ist, sind sie nicht rentabel, und da ich alle Entscheidungen treffen muß – ein bleischwerer Blick senkte sich auf Hernán –, kann ich mich leider nicht herausziehen.

Das Unbehagen verschwand, als jemand das Gespräch zurück auf den Zirkus brachte, darin waren sich alle einig. Auch seine Frau.

»Warum stört er dich so, Leonor«, wollte Hernán wissen.

Hast du ihn denn nicht gesehen? Doch, er habe ihn schon gesehen, am Abend zuvor. Mitten auf der Calle Florida! Eine Schande, fuhr Leonor fort, man kann keinen Fuß mehr dorthin setzen, alles voller dreckiger Kinder und entsetzlicher Menschen.

Wie hättest du nicht irritiert sein sollen von dieser Verachtung, mit der Leonor über dieses Spektakel sprach, wo es dich doch so berührt hat: die Freude der vor dem Zirkuseingang wartenden Kinder.

»Sie essen auf der Straße, lassen überall ihren Müll liegen. Rotzverschmiert wuseln sie den Leuten zwischen den Beinen herum.«

»Redest du von Tieren oder von Menschen?«

»Weißt du, warum dieses Lumpenpack kommt? Sie müssen keinen Eintritt zahlen!«

»Arme Kinder müssen keinen Eintritt bezahlen, Leonor, was ist daran schlecht?« Sie schien die Frage nicht zu verstehen. »Antworte mir.«

»Ich finde es ekelerregend, daß sie sich an die Kreuzung Florida und Paraguay setzen, wo jeder sie sehen kann, wozu dann der ganze Aufwand, die Stadt zu verschönern, Denkmäler aufzustellen. Wenn er für die Armen ist, sollen sie ihren Zirkus am Stadtrand, in ihren Vierteln aufbauen.«

Dieses Mißbehagen, das dein Bruder César hin und wieder in dir erregt hat, nur viel bitterer, denn Leonor hast du dir ausgesucht. Du hast sie aufgefordert, sich nicht so aufzuspielen und nachzudenken, bevor sie etwas sagt.

»Fällt dir nicht auf, daß bereits die ersten Gäste kommen. Unsere Gäste, wohlgemerkt. Und eine solche Calle Florida sollen wir ihnen zeigen?«

»Die Calle Florida gehört nicht dir, Leonor, sie ist nicht dein Vorgarten, und auch nicht die Botschaft deines Vaters in Paris.«

Als würdest du zum erstenmal ihr wahres Gesicht sehen, hast du dich abgestoßen gefühlt von dieser Arroganz, die in ihren Augen aufblitzte, von dieser sich überschlagenden Stimme, und trotzdem hast du weiter auf sie eingeredet. Vergeblich, sie konnte noch sehr viel weiter gehen, wie du noch sehen solltest. Als dir diese geballte Verachtung zuviel wurde, hast du beschlossen zu gehen.

»Laß uns ein anderes Mal reden, wenn du weniger Unsinn von dir gibst.« Nicht Unsinn, Unbarmherzigkeiten.

Es war noch zu früh, um zu María La Vasca oder in irgendein Café zu gehen. Hernán bog um die Ecke und faßte sich ein Herz. Wenn sie nicht da war oder es ihr gerade nicht paßte, würde er ihr eine Nachricht hinterlassen.

Was für eine Überraschung. Natürlich könne er hereinkommen. Während Hernán ins Wohnzimmer vorging, warf Asunción rasch einen Blick in den Spiegel, steckte mit der Haarnadel eine herabgefallene Strähne fest.

Beide standen sie da, einander gegenüber, und wußten nicht, was sie sagen sollten.

»Setz dich, mach es dir gemütlich, gib mir Hut und Mantel.«

Asunción stieß gegen das niedrige Tischchen, sie war so ungeschickt in ihren Bewegungen wie Hernán in der Wahl seiner Worte: Ich war spazieren, da bin ich hier vorbeigekommen und ... dachte, ich ... könnte mich erkundigen ... ob es dir gutgeht, ob du etwas brauchst.

Seine Nervosität stimmte sie mißtrauisch: Warum war er gekommen? Und als er schwärmte, wie hübsch sie sich in der Wohnung eingerichtet habe, glaubte Asunción ihm nicht.

»Du bist auch sehr hübsch, viel hübscher als vor ein paar Monaten.«

Das Summen einer Wespe, Gefahr im Verzug. Hernán hatte diese Wohnung doch nicht etwa gemietet, weil ...

»Ich werde dir das Geld sobald wie möglich zurückzahlen«, sagte Asunción.

»Es eilt überhaupt nicht.«

»Aber ich habe es eilig«, ruppig, »ich habe nicht gerne Schulden.«

Und wenn sie sich irrte, Hernán Absichten unterstellte, die ihm fernlagen? Sie bemühte sich, ihren Ton zu mildern: Für die nächste Woche habe ich schon Aufträge. Ein paar Kundinnen hat mir mein Sohn verschafft, Inés hat auch eine zu mir geschickt.

Über deinen Sohn zu reden, Hernáns Aufmerksamkeit zu sehen, seine Fragen, sein Lächeln, haben dich erst mal beruhigt.

»Schade, daß er nicht da ist, ich hätte ihn gern kennengelernt.«

»Juan kommt heute spät, er hat mich um Erlaubnis gebeten, in eines dieser Tangolokale gehen zu dürfen.«

»Wo hast du eigentlich das Grammophon hingestellt, Asunción?« fragte Hernán. Die Wespe bedrohlich nah.

»Ich habe es weggeräumt, ich fand, mein Sohn soll diesen Apparat gar nicht erst sehen, und auch die Schellackplatten nicht, die du mir dagelassen hast.«

Das war richtig, du hast es vor Juan verborgen, aber waren nicht eher deine eigenen Gedanken der Grund?

»Warum?« fragte Hernán.

»Es ist ein Luxusgegenstand, es ist nicht gut, daß mein Sohn so etwas zu Hause sieht.« Ihre Stimme klang auf einmal gereizt.

»Gehören die Tangos auch zur Wohnungsausstattung?«

»Nein, die Schellackplatten habe ich mitgebracht.«

Eine stachelige Stille. Hernán stand auf: »Ich gehe.«

Du hast ihm seine Traurigkeit angesehen, und er hat dir leid getan. Warum warst du so kratzbürstig zu ihm? Du hast ihn zur Tür begleitet, ohne einen Weg aus dieser unbehaglichen Atmosphäre zu finden, die du selbst geschaffen hast.

»Wie zerstreut ich bin, ich habe dir noch nicht einmal was zu trinken angeboten. Ich könnte ...«

Hernán lachte. Nein, er wolle nichts, danke. Bevor er gehe, solle sie ihm nur noch sagen, was sie so verärgere. Daraufhin ging Asunción in die Küche und kehrte mit einem Granatapfelsaft als einziger Antwort zurück. Auch Hernán sparte sich eine Erklärung, als er sich wieder aufs Sofa setzte, dasselbe Lächeln nach all den Jahren.

Sie redeten über Césars tragischen Unfall, über Esteben und wie sehr er ihr geholfen habe, nein, sie habe ihn zunächst noch nicht heiraten wollen, irgendwann sicherlich, aber das Schicksal habe es nicht gewollt, sie redeten über Montevideo und Paris, über Leonors Vater, den Botschafter, über das Wiedersehen mit Inés, lachten bei der Vorstellung, was für ein Gesicht Ponce gemacht haben mußte, als der Klavierlehrer ihm derartiges ins Gesicht gesagt hatte, und noch mehr, als Hernán ihr erzählte, wie er, um Vicente zu ärgern, bei Tisch auf Mercedes als die erste Tangokonzertpianistin angestoßen habe.

Dann hat er dir mit der Hand übers Haar gestrichen, eine zarte Geste und dieser warme Blick, daß auch dir warm ums Herz wurde. Du bist aufgestanden und hattest im Nu das Grammophon und die Schellackplatten aus ihrem Versteck geholt. Hernán hat Stühle und Tisch, Schneiderpuppe und Spiegel weggerückt, um eine Tanzfläche herzuzaubern. Seine Hand an deinem Rücken, und diese Glückseligkeit, die durch Füße Beine Hüfte Taille in dir hochstieg wie eine Meereswelle. Hernáns und dein Körper, als hättet ihr die ganzen Jahre über zusammen getanzt. Die Grammophonnadel kratzte monoton auf der fertiggespielten Schallplatte, süß wie Mandarinen war diese Umarmung, die keiner von beiden löste.

»Ich habe so oft von dir geträumt ..., daß es mir schwerfällt zu glauben, daß du hier bist.«

Seine geöffnete Hand auf deinem Rücken, die sanft von der Taille hoch zu deinem Hals glitt, seine Finger an deinem Nakken, die dir durch die Haare fuhren, dein Kopf, der sich leicht drehte, und seine Lippen, die sich kaum auf deinen niederließen, als fürchtete er, dich zu zerbrechen, oder als würde er diesen köstlichen Schwebezustand noch ein wenig ausdehnen wollen, in dem du und er euch aneinanderdrückt, eure gierigen Hände euch faßten, die dürstenden Küsse. Und auf einmal diese dumme Eingebung, der Stachel der Wespe, der in dich drang, sein gemeines Gift in dich setzte und damit alles verdarb.

Asunción fuhr auf, schüttelte Hernáns Hände ab, als würden sie sie verbrennen: »Laß mich, laß mich. Darum hast du mir also geholfen!«

Du hast gewußt, daß du ihn damit verletzt, aber du hast dich darauf versteift, die Beleidigte zu spielen. Er hat den Kopf geschüttelt, kein Wort herausgebracht. Dann hat er sich die Kleider glattgestrichen. Gehen solle er, hast du gesagt. Als hättest du ihm nicht gerade noch das Gegenteil gezeigt. Du hast mich wütend gemacht, Asunción. Am liebsten wäre ich aus diesen Schellackplatten herausgesprungen und hätte mich selbst in Stücke zersplittert, nur um dich auf deinen Fehler zu stoßen.

Als wollte er einen Albtraum fliehen, stürmte Hernán zur Tür und zog sie kräftig hinter sich zu. Das ist das letzte Mal gewesen, daß du ihn gesehen hast, war dein Gedanke, recht so, eine weitere Chance hattest du nicht verdient.

Dreizehntes Kapitel

Ich kann es nicht fassen, daß dieser grauhaarige Mann mit dem mächtigen Schnauzbart, der gleichzeitig Mundharmonika und Gitarre spielt, Villoldo, der Komponist von *El choclo*, sein soll. Er selbst, in Person, ist in einem der Cafés, in die Pirucho mich mitgenommen hat. Er hat eine Art Halterung um, ein mit schwarzem Samt überzogenes Gestänge mit herunterbaumelnden Münzen und blauen und weißen Bändern, das an einem Ende an seinem Gürtel, an dem anderen an der Mundharmonika eingehakt ist. Er ist ein ganz normaler Mensch, aber kaum fängt er an zu spielen, hebt er uns in einen Himmel, wo man für einen Moment einfach nur wunschlos glücklich ist. Und das geht nicht nur mir so, stelle ich an diesem Abend fest, ich sehe es in den Gesichtern der Leute, und daran, wie sich ihre umschlungenen Körper bewegen und magische Figuren zeichnen. Dieses Glück in ihren Gesichtern, ihren Körpern, als würde Villoldos Musik ihr Innerstes berühren. Plötzlich eine in mir aufkeimende Freude, die große, riesengroße Lust, eines Tages selbst ein Musikstück zu schreiben, das alle in Glückstaumel versetzt. Und jetzt, am Morgen, bleibe ich im Bett liegen, denn da ist dieses Gefühl wieder, und ich lasse es wachsen und wachsen, nur so aus Spaß. Ich weiß noch nicht genau, welche, aber die Töne sind schon da und warten auf mich. Ich stehe auf, sehe mich im Badezimmerspiegel an und lache über mich selbst. Dann ziehe ich mich an und gehe in die Küche, um Frühstück zu machen, da renne ich fast gegen diesen Apparat: ein Grammophon! Genauso eines wie ich es im Schaufenster gesehen habe. Da erscheint Mama: Faß es nicht an, ich räume es gleich weg, und dabei stellt sie sich wie schützend vor das Grammophon, ihr Blick ist seltsam, und die Anspannung in ihrem Gesicht geht auch nicht weg, als sie zu einem Lächeln ansetzt und mir einen Gutenmorgenkuß gibt. Ihre einzige Antwort lautet, daß wir es nicht in Betrieb nehmen dürfen, weil es nicht unseres ist. Aber mein Blick ist schon bei den Schellackplatten:

Orchestre irgendwas steht auf den Schildchen. *El porteñito, Felisa, Joaquina!* Wir können sie uns ruhig anhören, sie nützen sich nicht ab, ich lasse sie auch nicht runterfallen, ich verspreche es dir. Sie sieht mich an, als sähe sie mich gar nicht, und ich bettle weiter und werde irrsinnig nervig, wie immer, wenn ich etwas will, und endlich läßt sie mich eine Platte auflegen, doch noch bevor sie zu Ende gespielt hat, hebt meine Mutter die Nadel auf, und ich verbeiße mir ein Fluchen, weil meine Mutter leise weint. Ich weiß nicht, von wem die Schellackplatten und das Grammophon sind und was mit ihr los ist, aber ich frage sie lieber nicht, ich will sie nicht noch trauriger machen, sie macht keinen Hehl mehr aus ihren Tränen, während sie alles oben im Kleiderschrank verstaut. Ich werde ihr jetzt erst mal ein paar süße Toastbrote machen, wie sie sie am liebsten mag.

»Lies, was *La Prensa* über diesen Zirkus schreibt, den du so reizend findest, Hernán. Man wird von dem Amt, das ihm die Calle Florida zugewiesen hat, Erklärungen verlangen. Hoffentlich schließen sie ihn, bevor unsere Gäste kommen.«

»Würdest du bitte den Mund halten, Leonor, ich fühle mich heute morgen nicht gut.«

Er hatte ihr viel wichtigere Dinge erzählt: wie geschickt er bei der *National Packing* den Kauf von *La blanca y celeste* eingefädelt hatte, von den Pachtbauern in Entre Ríos, von dem Vertrag mit der PAN, der die Zollfreiheit landwirtschaftlicher Nutztiere sicherte, doch von Carlota kam erst eine Reaktion, als er auf Frank Browns Zirkus zu sprechen kam. Vielleicht weil Rosa und sie mit Frank und den anderen Clowns so einen Riesenspaß gehabt hatten oder weil sie beim Anblick der Trapezkünstler auf die Idee gekommen war, Seiltanzen zu lernen und mit dem Zirkus zu reisen.

»Wie, sie wollen den Zirkus zumachen? Warum?«

Carlota hörte Vicente bei weitem nicht so aufmerksam zu wie Klaus, weder durchblickte sie noch interessierten sie seine komplizierten Geschäftsstrategien, aber das störte sie nicht, sie hatte längst begriffen, daß ihr nur eine Statistenrolle zukam in diesem Spektakel, in dem Vicente Lobreden auf seine eigene Schlauheit und Intelligenz hielt. Es war nur eine von vielen Eigenheiten, die er hatte, Vicente brauchte das von ihr, und sie machte mit, ohne sich je die Frage zu stellen, warum. Es war ja auch nicht schwer, da er nie ihre Meinung hören wollte. Er monologisierte vor sich hin, als wüßte Carlota, wer diese Leute waren, von denen sie noch nicht einmal die Namen behielt.

Zumindest in der ersten Zeit, nach den Vorfällen bei der Hundertjahrfeier hast du angefangen, dir in seiner Abwesenheit die Namen in ein unter der Matratze verstecktes Heft zu notieren, und versucht, alle Einzelheiten, die du behalten hast, wie bei einer Knobelaufgabe einander zuzuordnen, das hast du dann »meine Berichte« genannt. Du bist damals zu einer Art Spionin geworden, das war dir Rechtfertigung genug für etwas, das du dir nie näher erklärt hast: warum du mit Vicente zusammen warst.

An diesem Abend schloß Carlota zum erstenmal ihre Zimmertür, schob den Sessel davor, damit Vicente sie nicht öffnete (obwohl er nichts weiter tat als auf sie einreden und anklopfen), und legte sich schlafen. Allein. Er soll sie in Frieden lassen, sie hat schlechte Laune, und wenn Vicente und seine Freunde den Zirkus schließen, will sie ihn nie wieder sehen.

Am nächsten Tag schaute Vicente, obwohl er mit seinen Besuchern aus dem Ausland vollauf beschäftigt war, auf einen Sprung bei ihr vorbei: Niemand wird den Zirkus fortschaffen, und am Donnerstag werden sie zu Hansen Abendessen gehen. Carlota fiel ihm um den Hals. Sie würde das neue blaue Moirékleid anziehen und ihr Haar aufstecken, wie er es mochte. Vicente konnte ihr auf die Nerven gehen mit seiner Feierlichkeit und der dann so schwülstigen Stimme, und er langweilte sie auch, wenn er sich in seinen Endlosreden verlor, aber wenn er sich ihr zärtlich zuwandte, seine Steifheit abschüttelte und sich auf das Spiel mit ihr einließ, tanzte, lachte, sie liebte, oder wenn er sich sichtlich anstrengte, ihr eine Freude zu machen wie an diesem Nachmittag, dann schmolz sie dahin.

Carlota hatte ihm vom ersten Tag an sehr klar zu verstehen gegeben, daß sie nicht daran dachte, sich einsperren zu lassen. Das habe er auch nicht vor, log er, hatte er nicht etwa diese Wohnung in der Avenida de Mayo mit ihren Theatern, eleganten Cafés und wunderbaren Bauten eigens ausgesucht, damit Carlota tagsüber spazierengehen konnte? Beide mußten viele Eingeständnisse machen, um gemeinsam schöne Momente zu erleben. Vicente versprach, nicht mehr zu fragen, was sie gemacht hatte, seit sie von Laura weggegangen war: Warum willst du es wissen, wenn du hinterher nur schäumst vor Wut, so daß ich am liebsten davonrennen würde, und Carlota versprach, nicht mehr in die Cafés in La Boca zu gehen und auch nicht zu protestieren, wenn Vicente, anstatt auszugehen, lieber mit ihr in der Wohnung bleiben wollte.

Du hast dich halb daran gehalten, Carlota, denn wenn du auch tatsächlich eine Zeitlang nicht mehr in die Cafés in La Boca gegangen bist, hast du doch bald den Salon Rodríguez Peña, das Bailongo in der Calle Chile, La Cavour, das Peracca entdeckt. Vicente erfuhr davon erst Monate später, als er eines Abends überraschend vorbeikam und bis zum Morgengrauen auf dich warten mußte. Das Gesicht weiß wie gepudert, tief versunkene Augen, Hände wie Spinnen: Wo kommst du her, ich will die ganze Wahrheit wissen. Aus dem San Martín, hast du mit aller Selbstverständlichkeit geantwortet, das ist nicht in La Boca.

Sie gingen nicht zum erstenmal zu Hansen, aber zum erstenmal hatte Vicente jemanden dazu eingeladen: einen Nordamerikaner. Im Auto gab er ihr Anweisungen, er war nervös: Er würde sagen, sie heiße Luisa und wohne bei ihren Eltern. Hatte er ihr nicht gesagt, daß sein Freund kein Spanisch sprach? Sollte er ihm doch erzählen, was er wollte, beschwerte sie sich, sie würde sowieso kein Wort verstehen, würde sich zu Tode langweilen, zum Glück bekommt man bei Hansen wenigstens gute Orchester zu hören, wenn man schon nicht tanzen kann.

Daß Isadora Duncan auch dabeisein würde, war nicht vorgesehen, John Lindsay war ihr im Plaza-Hotel, wo sie beide wohnten, über den Weg gelaufen und hatte sie spontan eingeladen. Ebensowenig hatte irgendwer mit diesen beiden Herren gerechnet, grüßend kamen sie auf Isadora zu (der Besseraussehende kannte sie aus Paris, und beide schienen über ihre Begegnung hocherfreut). Isadora lud sie ein, sich zu ihnen an den Tisch zu setzen. Carlota bemerkte, wie sich Vicentes Gesicht verdüsterte, als einer der Herren Carlota verführerisch und neugierig anblickte: Willst du mir deine schöne Begleiterin nicht vorstellen? Sie sah Vicentes harten, fast lippenlosen Mund, aus dem ein Name herauspurzelte, den niemand verstand.

»Carlota Sosa«, sagte sie selbst, streckte ihre Hand aus und ließ Vicentes wütenden Blick mit einem Lächeln an sich abgleiten.

Niemand übersetzte ihr Isadoras Sätze, aber an Vicentes Sich-Winden, an Lindsays Verwunderung, an dem aufgekratzten Lachen der beiden Herren erkannte sie, daß diese faszinierende Frau ein Skandal war. Carlota bewunderte sie schon, ehe sie erfuhr, daß sie Tänzerin am Theater war, der Herr mit dem wunderbaren Lächeln war der einzige, der für sie übersetzte, als Isadora sie ansprach: Sie würde Sie gern ins Theater einladen. Das dürfen Sie sich nicht entgehen lassen, sie ist eine phantastische Tänzerin.

Kaffee und Champagner kamen, Roberto Firpo legte am Klavier mit *Argañaraz* los, zu dem Carlota im La Marina getanzt hatte.

»Hernán, zeig Isadora, wie man Tango tanzt«, schlug der Mann mit der Brille vor.

»Hier wird nicht getanzt.« Vicente, brüsk.

Du bist auf dem Stuhl hin und her gerutscht, du hättest alles gegeben, um mit Hernán zu tanzen, diese Haltung, diese Eleganz in seinen Bewegungen, die unbewegte Miene, wenn er kurz anhielt und dann zu neuen, deine Bewunderung erregenden Figuren ansetzte.

»Komm, es ist spät«, sagte Vicente mißmutig. »Bringe ich Sie zum Plaza, Lindsay?«

Sie wollte gerade gehen, als Isadora ihnen von der improvisierten Tanzfläche auf der Terrasse zuwinkte und sich zu den ersten Akkorden eines der *Lieder ohne Worte* von Mendelssohn weit nach hinten bog, ein Sprung durch die Luft, wie ein Vogel.

Vicentes Laune war unerträglich, als er sie in die Wohnung in der Avenida de Mayo brachte. Was denn los sei? Ach, nichts, er fürchte, sein Schwager – dieser gutaussehende Mann war sein Schwager! – werde Isadora aufs Landgut einladen. Dann versank er wieder in Selbstgespräche: Der und der sprachen perfekt Englisch, sie würden jede der peinlichen Äußerungen, mit denen bei dieser Frau zu rechnen war, verstehen.

Wolle er mit ihr ins Theater gehen, um Isadora zu sehen? Auf gar keinen Fall. Aber Carlota schon, die Tänzerin habe sie schließlich eingeladen, sie könnte ihre gute alte Freundin Rosa mitnehmen, er solle bloß nicht auf die Idee kommen, es ihr zu verbieten, sonst ...

Vicente selbst hat dir die Eintrittskarten vorbeigebracht, er hätte es nie zugegeben, aber damit hat er deiner erpresserischen Drohung nachgegeben. Er würde für ein paar Tage weg sein und wollte, daß du wohlgesinnt auf ihn wartest. Ihr habt euch langsam bis in den Morgen geliebt, als hättet ihr gewußt, daß es ein Abschied war, denn als er zurückkehrte, erzählte er dir noch am selben Tag von den großen Plänen. Auf dem Landgut, zwischen Zureiten und Jagd, hatte das Vorhaben Gestalt angenommen.

»Weißt du, wer auf das Landgut kommt? Die Schwester von Alfons XII., Tante des derzeitigen Königs von Spanien.«

Was scherte Klaus die Ankunft der Infantin María Isabel von Bourbon, wollte Ingrid wissen, warum fand er, sie müßten alle unbedingt am Donnerstag zum Hafen gehen?

Es würde wimmeln von europäischen und lateinamerikanischen Journalisten. Sie ist der wichtigste Gast. Wir dürfen uns diese Gelegenheit, auf die Lage der Arbeiterklasse aufmerksam zu machen, nicht entgehen lassen.

Wie stellte er sich das vor, sollten sie am Hafen eine Demonstration abhalten und die Infantin auffordern, sich für bessere Löhne einzusetzen? sagte die Galicierin, Klaus kenne die Spanier nicht, die meisten ihrer Landsleute sahen der Ankunft der Bourbonentochter María Isabel wie einem Fest entgegen, im Galicischen Zentrum habe sie sie Tänze proben gesehen, für die Festlichkeiten zu Ehren der Infantin. Sie war der Meinung, an dem Tag eine Demonstration zu organisieren würde ihnen nur schaden – und wie um sich zu entschuldigen: Es leben achthunderttausend Spanier im Land.

Auch Miguel war skeptisch, die Arbeiter spanischer Herkunft hatten für diesen Tag freibekommen, damit sie sie begrüßen gehen konnten, und im Industrieverband sprach man über die Möglichkeit – das wußte er von seinem Vater – allen einen Urlaubstag zu geben, damit eine große Menge zusammenkam.

»Sie wollen sie wohl ausstellen wie Vieh auf dem Züchtermarkt.« Ingrid, scharfzüngig.

Es widerte sie an, daß sich alles um diese Hundertjahrfeier drehte, während die Genossen immer noch im Gefängnis saßen. Daß die Reichen den Gästen zur Hundertjahrfeier ein blühendes, friedliches Land vorführen wollten, leuchtete ein, aber daß die Arbeiter bei ihrem miserablen Lohn mit vollem Eifer dabei waren, war Ingrid unbegreiflich.

Miguel konnte den Stolz der Menschen auf ihr Land verstehen, er selbst hatte ein neues Drehorgelmodell entwickelt, um für Heiterkeit in den Straßen zu sorgen und mit ihrer Musik der prunkhaften Orgel, die sein Vater aus Frankreich importiert hatte, etwas Eigenes entgegenzusetzen. Seit einiger Zeit schon hatte sich ein Graben zwischen ihnen aufgetan, seit der Industrieverband *Unión Industrial* und die Sozialistische Partei, deren überzeugte Anhänger sie jeweils waren, sie zu politischen Gegnern gemacht hatten. Wie konntest du nur, Vater, dieses Papier unterschreiben, in dem gefordert wird, die gewerkschaftlichen Organisationen nicht anzuerkennen? Er würde nicht zulassen, daß sein Sohn, der genauso wie er Chef der Drehorgelfabrik war, sich über die Verhandlungsabschlüsse des Industrieverbands hinwegsetzen und die Arbeitszeit seiner Angestellten herabsetzen würde. Er gab dann doch nach, und trotz ständiger Streitereien hielten beide an ihrer Führung der Drehorgelfabrik fest. Die Spannung zwischen ihnen war jetzt unerträglich geworden, wenngleich das nicht der einzige Grund war, warum Miguel beschloß, auf José Tagini zuzugehen und ihm seine Mitarbeit bei der in Argentinien gerade beginnenden industriellen Produktion von Schallplatten vorzuschlagen. Den Tango auf die Platte zu bringen war eine prickelnde Geschäftsidee. Er hatte gute Verbindungen zu lokalen Musikern, und Tagini erklärte sich bereit, in dem Studio, das er demnächst für die *Columbia* einrichten würde, die Aufnahmen zu machen. Er konnte das Ende der Hundertjahrfeierlichkeiten kaum erwarten, dann wollte er seinem Vater seinen unwiderruflichen Entschluß mitteilen, die Fabrik zu verlassen.

Wenn die Genossen es unpassend fänden, würde die Sozialistische Partei zu keiner Demonstration aufrufen, aber sie sollten sehr wachsam sein, sagte Klaus. Es war keine schlechte Idee, am Hafen die Sonderausgabe von *La Vanguardia* zu verkaufen.

Morgen ganz früh hole ich mit Pirucho bei *La Vanguardia* die Sonderausgabe ab, die wir am Hafen verkaufen wollen. Das wird bestimmt sehr lustig, Aníbal, Piruchos Papa, und seine Freunde kommen auch mit. Sie sind keine Zeitungsverkäufer, sondern einfach Sozialisten, und sie wollen, daß alle Leute, die zum Hafen gehen, ihre Zeitung kaufen. Pirucho hat mich gebeten, ihnen zu helfen, weil ich bei den Menschen so gut ankomme und jeden Tag einen Haufen Zeitungen verkaufe. Ich überlege schon die ganze Zeit, mit welchem Spruch ich die Zeitungen unter die Leute bringen will.

Es sind sehr aufregende Tage, gestern hat Jordi mich mit der Frage überrascht, ob ich es mir zutraue, eine Tangokomposition zu notieren, er selbst hat zuviel zu tun. Und ob ich das kann. Er will mir sechs Pesos bezahlen! Wenn es gut läuft, werde ich mehr solcher Aufträge bekommen. Und eines Tages kann ich mir dann ein Klavier kaufen.

Sie hatten sich in den letzten Monaten mehrmals gesehen, aber Rosa war nie bei Carlota zu Hause gewesen. Sie sagte ihrer Mutter, sie würden sich in einer Konditorei treffen, um nur bloß nicht ihren Theaterabend zu gefährden, es hatte sie schon genug Überzeugungsarbeit gekostet, daß sie sie überhaupt gehen ließen. Warum Carlota sie, fast noch ein Kind, ins Theater einlade, weil sie meine Freundin ist und zwei Eintrittkarten geschenkt bekommen hat. Rosa zeigte sie ihrer Mutter, damit sie ihr auch wirklich glaubte. Sie hatte die ganze Nacht vom Theater geträumt, und jetzt stand sie in dieser riesigen Wohnung mit den weißen, bauschigen Vorhängen und dem samtenen Sofa, mit einem großen Spiegel über dem Schminktisch und allen diesen Fläschchen, um sich schön zu machen.

Carlota hatte ihr die Lippen zartrosa geschminkt, es fällt fast nicht auf, sagte sie, aber Rosa betrachtete sich im Spiegel, ihr Blumenkleid und ihre schimmernden Lippen, und fand sich so schön wie noch nie. Niemand käme auf die Idee, daß sie elf Jahre alt war. Mindestens vierzehn, versicherte Carlota, dann tupfte sie sich mit dem Wattebausch ein wenig farbiges Pulver auf die Wangen, wie sie es sich bei ihrer Freundin abgeschaut hatte.

Sie setzte sich aufs Bett und sah sich um.

»Wieviel zahlst du für die Wohnung? Doch einen Haufen Kohle.«

»Ein Freund streckt es mir vor, habe ich dir doch schon gesagt.«

Aber wieviel, Rosa wollte es wissen, nein, so leicht ließ sie sich nicht abspeisen. Carlota wand sich: ich weiß nicht, er hat es mir nicht gesagt. Rosa beschloß, nicht weiter zu stochern und ihren Eltern nie zu erzählen, wo Carlota wohnte. Sie erinnerte sich daran, wie ihre Mutter einen Streik in den Mietskasernen organisiert hatte, das war ein Spaß, habe ich dir davon erzählt, Carlota? Sie gingen mit Kochlöffeln und Töpfen auf die Straße und hatten eine Menge anderer Bewohner dazu gebracht, über Monate keine Miete zu bezahlen, hinterher holten sie sie natürlich alle mit Polizeiwagen ab, bis heute rannte Rosa weg und versteckte sich, wenn sie die Polizei sah, ausgegangen war die Sache so, daß sie in die Mietskaserne »Die vierzehn Provinzen« umziehen mußten, ein Glück, denn sonst hätte sie nie Carlota kennengelernt. Es sei immer so lustig mit ihr, und sie mußten auch viel gemeinsam haben, denn die galicische Giftspritze Susana mochte auch Rosa nicht, jedesmal, wenn sie sang, zischte sie sie an.

Bei Carlota sang sie eine Copla, und ihre Freundin und María klatschten. Und als sie später im Theater Isadora Duncan applaudierten, wußte Rosa auf einmal, daß sie alles daransetzen wollte, in einem Theater zu singen und Applaus zu bekommen wie Isadora.

Nachdem sie dir das gesagt hat, Carlota, während die Wirkung dieses Tanzes noch wie ein Beben durch dich hindurchging, hast du ihr eilig versichert, sie würde, wenn sie im Theater sänge, mindestens so viel Applaus bekommen wie Isadora. Aber das hast du nur gesagt, um sie glücklich zu machen, du konntest dir nicht vorstellen, daß dieses Theater einmal voll sein würde und dir die Hände vom vielen Klatschen weh tun würden, und auf der Bühne Rosa, die dem Publikum dafür dankte, daß es sie so warmherzig aufgenommen hatte, an dem Tag, als sie mich zum erstenmal singen sollte.

Als das Schiff *Alfons XII.* in den Hafen einlief, schrie eine Stimme: Hoch lebe Spanien!, und eine Menschenmenge antwortete: Es lebe hoch. Hoch lebe Argentinien, es lebe hoch. Klaus war sich mit Ingrid einig, daß sie manche Reaktionen dieses Volkes niemals verstehen würden und daß es eine richtige Entscheidung gewesen war, hierher zu kommen. Die Argentinier sind nun mal maßlos, der Ansicht war auch der französische Politiker Georges Clemenceau. Esteban wäre heute sicher gern am Hafen gewesen, sagte Juan später zu Asunción, und es freute sie, daß die Erinnerung an den Asturianer in ihrem Sohn noch so lebendig war. Leonor Bustamante de Lasalle sagte einmal mehr, daß sie keinen Sinn darin sehe, sich hier zu langweilen, wenn die Infantin sie zwei Tage später auf dem Landgut besuchen kommen würde. Ihr Vater, der Botschafter, erklärte ihr, ohne sie anzusehen, daß das Protokoll dies verlange, während Hernán lächelte, als er entdeckte, daß es endlich etwas gab, worin er mit seiner Frau übereinstimmte. Jordi Torrents fühlte nicht die Ergriffenheit seiner Mutter, aber er umarmte sie auch so. Pirucho und sein Vater verkauften viele Zeitungen, wenn auch weniger als Juan. Inés Lasalle de Ponce würde die *Ode an das Land und das Getreide* des nicaraguanischen Dichters Rubén Darío lesen, bis die Infantin da wäre, wie sie ohne aufzusehen zu ihrem Mann sagte. Rosas Mutter erlag dem Charme dieses netten Jungen und kaufte *La Vanguardia*, obwohl ihr Ehemann dagegen war, sie waren Anarchisten und Leser von *La Protesta*. Und Spanier, sagte Rosas kleiner Bruder, Galicier, verbesserte Rosa und war zu verlegen, um Juans Lächeln zu erwidern. Miguel Rinaldo hatte verschiedene sozialistische Zeitungen in der Hand, als er seinem Vater begegnete. Der Präsident Figueroa Alcorta auf der Landungsbrücke sagte sich, daß zum Glück im Oktober Wahlen waren, und wünschte sich, die Aufrührer würden ihn nicht zwingen, vor dem Ende der Hundertjahrfeier den Ausnahmezustand verhängen zu müssen, während der amtierende Botschafter in Italien, Roque Sáenz Peña, ebenso freundlich wie furchtsam auf die Menge sah, die er in einigen Monaten regieren würde.

Carlota kochte sich einen Mate, stellte das Grammophon an und freute sich, diesen Tag allein in der Wohnung genießen zu können, María war ein Schatz, aber sie ständig um sich zu haben war ihr zuviel, warum konnte nicht jeden Tag eine Verwandte des Königs von Spanien oder irgend so jemand kommen.

Hundert Gauchos auf ihren besten Pferden, edelste Sattel und Silbergeschirr erwarteten die Infantin und ihr Gefolge auf dem Landgut Santa Inés.

Leonor und Vicente – einer wie der andere, hatte Hernán an diesem Morgen zu seiner Schwester gesagt, woraufhin sie sehr gelacht hatten – kontrollierten, daß alles wie geplant ablief. Inés hatte mit Unterstützung des Verwalters Clorindo – vielmehr umgekehrt, so mußte Inés zugeben – die Vorbereitungen für das Menü überwacht, und Hernán hatte mit Don Lino gesprochen, der für die Musiker verantwortlich war, die am zweiten Tag nach dem Mittagessen spielen sollten, und mit Impresario Tarde, er war für das Ballett und das Tanzorchester engagiert.

»Ich wünschte, es wäre alles vorbei«, gestand Inés am ersten Tag Hernán, »ich bin nicht daran gewöhnt, die ganze Zeit Leute um mich zu haben. Das ermüdet mich. Drei Tage sind zuviel.«

Sie hatten beschlossen, nur sehr wenige Leute aus Buenos Aires einzuladen, nur die wichtigsten: den Staatspräsidenten und zwei seiner Minister, den Präsidenten und Vizepräsidenten der Agrargesellschaft, die Ledesmas, die Alzagas, die Cambaceres, Lynch und seine Verlobte, einen Schriftsteller, zwei Maler und die gesamte Familie. Dieses Fest gab man zu Ehren der Infantin und der prominenten Gäste aus Frankreich, Spanien und den Vereinigten Staaten. Leonor hatte Stunden damit zugebracht, die Sitzordnung für jedes Mahl festzulegen, lad niemanden mehr ein, auch keinen ausländischen Gast, sonst bekommen wir ein Problem, gemahnte Vicente seinen Schwager, was eindeutig auf diese Tänzerin gemünzt war, deren Schamlosigkeit ihn so entsetzt hatte.

Hernán war nach Ende ihrer außergewöhnlichen Darbietung

in ihre Garderobe geeilt, um ihr zu gratulieren, und hatte sie auf das Landgut eingeladen. Isadora bedankte sich, war aber verhindert, da sie jeden Tag zwei Vorstellungen hatte. Für alle Fälle ließ er ihr die Telefonnummer da.

Als Isadora ihn Samstag mittag anrief, war er nicht überrascht: Sie könne kommen, sie habe in Buenos Aires keine Verpflichtungen mehr. Hernán hatte von Lynchs Verlobter bereits von dem Skandal gehört, der für allerhand Zündstoff sorgte. Er schickte einen Chauffeur, Señorita Duncan abzuholen, und beschloß, niemandem etwas zu sagen außer Inés.

»Da ist ein Gedeck zuviel«, ermahnte Leonor Inés.

»Nein, ich erwarte eine Freundin, die jeden Moment kommen müßte.«

»Eine Freundin?« Sie suchte Vicentes Blick. »Die Sitzordnung steht seit langem fest, wir können jetzt nicht alles umwerfen, Inés.«

»Sie soll sich neben mich setzen«, sagte Inés und nahm das Tischkärtchen weg.

»Aber nein, was machst du, du kannst doch nicht alles durcheinanderbringen, du kannst doch eine Dame nicht neben dich setzen, wer ist sie?« Hysterisch. »Sie kommen gleich, tu etwas, Hernán.«

Mach dir keine Sorgen, ich bringe das in Ordnung. Dann suchte er sein Tischkärtchen und rückte mit Inés alle Namen links von ihm um einen Platz weiter.

Isadora kam zum Dessert, Hernán genoß es, Vicentes Gesicht zu sehen, während er sie den Gästen vorstellte. Getuschel wie sich festbeißende Blutegel. Nachdem sie ihm leise erzählt hatte, daß man ihren Vertrag aufgelöst hatte, erriet Hernán am Aufruhr, an der Empörung, Bewunderung, Neugier in den Gesichtern der Tischgesellschaft, daß diese wenigen Minuten gereicht hatten, damit alle, über jegliche Sprachbarrieren hinweg, wußten, daß diese Frau, die bei ihnen am Tisch saß, barfuß in einem Studentencafé zur Nationalhymne getanzt hatte, bekleidet mit nichts als der argentinischen Fahne.

»Ich verstehe die Aufregung nicht«, sagte Isadora zu ihm. »Kein Franzose hat sich echauffiert, als ich die Marseillaise in einem rot-blau-weißen Schal getanzt habe. Wenn man ein Gefühl, eine Idee tanzen kann, warum soll man dann nicht eine Nationalhymne tanzen können?«

»Freiheit kränkt«, hast du geantwortet, und wenige Minuten später sollte deine Frau den Beweis liefern.

Die Musiker waren bereit, es dauerte, bis dieses giftige Tuscheln, dieses Summen aufgescheuchter Fliegen sich legte. Hernán klatschte in die Hände und bat um Aufmerksamkeit für die Kapelle einheimischer Musiker.

»Ruhe«, befahl María Isabel von Bourbon.

Eine Folge landestypischer Tänze, *gato*, *pericón*, *vidalita*, *cueca*, geblümte Kleider, glänzende Stiefel und verführende Taschentücher, Pirouetten und halbe Drehungen, flinke Schuhe und fliegende Röcke, die Infantin freute sich und klatschte, war viel sympathischer, als Hernán und seine Schwester sie sich vorgestellt hatten, es war offensichtlich – schon bei ihrer Ankunft auf dem Landgut hatten sie es ihr angesehen –, daß ihr die Gauchos und Mägde viel besser gefielen als ihre Tischgesellschaft. Und zu dieser Musik tanzt man nicht?, fragte sie mitten in *Los tres tauras* hinein. Vicentes Nein traf auf Hernáns Ja, der bereits aufgestanden war und um einen nächsten Tango bat: *Retintín* von Areolas.

Du hast sie aufgefordert, zu mir zu tanzen, aber Isadora wollte nicht, die stechenden Blicke haben sie auf ihrem Sitz festgenagelt, du hast ein paar Schritte ausgeführt, dabei die Luft umarmt, aber ohne eine Frau war es reizlos, so bist du an den Tisch zurückgekehrt.

»Wie konntest du nur? Du hast unsere Gäste beleidigt, und mich«, nahm Leonor ihn beiseite. »Ich weiß doch, was das für ein Tanz ist, mit dem du mich schon in Paris verfolgt hast, ein Tanz für ... Ich will das Wort nicht in den Mund nehmen.«

Aber keine zwei Jahre danach, kaum hatten der Artikel in *Le Figaro*, die Empfänge deiner Freunde, der mit seiner Frau tanzende Präsident von Frankreich und die Veranstalter der Tangotees mir in Paris zu meinem Platz verholfen, hat sie die Dreistigkeit besessen »zu gestehen« – dieses affektierte Hauchen –, sie würde mich seit Jahren »heimlich« mit ihrem Mann tanzen. Anscheinend hatte dieser französische Lehrer es ihr beigebracht, und auf einem Fest hast du es sogar mit ihr versucht, zu einem Zeitpunkt, als du dich bemüht hast, sie zu lieben, dabei hast du gewußt, daß es nicht damit getan ist, eine Choreographie einzustudieren, wenn man mich tanzen will. Aus Leonor wurde nie eine Tänzerin, das hätte ich auch nicht zugelassen.

»Wie tanzt man zu dieser Musik?« wollten die Infantin María Isabel und andere Gäste wissen.

»Ihren Wissensdurst zu befriedigen ist uns unmöglich«, erwiderte Cambaceres. »Niemand in unseren Salons pflegt diesen Tanzstil, er ist für uns so exotisch wie so vieles, das dank des Einflusses der Alten Welt so gut wie vergessen und begraben ist.«

»Ist es denn ein Tanz von euch?« Maurice Breton wandte sich mit seiner Frage an Hernán: »Ich bin mir nicht sicher, ob ich es richtig verstanden habe.«

»Der Tango ist von uns.« Er senkte geheimnistuerisch die Stimme, »aber manche Leute finden, er ist eines unserer Laster, die es zu verstecken gilt, sündhaft ...«

Hernán erklärte den Umsitzenden, daß der Herr, der soeben gesprochen habe, und einige andere hier diesen Tanz zwar pflegten, daß er wegen seiner unsittlichen Herkunft aber in der Öffentlichkeit nicht erlaubt sei. Isadora lächelte voller Verachtung: Jetzt verstand sie, warum diese Gesellschaft aus Heuchlern sie verurteilt hatte.

»Zeigst du ihn mir?« lockte Nathalie, die Tochter des französischen Wirtschaftsministers, ihn verführerisch.

Gespielt von zwei Gitarren, bin ich in jener Nacht durchs Fenster in den Stall eingedrungen, wo du Nathalie in diese Welt eingeweiht hast. Ich rieche nach Heu, nach Pferden, hat sie dir Jahre später in Paris ins Ohr geflüstert, beim Eröffnungstanz im Bagatelle Polo Club. Was wäre ohne Nathalie bei diesen Festen aus uns geworden, der Akzent, mit dem man begeistert nach mir gerufen hat, Tangó, Tangó, hat die ganze Kraft der Improvisation weggefegt, hat die Figuren um *cortes* und *quebradas* gestutzt, und dafür dieses Gezierte hinzugefügt – und später dieses Eckige, Strenge –, das nie zu mir gehört hat. Aber ich möchte nicht undankbar sein, ihr Blut ist auch meines. Der Río de la Plata und die Seine. Ohne sie hätte man mich nie in so fernen Ländern getanzt, hätte ich nie Einlaß in die Häuser jener falschen Bürger von Buenos Aires gefunden, die mich in der Öffentlichkeit leugneten, nachdem sie hinter verschlossenen Türen in mir geschwelgt hatten.

Zum Glück waren Nathalie und Hernán so klug gewesen, nicht zusammen zum Hofgebäude zurückzukehren, auf dem Weg durch die Bibliothek liefen Hernán Vicente, Gustavo und Pepé in die Arme. Was trieben sie sich um diese Uhrzeit noch herum? Gustavo konnte den Satz nicht beenden, Vicente unterbrach ihn: Und du? Warum schläfst du nicht? Es war offensichtlich, daß er seinen Schwager nicht in ihre neuerlichen Intrigen einweihen wollte. Besser so, dann fände er sich nicht wieder in der Lage, in einem Gespräch sein Mißfallen überspielen zu müssen, wie so oft in der letzten Zeit.

»Ich habe mir den großartigen Sternenhimmel angesehen, gute Nacht.«

»Gute Nacht, Hernán.«

In dieser Nacht legte Hernán sich mit der warmen Erinnerung an Nathalie schlafen, und zum erstenmal gelang es ihm, dieses Bild zu verdrängen, das er seit jenem Samstag Tag und Nacht vor sich hatte: Asuncións fassungsloses Gesicht, und aus ihrem Mund dieser so ungerechte Satz.

Vierzehntes Kapitel

Die Nadel noch einmal auf die Schellackplatte, Carlota streckt sich auf dem Sofa aus. Diese wohlige Müdigkeit, die eine lange Tangonacht in ihrem Körper zurückläßt. Sie schließt die Augen und erlebt noch einmal die neuen Schritte, die sie letzte Nacht so genossen hat. Doch der Grund war weniger die Vielfalt der Figuren als die tiefe Verbindung, die zwischen ihren Körpern entstand, dieses An- und Abschwellen eines Stroms, der sie immer weiter trug, ihnen gegenseitig Bewegungen eingab, erst ließen sie sich vollkommen im Tango gehen, dann waren sie wieder ganz, mit vollem Bewußtsein da. Carlota gefällt es, sich im Tango der Führung des Mannes zu überlassen, aber noch nie hat sie wie letzte Nacht die Kraft gespürt, etwas Gemeinsames hervorzubringen, noch nie ist ein Mann so sehr auf ihre Wünsche eingegangen, hat auf ihren Körper gehört wie Benito Bianquet, der Cachafaz. Obwohl sie fast kein Wort gewechselt haben, ist Carlota sich sicher, daß der Tango, den sie im Cavour kurz vor Schluß getanzt haben, nicht ihr letzter gewesen ist.

Der Schlüssel im Schloß, merkwürdig, um diese Uhrzeit. Vicente. Er kommt nur kurz vorbei, um ihr einen Kuß zu geben, er hat sie so vermißt in diesen Tagen, aber auch heute abend kann er nicht kommen, weil er in der Argentinischen Sportgesellschaft verabredet ist. Auch wenn Vicente letztlich nicht mit von der Partie sein wird, das ist etwas für die jungen Leute, will er anwesend sein, wenn auf der Versammlung die Einzelheiten festgelegt werden, schließlich – dieses stolze Lächeln – hatte der Plan auf seinem Landgut Gestalt angenommen. Schon wieder diese Selbstgespräche, denkt Carlota, die noch von der Milonga erhitzt ist und gar nicht weiß, ob sie einen von Vicentes Berichten über seine dunklen, verwickelten Geschäfte geduldig ertragen kann. Dabei geht es diesmal gar nicht um Geschäfte.

»Wir müssen unbedingt ein Exempel statuieren, sie wollen die Hundertjahrfeier boykottieren. Für den 18. planen sie einen Generalstreik. Und das sind keine leeren Drohungen. Nein, die

Bombe im Teatro Colón ist hochgegangen, und vor der Strafanstalt am Boulevard Las Heras haben sich achtzigtausend Menschen versammelt, um die Befreiung dieses erbärmlichen Russen zu fordern. Wir haben die Lage genau im Blick, auch wenn die Presse die Zahlen gedrückt hat. Figueroa Alcorta hat den Ausnahmezustand verhängt, aber das reicht nicht. Weißt du, Carlota, wie alt der Mörder von Oberst Falcón ist? Siebzehn!«

Ramón Falcón. Dieser verfluchte Name reißt Carlota aus ihrer Schlaftrunkenheit. Die Bilder von der Plaza Lorea: der junge Mann, den sie brutal zusammengeschlagen haben, die blutende junge Frau, rennende, schreiende Menschen, sie, wie sie sich panisch versteckt hat.

»Er hat es darauf angelegt«, unterbricht sie ihn. »Wie viele Menschen hat Falcón ermordet?«

»Ermordet?« Wütend. »Solche Lügen hat man dir also in den Kopf gesetzt. Wer hat dir das gesagt? Der Journalist? Die kleinen Arbeiterinnen, mit denen du zusammen in diesem Zimmer gehaust hast? Wie hieß noch mal diese Galicierin? Und die Deutsche?«

Carlota wendet das Gesicht ab, sie weiß, daß sie auf diesem Weg nichts weiter erreichen wird, als daß Vicente sie weiterhin mit Fragen stichelt, auf die sie ihm sowieso nie eine Antwort gibt. Doch sie will wissen, was das für ein Plan ist, den der Feind da hat, auf einmal sie selbst, bedroht, auf diesem Platz, und Vicente sieht sie klar auf der anderen Seite stehen, auf der der Mörder. Sie muß unbedingt eine Strategie finden, um an diesen Plan heranzukommen: Was hätten er und sie vereinbart? versucht sie ihn abzulenken und den eigentlichen Grund ihrer Anspannung zu verbergen.

»Schon gut, schon gut, ich habe versprochen, keine Fragen mehr zu stellen, und daran will ich mich halten. Aber du red nicht weiter solchen Unsinn, du verstehst nichts, du bist noch ein Kind.«

Dann setzt er wie immer seinen Monolog fort, aber diesmal

hört Carlota ihm aufmerksam zu: Sie könnten nicht alles der Regierung überlassen, ein Wurm kriecht ihr den Rücken hoch, sie werden ihre Versammlungsorte zerstören, an denen sie sich treffen, um diejenigen zu diffamieren, die ihnen zu essen geben, eine Viper an ihrem Nacken, sie werden ihre widerwärtigen Schmähschriften verbrennen, gleich ob von Sozialisten, Anarchisten, Gewerkschaftern, windet sich um ihren Hals, sie werden diesen Verschwörern geben, was sie verdient haben. Baron Demarchi ist der Befehlshaber, es werden Abgeordnete dabeisein, einige Freunde, ein paar Militärs, Studenten. Und sie haben die Unterstützung der Polizei.

Die Straßenbahn unterbrach ihre Fahrt, es hieß nur, es sei kein Weiterkommen. Es waren auch keine Autos auf der Straße unterwegs, nur Menschen, viele Menschen, immer mehr, schon von weitem hörte man ihre Stimmen und Trommeln. Was würde ich darum geben, eine Musik von einer solchen Kraft zu schreiben, diese mitreißende Stimmung dort vor dem Gefängnis. Sogar auf mich, der ich nur zufällig vorbeikam, übertrug sich dieses Gefühl, daß es in unserer Macht, der Macht dieser Tausende und Abertausende sich erhebenden Stimmen lag, Simón Radowitzky zu befreien. Und daß viele der Ungerechtigkeiten, die die Redner anprangerten, aus der Welt verschwinden, wenn wir uns organisieren. Pirucho hatte mir von ein paar Dingen, die auf der Demonstration gesagt wurden, schon erzählt, um ehrlich zu sein, habe ich mir nicht viel draus gemacht, aber gestern begriff ich, daß jeder einzelne, ich selbst, etwas dazu beitragen kann, daß wir glücklicher werden.

Eines muß ich dir sagen, Mama, habe ich beim Nachhausekommen zu ihr gesagt, ich bin so froh, daß du nicht mehr zu Ponces gehst, noch nicht einmal ein Stückchen Kuchen würde ich im Haus dieses Ausbeuters essen. Mama war sehr überrascht, und dann erzählte ich ihr, wie sehr das, was ich gehört hatte, mein Denken verändert hatte, und was ich von nun an alles tun wollte. Nicht alle Reichen sind schlecht, sagte sie, und ich weiß nicht, was sie auf einmal hatte, jedenfalls fing sie an zu weinen und hörte gar nicht mehr auf. Ich wollte doch gar nicht schlecht über Doña Inés sprechen, tröstete ich sie, doch sie sagte nur, daß das, was ich gesagt hätte, gar nicht der Grund wäre, das fände sie gut, doch mehr wollte sie nicht sagen. Seit diesem Morgen vor kurzem ist sie seltsam, sie arbeitet viel, und es läuft gut, aber irgend etwas bedrückt sie. Was es mit dem Grammophon auf sich hat, hat sie mir nie erklärt. Wahrscheinlich hat Doña Inés es ihr gegeben, und sie will es ihr unbenutzt wieder zurückbringen, es läßt ihr keine Ruhe, daß sie ihr Geld schuldet, gestern abend hat sie Schein für Schein, Münze für Münze gezählt, die sie in der Keksdose aufbewahrt, so, wir haben schon zwei Monatsmieten zusammen. Ich glaube nicht, daß es in ihrem Leben etwas ändert, wenn du ihr das Geld für die Miete zurückgibst. Inés ist gut zu uns, aber sie muß doch wissen, wie viele Menschen im Elend leben, nur damit sie so gut leben. Ob Mercedes das durchblickt, weiß ich nicht, vielleicht erkläre ich es ihr irgendwann einmal. Arme Mercedes, in was für eine Familie ist sie hineingeboren, ich sag's ja immer: was habe ich für ein Glück.

Sie machte zum zweitenmal an der Ecke Cochabamba kehrt und hatte noch immer nicht den Mut, hineinzugehen. Carlota war schon einige Male zur Mietskaserne »Die vierzehn Provinzen« gegangen, aber stets morgens oder mittags, wenn kaum Leute dort sind. Ihr wurde ganz anders bei dem Gedanken, der Galicierin begegnen zu können, es würde schon schwierig genug sein, mit Ingrid zu reden, sie hatte sie seit ihrem Auszug nicht mehr gesehen. In der Straßenbahn hatte sie sich Worte zurechtzulegen versucht und wieder verworfen, aber alles war einfacher, als zu Klaus zu gehen. So schwer es ihr fiel, Carlota mußte es tun.

Noch nie hast du die Last einer Verpflichtung gespürt, du hattest nie ein Pflichtbewußtsein, eher von Spaßbewußtsein sollte man bei dir sprechen, Carlota. Du warst fest dazu entschlossen, erregt von deiner eigenen Rolle, naiv, du hast gedacht, du bräuchtest deine Freunde nur zu informieren, und sie könnten es verhindern. Du hast ihre Taten schon vor dir gesehen: der Club, von dem Vicente dir immer erzählte, in Flammen, die Tore der Gefängnisse, wo die Demonstranten eingesperrt waren, offen, der Regierungssitz eingenommen. Im Handumdrehen hätten sie sie besiegt, so deine lächerliche Vorstellung.

Sie versteckte sich hinter einem Baum und wartete, daß Ingrid vorbeikäme. Es erschien ihr unvorsichtig und gefährlich, sich den Blicken aller möglichen Leute auszusetzen, nicht daß am Tag drauf jemand ihren Besuch in der Mietskaserne mit den Ereignissen in Verbindung brächte. Sie würde auch nicht sofort aus der Wohnung in der Avenida de Mayo ausziehen, damit Vicente nicht Verdacht schöpfte, die Pläne könnten durch sie vereitelt worden sein.

Wie sie zusammenfuhr, als Rosa ihr die Arme um den Hals schlang: Carlota, du kommst mich besuchen! Hast du mich erschreckt, Dummerchen. Aber was für ein glücklicher Zufall, sie sprach plötzlich ganz leise, ich muß Ingrid etwas sehr Wichtiges überbringen, lauf und sieh nach, ob sie in ihrem Zimmer ist, sag ihr, ich warte auf dem Platz auf sie, aber gib acht, daß niemand dich hört, und wenn dich jemand fragt, kein Wort davon, daß du mich gesehen hast. Aber was ist denn passiert, flüsterte Rosa, das könne sie ihr jetzt nicht erzählen, sie solle jetzt tun, was sie gesagt habe, schnell. »Erzählst du es mir hinterher?«

»Ein andermal, Rosa. Wenn Ingrid nicht da ist, sag mir Bescheid, dann überlege ich mir etwas anderes.«

Fünf Minuten später erschienen Ingrid und Rosa auf der Plaza Dorrego.

»Carlota, wie schön.« Ingrid umarmte sie.

»Rosa, geh jetzt bitte, wir haben etwas unter Erwachsenen zu besprechen.«

Sie sah, wie sie ein paar Meter weiter stehenblieb und zu

ihnen herüberstarrte, dann brachen die Worte aus ihr hervor: Noch am selben Abend würden sie die Versammlungslokale der Arbeiter überfallen, die Redaktionen der Zeitungen, schnell, sie müsse alle warnen und den Gegenschlag organisieren.

Gegenschlag? wiederholte Ingrid und brach in schallendes Gelächter aus, das sofort erstarb, Angst in ihren Augen, wie hatte sie davon erfahren? Das würde sie ihr nicht sagen, und wenn sie Vicente umbrächten? Verdient hätte er es, aber ... Sie schüttelte den Kopf, ich kann nicht, aber handle, bitte, denn es stimmt, und morgen ist es zu spät. Am besten gingen sie zusammen zum Haus der Sozialisten, Ingrid wollte, daß Carlota mit den Genossen sprach. Nein, sie habe es nur ihr gesagt, niemand anderem, sie solle nicht von ihr verlangen ... Hast du Angst? Ein angedeutetes Nicken. Dann reden wir wenigstens mit Klaus, ihm wirst du es doch sagen? Ja, wenn Ingrid mitkäme.

Sobald Rosa sah, daß sie Anstalten machten loszugehen, ging sie auf sie zu.

»Nein, Rosa, du kannst nicht mitkommen«, sagte Ingrid.

Aníbal, Piruchos Papa, fand es eine gute Idee, daß ich ihnen half, es gab jetzt viel zu tun. Bei *La Vanguardia* sprachen wir mit einem fürchterlich ernsten, leicht reizbaren Deutschen mit ziemlich schlechter Aussprache. Am Ende haben wir ihn dann noch zum Lachen gebracht, als ich ihm berichtet habe, mit welchen Sprüchen ich am Hafen meine Zeitungen an den Mann gebracht habe, da kamen auf einmal diese beiden Mädchen herein, und Klaus, so heißt der Deutsche, erbleichte, als bekäme er es mit der Angst zu tun. Wir müssen reden, sagte die Blonde zu ihm, woraufhin die Schwarze, ich habe noch nie ein so schönes Mädchen gesehen, sie sehr verärgert ansah. Sie schlossen sich für eine Weile ins Büro ein. Wir wollten schon gehen, da kam Klaus mit totenbleichem Gesicht heraus und bat uns zu bleiben, und dann war der Deutsche urplötzlich wie unter Strom und beschoß uns mit Befehlen: Wir müßten schnell alles fortschaffen. Wir schufteten, was das Zeug hielt, alle irrsinnig nervös, Klaus sagte zu der bildschönen Schwarzhaarigen, Carlota heißt sie, sie solle gehen, doch sie sagte nein und machte sich daran, die Papiere in Kisten zu packen. Miguel ging das Auto von seinem Vater holen. Als er zurück war, verfrachteten wir hektisch die Kisten in den Kofferraum. Aber Klaus sagte, erst diese hier mit den Dokumenten, dann die drei mit dem Archiv, und anschließend zerrte er ein paar Kisten wieder heraus und wuchtete die Druckmaschine hinein. Ich hätte gern gewußt, was los war, aber keiner sagte mir etwas, erst viel später zu Hause im Treppenhaus, als die Schöne und ich allein waren. Dann diskutierten sie, wo sie das Zeug hinschaffen sollten: zu dem Deutschen nicht, auch nicht zu Martínez, und zu Miguel schon gar nicht, und auch nicht zu diesem und nicht zu jenem, und irgendwann wurden sie nervös, weil ihnen die Zeit weglief, da sah ich, daß es gar nicht so ein großer Haufen war, und verkündete einigermaßen laut, damit mir überhaupt jemand zuhörte, sie könnten alles zu mir bringen, ich wohne in Palermo. Sie sahen mich alle an, als wollten sie sagen, was hast du denn hier verloren, brachten aber keine Silbe heraus, bis plötzlich die schöne Schwarze loslachte, dann die Blonde, und schließlich alle. Ja, Juancito solle die Kisten mitnehmen, das Mädchen war wirklich vertrauensselig, sie hatte mich erst vor kurzem kennengelernt. Aníbal sagte, kein Problem, und strahlte mich an. Und Miguel, er fahre sofort zu mir und gleich wieder zurück, um den Rest zu holen. Der Deutsche war immer noch damit beschäftigt, Papiere in Kisten zu verstauen, und sagte, nein, das sei zu gefährlich, da schlug die Blonde – sie hat so einen komplizierten Namen – vor, die Kisten auf die andere Straßenseite der Defensa zu tragen, wo es fast keine Laternen gibt, dort solle Miguel sie abholen kommen. Klaus befahl Carlota: Jetzt geh aber, und mir kam es vor, als hätte sein Blick etwas Schmerzliches, aber vielleicht war es auch nur dieses verbrauchte Lächeln, diese Traurigkeit in seinen Augen, die mich mitnahm. Dann stieg sie in das Auto und fuhr mit zu mir, er solle gleich wieder losfahren, sagte sie zu Miguel, sie werde mir helfen, die Kisten hochzutragen und zu verstecken. Miguel schaffte die Druckmaschine, das schwerste Trumm, in den Hausflur und ging: Danke, Juan, wir sehen uns morgen. Und dann fragte ich Carlota, leise, damit die Nachbarn es nicht hörten: was ist los, was soll das alles, da sagte sie mir, wir würden wichtige Unterlagen in Sicherheit bringen, damit sie sie nicht verbrannten, aber ich müsse das für mich behalten. Sie war hochzufrieden, sie muß Sozialistin sein, auch wenn sie später gesagt hat, daß das nicht stimmt, daß sie nichts ist. Nichts? Na ja, Milonguera.

Bevor ich den Schlüssel ins Schloß steckte, machte Mama uns schon die Tür auf. Sie hatte uns kommen sehen, und natürlich mußte ihr das alles sehr seltsam vorkommen, aber ich fand es noch viel seltsamer, daß sie gar nicht wissen wollte, wozu ich diese Kisten, eine Druckmaschine und diesen ganzen Plunder anschleppte, sondern mich fragte, wer dieser Herr war, der mich nach Hause gebracht hat. Miguel. Miguel Rinaldi? Du kennst ihn? Ja, ich habe ihn seit Jahren nicht mehr gesehen, aber ich erinnere mich an ihn, er war der Drehorgelspieler. Ich sagte Mama nur, ich hätte ein paar Kisten mitgebracht, die ich für Miguel aufbewahren soll, die Schwarzhaarige sollte doch sehen, daß ich ein Geheimnis für mich behalten konnte, aber nachdem ich sie zur Straßenbahn gebracht hatte, habe ich Mama die Wahrheit erzählt. Sie ist etwas erschrocken, hat aber nichts gesagt.

Ich bin so müde, daß ich vor dem Schlafengehen noch nicht mal Klavier spielen kann. Bach ist am besten, um mit geschlossenen Augen Klavier zu spielen, danach kann ich alles spielen. Morgen muß ich wieder einen Tango notieren.

Sie erfuhr es erst, als Rosa sie am Nachmittag zu Hause besuchte. Gestern nacht haben sie *La Protesta* und *La Batalla* und verschiedene Versammlungsorte der Sozialisten und Gewerkschafter und alles mögliche mehr in Brand gesteckt! Rosa weinte, du wirst es nicht glauben, Carlota: Sie haben Franks Zirkus zerstört! Das Herz hat sich dir zusammengekrampft. Lügner, Arschloch, er hatte ihr doch versichert, daß sie ihn nicht anrühren würden. Und jetzt ziehen sie mit Waffen durch die Straßen, von weißem Terror ist die Rede, Rosa, atemlos, ich muß jetzt gehen, meine Eltern sollen sich nicht zu sehr Sorgen machen, ich bin nur gekommen, um dir das zu sagen, sobald ich mehr herausfinde, schleudere ich einen Molotowcocktail in ihre Häuser, und ich will, daß du mitkommst.

Sie war erleichtert, daß sie, ohne eine Erklärung zu erwarten, wieder gegangen war, denn sie hatte Rosa gegenüber ein schlechtes Gewissen. Das sollte Vicente ihr bezahlen. Von wegen hierbleiben, um nicht aufzufallen: noch diese Nacht wollte sie gehen, wohin auch immer. Nein, zuvor wollte sie ihm entlocken, wer sie waren, wie sie sich organisierten, sie wollte soviel herausbekommen wie möglich, ihre Freunde wüßten schon, was sie mit den Informationen anzufangen hatten. Der Gedanke, daß die Dokumente bei Juan zu Hause in Sicherheit waren, gab ihr Kraft.

»Wer bist du denn, daß du ihr vorschreiben willst, wo und wie sie zu leben hat, laß sie in Frieden, Carlota muß ihren Weg allein machen. Ich finde es auch ungerecht, daß du sie so in die Zange nimmst, wenn sie uns nichts gesagt hätte, wäre es erst richtig schlimm gewesen.«

Aber Ingrid ging es nicht nur darum, Carlota zu verteidigen, sie wollte Klaus diese Besessenheit austreiben, die erneut von ihm Besitz zu ergreifen schien, als würde nichts von dem, was sie in diesen letzten Wochen gemeinsam erlebt hatten, mehr etwas zählen.

»Gehen wir.« Ihre Stimme wurde weich, sie strich Klaus über den Kopf. »Wir haben noch einige wichtige Dinge zu entscheiden.«

Wie immer hatte Ingrid recht, und er küßte sie rasch auf die Wange.

An diesem Abend nach der Parteiversammlung, die sie nun

woanders abhalten mußten, bat Klaus sie, nicht in »Die vierzehn Provinzen« zurückzukehren, bei ihm in der Wohnung sei genug Platz. Ingrid begriff, daß das seine Art war, sie zu bitten, seine Gefährtin zu werden, und schmiegte sich an seinen Arm.

Als Inés hereinkam und sich ins Wohnzimmer setzte, ging Asunción noch einmal nachsehen, ob die Tür zu dem Zimmer, in dem sie die Kisten untergebracht hatten, auch gut verschlossen war.

»Ich habe das Geld. Ich will, daß du es Hernán gibst, bitte.«

Inés war in Tränen aufgelöst: Sie halte es nicht mehr aus, seit Jahren streite sie nicht mehr mit ihrem Mann, aber nach dem, was er Mercedes angetan habe, habe sie ihre Haltung geändert, versucht, auf ihn einzureden, mit den passenden Worten, sich bemüht, ihm zu gefallen und sich mit den Gästen auf dem Landgut freundlich zu unterhalten, sie hatte sich sogar gekümmert, daß alles gut lief, schließlich wußte sie, wie wichtig es für ihn war, und hatte gehofft, das könnte Vicente besänftigen. Sie hatte ihn gebeten, ihn angefleht, und ihm schließlich alles, alles gesagt, was sie in den letzten Jahren verschwiegen hatte, sie hatte ihn sogar ... angeschrien, ihm mit Dingen gedroht, die sie niemals tun würde, aber er war außer sich gewesen, nie und nimmer, niemals kommt mir mehr ein Klavier ins Haus. Die Geschichte mit dem Klavier sei eigentlich nebensächlich, viel wichtiger sei es, wie Inés vor ihrer eigenen Tochter, vor sich selbst dastehe. Sie habe schon daran gedacht, Hernán zu fragen, ob er Mercedes nicht mit nach Paris nehmen wolle. Sie könne nicht mitansehen, wie sie leide, heute ist es das Klavier und morgen ...

»Hernán geht nach Paris?« Du hast dir nichts gedacht, weder bei dem, was Inés gesagt hat, noch bei deiner Nachfrage, die dir so herausgerutscht ist, und dann hast du, noch bevor sie etwas antworten konnte, beinahe geschrien: »Ich will mit ihm reden, sag ihm, er soll bei mir vorbeikommen.«

Als wäre sie plötzlich aus einem bösen Traum erwacht, blickte Inés sie mit wäßrigen Augen an, sie brauchte eine Weile, bis sie etwas sagte.

»Wegen der Miete? Keine Sorge, ich gebe ihm das Geld schon. In Ordnung, Asunción?«

»Ja, natürlich, ich war nur überrascht, ich wußte nicht, daß Hernán weggeht. Ich dachte ...«

»Begreifst du, in was für eine verzweifelte Situation mich Vicente bringt, daß ich mir wünsche, meine Tochter wäre Tausende von Kilometer weit weg, nur um sie vor der Grausamkeit ihres Vaters zu bewahren?«

»Schick sie nicht nach Paris. Du würdest nur leiden, und sie geriete unter die Fuchtel von Hernáns Frau.«

Sie erinnerte sich nicht, sie jemals in einem solchen Zustand gesehen zu haben. Sie weinte, untröstlich. Asunción umarmte sie: Und wenn du mit Mercedes verschwindest? Mit seinem Sohn Francisco versteht Vicente sich gut. Inés schüttelte den Kopf: Nein, das könne sie nicht, dafür sei es zu spät, hätte sie es nur damals getan.

Asunción beschloß, ihr nicht zu sagen, daß sie Miguel gesehen hatte, um ihren Schmerz nicht noch zu vergrößern.

»Kannst du Hernán fragen«, sagte sie zu ihr, als sie sich verabschiedeten, »ob er vor seiner Abreise nicht noch kurz bei mir vorbeikommen kann?«

»Asunción, denk doch nicht dauernd an die Miete.«

Das ist es nicht, hast du schließlich allen deinen Mut zusammengenommen, ich würde ihn gern noch einmal sehen, wer weiß, wie viele Jahre ... Dann hast du den Satz abgebrochen, sie würde sonst deinen Kloß im Hals bemerken. Sie hat dich zärtlich angesehen, da wußtest du, daß sie immer deine Verbündete sein würde: Ich sag's ihm.

»Von wegen, du hast soviel zu tun, das glaube ich dir nicht, Hernán, geh zu ihr.« In diesem Blick war alles gesagt.

Dann hast du irgendwie das Auto geparkt und bist strammen

Schrittes zu dem Haus in der Calle Humboldt gegangen. Du bist die Treppen hochgerannt, warst außer Atem, als du im zweiten Stock geklingelt hast.

Mama wurde nervös, als es an der Tür klingelte, erst wollte sie gar nicht aufmachen. Sie wies uns an, die Kisten zurück ins Zimmer zu schaffen, und schloß es ab. Wieder klingelte es. Miguel setzte sich ins Wohnzimmer, als wäre er ein Gast, und ich ging aufmachen.

»Du mußt Juancito sein«, begrüßte er mich schließlich. »Ich bin Hernán, ein Freund deiner Mama. Ist Asunción da?«

»Nein, sie kommt aber gleich zurück.«

Dann kam er herein, noch so einer, der keine Hemmungen hat: Ich warte auf sie, sagte er, während er ins Wohnzimmer durchging.

Ich wollte sie gerade einander vorstellen, als ich bemerkte, daß sie sich kannten. Miguel sah ihn feindselig an. Hernán dagegen ging mit breitem Lächeln und ausgestreckter Hand auf ihn zu: Erinnern Sie sich an mich, Rinaldi?

»Asunción kommt erst spät. Es lohnt sich nicht, daß Sie auf sie warten. Ich sage ihr, daß Sie da waren«, wies Miguel ihn ab.

Da zog Hernán ein übellauniges Gesicht, und kurz darauf sah er ihn stechend an: Wann kommt sie zurück? Etwas Herausforderndes lag in seinem Lächeln.

»In zwei Stunden«, antwortete ich, damit er ging.

Ich wollte natürlich nicht wie ein Lügner dastehen, wir verabschiedeten uns im Flur, er irrsinnig nett, ich bin gespannt, wann ich dich mal einen Tango spielen höre, als auf einmal die Spielverderberin von Mama aus dem Zimmer kam. Hatte sie mich nicht gebeten zu sagen, daß sie nicht da ist? Umbringen hätte ich sie können. Die beiden lächelten sich an, als wüßten sie nicht, was sie anderes als ihre Namen noch sagen sollten, dann machte Mama den Anfang: Das ist Juan. Und er: hübsch wie seine Mutter.

Obwohl sie über mich sprachen, fühlte ich mich überflüssig

und ging zu Miguel zurück, während sie auf dem Treppenabsatz turtelten. Aus einer Laune fragte ich Miguel, woher sie sich kannten, und er, mit sehr trauriger Stimme: Das ist eine lange Geschichte, Juancito, und dann starrte er aus dem Fenster, wie wenn ich nicht dagewesen wäre.

Besser am Samstag, sagte Asunción, da gehe Juan mit seinen Freunden aus und sie könnten in Ruhe reden. Sie wolle ihn einfach bitten, daß er ihr verzeihe, nicht, daß er dieses Bild von ihr nach Paris mitnähme, so sei das alles nicht, ich erklär's dir, gedämpft, aber jetzt ist nicht der richtige Moment. Wegen ihm? fragte Hernán und zeigte aufs Wohnzimmer. Kaum hatte Asunción die Tür zugemacht, wurde sie sich des Mißverständnisses bewußt, womöglich dachte Hernán, Miguel und sie ... Und zur restlosen Verwirrung hatte sie ihn auch noch gebeten, Inés nicht zu erzählen, daß ihm Miguel bei ihr begegnet war. Egal, am Samstag würde sie es ihm erklären.

Die Tage bis zum Samstag hast du in einem fort gesungen, über alles gelacht, mit Genuß meine Musik auf dem Grammophon gehört, dich in Phantasien verloren, die du von dir geschoben hast, als dürfest du dir nicht zugeben, daß du von diesem Besuch mehr erwartetest als Worte. Und wirklich, kaum war eine Entschuldigung über deine Lippen gepurzelt, habt ihr euch geküßt.

Hernán streichelte sanft Asuncións Wange, als ein Geräusch an der Tür euch aufschreckte. Juan, bist du's?

Es stimmt, daß ihr kaum gesprochen habt, aber Hernán hat nichts vor dir verborgen, Asunción. Er wußte es nicht, an dem Nachmittag nicht, als er Miguel antraf, und auch am Samstag darauf noch nicht, als Juan früher kam und ihr beide bei eurer Verabschiedung im Hauseingang gespürt habt, daß ihr euer heftiges Verlangen nicht mehr würdet zurückhalten können: am Mittwoch abend, um sieben, ausgemacht. Leonor sagte es ihm am Dienstag, am selben Tag, als du es von Inés erfahren hast, aber du hast ihn überhaupt nicht zu Wort kommen lassen.

Die Tür aufmachen und ihm dort, im Treppenhaus, alle diese Worte hinspucken: Wie habe er nur so weit gehen können, wenn seine Frau doch ein Kind erwarte. Ein Widerling bist du, Hernán, mir und vor allem deiner Frau gegenüber.

Hernán versuchte, etwas zu sagen, aber Asunción, mit der Hand an der Klinke, ließ ihn nicht: Ich will, daß du gehst.

Ich habe mich immer gefragt, Asunción, was hat es dir ausgemacht, daß diese Ziege schwanger war? Hättet ihr weniger Lust empfunden? Im Namen welcher Moral, welchen leeren Gebots mußtet ihr dieser unausweichlichen Umarmung entsagen? Für das Kind, das er bekam! Nichts war dieses Opfer wert. Jetzt kannst du sehen, wie sehr seine Enkelin Ana ihn haßt, sieh dir an, was er seinem Sohn angetan hat, als sie ihn inhaftierten, und sag mir, ob es nicht vollkommen blödsinnig war, diese Nacht, von der wir drei so geträumt haben – auch ich habe diese Umarmung herbeigesehnt – vorbeiziehen zu lassen, nur weil Leonor mit César schwanger war.

Dritter Teil
Übergang

Fünfzehntes Kapitel

Von: Luis Rucoli
An: Ana Lasalle
Betreff: Gute Nachrichten

Liebe Ana! Philippe hat mein Exposé gelesen und fest zugesagt, bei der Produktion dabeizusein. Die Realisierung unseres Films ist ein gutes Stück näher gerückt, und während Du das hier liest, hat ein Produzent schon mit dem Durchrechnen begonnen.

Ich sehe ihn die ganze Zeit vor mir, mache mir Notizen, spreche mit meiner Mutter und arbeite mich in der Truhe meiner Großmutter Rosa vor.

Ich bin ganz hingerissen von einigen Briefen, die ich gefunden habe. Wirklich kurios, in ihnen ist fast nur vom Tanzen die Rede, genauer, wie man in Paris im Jahr 1913 Tango getanzt hat. Ich muß unbedingt mehr über die Briefeschreiberin herausfinden, allerdings war sie älter als meine Großmutter und ist sicher schon lange tot. Sie hieß Carlota Sosa. Sie war professionelle Tänzerin, eine Milonguera aus Buenos Aires, die Anfang des Jahrhunderts in Paris Tango unterrichtet hat. Faszinierend. Aus den Briefen geht hervor, daß sie sich aus der Mietskaserne kannten, in der meine Großmutter Rosa aufwuchs.

»Wie gut, daß du meine Briefe aufgehoben hast, Rosa. Jetzt habe ich tatsächlich Chancen. Luis ist von mir fasziniert. Wirklich schade, daß ich ihm nicht begegnet bin.«

»Er stößt schon noch zu uns, Carlota, dann könnt ihr bis in alle Ewigkeit Tango tanzen.«

Du wirst nicht glauben, was ich für Dich habe. Nein, ich sag's Dir lieber nicht, ich hebe es mir als Überraschung für die nächste Mail auf.

Gruß und Kuß, Dein Freund und Partner
Luis

Von: Ana Lasalle
An: Luis Rucoli
Betreff: Re: Gute Nachrichten

Um Dir ebenfalls der Reihe nach zu berichten, ich habe bereits das Forschungsstipendium, so daß ich auf das Geld der Herren Filmproduzenten mit ihren endlosen Bedenken nicht angewiesen bin.

Les devoirs, lieber Freund. Ich arbeite mich in die Anfänge des Tangos in Frankreich ein: Marseille, Paris zu Beginn des Jahrhunderts. Ich weiß nicht, ob Du für das Material Verwendung hast, Juan Montes kam erst viel später, aber vielleicht kannst Du es für irgendeine Figur gebrauchen, die in der Zeit in Paris war. Hernán? Ich habe ein paar Dinge über die Feste im Bagatelle Polo Club und die Soireen bei Madame de Reské gelesen, und vielleicht – wie biestig ich sein kann – hast Du mit Deiner These recht. Es gab tatsächlich ein paar wagemutige Argentinier, die den Tango in diesen Salons einführten, die so anders und so weit weg waren von der Welt, in der er geboren wurde.

Ich habe Glück, in der Universität, in der ich arbeite, habe ich eine auf Tango spezialisierte Musikologin aufgetrieben, Béatrice Humbert, und Unmengen an Dokumenten. Ich war überrascht, wie sich der Tango in nur wenigen Jahren verbreitet hat, von den Salons der Adeligen und Künstler zu den Tangotees, den Dancings und den Musette-Bällen. Dabei muß man bedenken, was für ein Klima in jenen Jahren herrschte, die Spannungen bestanden bereits vor dem Ersten Weltkrieg: Streik der Staatsbediensteten, Trennung von Kirche und Staat. Der damaligen französischen Gesellschaft paßte der Tango wie angegossen: Alles war in Aufruhr, im Umbruch. Diese dumpfe, überall unterschwellig zu spürende Unruhe, dieser Befreiungsdrang, der in diesen angespannten Körpern nahezu explodierte, nichts anderes war der Tango. Eine demokratische, alle erfassende Euphorie machte die sozialen Unterschiede vergessen. Also, ich könnte Dir stundenlang von meinen Forschungen und

Überlegungen erzählen, aber das würde zu Deinem Film wenig beitragen. Du weißt nicht, wie es mich amüsiert hat zu lesen, daß man vor dem Papst Tango getanzt hat, damit er entscheiden kann, ob er Sünde ist oder nicht. Ich schreibe einfach drauflos, aber keine Sorge, ich schicke Dir alles wohlsortiert und ohne diese ganzen Abschweifungen.

Wenn es ans Drehen geht, kann ich Dir einiges über die Choreographie von damals beschaffen, es gibt viel Material. Erzählen davon auch die Briefe dieser Carlota?

»Warum sagt sie ›diese Carlota‹ zu mir? Was glaubt sie denn? Weil sie ein paar Schritte kann, die wir nicht getanzt haben, und in der Universitätsbibliothek über Tango liest, sieht sie gleich auf mich herab. Für Ana ist alles reine Theorie. Es ist mir ein Rätsel, warum Luis sie bei seinem Film dabeihaben will.«

»Du bist eifersüchtig, Carlota, warum? Niemand tanzt wie du. Wenn Luis dich gekannt hätte ... wäre er nicht so verrückt nach diesen Beinen. Komm, tanzen wir.«

Das Klingeln des Telefons unterbricht sie. Paul ist früher von seiner Reise zurückgekommen und will sie sehen. Ana ist über ihren eigenen Unmut überrascht, warum ist sie auch rangegangen, normalerweise stellt sie den Anrufbeantworter an, wenn sie arbeitet. Luis zu schreiben ist Teil ihrer Arbeit. Sie verstehen sich gut, haben Spaß daran, die Handlung für ihren Film zu entwickeln, Luis redet immer von ihrem Film, doch Ana weiß, daß es sein Film ist, sie recherchiert nur. Nicht nur: Mercedes und Juan im Musikzimmer, und kürzlich hatte sie wieder so ein Bild vor Augen, diesen bei Madame de Reské tanzenden Mann.

Ein romantisches Bild, ein Spleen, der sich ihr plötzlich in den Kopf setzte, fadendünner Schnauzbart und glänzende, nach hinten gekämmte Haare. Keine Gesichtszüge – kurz drängten sich ihr die ihres Vaters auf, aber sie schob sie sogleich von sich –, dafür ein schlanker Körper und eine einzigartige Eleganz in den großen Drehungen und überkreuzten Schritten. Seine Tanzpartnerin, die sie auf der Fotografie sah, verwandelte sich

Schritt für Schritt in sie selbst, die hochgesteckten Haare, die Tango-Seide ihres Kleids, changierend zwischen Gelb, Rosa und Orange zur perfekten Farbe »Tango«, und diese altmodischen Figuren, *tijeras*, *tirabuzón*, die Ana nie getanzt hat, gelangen ihr so mühelos chez Madame de Reské.

Sollte sie das nicht Luis erzählen? Vielleicht kann er etwas damit anfangen. Ana hat in allen Einzelheiten den großen Salon, die Wandteppiche vor Augen, sie spürt die lüsternen Blicke der Gäste auf ihren Beinen und ihrer Taille haften, allerdings wird sich Ana dessen erst bewußt, als sie und – wer ist nur dieser Mann? – an den Tisch zurückkehren. Künstler und Snobs, arrogante Adlige und faule Lebemänner, Weltenbummler und Damen der Bourgeoisie. Zu gern würde sie dem Karikaturisten Sem, der aus einer Ecke heraus das Treiben beobachtet, sagen, mit welchem Vergnügen sie in der Bibliothek seine Glossen lese, aber wenn die Gegenwart dazwischenfunkt, so fürchtet sie, würde sich das so klar vor ihr stehende Bild auflösen.

Nein, sie erzählt es Luis lieber nicht, er würde sie noch für verrückt halten. Was für eine Überraschung er wohl für sie hat? Sie kann es kaum erwarten.

»Paul, wir essen zusammen zu Abend, aber danach gehe ich nach Hause, ich muß noch arbeiten.«

Warum betont sie das so? Hat nicht er auch immer soviel zu tun?

»Allô ...«

»Ana, ich bin's, Luis. Nur kurz, ich habe gerade mit Philippe gesprochen, ich komme in ein paar Monaten, um den Vertrag zu unterschreiben. Der Film ist ausgemachte Sache.«

»Das war er auch schon vorher, mit oder ohne Geld, Juan Montes hat einen Film verdient. Ich habe von Tag zu Tag mehr Material über ihn. Er hat wirklich mit nur elf Jahren Tangos der alten Garde notiert.«

»Mein Opa gefällt dir.«

»Ich bin hin und weg.«

»Dann sind wir quitt, gestern habe ich eine Verwandte von dir besucht, und sie hat mir erzählt . . .«

»Welche Verwandte?«

»Die Tochter von Mercedes Ponce. Eine unglaublich nette Frau. Sie hat mir viele Geschichten über deinen Urgroßvater erzählt, dieser Hernán gefällt mir immer besser.«

»War der nicht ein Schwein wie sein Sohn?«

»Über César Lasalle hat mir Mercedes' Tochter auch ein bißchen erzählt, sie hatte mit ihm kaum was zu tun. Hernán sehe ich nicht als Schwein, vielleicht war er unverantwortlich, ein Opfer seiner Schicht . . ., wenn auch ein bereitwilliges. Aber weißt du, Ana, irgendwie fällt es mir immer schwerer, bei meinem Entwurf dieser Figur zwischen dem, was ich herausfinde, und dem, was ich dazuerfinde, zu trennen, es geht alles durcheinander, ich weiß nicht, ob mein Blick überhaupt noch objektiv sein kann. Geht's dir mit meinem Großvater auch so?«

»Nein, ich erfinde Juan nicht, ich informiere mich über ihn, ich sammle Angaben, höre seine Musik, bewundere sie, wenn ich dazu tanze. Aber erzähl doch, was diese Frau dir über meinen Großvater César gesagt hat. Er war ein großes Arschloch, Luis, soll dein Film bis zu meinem Großvater gehen? Das will ich eigentlich nicht. Er hat mit dem Tango auch gar nichts zu tun. Hernán schon noch, aber César . . .«

»Wirst du mir irgendwann erzählen, warum du ihn so haßt?«

»In deiner letzten Mail hast du mir eine Überraschung versprochen, weißt du noch?«

»Du scheinst es ja kaum erwarten zu können . . . nicht gerade dezent, dein Themenwechsel.«

»Ich stelle mal wieder fest, daß du die Fähigkeit deiner Großmutter geerbt hast, es spannend zu machen.«

»Ich muß jetzt aufhören, Ana, ich habe tausend Dinge zu tun, ich habe dich nur angerufen, weil ich meine Freude darüber, daß es mit dem Film ernst wird, mit dir teilen wollte, entgegen deiner Theorie ist es nämlich schwierig, ohne Geld einen Film zu drehen.«

»Weiß ich, das habe ich doch nicht ernst gemeint, ich freue mich ungeheuer.«

»Nachher schreibe ich dir. Einen dicken Kuß, ma belle.«

Gleich nachdem sie Luis' Mail mit dem Foto von Hernán La-salle bekommen hat, druckt Ana das Bild aus und läßt es, bevor sie die Wohnung verläßt, in einer der Schreibtischschubladen verschwinden. Ein unnötiger Handgriff, sie wohnt allein. Das Gefühl, in verbotenes Gebiet vorzudringen, läßt sie auch jetzt, da sie wieder zu Hause ist, nicht los, zweimal dieses Bild, ein-mal ausgedruckt auf dem Tisch, ein zweites Mal auf dem Bild-schirm ihres Computers, begierig springt Anas Blick zwischen ihnen hin und her. Genau das Lächeln ihres Vaters, wie aus dem Gesicht geschnitten, und diese Augen, die sie fragend anzu-schauen scheinen. Sie ertappt sich dabei, wie sie zu ihm sagt: Ich bin deine Urenkelin, Ana Lasalle, auch ich tanze Tango und wohne in Paris.

Mit ihm hat sie bei Madame de Reské getanzt, jetzt ist es ihr sonnenklar.

Mit dieser Idee im Kopf durchsucht Ana ihre Platten nach einer der alten Garde.

Mit geschlossenen Augen, barfuß, die Arme nach ihrem Traum ausgestreckt, wartet Ana den Moment ab, in dem der Tango einsetzt. Ein Vorspiel, das sie nicht kennt, eine Kadenz, in die sie sich genußvoll gleiten läßt, mit Leib und Seele bei *El porteñito*.

»*Und bei mir, meine Liebe*«, sagt Hernán ergriffen, obwohl Ana ihn nicht hören kann. »*Ich bin's, der dich vom Tango-Him-mel aus führt.*«

»*Wie hübsch sie ist, Hernán*«, sagt Rosa. »*Hoffentlich verliebt sie sich in meinen Enkel Luisito, und die beiden kommen zu uns, wenn sie dieses Leben beschließen.*«

Er hat gedacht, es würde Ana berühren, aber nein, sie hat sich einfach für das Foto bedankt, und warum er sie gefragt habe, ob es ihr gefalle, und schon war sie beim nächsten Thema. Seltsam ist sie schon. Aber er mag sie sehr. Seit Jahren hat Luis nicht mehr solche Gefühle gehabt. Klar, es ist auch der Film, der Film vor allem ... Und der Spaß, den er mit Fede hat, wenn er ihm Geschichten erzählt und ihm Tango tanzen beibringt, dabei hört sein Sohn sonst nur Rock oder Reggae, sie lachen zusammen wie früher, als Fede ganz klein war, damals hat er noch an etwas geglaubt und ihm immer Geschichten erzählt. Jetzt wieder, er glaubt an sich, und das gibt seinem Sohn Zutrauen.

Bücher, Zeitungen und Zeitschriften von damals, Dissertationen, Chroniken. Wochenlang verkriecht sich Ana in Bibliotheken und forscht über die Jahre vor dem Ersten Weltkrieg. Der Tango eroberte Paris, und von dort sprang er, stolz und verführerisch, auf ganz Europa über. Das Tangofieber erfaßte alle sozialen Schichten vom Varietésternchen Mistinguett bis zum Präsidenten Frankreichs, Raymond Poincaré, und seiner Frau. Kirche, Politiker, Adlige, Bürger, Intellektuelle, Künstler, alle beteiligten sich an dem heiß geführten Meinungsstreit, niemand, der nicht Position bezogen hätte zum Tango.
    Dabei hat Luis sich noch überhaupt nicht geäußert, ob der Film diese Jahre in Europa streifen soll. Wenn nicht, bräuchte sie nicht so ausführlich zu forschen. Mach einfach weiter, alles gibt Kolorit, war seine vage Aussage, und Ana wollte auch nicht weiter fragen. Nicht zum erstenmal kommt sie beim Recherchieren irgendeiner Sache vom Hölzchen aufs Stöckchen, allzugern – gesteht sie sich ein – geht sie irgendeinem abseitigen Pfad nach, nicht wissend, wohin er sie führt. Da ist noch etwas, das sie Luis niemals erzählen würde, geschweige denn Remi oder gar Paul, überhaupt niemandem: dieses Gefühl nämlich, das sie immer stärker an ihren Urgroßvater Hernán bindet, sie hat das Foto von ihm auf A4 vergrößert und fühlt sich ihm so nah, wenn sie vor ihm sitzt und ihm vorliest, was sie mitgebracht hat, oder wenn sie vor ihm steht und in diese Augen blickt, die aus Papier und doch so intensiv sind. Hin und wieder lachen sie

sogar zusammen, wie jetzt, da Ana die gezierten Schritte, grazilen Armbewegungen, die Drehungen Béatrice Mondain de Genevrais' parodiert, eine dezente Grazie, so leichtfüßig, als würde sie nichts berühren, »gleich einer Spargelzange der Inbegriff an Eleganz«, wie Sem schreibt, die aus »diesem Hüftgewackel der Wilden« einen eleganten Flirt anmutiger Damenbeine gemacht hat. Ach, die Französinnen ... diese Feen, so seine Worte, die mit ihrem feinen Sinn für das rechte Maß den Tango zu veredeln verstanden und ihm erst Wohlgestalt verliehen haben.

»Wie anders muß dir dieser Tango vorgekommen sein, nachdem die französische Gesellschaft ihn geprüft und zensiert hat!« sagt sie laut zu dem Foto. »Tangoregeln festlegen! Improvisationen aufschreiben!«

»*Genau das habe ich immer gesagt*«, beschwert sich Carlota, »*aber wenn Ana über mich nichts in Erfahrung bringt ...*«

»*Das kommt schon noch, Carlota, nur Geduld, Luis weiß, daß du in jenen Jahren in Paris warst.*«

Ana ist sich sicher, daß Hernán weiter so tanzte wie in Buenos Aires, nur mit wem?

»Ich hoffe doch, du hast dich nicht mit diesen snobistischen Milieus begnügt. Die Dancings, in denen der Tango so beliebt wurde, müssen phantastisch gewesen sein.«

Von: Luis Rucoli
An: Ana Lasalle
Betreff: Vorschlag

Ana, mir ist eine geniale Idee gekommen: Willst Du nicht die Choreographie machen? Ich werde wahrscheinlich alles in Buenos Aires drehen – natürlich an den Originalschauplätzen, auch wenn es hier sehr teuer ist –, die Pariser Szenen sind alle Innenaufnahmen, Du könntest doch für ein Weilchen kommen, oder? Vielleicht können wir auch einen Teil in Paris drehen. Du brauchst nicht zu antworten, denk drüber nach, und wir reden, wenn ich da bin. Die Arbeit ist wie gemacht für Dich, Du wirst von Buenos Aires begeistert sein, ich freu mich schon, es Dir zu zeigen.

Dicker Kuß, Luis

Von: Ana
An: Luis
Betreff: Immer noch mehr...

Ich bin Soziologin, nicht Choreographin. Und besessen. Zum Beweis:

Der erste Tango, den die Franzosen gehört haben, ist nach allgemeiner Ansicht *La Morocha* von Ángel Villoldo und Enrique Saborido, die Matrosen der Fregatte *Sarmiento* haben die Noten auf der Überfahrt 1906 in diversen Häfen verteilt. 1907 kommen Villoldo, Gobbi und seine Frau, die Sängerin Flora Rodríquez, nach Paris, um für die Plattenfirma *Gath y Chaves* Aufnahmen zu machen. Es gibt unterschiedliche Versionen, wer, wo und wann ihn zum erstenmal getanzt haben soll. Ich glaube, es war der argentinische Schriftsteller Ricardo Güiraldes (oder Hernán?) im Jahr 1909 in einem vornehmen Salon. Fest steht, daß der Tango 1912 Paris ganz und gar erobert hat, man tanzt ihn genausoviel oder mehr als Walzer. Stell Dir nur mal vor, wie überrascht die Argentinier gewesen sein müssen, die den Tango doch so verurteilt haben, als in den französischen Gesellschaftsseiten zum Thema Argentinien nicht von Fleisch und Getreide die Rede ist wie bei dem Kolumnisten von *Le Figaro*, sondern von diesem »Bordellreptil«. Du mußt bedenken, daß Paris zu Anfang des Jahrhunderts das kulturelle Zentrum der westlichen Welt war, was dort angesagt war, strahlte auf ganz Europa und von dort auch auf die Vereinigten Staaten aus. Mit der Mode kommen die Tanzlehrer, so mancher hängt den Straßenkehrerbesen oder die Chauffeursmütze an den Nagel, um als Meister des argentinischen Tangos sein Glück zu versuchen. Und dann die ganzen Neuankömmlinge aus Buenos Aires, gute und bekannte wie der Baske Aín, ein echter Mythos. Um den Tango massentauglich zu machen, mußte man sein sinnliches Temperament bändigen, er konnte nicht direkt importiert werden, sondern wurde einer peinlichen Zollkontrolle unterzogen, bei der er von allem Unanständigen gereinigt und tiefgreifend verändert wurde. Dieser Tango hatte nichts mehr von dem Tanz der Pomadenjünglinge und Bordellmädchen. Und hier beginnt das Kuriose, ein von Tag zu Tag lauter werdender Streit über die Moral des Tangos, der täglich mehr Anhänger findet, der über die Grenzen hinausreicht und unerhörte Auswüchse annimmt. Die schärfsten Kritiker sind neben Kirche und Militär einige prominente Argentinier in Paris. Der Schriftsteller Leopoldo Lugones sagt, »wenn die Damen Tango tanzen, wissen sie oder müssen sie wissen, daß sie Prostituierten gleichen«, während Jean Richepin, Dichter und Mitglied der Académie Française, die Meinung vertritt, es gebe keine lasterhaften Tänze per se, die Unzüchtigkeit liege allein in der Absicht der Tänzer. Ermuntert vom Verbot durch den Erzbischof von Paris und den Vikar in Rom, nimmt die Kirche ihren erbitterten Kampf gegen den Tango auf, an dem sich sogar der Papst höchstpersönlich beteiligt. 1914 verbietet der deutsche Kaiser Wilhelm II. seinen Offizieren per Dekret, Tango zu tanzen und mit solchen Familien, die diesen Tanz pflegen, Verbindungen einzugehen, und in der Folge werden weitere Verbote ausgesprochen: vom König von England, der die englische Aristokratie unter Beobachtung nimmt, vom Bürgermeister von Wien, von der österreichisch-ungarischen Heeresleitung, vom italienischen Kriegsminister …

Sag mir, was Dich interessiert, dazu schreibe ich Dir dann einen ausführlicheren Text.

Gut, Luis, soviel für heute, ich könnte bis in die frühen Morgenstunden weitermachen, so sehr fasziniert mich das Thema. Einen dicken Kuß, Ana

PS: Jetzt hast Du mich doch noch überzeugt, ich bin jetzt im Messenger, mein Nickname ist Analas. Such mich, und wenn wir gleichzeitig online sind, chatten wir.

Von: Luis Rucoli

An: Ana Lasalle

Betreff: Tangó-tangó

Ana, ich bin beeindruckt von Deinem Abriß über die Geschichte des Tangos in Frankreich. Wie er nach Paris und von dort nach Europa gelangt, ist total interessant, trotzdem glaube ich, daß dafür kein Platz mehr ist in dem Film. Für die Zeit kurz vor und während des Ersten Weltkriegs schon eher. Wenn wir das ganze Material verwenden, wird es ein Vierstundenfilm, den sich niemand ansieht. Daß Du vom Hundertsten ins Tausendste kommst, ist überhaupt nicht schlimm, alles ist nützlich, und sei es für das Drumherum, die Kostüme, die Kulissen, die Choreographie. Wirklich ganz schön verrückt, diese Europäer, das war auch mein Gedanke ... Der Krieg war nicht mehr aufzuhalten, eine Unmenge Menschen würde sterben, ob ihnen das bewußt war? Und ihnen fällt nichts Besseres ein, als zu streiten, welcher der echte Tango ist und ob er unmoralisch ist oder nicht. Die spinnen, ist doch wahr, das haben auch Asterix und Obelix über die Römer gesagt, und am Ende waren die Gallier die Spinner. Du siehst, auch ich schweife vom Thema ab.

Tatsache, Du bist im Messenger, aber immer offline. Du mußt meine Anfrage annehmen und Dich einloggen, damit wir chatten können. Kuß, Luis.

Ana ist nicht mehr aufzuhalten, das will sie auch gar nicht. Gestern, beim Chatten mit Luis, hat sie ihn regelrecht in die Enge gedrängt: Ist nun eine der Figuren 1912, 1913 in Paris oder nicht? Luis hat gelacht, und als schnelle Antwort von ihm kam: ja, Hernán und Mercedes.

»Und ich? Seht ihr? Noch nicht mal Luis erinnert sich an mich ...«, beklagt sich Carlota.

Hernán und Mercedes ... Sie hat Luis nie erzählt, daß sie Mercedes in dem Musikzimmer mit der malvenroten Tapete gesehen hat, und auch nicht, daß sie sich ein Foto von Hernán in die Brieftasche gesteckt hat. Es ist ihr zur Gewohnheit geworden, ihn überall dabeizuhaben und sogar laut mit ihm zu reden.

Du würdest dich totlachen, wenn du diesen Artikel läsest – sagt sie, im Jardin du Luxembourg sitzend, zu ihm, während sie in ihrem Notizheft blättert. Die Medizinische Akademie verordnet Tangotanzen, um Brust und Bauch, Arme und Rücken zu trainieren.

Hernáns papierenes Lächeln nimmt einen ironischen Zug an und öffnet sich zu einem klaren Lachen, als Ana ihm die Fotokopie einer Nummer von *La Vie Parisienne* vom Februar 1914 zeigt, mit Karikaturen von Val d'Est mit dem Titel »Machen wir den Tango salonfähig«. Madame Marcelle Tinayre wiederum empfiehlt den Tango, um Hochzeiten zu befördern: »Nach einer seriösen Tangostunde kennen sich Mädchen und Jungen besser.«

Ob das Mercedes etwas genützt hat? Ana schließt die Augen und kann diesen großen Salon sehen, ein Restaurant? Es ist Tag, viele Menschen sind da, es wird Musik gespielt. Dieses Mädchen, das so große Ähnlichkeit mit ihr als Vierzehnjähriger hat, geht in ihrem Organzakleid am Arm eines großen, eleganten jungen Mannes mit stolzem Profil, sie grüßen zur Linken und zur Rechten, lächeln, setzen sich an einen Tisch. Die Musik sickert durch die Jahre, ein Tango?

Sechzehntes Kapitel

Ganz Paris trifft sich an diesem Nachmittag zur Eröffnung des Tangotees im Restaurant Volney im XVI. Arrondissement. Was für eine Ironie, denkt Mercedes, ihr versessenes Tangospielen hat bewirkt, daß ihr Vater sie für ihre Erziehung nach Paris geschickt hat, und jetzt schickt ihre Tante Leonor – für ihren Vater die einzige vertrauenswürdige Person – sie Tango tanzen. Natürlich ist Rumpelmayer, der erste, der in seinem Luxushotel in der Rue de Rivoli einen Tangotee veranstaltet hat, ein Geschäftspartner von Leonors Vater. Während der neue Botschafter, Enrique Rodríguez Larreta, noch gegen den Tango lospoltert: »Ein obszöner Tanz, der in übelsten Spelunken und Häusern mit schlechtem Ruf von Matrosen und Freudenmädchen getanzt wird«, und das Tangotanzen in der argentinischen Vertretung verbietet, investiert der Exbotschafter bereits in die Tangotees: Elyséepalast, L'Aiglon, Harry Pilcer. Darüber hinaus in die Herstellung von Parfüms, Champagner und Zigarren unter dem Namen *Tango*, denkt Mercedes, in sich hineinlachend, und schreitet am Arm des französischen Herzogs Charles de La Rochefoucauld, mit dem die Tante sie allzu gern – ein eitler Traum – verheiraten würde, durch den Salon.

Derlei Veranstaltungen langweilen sie entsetzlich. Wenn Onkel Hernán mitkommt, haben sie wenigstens gemeinsam etwas zu lachen über die von Tag zu Tag dümmeren und affektierteren Gespräche der Tanzschüler und Tangokursbesucher. Lernen Sie bei Saborido? Nein, bei Ferrer, nur Monelos kann einem korrekt Tanzen beibringen, den echten argentinischen Tango lernt man nur bei Loduca, bei Simara, bei Herrera. Und ob es neun oder sieben oder zwölf Figuren sind, und daß zwischen neunzehn Unterformen zu unterscheiden ist. Obwohl alle Zweifel aus dem Weg geräumt sein sollen, nachdem im Mai 1913 in *La Vie Parisienne* der Praxiskurs »Der echte Tango« für Leute von Welt erschienen ist. Mercedes teilt die Ansicht von André de Fouquières, Gesellschaftsredakteur von *Fémina*: Es gibt so viele Arten, Tango zu tanzen, wie Lehrer.

Der einzig wahre Tango, das hast du gewußt, ist der, den Hernán dir gezeigt hat: mir zuhören, mich spüren, mich genießen, sich gehenlassen. Darum wollten die jungen Männer, obwohl deine Freundinnen gleich mehrere Kurse in der Woche belegten, lieber mit dir tanzen.

Zum Glück hat Hernán sie von diesem Pariser Lehrer erlöst, M. de Rhynald, dem großen, von ihrer Tante Leonor so verehrten Tangomeister. Als Vicente zu Besuch nach Paris gekommen ist, hat sie die Sätze aus *L'Art et la Mode* nachgebetet: »Die Schritte der anmutigen Promenade heutzutage nicht zu kennen ist ein Verstoß gegen die Vorgaben des Mondänen«, aber er brauche sich keine Sorgen zu machen, Mercedes spiele auf dem Klavier keine Tangos.

Und ob sie weiter spielt, Hernán kauft ihr die Noten, und ihre Tante will nun die Ohren spitzen, das hat sie an jenem Nachmittag beschlossen, an dem sich zwischen eine *Consolation* von Liszt und eine von Chopins Mazurken Arosteguis *El apache argentino* schmuggelte und Charles, auf den Leonor so große Stücke hält, verzückt dreinblickte, applaudierte und um einen weiteren Tango bat.

Sie vermißt ihre Mutter sehr, ihren Bruder, Juan und Buenos Aires, aber es geht ihr nicht schlecht in Paris, sie muß Leonor ertragen, aber dafür hat sie den Literaturunterricht bei Madame Martin, die wunderbare Bibliothek ihres Onkels, die Konzerte, die Spaziergänge und die herzlichen Gespräche mit Hernán. Und vor allem ist ihr Vater nicht da. Was hatte sie für eine Angst, daß er sie wieder mitnehmen würde, als er sie letztes Jahr besucht hat. Aber Vicente hat dazu keine Anstalten gemacht, er hat nur zwei Wochen in Paris verbracht und zum Glück nicht bei ihnen, sondern im Hotel Ritz gewohnt.

Verhohlen sieht er zu der Frau, die am anderen Ende des Tischs sitzt. Hernán hat keinen Zweifel: Sie ist es, Vicentes Begleiterin bei Hansen, an dem Abend, als sie Isadora getroffen haben. So eine Schönheit vergißt man nicht. Er weiß noch, wie er sich über dieses strahlende, frische, lebendige Mädchen an Vicentes Seite gewundert hat, dabei ist es in Buenos Aires ein offenes Geheimnis, daß sein Schwager eine sehr junge Geliebte hat. So verrückt war er nach ihr, daß er es gewagt hatte, sie mit nach Paris zu nehmen? Diesen leisen Verdacht hatte er schon, als sein Schwager es vorgezogen hat, im Ritz statt bei ihm zu Hause zu wohnen. Aber Vicente ist vor mehr als einem Jahr nach Argentinien zurückgereist, was macht sie in Paris?

»Kennst du sie?« flüstert ihm Hubert ins Ohr, Hernán verneint. »Sie ist bildschön, aber warte, bis du sie tanzen siehst. Sie unterrichtet bei Thierry, vielleicht auch schon nicht mehr.« Er lacht. »Carlota verläßt eine Tanzakademie nach der anderen, sie diskutiert über alles, die Methoden, die Schritte.«

Derlei Auseinandersetzungen haben dich gelangweilt, das alles war so weit weg von der Tero, Joaquina und der Ñata, aber soll doch jeder mit mir machen, was er will, zwar würde von dem Tanz aus den Spelunken, in denen ich geboren wurde, nicht mehr viel übrigbleiben, aber immer bleiben ein Mann und eine Frau, die einander gegenüberstehen und deren Begehren ich schüre. Dank dieses wundersamen Fiebers, das in Paris ausgebrochen ist, konntest du mich überall hören und tanzen: In Pensionen, Hotels, Dancings, *champagnes tango* und sogar bei dir zu Hause. Überrascht und stolz warst du angesichts der vielen Tinte, die in Zeitungen und Zeitschriften über mich vergossen wurde, über die viele Zeit, die meine Anhänger und Verächter geopfert haben, um für oder gegen mich zu sein, um mich einzuordnen, zu veredeln, zu bewundern, mich zu beleidigen, zu loben. Aber du hast dich auch nach alten Zeiten gesehnt und bist eines Abends auf einen Ball im Bullier de Montparnasse gegangen, wo ich schon vor der großen Mode zu Hause war, vielleicht würdest du dort eine Tanzpartnerin finden, die dich wieder in diese Ekstase versetzen würde, endlich noch einmal spüren, wie eine Frau deine Absichten vorausahnt.

Das schallende Gelächter seiner Freunde am anderen Ende des Tischs gibt Hernán einen Vorwand, sich woandershin zu setzen, Carlota gegenüber. Worüber lachen sie? Über die Forlana, diesen venezianischen Tanz, den der Papst empfohlen hat. Hüpferchen und spitze Küßchen, geziertes Hierherum und Dortherum. Sie drehen sich, nähern sich einander an, berühren sich an der Brust, ein Küßchen, und schnell wieder weg. Antonie erzählt ihnen, wie die Leute reagiert haben, als das junge venezianische Paar die Forlana im Dancing Saint Mandé vorgeführt hat. Das soll die Reinheit sein? Ich lasse meine Töchter Tango tanzen, sagt ein Herr, aber Forlana tanzen würde ich ihnen nicht erlauben. Wie konnte der Papst nur? Der Papst hat eben keine Töchter, erwidert eine Frau.

Hernáns Blick, der dich durch das Gelächter hindurch einfängt. Hat er dich erkannt? Erinnert er sich an den Abend bei Hansen? Wird er dich nach Vicente fragen?

»Was verstehen diese jungen italienischen Aristokraten schon vom Tango, daß sie auf die Idee kommen, ihn vor dem Papst zu tanzen, um seine Züchtigkeit zu beweisen?«

»Sie versichern, daß Casimiro Aín und die Baskin auch getanzt haben.«

»Aber Pius X. hat nicht gesagt, daß er Sünde ist, er hat nur die Forlana empfohlen, sie sei eleganter als diese komplizierten Verrenkungen, so hat er sich ausgedrückt.«

»Der Vatikan ist rundweg dagegen.«

»Was muß der Vatikan dafür oder dagegen sein, sollen sie sich um ihre Sachen kümmern.«

»Ich hätte dem Papst gern den echten Tango gezeigt«, gesteht Carlota.

»Carlota hätte es geschafft, mit dem Papst persönlich zu tanzen«, flachst Hubert. »Und nach der Erfahrung hätte Pius X. vom Tango sicher nicht abgeraten.«

»Er hätte ihn bereits in die Liturgie eingebaut«, sagt Hernán.

»Ist der Tango nun Todsünde oder läßliche Sünde?« fragt Mireille.

»Unerläßlich auf jeden Fall«, meint Hernán.

Du hast gespürt, Carlota, daß seine anspielerischen Worte, sein Lächeln, die Bewegungen seiner schlanken und ausdrucksstarken Hände an dich gerichtet waren. Dieser so lebendige Körper, der nach dir gerufen hat: Hernán, das warme Timbre seiner Stimme, sein feuchter Blick. Eine treffliche Vorrede auf diese Umarmung aus *cortes* und *quebradas*, Drehungen und Halbmondfiguren, makellos, majestätisch, nur ihr, meine Lieben, konntet mir letztlich meinen Platz in dieser Stadt geben. Weder die affektierten Pirouetten der Music Halls noch irgendwelche von Choreographen auf Papier festgehaltenen Schritte, noch Anständigkeit, noch Sünde. Wie habe ich euch geliebt an diesem Abend, als ihr, euch mir und einander hingebend, meine Anhänger vom Montparnasse berauscht habt.

Kaum ein Wort fällt nach dem Applaus und dem Champagner. Hernán beschließt, Carlota nichts zu fragen, alles Wesentliche haben sie sich schon beim Tanzen gesagt.

Als ich Tolosa gesagt habe, ich würde heute nicht vor vier in die Akademie kommen, hat er getobt. Soll er eine Platte auflegen, wenn überhaupt wer kommt, alle Welt würde hier sein, so dachte ich mir, bei der Einweihung der Untergrundbahn, der Strecke von der Plaza de Mayo zur Plaza Once, und ich habe mich nicht geirrt. Es ist gesteckt voll mit Leuten, zum Glück wollen nicht alle fahren, sie haben Angst. Ich habe Lisa zu überreden versucht, mit mir zusammen einzusteigen, aber sie hat mir geantwortet, sie sei doch nicht verrückt und würde in diesen Zug unter der Erde steigen, schon gar nicht mit mir, da habe ich sofort verstanden, daß auch sie bei Untergrund sofort an Berührungen denkt, an sich in der Dunkelheit streifende Körper, an Küsse, aber so ist es nicht, auf den Bahnsteigen und in den Waggons ist es sehr hell, trotzdem gab's Gejohle und Gekreische, als sie losfuhr, das Mädchen neben mir rückte näher ran, und ich, nicht faul, umarmte sie, um sie bei dieser ersten ruckelnden Fahrt der Untergrundbahn zu beschützen. Hinterher schämte sie sich und riß sich los, aber jetzt sehe ich, daß sie, wie ich, schon wieder in der Schlange steht, um noch einmal einzusteigen. Ich werde nicht zu ihr gehen, vielleicht habe ich Glück und bekomme bei der nächsten Fahrt ein noch hübscheres Mädchen ab, zum Beispiel die dort mit den dunklen Locken, ich werde sie nicht loslassen, bis wir angekommen sind.

Es ist schon fünf, und Tolosa tobt bestimmt, weil ich immer noch nicht da bin. Soll er mir's abziehen, was macht es mir am Ende aus, wo er mir sowieso nur sieben Pesos wöchentlich zahlt, für acht, manchmal neun Stunden am Tag. Ich finde bestimmt bald eine feste Stelle in einem Orchester, nicht nur als Aushilfe wie jetzt, und der Leiter des Lichtspieltheaters Las Familias hat hoffentlich auch wieder Arbeit für mich. Dann kann mir die Tanzakademie gestohlen bleiben.

Der Leiter des Kinos Las Familias war es auch, der Arolas, dem Bandoneontiger, gesagt hat, er solle dich anhören: ein Wunderknabe seiest du. Auch ich habe das gespürt, wenn du meine Musik gespielt hast, doch als du mir deine erste eigene Komposition mit dem Titel *Pimpollo*, Junger Trieb, vorgestellt hast, da wußte ich, daß wir beide es weit bringen würden. Und so ist es auch gekommen. Juan, wie habe ich dich an diesem Abend geliebt.

Ich ertrage Tolosa nicht mehr, obwohl ich am Anfang so angetan von ihm war, als er mich am Kinoausgang ansprach: Ein so begabter Junge darf sein Talent nicht als Filmpianist vergeuden, seine Tanzakademie würde mir die Möglichkeit eröffnen, im Tango meinen Weg zu machen, erstklassiges Publikum. Und ich habe ihm geglaubt, also bitte, diese Hüpfdohlen, die ihren Salontango üben, diese Tolpatsche, die nicht zuhören, wenn ich in Synkopen wechsle, und einfach stur auf eins und zwei weitertanzen. Da ist mir das Lichtspieltheater tausendmal lieber, dort konnte ich wenigstens spielen, wozu ich Lust hatte, meine eigenen Stücke üben, und es waren vier Stunden und nicht neun.

»Une milongá«, sagt Tolosa an, wahrscheinlich ein guter Tänzer, aber er ist viel zu affektiert und verkrampft, selbst seine

Bewegungen werden in letzter Zeit immer eckiger, weil er unbedingt vornehm und französisch wirken will. Da habe ich meinen Tango *Pimpollo* gespielt, der hat einen Milonga-Rhythmus, nur um zu sehen, wie er reagieren würde, und prompt regt er sich auf: C'est quoi ça? plustert er sich vor dem dümmsten aller dieser Hühner auf, was ich mir übersetzte mit: Was zum Teufel spielst du da? – dann soll er eben *La payanca* haben. Ich frage mich, warum er überhaupt noch in die Tanzakademie kommt, schließlich ist sie es, die bis vor zwei Monaten in Paris war und Tolosa dauernd erklären muß, wie der Tango dort gelehrt wird: Zwölf Figuren und nicht mehr, zum Beweis holt sie ihre Hefte heraus und zeigt ihm die Notizen ihres französischen Lehrers. Ich bin kein Tänzer, aber neben den Mädchen bei María La Vasca (wo ich kürzlich Rosendo vertreten habe) oder in einem beliebigen Café in La Boca ist sie stocksteif. Dabei muß es nicht so sein, aus Mercedes' Briefen weiß ich, daß in Paris auf vielerlei Arten Tango getanzt wird. Ich fände es zu schön, wenn Carlota einmal vorbeikäme (ich habe keine Ahnung, was sie treibt, ich habe sie schon lange nicht mehr gesehen) und diesem Völkchen zeigen würde, was Tango tanzen ist. Nie werde ich vergessen, wie ich sie bei dem Schwof in der Calle Chile mit dem Cachafaz tanzen gesehen habe.

Carlota zog das Kleid aus, doch die Hitze fiel nicht von ihr ab, als sie in ihrer Dachkammer schlafen ging. Ihr nach diesen Tangos mit Hernán gesättigter Körper sagte ihr auf einmal, sie sollte in der Tanzakademie nicht länger darauf bestehen, daß der argentinische Tango so oder so gehe. Wie konnte sie sich für so etwas Banales einsetzen? Warum sollten sie nicht Regeln aufstellen, Zensuren verteilen, den Tango verniedlichen, glätten, ihm Vornehmheit und Anstand verordnen, wenn sie meinten? Sollten sie doch tanzen, wie es sie glücklich machte. Vor kurzem hatte eine Schauspielern, Laure Richepin, sie mit ihren Worten nachdenklich gemacht: Der Tango hat uns mit seiner Wollust, Sinnlichkeit und Exotik verzaubert, und einen Tanz, der uns gefällt, den machen wir zu einem französischen. Warum nicht? Sollte sie nicht zufrieden sein, daß eine ganze Stadt sich Stunden um Stunden mit Eifer und Begeisterung dem Tango widmete? Wer hatte denn gesagt, daß man ihn wie in Buenos Aires tanzen mußte? War es nicht ergreifend zu sehen, welche Verbreitung der Tango gefunden hatte, seit sie nach Paris gekommen war?

Es hat dich mit Stolz erfüllt, wie die Französinnen ihre Mode nach mir gerichtet haben. Sogar ein Korsett zum Tanzen haben sie erfunden: gestrickt und somit nicht steif, sondern elastisch!

Die steifen Korsetts waren entworfen worden, um die Frauen gefangenzuhalten, zu behindern, so die Modejournalistin Vanina. Von heute an ist die Frau eine biegsame Gerte, ob sie sich hinlegt, hinabbeugt, streckt. Die Handschuhe verschwinden, die Taillen der Blusen setzen höher an, die Kleider werden kürzer, und im Magic wagen es zwei Frauen, mich zusammen zu tanzen. Der Tango, das hast du Rosa begeistert geschrieben, ist für die Französinnen der Anfang einer Befreiung, die nicht mehr aufzuhalten ist.

In Paris Tangostunden zu geben war eine Möglichkeit – natürlich eine phantastische, in Buenos Aires hatte sie davon geträumt –, sich ihr Brot zu verdienen, nachdem sie auf jener Höllenreise beschlossen hatte, Vicente endgültig zu verlassen.

Endgültig? Wieder einmal, solltest du sagen. Schon zweimal hattest du ihn verlassen.

Zum ersten Mal kurz nach der Hundertjahrfeier, und ein weiteres Mal Anfang 1912, als Carlota Papiere aus Vicentes Aktenkoffer stahl und sie Klaus übergab – nützliche Informationen für den Aufstand der Pachtbauern. Es war nicht Angst vor seiner Reaktion, nein, in dem Moment fühlte sie, daß sie mit einem Mann, der so wenig Mitgefühl für die auf seinen Ländereien arbeiteten Menschen hatte, nichts gemeinsam haben könnte. Drei Monate bei Ingrid und Klaus, Arbeit in einem Blumenladen, doch dann begegnete sie Vicente im Salon La Argentina, und ihr Körper erwiderte sein Verlangen.

Auf der anschließenden Reise die Versöhnung, zwei getrennte Schlafkojen auf demselben Schiff, wozu, wenn es doch alle wußten, aber das trübte nicht ihr Glück, dann Paris, die Straßen und Brücken und Lichter und schönen, unterschiedlichsten Menschen, ein einziges Fest, das ihr verleidet wurde durch das permanente Nörgeln Vicentes: was Carlota zu tun habe, wie, um welche Uhrzeit, mit wem sie reden dürfe und mit wem nicht, welches Kleid sie anziehen solle, wo sie hinkamen sein ermahnender Blick, und diese Eifersuchtsszenen, die er sich nicht mehr verbot, seit er sich ihrer sicher fühlte.

»Such nicht nach mir, ich fahre nicht nach Buenos Aires zurück«, hast du ihm geschrieben und dich auf Zehenspitzen aus der Suite im Hotel Ritz geschlichen, während Vicente schlief. Wie hast du den feinen Regen genossen, es war, als wüsche er die so gespaltenen und so sinnlosen Gefühle von dir ab, du hattest keine Ahnung, wohin du gehen solltest, aber die Stadt war zu groß, als daß Vicente dich in einer Woche hätte finden können, und du wußtest, daß er seine Rückkehr nach Argentinien nicht verschieben konnte. Du hast dich über das Geländer der Pont de l'Alma gelehnt und deinem Spiegelbild in der Seine geschworen, du würdest dich keinem Druck mehr aussetzen und jeden Tag, jede Stunde, jeden Moment frei über dein Leben entscheiden.

Noch nicht einmal die Angst vor dem Tod konnte dich abschrecken. Gleich nach Kriegsausbruch hat man mich per Dekret verboten. Ich hatte den Geschmack einer verbotenen Frucht, und meine treuen Franzosen haben mir Unterschlupf in Hangars, Künstlerateliers, Kaschemmen, exzentrischen Vierteln und Vorstädten gegeben. In meinen Verstecken konntest du mich noch ein paar Monate ausleben, in den Armen dieser verzweifelten Menschen.

Was blieb ihm übrig? Vicente konnte es ihnen nicht verwehren, Frankreich trat in den Krieg ein. In zehn Tagen würde seine Tochter also mit Hernán und Leonor in Buenos Aires ankommen, und ihn quälte wachsendes Unbehagen. Denn auch wenn niemand dies vermutet hätte, Vicente hatte vor Mercedes Angst. Das war die einzige Erklärung, warum er sich so bereitwillig darauf eingelassen hatte, daß sie zu Hernán ziehen und in Paris erzogen werden sollte. Er zählte auf Leonor, diese vernünftige und starke Frau war die einzige gute Wahl, die sein Schwager jemals getroffen hatte, sie würde ihm seine Tochter bestimmt am Arm irgendeines europäischen Adligen zurückbringen. Inés jedenfalls, die kaum aus ihren Büchern aufsah, würde sie bestimmt nicht zurechtbiegen.

Nach wem war sie geraten? Man konnte schlecht behaupten, daß dieser herausfordernde Blick, dieser hochmütige Ton, dieses Verhalten, das so ... derb war – lästige Bilder, die Vicente zu verdrängen versuchte –, mit der elegischen und immerzu abwesenden Art Inés' etwas gemeinsam hatten. Ein einziges Mal hatte seine Frau es sich erlaubt, ihm gegenüber die Stimme zu heben, und zwar an dem Tag, an dem sie über Vicentes Probleme mit Mercedes gestritten hatten. Aber sobald ihre Abreise beschlossen war, schwebte Inés in ihrer Bücherwolke – wie konnte sie so leben? – und verlor über ihre Tochter nie mehr ein Wort. Über irgend etwas anderes auch nicht, seit drei Jahren antwortete Inés nur knapp auf seine Fragen, niemals sprach sie ihn von sich aus an.

»Mercedes geht es gut, sie ist wohlerzogen und zufrieden«, hatte er bei seiner Rückkehr aus Paris zu Inés gesagt.

Zufrieden? Jedenfalls nicht, als ihr Vater sie besuchte, ein Pflichtküßchen auf die Wange, Augen voller Groll, und Antworten auf seine Fragen hatte er ihr mühsam entringen müssen.

Er würde sie schnellstmöglich verheiraten. Mercedes war der Pariser Gesellschaft schon vorgestellt worden, was für ein schwieriges Kind, schrieb ihm Leonor. Charles de La Rochefoucauld war sich sicher, sie erobern zu können, obwohl Mercedes ihm nicht unbedingt Mut gemacht hatte, aber bedauerlicherweise machte der Krieg ihre Hoffnungen in diese Richtung zunichte.

Krieg. Würde Carlota zurückkommen können? Vicente hatte sich fest vorgenommen, sie zu vergessen, aber sollte sie durch den Krieg in Gefahr geraten und ihn um Hilfe bitten, würde er sie ihr nicht verweigern.

Mercedes ist eine richtige Frau geworden, und wunderschön. Sie hat sich sehr verändert, aber nur ihr Aussehen, im Kopf ist sie immer noch so lustig und verrückt wie als Kind. Und sie ist noch meine Freundin wie damals. Als ich sie gesehen habe, ist mir glatt der Mund offen stehen geblieben: eine Wahnsinnsnummer, zum Vernaschen süß. Wir haben gleich alle möglichen Pläne für die nächsten Tage gemacht. Gleich kommt sie bei Jordi vorbei, er gibt mir eine Extrastunde, weil ich sechs Wochen lang für José Martínez in Titos Quartett spielen soll.

Ich habe Jordi nicht gesagt, daß Mercedes kommt, sie wollte ihn überraschen, ich mußte lachen, als er geschimpft hat: Wer kommt um diese Uhrzeit und stört mich. Mutter, ich bin für niemanden zu sprechen.

Cremeweißes Kleid, Sonnenschirm und Hut mit Blumen, so steht sie in der Tür, wie um zu sagen: seht euch diese Schönheit an. Das Erstaunen in Jordis Gesicht. Mercedes streckt ihm die Hand hin, der Idiot küßt sie und macht eine Verbeugung, als wäre sie eine Königin. Wir umarmen uns, und sie: Sie will uns nicht unterbrechen, und er, nein, gar nicht, wir sind schon fertig, was glatt gelogen ist, will sie einen Tee, eine Limonade? Ja, aber zuvor will sie mich spielen hören. Präludium in d-moll, sagt Jordi an, aber die Stunde ist doch vorbei, hast du gesagt, und ich spiele *El porteñito*, sie lacht: jetzt ich, und dann spielt Mercedes *El choclo*, so lieblich, wie nur sie ihn spielt, und wir lachen viel und erinnern uns, wie sich alle über diese Tangos aufgeregt haben. Wir gehen zum Teetrinken ins Wohnzimmer, die Alte wie ausgewechselt, schade, daß sie sich nicht angekündigt habe, ein Tee, etwas Süßes? Sie hat den Kittel gegen ein Kleid getauscht, man sieht ihr an, daß ihr Mercedes gefällt. Jordi auch, er guckt sich fast die Augen aus dem Leib, und sie klimpert kokett mit den Wimpern. Mich würde es sehr freuen, wenn sie ein Liebespaar würden, auch wenn er ein bißchen alt für Mercedes ist.

»Heiraten soll ich? Wen denn? Bilden Sie sich nur nicht ein, Sie könnten mir einen Ehemann aufzwingen, Vater, ich heirate, wann und wen ich will.«

Was erlaubte sich diese Göre, ihm so zu antworten. Vicente stand auf und kam hinter seinem Schreibtisch vor. Er würde sie nach Mar del Plata bringen, dem Treffpunkt der besseren Familien, und im Jahr darauf: Hochzeit. Vicente würde alle in Frage kommenden Kandidaten auflisten und den passenden auswählen. Auf Inés konnte er natürlich nicht bauen, warum war seine Frau nur so absonderlich?

In dieser eiskalten Nacht im Januar 1915 deckte sich Carlota mit einer zusätzlichen Decke zu und dachte, traurig, daß sie Huberts Angebot nicht vorbeiziehen lassen durfte. Schon im September war die französische Regierung nach Bordeaux geflüchtet. Deutschland hatte Belgien eingenommen, und die französischen, englischen und belgischen Truppen waren gezwungen, den Rückzug anzutreten. Es würde immer schwieriger werden, zu entkommen, hatte Hubert ihr gesagt. Er würde sie im Auto nach Barcelona mitnehmen, dort könnte sie sich nach Amerika einschiffen. Sicher, es war alles sehr viel echter geworden, wieder wie damals, als Carlota zum erstenmal mit dem Tango in Berührung gekommen war. In den Unterschlüpfen tanzte man nicht mehr, um gesehen zu werden, sondern für einen selbst, die geschlossenen Vorhänge dämpften den Klang der Instrumente, und drinnen, Improvisation auf zwei, Rausch. Doch wie sollte man dieses in Paris herrschende Klima ertragen, den Tod, der heranrückte, an jeder Ecke lauerte. Und Buenos Aires fehlte ihr. Rosa, die Cafés in La Boca, der Salon Rodríguez Peña, die Musiker, die Patios mit den Glyzinien, die Paradiesbäume, und die blauen, immerzu blühenden Jakarandabäume. Könnte sie in Buenos Aires vom Tangotanzen leben?

Siebzehntes Kapitel

Die Begleitung, die ich heute im La Marina gespielt habe, läuft immer wieder in mir ab, ich strenge mich an, das Klavier aus meinem Kopf zu verscheuchen, denn wie soll ich sonst morgen früh aufstehen, aber es hört einfach nicht auf, immer wieder klettert die linke Hand die Tastatur hinauf und hinunter, ich sage mir: Das ist wirklich das letzte Mal, dann schlafe ich, aber es ist dann doch nie das letzte Mal. Jordis Klavier, oder das im Café oder im Kino, kann ich leichter zumachen als das im Kopf. Ich probiere es mal mit dem Zweiten, jawohl, mit diesem Fingersatz bin ich schneller.

Es war gut, daß ich die neue Begleitung gespielt habe, ich hatte befürchtet, sie würden über mich herfallen, schließlich hatten wir sie nicht geprobt, und ich war nur Aushilfe, aber Tito ist ein feiner Kerl und hat nicht nur nicht gemeckert, sondern mir offen gratuliert, als Arolas, der Bandoneontiger, gerade auf uns zukam. Ich hatte gar nicht bemerkt, daß er auch da war, sonst hätte ich mich bestimmt nicht getraut zu improvisieren. Ich bewundere ihn so sehr, ich kenne niemanden – und dabei gibt es hervorragende Bandoneonisten –, der aus diesem Instrument ein solches Ligato herausholen kann, ein streichelndes, zärtlich kratzendes Brummen. Seufzen, Lachen, Weinen, das alles kann sein Bandoneon. Die Ziehharmonika in seinen Händen macht einem Gänsehaut. Und der Tiger hat zu mir gesagt, er will es mit mir versuchen! Am Mittwoch soll ich in ein neueröffnetes Lokal kommen, das wie sein Tango heißt, *Una noche de Garufa*, um mit seinem Quartett zu proben. Als das Publikum ihn im Saal entdeckte, forderte es ihn auf, zu spielen, woraufhin er zum Bandoneon griff und mit Leib und Seele dabei war, so daß die Füße und Hüften der tanzenden Paare auf der Tanzfläche Wunder vollbrachten.

Ich stand da, gebannt von einem figurbetonenden Rock, als mein Blick ganz langsam von diesen zauberhaften Beinen hoch zur Taille glitt, den Armen, dem Gesicht. Carlota! Erst heute ist sie aus Paris angekommen, und am Abend schon im La Marina.

»Du weißt nicht, wie sehr ich das alles vermißt habe, Juancito.«

Carlota hatte mich nicht spielen gehört, sie war später gekommen, und kaum hatten wir die zweite Hälfte des Programms, in der wir noch besser waren, beendet, rannte sie auf mich zu, gab mir einen Kuß und umarmte mich, alle sahen uns an. Auch der Tiger. Da habe ich vor den Jungs ein bißchen angegeben: Wir sind seit Jahren befreundet und mögen uns sehr.

Als Carlota mir erzählte, was sie in Paris gemacht hat und daß sie Arbeit suchte, sagte ich: Da habe ich etwas.

Bestimmt stellt Tolosa sie an. Und ich hoffe, daß der Tiger mich nach der ersten Probe auch einstellt.

Rosa und Carlota setzten sich unter die exotischen Bäume im Lezama-Park, um sich in Ruhe zu unterhalten.

Sie hatte ihr so viel zu erzählen, daß sie gar nicht wußte, wo sie anfangen sollte, die Arbeit in der Tiefkühlfabrik, die Treffen mit den Genossen aus der Gewerkschaft, die Gesangsstunden bei einer italienischen Lehrerin, die sie jetzt tatsächlich bezahlen konnte, ihr kleiner Bruder, der die Sechste beendet hatte, der Junge eine Straße weiter, der ihr den Hof machte, ohne daß sie ihn beachtete, der Umzug der verbitterten Susana in eine andere Mietskaserne, diese Amalia Figueredo, die den Pilotenschein gemacht hatte.

»Langsam, Rosa, da komme ich nicht mit. Was hat diese Pilotin mit dir zu tun?«

»Was schon. Sie ist eine Frau, die fliegt! Mit Berufstitel und allem Drum und Dran. Es geht voran, Carlota, du mußt mir erzählen, wie es den Französinnen mit ihrer Befreiung geht. Ach, und nach deiner Abreise hat Julieta Lanteri für einen Riesenwirbel gesorgt mit ihrer Forderung, daß wir Frauen auch wählen sollen, man hat ihr keinen Stimmzettel gegeben, sie kämpft immer noch, und es werden ständig mehr. Ich halte nichts von politischen Parteien, aber ich finde es trotzdem ungerecht, daß nur die Männer wählen dürfen. Die Männer haben sich mit Sáenz Peñas Gesetz von 1912 zur freien, geheimen und verpflichtenden Wahl begnügt, sicher war es früher schlimmer, aber was ist mit uns? In der Gewerkschaft sind wir eine Menge, dort kann uns keiner das Wählen verbieten, glaub mir, dort lassen wir die Herren der Schöpfung ganz schön alt aussehen.«

Dann die neuen Lieder, die sie sang, ihr Plan, im Theater vorzusingen, später, jetzt war zuviel zu tun: Wir organisieren uns von Tag zu Tag besser, es kann jeden Moment soweit sein, und wir rufen zum Generalstreik auf. Sie würden der Ausbeuterei durch die Firmenbosse ein Ende bereiten. Wenn der Krieg den Fleischexport so gesteigert und die Tiefkühlindustrie so große Nachfrage hatte, sollten sie mehr Leute einstellen. In der Konservenabteilung, wo Rosa ist, ist die Arbeit nicht mehr zu bewältigen. Aber nicht nur dort gibt es Probleme, man hat bis zu fünfhundert Stück Vieh pro Tag geschlachtet, aber die Bosse mußten sich jetzt damit abfinden, daß die Stückzahl pro Tag auf dreihundert beschränkt wurde. Die Genossen fordern die Einhaltung des Achtstundentags – acht, Carlota, dabei lassen sie uns zehn, zwölf Stunden malochen! – und verlangen, daß man uns für die Überstunden fünfzig Prozent mehr zahlt und daß ein Mann nicht mehr als siebzig Kilo tragen darf, und ...

Rosas Leben machte dich für einen Moment neidisch, ihre Begeisterung riß einen mit, ihre Klarheit, mit ihren sechzehn Jahren hatte sie schon ihren Platz in der Welt gefunden.

»Wenn ich erreiche, daß sie mir in der Tanzakademie mehr bezahlen, könnte ich mir irgendwo eine kleine Wohnung mieten«, sagte Carlota. »Willst du nicht mit mir zusammenziehen? Wir könnten uns die Miete teilen. Und wir hätten so viel Spaß zusammen!«

»Gern, schon.« Rosa wurde nachdenklich. »Aber meine Eltern wären schrecklich traurig. Papa sagt, irgendwann kommt irgendein Junge und will mich mitnehmen. Er leidet schon jetzt, wenn er an meine Hochzeit denkt, obwohl er sich doch genau das wünscht.«

»Du willst heiraten?« Ernüchterung. »Wen denn?«

»Nein, das sagt mein Vater. Vielleicht weil meine Mutter ein Jahr älter war, als sie ihn geheiratet hat. Ich denke nicht ans Heiraten, ich habe es nicht vor. Zu Hause sitzen und putzen, Wäsche waschen und mit den Frauen im Hof tratschen ist nichts für mich, mir ist die Tiefkühlfabrik lieber, mehr gibt's dazu nicht zu sagen.« Ein spitzbübisches Lächeln. »Es ist hart, und trotzdem habe ich meinen Spaß dabei, diesen Arschlöchern von Bossen ihre Grenzen zu zeigen.« Sie lachte auf. »Hör dir an, was wir vor kurzem mit dem Vorarbeiter gemacht haben, diesem Schwein von einem Verräter.«

Für solche Leute hatte sie wirklich kein Verständnis, sie waren genauso verdorben wie die Yankees und die Bosse und kassierten von den Arbeitern Schutzgeld, um ihnen ihre Arbeitsplätze zu sichern, war das nicht unglaublich?

Dieser ungestüme Blick, diese Wut, mit der sie ihre Feinde unter Beschuß nahm, und dabei verlor sie nicht für einen Augenblick ihre Fröhlichkeit.

Du hattest Angst, Rosa könnte erfahren, daß die Wohnung, in der sie dich vor vier Jahren besucht hatte, dem früheren Besitzer der Tiefkühlfirma gehörte, in der sie heute arbeitete. Dem Feind. Damals, 1910, hattest du ihr nichts gesagt, und angesichts von Rosas Kampfparolen würdest du es ihr auch jetzt nicht sagen, du hättest dich geschämt. Doch als Rosa einige Monate später in Gefahr geriet, hast du nicht gezögert, ihr alles zu erzählen, was du von den dunklen Geschäften wußtest, in deren Zuge die Nordamerikaner die Macht über die Tiefkühlindustrie gewonnen hatten.

Sie zeigen den Film *Los escruchantes*, Die Einbrecher, von Eugenio Py, die Szene hat nichts mit dem zu tun, was ich spiele, *Una noche de garufa*, aber das dürfte niemanden stören. Es steht jetzt fest, daß ich zwei Donnerstage hintereinander in der Bar León spiele, wo Arolas mit mir und dem Cabezón, einem Geiger, auftritt, und in drei Wochen auf einem Tanzball, für den der Engländer im Patria e Lavoro ein Quartett engagiert hat: Tito Roccatagliata Violine, José Astuillo Flöte, ich Klavier, und der Tiger spielt sein Bandoneon und dirigiert. Na? Aber ich hänge immer noch in der Luft, bis jetzt ist nur von diesen zwei Auftritten im Léon die Rede, der Tiger hat noch einen anderen Pianisten, der demnächst von einer Tournee zurückkehrt. Aber er mag mich und weiß es auch zu schätzen, daß ich nicht nur nach Gehör spiele, sondern Noten lesen kann, manchmal fragt er mich sogar etwas, er hat bis vor ein paar Monaten nicht mal richtig Musik studiert und spielt wie ein junger Gott.

Delia, das ist von Arolas, muß ich am Donnerstag perfekt hinkriegen. Ich will es nicht so spielen, wie es in der Partitur steht, im Zweiertakt, Arolas selbst macht einen Vierertakt daraus, und er ist der Komponist. Pro Takt vier Schwarze, vier Viertel, das kommt langsamer und schwermütiger als zwei Viertel, wie es in der Partitur steht. Wahrscheinlich wurde es geändert, weil die Tangos üblicherweise im Zweiertakt stehen. Wenn das jemand aus den Noten spielen soll, ohne den Tiger gehört zu haben, würde es vollkommen danebengehen. Kürzlich wollte ich es ihm schon sagen, aber ich habe mich dann doch nicht getraut, bestimmt notiert ihm ein guter Freund seine Stücke.

Vicente bat Inés zu sich ins Arbeitszimmer.

Hast du gesehen, ob sie mit irgendeinem der jungen Männer mehr getanzt hat als mit den anderen? Nein. Versteht sie sich mit Pereyras Sohn gut? Ja, weiß nicht. Und gereizt: Lese Inés auch auf den Tanzbällen, daß sie nichts sehe?

»Nein.«

»Ein letztes Mal, willst du endlich aufhören, mir so einsilbig zu antworten? Ich rede mit dir über eine ernste Angelegenheit, über den zukünftigen Ehemann unserer Tochter.«

Inés war kurz davor, ihren Schwur, nicht mit Vicente zu

reden, zu brechen und ihn zu fragen, ob das Glück seiner Tochter für ihn gar nichts zählte. Aber sie schwieg. Ihr Mann mußte ihrem Blick dennoch etwas angemerkt haben, denn er sprach auf einmal leiser.

Wegen Mercedes' Persönlichkeit wollte er ihr keinen Heiratskandidaten aufzwingen, aber Pereyra hatte ihm im Club zugesteckt, sein Sohn bewundere Mercedes, und es schien ihm, als habe er damit die Partie eröffnet. Vicente wäre ein Alzaga oder Luro lieber, aber wenn Mercedes sich mit dem jungen Mann gut ... Inés, hörst du mir überhaupt zu?

»Ja.«

»Wer, meinst du, wird um Mercedes' Hand anhalten?«

»Weiß ich nicht.«

»Ich muß zurück nach Buenos Aires, aber eines muß dir klar sein, du sollst Mercedes in Mar del Plata nicht einfach nur zu den Bällen und zum Strand und auf ihren Spaziergängen begleiten, du sollst mit deiner Tochter reden, sie in eine gute Ehe führen. Hast du das begriffen, Inés?«

Der Aufruf der FORA, der Argentinischen Arbeiterföderation, hatte eine gewaltige Wirkung. Alle waren zur Versammlung gekommen: die Schauerleute, die Arbeiter aus den Kühlkammern, aus der Konservenabteilung, die Faßbinder, die von der Ochsen- und Jungbullenlagerfläche, die Fleischer, die Stauer und sogar ein paar aus der Verwaltung. Rosa gefiel es nicht, daß irgendwer aus den Büros dabei war, sie traute ihnen nicht.

Es sei grundlegend, daß sie sich untereinander verständigten, gemeinsam handelten, sagte Lorenzo, Vertreter der FORA. Es würde ihre Schlagkraft sehr schwächen, wenn ein Sektor bei dem Streik mitmachen würde und ein anderer nicht. Die Aktionen im September hatten es gezeigt, damals hatten die Schauermänner gearbeitet, weil man ihnen den Tagessatz beachtlich erhöht hatte, und am Ende zahlte die Firma noch nicht einmal mehr die Überstunden. Und viele Genossen wurden gefeuert.

»Die Tiefkühlindustrie arbeitet mit einer verderblichen Ware«, sagte Manuela, »das müssen wir ausnützen, keiner darf den Finger rühren, dann sollen diese Ausbeuter sehen, wo ihre Macht geblieben ist.«

»Der Vorarbeiter hat mir gesagt, daß sie schließen«, sagte ein älterer Mann.

Lorenzo, der seit 1904 in der Tiefkühlfirma war, hatte bereits darauf hingewiesen, daß diese Gerüchte mit einem einzigen Ziel verbreitet wurden: um Panik zu säen, damit sie den Kopf einzögen.

Sicher war es schwierig, einen Streik über lange Zeit durchzuhalten, jeden Tag standen vor den Toren der Tiefkühlfabrik Schlangen neu angekommener Einwanderer: Araber, Montenegriner, Türken. Und bekanntermaßen entspannten sich Verhandlungen nur dann, wenn das Unternehmen keinen Ersatz für die Arbeitskraft hatte, und entsprechend waren sie härter, wenn genug neue Leute eingestellt werden konnten. Schon, aber wie lange könnten sie ohne Arbeit durchhalten, wenn man sie nicht wieder an ihre Arbeitsplätze zurückließe?

»Das ist nicht die einzige Tiefkühlfirma«, sagte ein Fleischer, »außerdem gibt es Aufgaben, für die man Erfahrung braucht.«

»Ich habe gehört, in jeder Tiefkühlfirma würden sie Listen über die entlassenen Arbeiter führen, damit sie nirgendwo mehr eingestellt würden.«

»Noch so ein Gerücht«, sagte ein junger Mann.

»Nein«, sagte Rosa aus der ersten Reihe und suchte den Blick der beiden Verwaltungsangestellten, daraufhin leise: »Das ist kein Gerücht. Es stimmt.«

Sie sagte nie etwas auf den Versammlungen, Lorenzo sah sie fest an, nur einen Augenblick, doch er fragte sie nichts und wandte sich wieder an die Versammelten.

»Wir müssen uns nicht nur untereinander zusammenschließen, sondern auch mit den Genossen aus den anderen Tiefkühlfirmen: denen von Berisso, von Zárate, wir knüpfen bereits Kontakte zu den Genossen in Montevideo.

Eine Woche zuvor hatte der Grauhaarige aus der Personalverwaltung die Konservenhalle betreten und auf Rosa gezeigt: He, komm her. Sie zuckte zusammen, es war also doch aufgefallen, daß sie am Tag zuvor mit denen aus der anderen Schicht gegangen war, jetzt mußte sie Stunden nacharbeiten, dabei hatte sie doch am Abend noch Gesangsstunde.

»Du kannst lesen und schreiben. Auch rechnen?«

»Ja.«

Da saß sie nun im Büro und übertrug Zahlen in Tabellen, als Vertretung für eine Frau, die krank geworden war.

»Wenn du dich gut benimmst, bleibst du hier«, sagte dieser widerliche Kerl García zu ihr, der sie, als sie sich vor dem Gehen den Kittel auszog, mit seinem Blick ableckte. »Du machst die Arbeit gut.«

Rosa antwortete nicht, als ob sie ihn gar nicht wahrnahm: Guten Abend. Sie hatte sich vorgenommen, möglichst unauffällig zu bleiben, in ihrer Ecke zu sitzen, den Blick nicht von den Tabellen zu heben und mit niemandem zu sprechen. Schon gar nicht mit dieser alten Klatschtante, die versucht hatte, sie zum Reden zu bringen: ob es bei ihnen bei den Konserven viele Proteste gebe, ob irgendwer sie angesprochen habe, daß sie sich dem Streik anschließen solle. Da hatte sie nur andeutungsweise den Kopf geschüttelt und weitergearbeitet. Hast du die Zunge verschluckt? fragte das Jüngelchen mit Krawatte, ein Mitläufer, ganz bestimmt. Sie ist sehr schüchtern, sagte die Frau. Es war ihr gelungen, sie zu täuschen.

»Ihr, der Alten, haben sie diese Listen der Entlassenen von *Armour* und *Swift* gegeben, sie soll kontrollieren, daß keiner der Aufgeführten bei *La blanca y celeste* eingestellt wurde«, sagte sie zu Lorenzo, als der sie nach Ende der Versammlung beiseite nahm. »Es ist für dieses Weib ein Fest, wenn sie jemanden aufdeckt. Man wird sie alle entlassen.«

»Weißt du, um wen es sich handelt?«

»Einen, sie hat seinen Namen erwähnt: Amín Bedmessain. Die anderen hat sie nicht genannt.«

Rosa wußte, wo sich diese Liste befand und wo die Hexe ihre

Notizen aufhob, sie ordnete sie nach Arbeitsbereichen, bevor sie sie bei den Leuten vom Personal ablieferte, die dann dafür zu sorgen hatten, daß niemand von der Liste eingestellt wurde. Und sie führten eine Liste derer, die bei *La blanca y celeste* entlassen wurden. Es war nicht ganz einfach, aber Rosa könnte versuchen, beide Listen zu entwenden.

Sie bekam schon Angst, als sie das nur sagte, aber Lorenzos Lächeln machte ihr Mut. Traute sie sich? Ja, sie mußte gut überlegen, wann und wie, denn es waren immer Leute zugegen. Die Genossen würden ihr bei der Planung helfen.

Am selben Abend traf sie sich mit Lorenzo, Manuela und zwei weiteren Genossen, die Rosa vom Sehen kannte, in einer Bar im Zentrum.

Unmöglich war es nicht, donnerstags ging die Alte um drei, aber es waren noch zwei weitere im Büro, und die ganze Zeit gingen irgendwelche Leute ein und aus.

Sie arbeiteten den Plan sorgfältig aus. Ab dem nächsten Tag würde Rosa immer wieder einmal zu dieser Frau gehen und sie irgendwelche Dinge fragen, die mit der Arbeit zu tun hatten, so würde es nicht weiter auffallen, wenn sie sich hin und wieder diesem Schreibtisch näherte. Sie planten alles Schritt für Schritt, mögliche Varianten, sie solle nichts überstürzen, ihre Sicherheit sei oberstes Gebot.

»Weißt du, was passieren kann, wenn sie dich entdecken?« fragte Manuela sie.

»Ja, aber ich habe keine Angst.« Das Zittern war nur innerlich und nichts verglichen mit dem Triumph, den sie empfände, würde sie an diese Listen herankommen.

Das Lokal Patria e Lavoro ist herausgeputzt mit Girlanden und Blumen, und alle möglichen Menschen drängen sich, um einen Platz in dem langen, schmalen Salon zu ergattern. Hochelegant, in einem grünen Kleid und mit changierendem Hut blickt Asunción stolz auf die Bühne.

Bandoneon, Flöte, Geige, und am Klavier Juan Montes, dein

Junge, dein kleiner Juan. Und er springt nicht wie andere Male für irgendwen ein, man hat ihn als Pianisten engagiert. Der Junge aus Palermo, stellt Arolas, der Bandoneontiger, ihn vor.

Asunción gegenüber sitzt Miguel Rinaldi mit getupfter Fliege, Weste, dunklem Anzug, vorwitzig aus der Brillantine herausstehenden Locken, so hat er sich für den Anlaß in Schale geworfen. Fünf Jahre hatten sie sich nicht gesehen, als sie sich auf dem Fest der Eltern von Juans Freund Pirucho zufällig begegnet sind, er hat ihr angeboten, sie ins Patria e Lavoro zu begleiten und sich ihren Sohn anzuhören.

»Darf ich Ihnen einen Wein bringen?«

Asunción sieht Ponce hereinkommen und duckt sich, will nicht gesehen werden, dann gleitet ihr Blick wieder zur Bühne, und sie richtet sich, stolz, auf. Nicht sie, die Mutter eines der nun mit tobendem Applaus empfangenen Musiker, sollte sich verstecken, sondern er. Was hat Ponce auf diesem Fest im Patria e Lavoro zu suchen? Allein schon sein Aufzug ist unpassend, er wirkt vollkommen fehl am Platz, seine Augen springen zwischen den Tischen und der Tanzfläche hin und her, er scheint irgendwen zu suchen. Er ekelt sich, das sieht sie an seinem rügenden Blick und daran, wie er zurückzuckt, als diese beiden Jungen sich neben ihn stellen. Als wäre er von einer Meute umringt, hält er die Arme schützend vor sich und schlägt sich nach vorne durch. Aber da kommt ihr Junge mit seinem wunderbaren Lächeln und umarmt sie: Ich bin so stolz auf dich, sagt sie ihm ins Ohr, dann nichts mehr, weil sie fürchtet, wieder weinen zu müssen wie vorhin, als er zu spielen angefangen hat. Miguel gratuliert ihm begeistert.

»Ich freue mich so, daß du doch noch gekommen bist, Mama. Und jetzt verzeiht, ich muß ein paar Freundinnen begrüßen.«

Rosa fühlt sich wichtig, als der Pianist sich an ihren Tisch setzt. Schön ist er, und er spielt so gut. Carlota hat es ihr schon gesagt, aber sie hätte nicht gedacht, daß er so jung ist, und schon gar nicht, daß er ihr Beachtung schenken würde, denn dieses Lächeln gilt Rosa, sie schmilzt auf ihrem Stuhl dahin. Er ist ein Verführer, das macht er bestimmt mit allen, denkt sie und will diese Wärme loswerden, die in ihrem Körper aufsteigt, als Juan, der auf dem Weg zur Bühne ist, sich umdreht und ihr noch einmal zulächelt.

Sie sieht sich schon im Theater, Juan spielt, und sie singt, als auf einmal dieser große, merkwürdig gekleidete Mann vor ihr steht und sie aus ihrem Traum reißt. Er heftet seine kleinen, unruhigen Augen auf Carlota, und kein Wort. Dicke Luft, die Spannung macht die Musik dumpf. Ich bin gleich wieder da, sagt Carlota und geht mit dem Bonzen weg. Der Alte ist doch nicht ihr Exgeliebter? Sie will nicht fragen, das hat sie vor Jahren beschlossen, als sie spürte, wie Carlota sich unter ihren Fragen wand. Rosa ruft »bravo!«, als sie den Tango zu Ende gespielt haben, ob Juan zurück an den Tisch kommt, obwohl Carlota weg ist?

Woher weiß Vicente, daß sie zurück in Buenos Aires ist? Ein Freund hat es ihm vor Monaten gesagt, und seitdem sucht er sie überall. Er will wissen . . ., wie es ihr geht, seine Stimme nervös, unsicher, ob sie Angst hatte im Krieg, will sie zum Reden ermuntern, wie wenn nichts wäre, kein Vorwurf, daß sie ihn in Paris verlassen hat, ob sie etwas braucht. Sie könnten reden, vielleicht nicht jetzt, respektvoll, zurückhaltend, er hat schon gesehen, daß sie mit Freunden da ist, ein andermal, drängend, hoffnungsvoll, wir können uns treffen, wann du willst. Er ist dünner geworden, seine Koteletten grau, in seinen hellen Augen die Bitte, die sein Mund nicht auszusprechen wagt. Sie könnten sich wie alte Freunde unterhalten. Was meint Carlota? Sie ist gerührt, aber sie lacht in sich hinein: Was will er in dieser Pinguinverkleidung im Patria e Lavore? Sie will ausprobieren, wie weit sie bei ihm gehen kann. Warum ist er so lächerlich angezogen? Vicente sieht an seinem Jackett hinunter. Ich komme von einer Hochzeit, entschuldigt er sich, ich bin auch schon weg, ich will dich nicht stören, und mit auflebender Stimme:

Sehen wir uns dann? Vielleicht, Strahlen in seinem Gesicht, Carlota kehrt an ihren Tisch zurück, er faßt sie am Arm, doch ein funkelnder Blick von ihr reicht, und er läßt sie los: Wann? Nenn mir einen Ort, eine Uhrzeit.

Du hast gewußt, daß er, wenn es um die Durchsetzung seiner Ziele geht, zu allem fähig ist, du kanntest ihn, schon einmal hat er dich glauben machen wollen, alles sei anders geworden, und dann diese von Eifersucht und Vorwürfen vergiftete Reise, dennoch bist du an deinen Tisch zurückgegangen mit dem Gefühl, der Schmerz über deinen Verlust habe ihn verändert. Er hatte deine Provokation ohne zu mucksen über sich ergehen lassen.

»Am Donnerstag gehe ich ins Peracca.«

Der freie Tag der Mädchen aus sittenlosen Häusern, Zank und Geschrei im gepflasterten Hof, an den Wänden im Salon die leeren Stühle, und ein Bretterboden, der ein Fest war für deine Füße. Wenn er dich so sehr liebte, sollte er lernen, mich in meinen Häusern zu bewundern.

Auch Miguel sieht zu ihnen herüber.

»Kennen Sie sie?« fragt Asunción. »Wer ist sie?«

»Auch Sie kennen sie, sie war mit Juan bei Ihnen zu Hause, als sie die Papiere von *La Vanguardia* gebracht haben.«

»Ich habe sie nicht wiedererkannt, und was macht sie mit dem Ehemann von Inés Lasalle?«

Miguel zuckt die Schultern, Gram in seinem Gesicht, er antwortet nicht.

Ob er Inés immer noch liebt? hast du dich gefragt. Ein einziges Mal habt ihr sie erwähnt, vor Jahren, als ihr darüber gesprochen habt, woher ihr euch kennt. Nach jenem Abend hast du bei den Plaudereien bei Mate und Keksen, zu denen ihr euch bei dir zu Hause getroffen habt, ihren Namen vermieden. Kommen Sie morgen nicht, hast du ihm an dem Nachmittag gesagt, ich bekomme Besuch von einer Freundin. Kein Name, nichts, bloß keine Gespenster aufscheuchen.

Am Montag nachmittag trafen sie sich in der Konfiserie Paris, und am Donnerstag hörte Rosa Juan in der Bar León spielen, mußte aber schon vor dem Ende gehen, weil sie sehr früh zur Arbeit mußte, sie war Arbeiterin, keine Nachtschwärmerin. Am Sonntag faßte Juan ihre Hand, als sie durch den Park in Palermo spazierten, und am Seeufer überraschte er sie, nachdem sie das Lied zu Ende gesungen hatte, mit Applaus und diesem hingehauchten Kuß.

Am darauffolgenden Dienstag holte Juan sie von der Fabrik ab, am Tor schubste ihn ein Polizist weg: Man habe ihnen doch gesagt, daß es keine Arbeit gebe, er solle abhauen. Aber ich suche doch gar keine Arbeit. Rosa packte ihn am Arm: Primitive sind das, antworte ihm gar nicht. Juan konnte nicht glauben, was sie ihm erzählte, erst letztens hätten sie arbeitsuchende Menschen niedergeknüppelt, nur weil diese sich nicht gleich abwimmeln ließen, viele verstanden noch nicht einmal ihre Aufforderung, es waren neu angekommene Einwanderer, die nicht Spanisch sprachen. Wie konnte Rosa an so einem Ort arbeiten. Warum sang sie nicht? Ja, sie will sich eine andere Arbeit suchen, in einem Theater, aber erst später, wenn sie besser gerüstet ist. Mehr zu erzählen hatte keinen Sinn, Juan würde es nicht verstehen, er war ein Künstler mit einem ganz anderen Leben. Sie aßen Pizza im Zentrum, und Juan erzählte ihr von seinen Plänen. An diesem Abend umarmten sie sich im Hauseingang, ihre Körper bebten, und da war diese Lust, sich ineinander zu verkriechen, aber es war noch zu früh.

Spätabends vor dem Schlafengehen küßte Rosa das Blatt voller unentzifferbarer Zeichen, das Juan ihr gegeben hatte, einen kleinen, volkstümlichen Walzer, den er als Gesangsstück für sie komponiert hatte. »*Rosa*, Musik von Juan Montes, 1916.« Er hatte noch keinen Text, aber am Donnerstag, sagte er ihr, sei er vielleicht schon fertig. Dürfe er sie wie heute am Ausgang der Fabrik abholen?

»Nein, am Donnerstag nicht.«

»Was bist du auf einmal so ernst?«

Am liebsten hätte sie sich in Juans Arme geflüchtet und ihm ganz leise verraten, daß sie am Donnerstag die Listen stehlen würde, aber sie konnte nicht, noch nicht einmal die Genossen in der Tiefkühlfabrik durften es wissen. Nur die vier, die es mit ihr geplant hatten.

»Nichts weiter, lieber am Sonntag, im Park in Palermo.«

»An der Statue *Der Kuß*«, schlug Juan voller Begeisterung vor. »Am Sonntag, um fünf.«

Was am Sonntag nur sein würde. Plötzlich hatte sie Lorenzo vor Augen: Bist du sicher, Rosa, daß du das machen kannst? Ja, sie sei sich sicher, sie ist nicht aus Zucker, und sie übernimmt diese Aufgabe nur, weil sie es sich auch zutraut.

Alles war in die Wege geleitet, zwei Genossen würden den Flur entlanggehen, um sie zu beschützen. Rosa würde auf dem Weg zur Damentoilette die Papiere Román geben. Der Plan stand. Und trotzdem war sie gegen diese Angstkrämpfe in ihrem Magen machtlos. Und wenn sie jemand sähe, wie sie die Schublade aufzog? Und selbst wenn sie niemand sah, könnte man sie verdächtigen. Sie würde es abstreiten. Würde sagen, García, der Sabbersack, sei die ganze Zeit dagewesen und könne bestätigen, daß sie sich nicht von ihrem Schreibtisch wegbewegt habe. Dieser Vollidiot würde ihre Aussage stützen, da war sie sich sicher, sie hatte ihm diese Woche sogar schon ein Lächeln geschenkt. Und wenn sie sie erwischten? Das schlimmste wäre nicht, daß sie sie aus der Fabrik werfen würden, sondern aus dem Land. Obwohl sie ein Jahr alt war, als sie ins Land kam, war Rosa noch nicht Argentinierin, man könnte das Aufenthaltsrecht anwenden. Lorenzo sagte nein, sie sei doch minderjährig, aber ins Gefängnis könnten sie sie stecken, wie Simón. Und als Häftling könnte sie nicht den Walzer singen, den Juan komponiert hatte. Wie um es sich zu verbieten, verschloß Rosa die Noten in der Truhe, für hübsche Musik war sie jetzt nicht zu haben, bei der historischen Verantwortung, die sie auf sich genommen hatte.

Auf diesen Listen verdächtiger Aktivisten zu stehen, welche

die Tiefkühlfabriken untereinander austauschten, bedeutete Arbeitslosigkeit, sie zu stehlen war ihre Pflicht, da gab es keine Frage.

»Mein Wagemut hat nicht viel genützt, aber die Streiks haben den Arbeitern geholfen, sie haben ihnen zwar nicht sofort materielle Verbesserungen gebracht, aber sie förderten erheblich die Organisation der Arbeiter, so daß sie ihre Forderungen nach mehr Einfluß durchsetzen konnten.«

»Sei ruhig, Rosa, du bist jetzt nicht dran mit Reden.«

»Warum nicht? Immer will mir einer sagen, was ich tun und lassen soll. War es nicht so, daß wir im Tango-Himmel machen, was wir wollen?«

Achtzehntes Kapitel

Juan hat kein Telefon, das ist die perfekte Ausrede, sagt sich Mercedes. Nachdem sie bei Jordi vorbeigeschaut hat, holt sie Juan zu Hause ab.

Sie lachen sich kaputt, als sie ihm die Geschichten aus Mar del Plata erzählt. Die Feste im Ocean Club am Bristolstrand, Jaimovitchs Orchester habe auch den einen oder anderen Tango im Repertoire. Und die jungen Leute tanzen fast alle gleich, wie Marionetten, abgezählte Schritte, glatt, kaum eine gewagte Figur. Sie hätten sie gefragt, schließlich hatte sie in Paris gelernt, war eine Expertin. Dann habe sie doch noch einen Musiker aus einem anderen Orchester gefunden, mit dem sie fast so gut getanzt habe wie mit Onkel Hernán. Alle Blicke auf ihr, Bewunderung von allen Seiten, doch hinterher habe sie zu hören bekommen, sie hätte seine Aufforderung nicht annehmen dürfen, wer sei er, ein Niemand. Und auf einmal habe Fernando, der Langweiler, mit dem sie vorher getanzt hatte, sie noch einmal auf die Tanzfläche gezogen und Wunder vollbracht. Er kann tanzen, sogar sehr gut, aber er läßt es nicht raus, glaube mir, Juan. Mercedes hatte ihn mit dem Musiker aus der Reserve gelockt, nur aus Eifersucht hatte er sich getraut. Aber danach nie wieder. Bestimmt haben sie ihn genauso getadelt wie sie.

»Gefällt dir Fernando? Oder der andere, mit dem ihr Reiten gehen wolltet?«

»Nein, einige sind ganz nett, aber gefallen tut mir keiner. Zum Leidwesen meines Vaters, er will mich um jeden Preis verheiraten.«

Juan glaubt, daß ihr schon einer gefällt, er sieht es ihr an, sie solle nicht so tun. Juan kennt sie sehr gut, aber Mercedes will es ihm nicht sagen.

Mercedes hat in diesem Sommer oft an Jordi gedacht, hat sich vorgestellt, wie sie ihn auf der Promenade trifft, wie er auf einem der zahlreichen Bälle spielt. Und als sie ihn an diesem

Morgen zu Hause überrascht hat, ungekämmt und mit verschlafenem Gesicht, hat ihr Herz einen Satz gemacht.

»Hallo, ist Juan da?«

»Nein, aber komm rein.«

Sie wolle ihn nicht stören. Sie störe überhaupt nicht, es sei ihm eine Freude. In den fünf Minuten, die sie im Wohnzimmer wartete, hatte Jordi sich gekämmt, angezogen und parfümiert. Aber Mercedes blieb nur auf einen Sprung, nicht daß er noch dachte, ihre Frage nach Juan sei ein Vorwand, wo finde sie ihn um diese Uhrzeit? Zu Hause. Als sie ihm die Hand gab, hielt Jordi sie fest und sah sie in einer Weise an, die ihr keinen Zweifel ließ, daß auch er von ihr geträumt hatte.

»Sehen wir uns morgen?« hat er sie ohne Umschweife gefragt.

Und sie hat genickt.

»Ich glaube dir nicht, Mercedes«, sagt Juan zu ihr, »aber macht nichts, du wirst es mir schon noch erzählen. Mir gefällt schon ein Mädchen, was heißt gefallen, bis über beide Ohren bin ich verliebt. Sie heißt Rosa, und am Sonntag will ich ihr an der großen Statue im Park in Palermo, *Der Kuß,* eine Liebeserklärung machen.«

Wie romantisch. Mercedes liebt diese Skulptur, aber sie heißt nicht *Der Kuß,* sondern *Hero und Leander,* sie ist von Jean Paul Gask, und stellt die Begegnung zweier Liebender dar: Hero, eine Priesterin Aphrodites, und Leander, der schwimmend den Hellespont überquert, um zu seiner Geliebten zu gelangen, als Orientierung diente ihm nur eine Fackel, die Hero auf einem Turm entzündet hat.

»Was für eine schöne Geschichte, die will ich Rosa erzählen.«

»Aber sie geht schlecht aus, eines Tages ertrinkt Leander.«

Diesen Teil würde Juan ihr nicht erzählen, bis zu dem Kuß, den Hero Leander einmal gegeben hatte, und nicht weiter. Mercedes als große Leserin will ihm ein wenig zur Hand gehen, Juan wächst die Arbeit über den Kopf, und er sitzt Stunden um Stunden an dem Text für einen Walzer, den er für sein

Mädchen komponiert hat, aber es will ihm nichts so recht einfallen.

Hernán war schon seit einigen Monaten wieder in Buenos Aires, aber er hatte Asunción immer noch nicht besucht. Es war viel Zeit vergangen seit dieser seltsamen Geschichte zwischen ihnen im Jahr 1910, und immerhin verband sie eine gemeinsame Kindheit, die Zuneigung vieler Jahre. Sie erkundigte sich immer mal bei Inés über Hernáns Leben, fragte nach seinem Sohn, doch er wollte von Asunción offenbar nichts wissen.

Wie hätte Hernán sich auch bei dir blicken lassen können, nach dem, was du ihm alles gesagt hattest, als ihr euch zum letztenmal gesehen hattet. Trotzdem hast du auf ihn gewartet. Und nicht wegen eurer gemeinsamen Vergangenheit, wie konntest du dich so belügen, Asunción.

Miguel Rinaldi wollte sehr wohl etwas von Asunción wissen, er kam sie häufig besuchen, erkundigte sich nach ihrer Arbeit, nach Juan, machte ihr Komplimente, wie gut sie Tango tanzte. An einem Abend lud er sie ins Kino ein, und in der Woche darauf in ein Lokal namens Rodríguez Peña, in dem hervorragende Tangoorchester auftraten.

Du warst dir deiner Gefühle für Miguel nicht sicher, aber die Aussicht, wieder zu tanzen, war eine große Versuchung. Und als Miguel, dieser schüchterne Mann, dir den Hof gemacht hat, hast du dich auf einmal wieder als Frau, dich begehrt gefühlt. Deswegen, Asunción, hast du auf Hernán gewartet.

Leonors fieberhafter Aktivismus bei der Einrichtung des neuen Hauses überstieg Hernáns Kräfte, warum fragte sie ihn soviel, wenn er ihr doch freie Hand gelassen hatte.

Sie waren zusammen ins Armenonville und in den Palais de Glace gegangen, aber Leonor hatte nur auszusetzen, daß abgesehen von den einen oder anderen Leuten wie sie dort jedermann hingehen würde. Es war nicht wie Paris.

Dann verlor Leonor auf einmal das Interesse an mir. Endlich!

Inzwischen waren viele neue Tanzlokale entstanden, immer mehr Leute entdeckten mich für sich, und du hast schwelgen können wie in alten Zeiten. Die Bars im Süden und die Feste in den Einwanderervereinigungen waren deine liebsten Ziele in jenen Jahren, Hernán.

Wie war er überrascht, als er in der Bar León zu dem Pianisten sah und in ihm Asuncións Sohn erkannte. Er lief zu ihm, um ihm zu gratulieren: Ich bin Hernán Lasalle, Mercedes' Onkel. Juan begrüßte ihn freundlich.

Du hast ihn noch nicht einmal nach seiner Mutter gefragt, sie zu erwähnen hätte dir weh getan.

Wie schön es wäre, dachte Hernán, wenn sein Sohn César sich für Tango begeistern würde wie er selbst, wie Juan.

»Und dann hat er mir gesagt, ich müsse Mercedes den Weg in eine gute Ehe weisen. Fast wollte ich ihn fragen, wie unsere?« sagte Inés zu Asunción. »Natürlich gefällt Pereyra Mercedes nicht, ich habe sie gefragt, und auch von den anderen keiner. Sie amüsiert sich mit ihnen, sie lachen, tanzen, gehen spazieren, aber heiraten, davon kann keine Rede sein.«

»Was zwingt sie, zu heiraten? Heute heiraten die Mädchen nicht mehr so früh, manche erst mit zwanzig.«

Vicente würde erzürnt sein, wenn er erführe, daß Inés nicht erreicht hatte, worum er sie gebeten hatte. Er war noch verreist, aber sobald er zurück wäre, müßte sie wieder so ein pingeliges Verhör über sich ergehen lassen, das schlimmste aber war, daß sie sehr wohl die Vermutung hatte, daß Mercedes einer gefiel, einer, über den sie nicht reden durfte, oft sah sie sie mit verträumtem Blick auf der Terrasse stehen, und sie fürchtete, daß ... gestern hatte sie schon Miguel gefragt, was sollte sie machen, wenn Mercedes ihr sagen würde, sie sei verliebt in einen ...?

»Wen hast du gefragt?« unterbrach sie Asunción.

Miguel, antwortete Inés zerstreut und fuhr fort zu berichten, wie sie gefragt und daß Miguel ihr geantwortet habe, er würde niemals zulassen, daß Mercedes gezwungen würde, ...

»Miguel Rinaldi?« hast du sie fast angeschrien.

Sie sah dich aus ihrer anderen Sphäre heraus an, als verstünde sie deine Frage nicht: Wen sonst? Seit Jahren hast du von ihren Wunschträumen gewußt, aber als sie seinen Namen hier in eurem vertraulichen Gespräch fallengelassen hat, warst du doch getroffen. Du hattest Miguel fast täglich gesehen, wie konnte er zur gleichen Zeit mit Inés auf der Terrasse ihres Hauses in Mar del Plata reden? Du hättest ihr sagen können, daß sie allmählich jeden Sinn für die Realität verliere, was habe Miguel Rinaldi über Mercedes zu entscheiden, aber du hattest dieses schlechte Gewissen, als würdest du deiner besten Freundin den Mann wegnehmen. Irgendwann mußtest du ihr sagen, daß du dich mit Miguel trafst, nur wann? Nicht jetzt, da sie sich angesichts der drohenden Auseinandersetzung mit Vicente an diese Planke klammerte. Ein andermal, aber es fiel dir leichter, dich von Miguel zurückzuziehen, als Inés deinen Verrat zu gestehen. So sehr interessierte dich Miguel nicht, hast du dir gesagt.

Bei ihrer Begegnung hatte Vicente ihr den Schlüssel der Wohnung in der Avenida de Mayo gegeben: Sie solle ihn auf jeden Fall nehmen, vielleicht würde sie doch noch hingehen wollen. Es war Carlotas Wohnung, doch sie hatte nicht daran gedacht, sie zu benutzen, bis Rosa an diesem Donnerstag abend auf einmal in ihrem Zimmer stand. Sie war verzweifelt, wurde überall gesucht, sie konnte ihr nichts erklären, wollte sie nicht hineinziehen, sie nur bitten, ob sie diese Nacht bei ihr bleiben könne, am nächsten oder übernächsten Tag würden die Genossen bestimmt ein Versteck für sie gefunden haben. Sie konnte zu niemandem von ihnen nach Hause gehen, nach allen wurde gefahndet, einige waren bereits festgenommen.

»Keine Sorge, ich weiß, wo du dich verstecken kannst, dort wird dich niemand suchen. Komm.«

Carlota durfte niemandem sagten, wo Rosa war, noch nicht einmal Lorenzo, wenn sie ihn am nächsten Tag treffen würde, sie konnten auch ihn festnehmen und zum Singen bringen. Traue sie sich, für sie zu gehen? Klar.

Der Gedanke an dieses geheime Treffen an der Avellaneda hat dich erregt, das Losungswort, mit dem du dich ihm als eine von ihnen erkennen geben mußtest. Ein bißchen Adrenalin hat dir gutgetan, Carlota.

Sie sagte es ihr am nächsten Tag, als sie bereits in der Avenida de Mayo eingezogen waren und Rosa sich, ihre Frage zurückhaltend, umsah.

»Die Wohnung gehört Ponce, dem, der die Tiefkühlfabrik an die Nordamerikaner verkauft hat.«

Ihr erschrockener, empörter Blick. In die Höhle des Löwen hatte sie sie gebracht?

»Reg dich nicht auf, Rosa, das ist sehr praktisch. Sie werden dich niemals in einer Wohnung von Vicente Ponce suchen. Und er ist verreist.«

Was für ein Tag! Zuerst versetzt mich Rosa im Park, dann Rosas Mutter, die mich förmlich aus der Mietskaserne herauskatapultiert, und am Abend Miguel: Von Mann zu Mann will er mit mir reden, was für ein unerwarteter Überfall.

Ich sehe noch immer die Pein, die Wut im Gesicht dieser armen Frau: Wie oft soll ich euch noch sagen, daß ich nicht weiß, wo meine Tochter ist. Dabei habe ich sie doch nur einmal gefragt. Sie schlug mir die Tür vor der Nase zu, ohne daß ich noch irgend etwas sagen konnte. Besorgt ging ich weg, ihr wird doch nichts passiert sein? Ob sie sich mit ihren Eltern gezankt hat und von zu Hause abgehauen ist? Oder hat sie Probleme mit diesen Grobianen am Tor der Fabrik bekommen und sich versteckt? Ich glaube nicht, daß sie mich einfach so versetzt hat, ihr liegt etwas an mir.

Und dann hat mich auch noch Miguel überrumpelt, hat endlos um den heißen Brei herumgeredet, bis er damit herausrückte, er könnte sich vorstellen, daß Mama und er … Er hat den Satz so stehengelassen, aber ich habe schon verstanden, habe ich wirklich die ganze Zeit über nichts bemerkt? Entweder bin ich blind oder dumm. Seine Absichten seien ernst, stellte er klar, aber er müsse erst noch das Vertrauen, die Zuneigung meiner Mutter gewinnen, darum komme er sie regelmäßig besuchen, als bräuchte er meine Erlaubnis, um sie zu verführen: Er wolle mich nicht belästigen, ich solle ihm nur diese Chance lassen, versuchen, ihn zu verstehen. Schweigen von meiner Seite, was soll ich auch dazu sagen, ich weiß doch selbst nicht, wie ich dazu stehen soll. Jedenfalls habe ich nie gesagt, daß mich Miguels Besuche stören, das muß Mama erfunden haben, um ihn loszuwerden.

Und wenn es umgekehrt ist? Wenn sie mich loswerden will, weil Miguel ihr gefällt, und sie nur Angst hat, ich könnte nicht einverstanden sein? Bestimmt erfüllt es sie mit Scham, in ihrem Alter einen Verehrer zu haben, obwohl sie so alt auch wieder nicht ist. Ich weiß nicht, wie es für mich wäre, wenn Mama einen Freund hätte. Ich hatte nie den Eindruck, daß ihr etwas gefehlt hat, aber wer weiß ...

Kürzlich haben Ricardo und der Franzose mir angeboten, zusammen mit ihnen eine Wohnung mit Klavier zu mieten. Ich würde zu gern mit Musikern zusammenwohnen und Tag und Nacht spielen. Aber ich habe nein gesagt, nicht nur wegen des Geldes, sondern weil ich dachte, Mama würde traurig sein, wenn ich weggehe. Und wenn ich mich irre und es ihr ganz gelegen kommt, mehr für sich zu sein?

Ich lösche das Licht und sehe Rosa, ihre grünen, ernsten, traurigen Augen, und fühle, daß etwas passiert ist, daß ich ihr helfen muß. Aber wie, wenn ich nicht weiß, wo sie ist. Ihre Mutter fragen, nicht noch mal. Ich weiß schon. Ich werde Carlota fragen.

Die falschen Papiere für Rosas Flucht ins Ausland gaben sie ihr nicht an der Avellaneda, sondern drei Tage später in einer dunklen Ecke im Boedo-Viertel, der mißtrauische Blick des dunkelhaarigen Mannes, waren ihr Hut, ihr Kleid vielleicht zu elegant für ein Treffen mit einem Anarchisten? überlegte Carlota.

»Ich habe mich vorsichtshalber verkleidet«, sagte sie, er blieb reserviert, ein kurzer Handschlag, dann doch ein Lächeln, das zu Gelächter anwuchs, und endlich der Umschlag.

Carlota würde Rosa schminken und ihr die Haare färben, damit sie sie nicht erkennen würden. Und am nächsten Tag, in aller Frühe, würde sie den Dampfer nach Montevideo nehmen, ein Kloß im Hals, wer weiß, ob sie sich jemals wiedersehen würden.

Aber die Situation duldete keinen Aufschub. Sobald Rosa fort wäre, würde sie in die Pension zurückgehen. Schluchzer, Umarmungen und vertrauliche Gespräche in dieser langen Nacht. Carlota würde ihrer Mama sagen, Rosa habe fliehen können, und Juan, was sollte sie Juan sagen?

»Weine nicht, Rosa, ihr werdet euch schon wiederfinden, er ist verrückt nach dir, er war sogar bei mir in der Tanzakademie und hat gefragt, ob ich dich gesehen hätte, ich habe ihm gesagt, daß du von heute auf morgen abreisen mußtest, weil du ein Engagement in einem Theater in Mexiko bekommen hast. Warum schreibst du ihm nicht einen Brief, daß du ihn liebst, damit er auf dich wartet?«

»Nein, nichts Schriftliches, ich will ihn in nichts hineinziehen.«

»Übertreibst du nicht, Rosa? Du siehst dich schon wie Simón, hast du jemanden getötet?«

»Nein.« Sie lachte. »Ich habe der Arbeiterklasse einen Dienst erwiesen. Aber sie werden mich einsperren, und wenn ich achtzehn bin, werfen sie mich aus dem Land. Ich muß weggehen.«

Du hast nie erfahren, was genau sie getan hatte, daß sie in solchen Schwierigkeiten war. Besser so, denn sollten sie zufällig dich verhören, könntest du gar nicht singen. Rosa hingegen wußte sehr wohl, wer einen Nutzen hatte von dem, was Carlota ihr alles über die Tiefkühlindustrie erzählt hatte.

»Ja, ich habe ihm geschrieben und meine Zeilen mit in den Umschlag gesteckt, den du gestern dem Genossen gegeben hast.«

Carlota begleitete Rosa früh am Morgen zum Hafen und schenkte ihr diese goldene Halskette mit Diamanten, die sie zum Glück nicht in Paris verkauft hatte, weil sie vorher Arbeit gefunden hatte. Das war die ideale Gelegenheit, um dieses schreckliche, klobige Hundehalsband loszuwerden, es erstickt einen, wirklich, ich habe es nie gemocht, gut, daß es noch mal für etwas nützlich ist.

Alles bestens, und ich bin so niedergeschlagen. Der Tiger ist nach Montevideo gegangen, aber ich bin engagiert worden, mit dem Italiener Genaro Espósito im Café El Parque zu spielen, und mit Osvaldo Fresedo im Revuetheater Montmartre. Nächste Woche ziehe ich mit Ricardo und dem Franzosen in eine Wohnung, mit Klavier! Aber Rosa ist fortgegangen, es ist schon in Ordnung, sie hat in Mexiko eine gute Arbeit bekommen, aber sie hätte mir wenigstens einen Brief schreiben können. Und Mercedes hat mich ganz schön in die Bredouille gebracht, ausgerechnet an dem Tag, an dem ich Mama angekündigt habe, daß ich ausziehen würde (sie hat ein bißchen geweint, es aber verstanden), fragt mich Mercedes, ob sie sich bei mir zu Hause verstecken kann, weil ihr Vater beschlossen hat, sie mit einem Idioten zu verheiraten, der sie noch nicht mal vorher gefragt hat. Ich mußte ihr sagen, daß das nicht geht, weil ich selbst ausziehen würde, und daß das zu viele Probleme mit ihren Eltern brächte und Mama das Leben schwermachen würde. Dann sagte sie, wenn das Monster darauf besteht, sie mit Pereyra zu verheiraten, weiß sie schon, was sie zu tun hat, was, wollte sie mir nicht sagen, aber ihr Gesichtsausdruck machte mir angst.

Warum Mercedes Ponce y Lasalle es bis zum Skandal hatte kommen lassen, war schwer zu ergründen, lieferte aber Gesprächsstoff für Jahre. Isabel Marcó del Pont war eine der wenigen, die an jenem Abend nicht überrascht waren; die Modistin hatte ihr schon vor Tagen erschrocken berichtet, sie müsse Mercedes' Kleider bei jeder Anprobe ändern, weil ihr Taillenumfang ständig zunahm, sie mußte mindestens im vierten Monat sein. Dabei hatten sie doch gar nicht dieselbe Modistin, und auch Pablo Unzué hatte ihr keine anderen Umstände angesehen, als er sie zwei Monate später in Junín auf der Straße traf, und überhaupt, sagte eine dieser bösen Zungen, an denen es nie fehlt, wisse jeder, daß diese Isabel es auf Carlitos Pereyra abgesehen hatte. Roberto Duhau wollte schon vor Jahren erfahren haben, ein adliger Deutscher habe Mercedes in Paris entjungfert und danach den Abgang gemacht. Alcira Díaz Vélez wiederum hatte sie diesen Sommer mit einem Geiger aus dem Orchester des Ocean bei unsittlichem Gebaren ertappt. Mariano Pereda hatte sie auf dem Platz San Martín beim Herumschäkern mit irgendeinem Nichtsnutz überrascht, er hatte es Carlitos bloß nicht gleich sagen wollen, um ihn nicht zu verstimmen, doch wie hat er, nachdem das alles passiert war, seine Diskretion bereut. Von Tomás Busch erfuhren sie, daß sie in Rosario war, obwohl María Castaing de Mackinlay Stein und Bein schwor, daß die Tänzerin, die sie auf ihrer Hochzeitsreise in einer Music Hall in New York gesehen hatte, niemand anderes als Mercedes gewesen war. Francisco Casares war davon überzeugt, daß Mercedes etwas gesucht hatte, um sich an Carlitos Pereyra zu rächen – was ihr aufs beste gelungen war, wie er irgendwie anerkennend sagen mußte –, warum hatte er auch ihren Vater um ihre Hand gebeten, ohne vorher mit ihr gesprochen zu haben, Mercedes war ein Freigeist. Auch Clotilde Martínez de Hoz meinte, das mit dem Fest habe sie absichtlich gemacht, allerdings nicht um sich an Carlitos zu rächen, sondern an ihrem Vater, sie haßte ihn, weil er ihr Klavier auf die Straße geworfen hatte. Aber sie hatte nicht nur ihren Vater und Carlitos verhöhnt, hielt Pancho Santamarina gekränkt fest, sondern sie alle, die sich in ihrem Haus als Gäste der Verlobungsfeier eingefunden hatten, die Geschenke waren schon überreicht, als die Nachricht sie ereilte. Jedem einzelnen Geladenen sein Geschenk zurückzugeben mußte schrecklich für ihre Mutter gewesen sein, erging Lucila Güiraldes sich in Mitleid, sie würde ihre Mama niemals in so eine beschämende Lage bringen. Allerdings sei Inés Lasalle de Ponce schon auch recht sonderbar, seine Mutter habe das schon immer gesagt, und an diesem Abend habe Diego Villanueva ihr recht geben müssen: Sie blieb als einzige gelassen, erinnert ihr euch, mit welch ruhiger, beinahe zufriedener Stimme sie mitgeteilt hatte, daß Mercedes nicht zu dem Fest kommen würde, daß die Verlobung somit annulliert sei? Ja, wie wenn sie gesagt hätte, nehmen Sie bitte Platz, oder wir bieten Ihnen nun das Konzert soundso dar, amüsierte sich Jean Paul de Bary, vielleicht hatte sie es mit ihrer Tochter geplant, um Ponce lächerlich zu machen, was ihr gelungen war, erinnert ihr euch, wie sein Gesicht dunkelrot angelaufen ist? Als würde er explodieren. Benjamín Pereyra erinnerte sich vor allem an den Ausdruck seines Onkels, Carlitos' Vater, ihm blieb der Mund offenstehen, er brauchte eine Weile, bis er reagierte, allerdings finde er, er habe es mit der verletzten Ehre etwas übertrieben, vor allen Gästen Ponce zum Duell herauszufordern, das hätte es doch nicht gebraucht. Zum Glück hat sich keiner von beiden verletzt, sagte Alfredo Duggan, schuld hatte dieses kopflose, sittenlose Mädchen, und dieser Lump, der sie auf die schiefe Bahn gebracht hatte. Schuld hatte die Mutter, die ihr ihre Launen hatte durchgehen lassen. Schuld hatte der Vater, der ihr nicht ihren Platz gewiesen hatte. Schuld hatte ihr Onkel Hernán Lasalle, der ihr in Paris die schlimmsten Sachen beigebracht hatte.

Nichts jedoch, weder die Schwangerschaft noch das sonderbare Wesen ihrer Mutter, noch der Deutsche, der sie entjungfert hatte, noch dieser Dahergelaufene, noch der Geiger, und auch nicht, daß sie an wem auch immer Rache nehmen wollte, rechtfertigte, daß sie allen Vorbereitungen zu ihrer Verlobung lächelnd beigewohnt hatte, daß sie Carlitos Pereyras Liebesschwüre angehört, neugierig die Geschenke beschnuppert hatte, und geflohen war, als sie alle anwesend waren. Das war ein Affront, den sie ihr niemals verzeihen würden.

Und ein Fest für ihre Zungen.

Leonor hörte nicht auf. Sie kannte kein anderes Thema mehr: als hätte Mercedes diesen Skandal nur veranstaltet, um ihr Schaden zuzufügen, um sie vor allen in eine peinliche Lage zu bringen. Ihnen hatte in den letzten Jahren in Paris ihre Erziehung oblegen. Hernán hatte ihr alles erlaubt, Leonor war nie damit einverstanden gewesen, daß er ihr soviel Freiheit ließ, sie hätten sie vor ihrer Rückkehr mit Charles verheiraten müssen, du hast dich geweigert, immer warst du auf ihrer Seite. Und sieh dir die Folgen an. Armer Vicente. Über deine Schwester sage ich nichts, sie scheint das alles nicht sonderlich zu berühren.

»Wohin gehst du, Hernán? Ich rede mit dir.«

»Mit César spielen.«

Das tat er nicht nur, um vor Leonor zu fliehen. Stundenlang spielte Hernán mit seinem Sohn. Fuhr ihn im Automobil herum, um ihm Buenos Aires zu zeigen. Erzählte ihm Geschichten.

»*Er hätte so anders werden können, bei dem wunderbaren Vater, den er hatte*«, sagte Mercedes.

»*Jetzt unterbrich du nicht auch noch, Mercedes. Wir sind nur mit Reden dran, wenn Ana und Luis da sind.*«

»*Aber wenn sie uns doch nicht zuhören, während sie in der Vergangenheit stöbern, will ich auch wenigstens meine Meinung sagen*«, sagt Rosa. »*César war ein typisches Produkt seiner Klasse. Der Schmerz hätte seine menschliche Seite hervorkehren können, auf welche Weise auch immer, aber wie wir dank Ana wissen, war seine Scheißideologie stärker als der Umstand, einen Sohn zu verlieren.*«

Neunzehntes Kapitel

Seit zwei Monaten hat Ana das Foto ihres Urgroßvaters Hernán Lasalle, und jedesmal, wenn sie ihre Eltern besuchen geht, nimmt sie sich fest vor, es ihnen zu zeigen, ein guter Einstieg. Aber nie ist der richtige Zeitpunkt, über Hernán zu reden würde sie unvermeidlich auf ihren Großvater César bringen, und Anna will ihren Vater nicht betrüben. Doch für heute hat sie sich fest vorgenommen, nicht wegzugehen, ehe sie das Thema nicht angeschnitten hat. Wann will sie es ihm sagen? Wenn der Film Premiere hat? Unsinnig, es weiter wie etwas Beschämendes zu verschweigen. Tatsächlich war ihr am Anfang bei dem Projekt nicht wohl, wie eine Schnüfflerin ist sie sich vorgekommen, doch seit einer Weile ist sie mit großem Eifer dabei. Und das betrifft nicht nur die Recherche. Die Beziehung, die sie zu Juan Montes, und auch zu Hernán Lasalle, zu Mercedes, zu dieser Familie, ihrer Familie, gewonnen hat, hat ihre Sicht verändert.

»Habe ich euch erzählt, daß ich mit einem argentinischen Filmregisseur zusammenarbeite, für ihn über den Tango forsche?« Über unsere Familie, sollte sie sagen, aber ihr fehlt der Mut. »Es soll eine Familiensaga werden.«

»Ach ja, wie interessant. Und um was für eine Familie geht es?«

»Eigentlich um zwei. Um die von Juan Montes und um deine, Papa.« So, jetzt ist es ausgesprochen, und alle sehen sie verdutzt an.

»Die Lasalles?« Marie verbirgt ihre Verwunderung nicht.

»Der Film geht über die Lasalles?« fragt ihr Bruder Tomás entsetzt. Ana hätte vor wenigen Monaten vielleicht genauso reagiert, jahrelang wurde über diese Familie wie über Feinde geredet.

»Ja, und über die von Juan Montes, darum habe ich dich vor einiger Zeit gefragt, ob du ihn kanntest, erinnerst du dich?«

Er antwortet ihr nicht, kein Wort, richtet die Augen starr auf

Ana, es braut sich etwas zusammen, sonst sitzt man in der Rue St. Paul nach dem Essen doch immer gemütlich zusammen. Ihr Vater blickt nach unten auf den Brotkrümel, den er hingebungsvoll knetet. Marie sieht ihn beunruhigt an. Ana steht auf, öffnet ihre Handtasche und zieht mit größter Vorsicht das Foto zwischen den beiden schützenden Kartons hervor. Gérard, ein Freund von ihr, hat es ihr mit einem Fotobearbeitungsprogramm auf ein passendes Format gebracht, sie legt es ihrem Vater hin: Das habe ich per E-Mail bekommen. Hast du ihn gekannt? Er ist dein Großvater. Sie lächelt, wartet auf ein Wort, das nicht kommt. Du hast gesagt, er sei ein hervorragender Tangotänzer gewesen, und nach dem, was wir herausgefunden haben, anscheinend auch ein netter Typ, sensibel, auch wenn du es nicht glaubst, die befremdeten Blicke, die mit Wucht auf die Tischdecke geschleuderte Brotkugel, die Adern von Hernáns Hand, die immer blauer hervortreten, Anas Worte, die immer schneller aufeinanderfolgen, als könnte sie so von der angespannten Stille ablenken, mit der ihre Familie die Neuigkeit aufgenommen hat: Er hat viel für den Tango gemacht, er war einer der ersten, die in Paris Tango getanzt haben, die Familie von Montes hat ihn bewundert, übertreibt sie, wie auch seine Nichte, Mercedes, um sie hat es einen großen Skandal gegeben, sie war die Tochter von Inés und Ponce, weißt du, wer Vicente Ponce war, Papa?

Hernán ist aufgestanden, er öffnet und schließt den Mund, als suchte er aus so vielen Möglichkeiten die richtige Formulierung heraus, um seiner Tochter zu antworten, er erkennt sie nicht wieder.

»Ponce?« Angewidert kaut er das Wort, als stieße es ihn schon ab, den Namen zu hören. »Wie soll ich nicht wissen, wer Ponce war, der hochgeschätzte Vicente, der Übermensch, der soviel für das Land getan hat, und für sich, klar. Ein Idol meines Vaters.« Sein Gesicht verfinstert sich. »Ana, was hast du mit diesen Leuten zu tun?«

»Das frage ich mich auch«, sagt ihr Bruder, zufrieden, daß

endlich einmal sie in die Zange genommen wird. »Ana, bist du nicht Soziologin? Was für eine Arbeit machst du da eigentlich?«

»Ich mache mit bei einer Studie über den Tango, die als Filmvorlage dienen soll.«

»Ponce, ein Tangoliebhaber! Ich weiß schon, warum ich den Tango nicht mag. Besser gesagt, nicht mochte«, sein Ton wird etwas friedlicher, »denn es war schon ein großartiges Geschenk, dich tanzen zu sehen, und Marie und ich haben uns sehr vergnügt«, sein hilfesuchender Blick, doch seine Frau reagiert nicht. »Jetzt sag ... was hat deine Tangobegeisterung mit diesen niederträchtigen Menschen zu tun, über die du Nachforschungen anstellst?«

Hernán setzt sich.

»Eigentlich forsche ich mehr über Montes und verschiedene Dinge drum herum«, reden, immer weiter reden, »die verschiedenen Choreographiestile im Tango, der Wandel in den zwanziger Jahren«, reden, um von den Lasalles abzulenken, »lustige Anekdoten, zum Beispiel den von der Kirche veranstalteten Skandal, und daß der Papst sich Tango vortanzen ließ, um zu entscheiden, ob der Tango Sünde ist oder nicht, wußtet ihr das?«, niemand antwortet, doch sie redet weiter, »und wie die Duncan nackt getanzt hat, nur in die argentinische Flagge gehüllt«, einfach drauflos. »Die Lasalles hat Luis, der Regisseur des Films, übernommen.«

»Und warum hat er sich ausgerechnet dich für die Recherchen ausgesucht?« läßt Tomy sich nicht entgehen zu fragen. »Weil du Lasalle heißt?«

Als hätte sie es überhört: »Er erzählt mir alles per Mail, oder wir chatten. Ich dachte ...«, sie sieht alle an, wie um eine Genehmigung einzuholen, »... ich dachte, Papa, du könntest ein paar deiner Erinnerungen beisteuern. Ich weiß auch nicht, Mercedes' Geschichte zum Beispiel, damals war es ein Riesenskandal, es wäre interessant, die offizielle, oder besser gesagt, die in der Familie gültige Version zu kennen. Ponce hat sie deinem Vater doch bestimmt erzählt. Hat er nie von Mercedes geredet?«

»Ana, was ist los mit dir?« schneidet ihre Mutter ihr erbost das Wort ab. »Weißt du nicht, daß dein Vater nicht gern an seine Familie erinnert wird?«

Alle verärgert über Ana, als trüge sie die Verantwortung, diese Familie zu haben. Sie wehrt sich:

»In Ordnung, er wird nicht gern an seine Familie erinnert, nicht an die Jahre im Gefängnis, nicht an Argentinien und nicht an seine Kindheit, aber wie weit geht dein Unbehagen zurück? Bis zu deinem Ururgroßvater?«

Das ist sehr ungerecht von ihr gewesen, dagegen kann sie jetzt auch nichts mehr machen, sie nimmt das Foto wieder an sich, steckt es in ihre Handtasche. Ich gehe, wenn man irgendwann hier so reden kann wie in anderen Familien auch, sagt Bescheid. Marie und Tomy gleichzeitig, aber du selbst willst doch nie reden, beachtet sie nicht, sie ist hysterisch, die Arbeit über diese rechten Gesinnungsgenossen bekommt ihr nicht, wie kommst du überhaupt darauf, bei einem Film über diese widerwärtigen Lasalles mitzumachen? Wenn ich dich erinnern darf, auch du heißt Lasalle, Tomás Lasalle. Da erhebt sich Hernáns ernste Stimme: zu meinem Ururgroßvater kommen wir noch, Ana, aber wir fangen vorher an ... beginnen wir mit dem Gefängnis, dieser großen Unbekannten, es stimmt, wir haben fast nie davon gesprochen.

Die Wände rücken auf Ana zu, Angst.

»Tomy hat recht, Papa, ich bin hysterisch geworden« – sie geht zu ihm, umarmt ihn. »Verzeihst du mir?«

Zärtlich schiebt er sie weg, weist auf den Stuhl. Er will mit seinen Kindern übers Gefängnis reden, über die langen Jahre, in denen er sie nicht aufwachsen gesehen hat, weil er in Haft saß, er will ihnen davon erzählen, er spürt, daß der Moment gekommen ist, es wird ihm guttun.

Das Zimmer ist klein geworden, die Stimme ihres Vaters heftet sie an die Stühle: Es gab eine Zeit, in der Marie und ich

und viele, sehr viele andere glaubten, wir könnten die Welt verändern – ein trauriges Lächeln, ein Wechsel verschworener,
warmer Blicke, ob Ana irgendwann etwas so Tiefes empfinden
würde wie das, was zwischen ihren Eltern besteht? Marie en-
gagierte sich mehr als ich, sie war in einer Partei, während ich
nie irgendeiner Organisation beigetreten bin, ich hatte meine
Ideale, beließ es bei Worten, bis ich, er atmet tief, hält inne, eines
Tages beschloß, einen politischen Gefangenen zu verteidigen,
dann noch einen, und noch einen. Dann kam dieser 22. August
1972, in einem Gefängnis in Trelew verübten sie, ohne einen
Prozeß abzuwarten, furchtbare Gewalttaten an neunzehn Genossen, die meisten starben, sie waren von drei verschiedenen
Organisationen... Hilf mir, Marie, woraufhin sie ihm mit einer
Handbewegung andeutet, daß er fortfahren soll. Jedenfalls
konnte ich nach dieser Geschichte nicht mehr zurück, ich nahm
nur noch Fälle politischer Gefangener an, ich handelte doch im
Schutz des Gesetzes, ein bitteres Lachen, warum verteidige ich
mich eigentlich?, ich rede mit meinen Kindern, nicht mit meinem Vater. Ich mußte das Studium abbrechen, mein Partner war
nicht einverstanden, eine unendliche Zärtlichkeit in seinem
Blick, doch Marie hat zu mir gehalten.

»Ich war stolz«, sagt Marie, »aber es war schwierig, ihr wart
noch ganz klein, und wir bekamen von niemandem Beistand.
Das war die erste schreckliche Auseinandersetzung mit César,
als er erfuhr, warum Hernán das Studium aufgegeben hatte.« Sie
bricht plötzlich ab, als hätte sie mehr gesagt, als sie will.

»Es waren harte Zeiten, aber es war auch phantastisch, nicht
wahr, Marie? Wie wunderbar war es, zu spüren, daß wir etwas
ausrichten konnten gegen die Ungerechtigkeit um uns herum.«

»Und wovon haben wir gelebt?«

»Marie gab Französischunterricht, aber das reichte nicht.
Wir verkauften die Wohnung, die meine Eltern uns zur Hochzeit geschenkt hatten, und mieteten eine andere, mit dem Geld
kamen wir lange Zeit über die Runden. Irgendwann gab es
diesen heftigen Krach mit meinem Vater, sie hätten uns die

Wohnung nicht geschenkt, damit ich alles für irgendwelche Verbrecher vergeude ... Ich bekam eine solche Wut, daß ich ihm einen Scheck hinwarf, über fast alles, was wir noch besaßen. Eine große Dummheit, sehr unbedacht, ich glaube, damals hatten wir noch keine Vorstellung davon, was alles passieren konnte. Denn entgegen allen Erwartungen wurde mit der verfassungsmäßigen Regierung die Repression erst richtig schlimm.«

»Mit Perón?«

»Mit Isabel Perón. Eigentlich hieß die Formel Juan Domingo Perón/Isabel Perón, und als Perón starb, fiel seiner Frau, Isabelita, die Präsidentschaft zu. Weißt du noch, Marie?« Eingeflochtene Anekdoten, Gelöstheit. »Ana war vier, und im Fernsehen wurde der Aufmarsch vor Peróns Leichnam gezeigt, weihevolle Musik, ich weiß nicht, wie du darauf gekommen bist, Ana, jedenfalls hast du gefragt, ob Perón Gott ist.«

Und wieder lachen alle vier, wie so oft bei den Mittagessen in der Rue St. Paul. Dann auf einmal erstarrt Hernáns Lächeln, eine weitere Brotkugel, Stille, und Ana: Du brauchst dich nicht zu erinnern, Papa, wenn es dir dabei schlechtgeht. Dabei ist sie es, die nicht will, daß er vom Gefängnis redet.

Hernán spricht weiter.

»Am 3. August 1975 haben sie mich festgenommen. Sie brachten mich nach Magdalena. Ich habe nie ein Gerichtsverfahren bekommen.«

»Wenn du das nächste Mal ein Foto von einem Vorfahren mit nach Hause bringst, sag Bescheid, dann schluck ich vorsorglich ein Röhrchen Antidepressiva«, sagte Tomy, während er sie nach Hause begleitete, und lachte, er hatte noch immer gerötete Augen.

Er hatte mit seinem Vater geweint, als dieser sich wieder an die Erleichterung und auch Verzweiflung erinnerte, die ihn überkamen bei der Nachricht, seine Familie könnte endlich aus dem Land flüchten. In Paris würden sie sicher sein, doch er könnte sie nicht besuchen. Und Marie hatte geweint, als er über die Jahre sprach, in denen er ihren abwesenden Körper umarmte und daraus die Kraft zog, um wieder einen Tag durchzuhalten, und noch einen, und den nächsten, und sich vorzustellen versuchte, wie groß seine Kinder geworden sein mochten, wie ihre Stimmen, ihr Lachen, ihre Schulhefte, ihre Spiele wohl waren. Und Ana hatte geweint, als sie von der Nachricht erfuhr, die César durch seine Frau ins Gefängnis von Magdalena überbringen ließ: Er denke nicht daran, bei irgendwem zu erwirken, daß man ihn befreie, für ihn sei sein Sohn gestorben.

»Wie schäbig. Schlimmer als Vicente, der hat sich, wenn auch spät, Franciscos Unglück zu Herzen genommen.«

»Aber er hat jahrelang gesagt, Mercedes sei für ihn gestorben.«

»César war nicht Vicentes Sohn, sondern Hernáns.«

»In gewisser Weise hatte Vicente ihn adoptiert. Sie mochten und schätzten sich.«

»Einer wie der andere. Er hätte sein Sohn sein können.«

Von: Luis Rucoli
An: Ana Lasalle
Betreff: Entscheidungen
Liebe Ana, der Plan steht, die Zwanziger werden den Hauptteil des Films bilden, und als Abschluß der Putsch von 1930, der alles kaputtmachte. Der Anfang vom Untergang.

Die Geschichte wird mit der Geburt meiner Mutter, 1931, enden. Mehrere Gründe, irgendwie ist es mir peinlich, meine Mutter zur Filmfigur zu machen (sie spielt in meinem Leben schon eine ziemlich große Rolle), die berufliche Laufbahn meiner Großmutter, die erste Diktatur nach siebzig Jahren Demokratie. Die Generation unserer Eltern wird nicht berührt.

Und jetzt die Meldung, die Dich zu Tränen rühren wird: In weniger als einem Monat werde ich in Paris sein.

Und dann ist es an Dir, nach Buenos Aires zu kommen.
Kuß, Luis

Zum Glück hat Luis diese Entscheidung getroffen, Großvater César wäre am Ende des Films zwanzig Jahre alt, und da sie nicht annimmt, daß er irgend etwas mit dem Tango zu tun hatte, wird er also nicht vorkommen.

Luis' Ankündigung, nach Paris zu kommen, hat sie nicht, wie Luis angenommen hat, zu Tränen gerührt, an diesem Nachmittag hat sie bei ihren Eltern genug geweint, aber sie hat sich gefreut. Sie haben sich nur dreimal gesehen, trotzdem kommt es Ana so vor, als hätte sie viele wichtige Dinge mit ihm geteilt. Ohne ihn, ohne seinen Film wäre dieses Gespräch mit ihrem Vater womöglich nie zustande gekommen. Oder vielleicht schon, eines Tages sicherlich, aber Ana hätte nicht von sich aus darauf gedrängt. Selbst heute hätte sie es in ihrer törichten Abwehr gegen jeden Schmerz am liebsten umgangen. Und trotzdem fühlt sie, daß es unvermeidlich gewesen war, darüber zu reden, und daß es eine Erleichterung war. Für alle. Und sie weiß, daß es nur der Anfang ist, jetzt, da sich diese Tür, die Ana unbedingt hatte zuhalten wollen, geöffnet hat, möchte sie den Weg des Gedächtnisses auch beschreiten, denn er führt auch zu ihr. Wie kann sie so leichtfertig sagen, sie sei »nur Französin«, wie konnte sie das ihren Eltern antun, und ihnen selbst, Tomy und Ana ...?

Wieder weint sie, aber es macht ihr nichts aus, sie will weinen, alle Tränen fließen lassen über das, was in ihrer Familie geschehen ist, in ihrem Land? Nein, ihr Land kann sie nicht sagen, aber wohl ihre Geschichte. Und vielleicht, denkt sie jetzt, da sich ihr Schluchzen beruhigt hat, kann sie dank dieser so besonderen, dieser verschwörerischen, fast sogar liebevollen Verbundenheit zu ihrem Urgroßvater, diesem anderen Hernán, ihrem Vater irgendwie helfen, ein weniger traumatisches Verhältnis zu seiner Familie aufzubauen, dieser Kette, von der er, Tomy, Ana, Glieder sind. Sehr unterschiedliche, zum Glück. Sie glaubt nicht, daß es ihren Vater weiterbringt, wenn er seinen eigenen Familiennamen haßt. Und auch Tomy nicht, und sie nicht. César Lasalle zu hassen reicht.

Sie geht zum Schreibtisch, wirft dem Foto ihres Urgroßvaters ein Küßchen zu: danke.

»Bei Ana tut sich etwas, meinst du nicht, Hernán? Fast liebevoll ist sie.«

Sie sollte auch Luis danken, denkt Ana, vielleicht macht sie es, wenn er nach Paris kommt.

Luis hat sich viele Male eingeredet, daß es um das gemeinsame Arbeiten geht, um das, was jeder zur Geschichte ihres Films beiträgt, aber seit der Augenblick des Wiedersehens näher rückt, rattert es in seinem Kopf. Er hat auf dem ganzen Flug kein Auge zugetan, soll er Ana gleich anrufen, wenn er im Hotel angekommen ist? Nein, lieber am Nachmittag, nach seinem Treffen mit Philippe. Wenn sie ihm vorschlägt, zusammen zu Abend zu essen, soll er Ana einladen? Nein, er wird todmüde sein und mit Sicherheit nicht ganz Herr seiner selbst: Nicht daß er noch über sie herfällt oder ihr sagt, wie sehr er sie begehrt. Das beste wird sein, sie am nächsten Tag anzurufen, du mußt mir verzeihen, ich hatte gestern nicht eine freie Minute, ja, damit käme gar nicht erst der Verdacht auf, daß er sich nach ihr sehnte. Halb zehn Uhr morgens, würde er einen ganzen Tag in Paris aushalten, ohne sich bei Ana zu melden? Würde sie ihm das nicht übelnehmen? Natürlich darf er sich nicht wie ein Idiot benehmen, der ihr hinterherhechelt, wie ein Hündchen, das mit dem Schwanz wedelt, sobald es sie sieht, aber ins Gegenteil umzuschlagen ist auch nicht gut, sie soll ihn auch nicht für einen undankbaren Stoffel halten. Sie sind Freunde … enge Freunde, das kann er nach so vielen Monaten Mails und Messenger wohl sagen. Am besten wird er doch im Lauf des Tages bei ihr anrufen und ihr eine herzliche, nette Nachricht auf den Anrufbeantworter sprechen, doch auf dem Handy will er nicht anrufen. Ich will auch nicht aufdringlich wirken, wie einer, der jeden Augenblick dazwischenfunken kann: bei ihrem Freund zu Hause, beispielsweise. Paul hat sie nie wieder erwähnt. Überhaupt ihr Privatleben nicht, wenn er es sich recht überlegt, ihre Gespräche drehen sich nur um den Film, den Tango, die Verwandten. Er schüttelt selbst den Kopf, wie diskret er ist, er hat sich gerade mal getraut, sie nach ihrem Großvater zu fragen, weil Ana ihm gesagt hat, daß sie ihn haßt, und auf ihr Privatleben hat er sie gar nicht angesprochen, dabei würde er allzugern wissen: lebt sie nun mit ihrem Freund zusammen? Und wenn es in diesen Tagen nur zu einem einzigen »beruflichen« Treffen kommt, weil Ana den ganzen Tag mit ihrem Freund verbringt? Er würde seine Niederlage still hinnehmen. Niemals würde er ihr beichten, daß er während der ganzen vierzehn Stunden Flug, auch wenn es noch soviel mit der Produktionsfirma zu regeln gab, an nichts anderes gedacht hat als an sie, wie ein fünfzehnjähriger Junge, der zum erstenmal verknallt ist. Die Franzosen sind sehr viel zurückhaltender, wenn er im Rederausch über alle seine Gefühle spricht, wird Ana bestimmt nicht mehr mit Luis zusammenarbeiten wollen.

Die Telefonzellen dort sind verlockend, er muß sie auf der Stelle anrufen. Also los, warum soll er sich maßvoller geben, als er ist? Außerdem ist das normal, macht er sich Mut und geht auf die Telefone zu, irgendwie ist sie doch seine Partnerin. Er hält sich zurück, nein, bloß nicht gleich vom Flughafen aus anrufen, was will er ihr überhaupt sagen: Hör zu, ich bin gleich bei dir, und du weichst mir die ganze Woche bis zu meinem Rückflug nicht mehr von der Seite.

»Luis«, er sieht sie verwundert an, er ist schon so verrückt, daß er ihr Bild in seinem Kopf nach außen projiziert. »Du bist doch Luis, oder?« Es ist sie, ja, er ist wie gelähmt, bringt kein Wort heraus, seine Lippen dehnen sich zu einem Lächeln. »Fast hätte ich dich verpaßt, ich bin spät dran. Was ist? Erkennst du mich nicht?«

Luis umarmt sie, behutsam, damit sie ihm nicht anmerkt, wie aufgewühlt er ist: Klar, ich bin nur verschlafen, und du hast mich überrascht. Ich habe dich nicht erwartet. Woher wußtest du, wann ich ankomme?

»Du hast mir gesagt, du würdest mit Aerolíneas Argentinas

fliegen und am Morgen ankommen. Ich habe den unausgesprochenen Wunsch herausgehört, daß ich dich abholen soll.« Dieses Lächeln.

»Überhaupt nicht«, lügt er, hundertmal hat er es sich vorgestellt, doch darum gebeten hätte er sie niemals. »Ich wäre nie auf die Idee gekommen. Du siehst anders aus, oder?«

So oft hat er von ihr geträumt in diesen eineinhalb Jahren, die sie sich nicht gesehen haben, wie sie tanzt, ernst, glücklich, aufgeregt ist, bekleidet und nackt, er hat ihr eine Brille zum Lesen verpaßt, obwohl er gar nicht weiß, ob sie eine trägt, er weiß gar nicht mehr, wie sie war.

»Nicht daß ich wüßte, vielleicht hast du mich nur anders in Erinnerung. Wir haben uns wenig gesehen, und es ist lange her. Besser oder schlechter?« Dasselbe Lächeln, wie beim Lesen des Drehbuchs, beim Chatten im Messenger, wie auf dem Bild, das er sich im Flugzeug von ihr gemacht hat: ihr Lächeln im Schlaf, nachdem Luis und sie sich geliebt haben. Ana hat ihm alle Türen geöffnet, und von ihm kommt nur ein schlaffes Lächeln, kein Wort, wie ist er blöd.

»Ich bin entsetzlich müde«, wirklich saublöd.

»Warte«, sagt Ana, »ich hole das Auto.«

Nein, sie können zusammen zum Parkplatz gehen, Luis hat nur den einen Rollkoffer. Die frische Luft wird ihn bestimmt wach machen, und wenn er sich etwas erholt hat, wird er ihr mit vorsichtigen Worten unterbreiten, wie unendlich er sich freut, sie wiederzusehen, wie wunderschön sie ist.

»Besser«, sagt er, als sie schon unterwegs sind.

Ana versteht nicht recht: Sie sehe besser aus als damals, als sie sich zum letzten Mal gesehen hätten, das habe sie ihn doch vorhin gefragt. Schlaf ruhig ein bißchen, erwidert Ana und lächelt, du bist todmüde. Was für ein frustrierender Gedanke muß es sein, monatelang für einen Film von so einem Langweiler geforscht zu haben. Wie oft hat er ihr Wiedersehen durchgespielt, und jetzt fällt ihm überhaupt nichts ein, er schließt die Augen, ja, lieber stellt er sich schlafend, als so eine erbärmliche Figur abzugeben. Was ist nur los mit ihm, er hat sich so sehr gesehnt, sie zu sehen, ihr zuzuhören, hat ihr so viel zu sagen, die Lider bleischwer.

»Ich glaube einfach nicht, daß er eingeschlafen ist«, sagt Juan. »Mir wäre das nie passiert.«

»Ach nein, und als wir nach Mar del Plata gefahren sind, und du fast die ganze Reise geschlafen hast?«

Ana schüttelt ihn: Luis, wir sind da. Wach auf, wir sind vor deinem Hotel.

Steig aus, Ana, laß uns zusammen frühstücken, bis zu meinem Termin ist noch Zeit, sagt er schnell, warum hat er nur nicht im Flugzeug geschlafen?

»Nein, hier kriegt man keinen Parkplatz, und ich habe zu tun.« Sie will also nichts von ihm wissen.

»Danke, Ana, sehen wir uns später?«

»Laß uns telefonieren.« Ein rascher Kuß auf die Wange.

In den E-Mails, im Messenger, am Telefon wirkt er viel netter, als wenn man ihn vor sich hat, denkt Ana, sie hätte ihn nicht abholen sollen. Sie hat Luis wirklich seltsam blockiert gefunden, vielleicht hat sie ihm etwas zu verstehen gegeben, das gar nicht so war, und er war unsicher, wie er sich verhalten soll, und hat darum die ganze Fahrt geschlafen. Bei nächster Gelegenheit will sie ihm sagen, daß sie ihn nur abholen gekommen ist, weil sie die ganze Woche entsetzlich viel zu tun hat und dachte, sie könnten auf der Fahrt von Roissy nach Paris reden. Internetbeziehungen sind etwas Merkwürdiges, vielleicht, weil man über den Computer Einlaß in die Privatsphäre der Wohnung bekommt, die Wörter verschmelzen zu einem Ton der Vertrautheit, der einem die Illusion gibt, man würde den anderen wirklich kennen, doch wenn man einander dann gegenübersteht, sich ansieht, nichts als Fremdheit. Was weiß sie schon von Luis, abgesehen von dem Film fast nichts, die paar Eckdaten, die sie am Anfang ausgetauscht haben. Trotzdem nimmt Luis seit gut anderthalb Jahren an ihrem täglichen Leben teil, fast mehr als ihre Leute in Paris, sogar als Paul. Demnächst, wenn sie mit dem Tango durch ist, will sie darüber forschen, wie das Internet zwischenmenschliche Beziehungen verändert.

»Ja, es ist seltsam, oder? Stellt euch vor, ihr sagt, viel schlimmer, ihr schreibt intime Dinge an einen Unbekannten.«

»Also ich würde das nicht machen«, sagt Asunción.

»Vielleicht wäre unser Leben anders verlaufen, Asunción«, sagt Hernán, »wenn wir, als du mit dem Uruguayer zusammen warst, gechattet hätten.«

»Ich hätte es wunderbar gefunden, Mail und Messenger zu haben«, sagt Mercedes, »ich wäre eher aus Rosario fortgegangen, ganz sicher.«

Zweieinhalb Tage sind seit seiner Ankunft vergangen, und gerade erst haben sie sich verabredet. Im Café de Flore, wie Luis vorgeschlagen hat. Ana hatte ihn, als er ihr auf den Anrufbeantworter gesprochen hatte, gleich am nächsten Tag zurückgerufen, aber sie hatte immer bis spät zu tun.

Es ist nicht einfach, diese absurde Entfremdung zu überwinden, warum hat er sich bei seiner Ankunft auch so verhalten, Ana lächelt nicht und ist auch nicht mehr so nett wie am Flughafen. Wie, sie hat diese Woche fast keine Zeit? Ausgerechnet wenn Luis in Paris ist. Er unterbricht Ana beim Auflisten ihrer unverschiebbaren Termine mit einem Lächeln: Macht nichts, Ana, im Hotel habe ich einen Computer, dann chatte ich eben von dort mit meiner Freundin, sie recherchiert für meinen Film und hat immer für mich Zeit. Bei den vielen Entscheidungen, die ich in diesen Tagen treffen muß, will ich mich mit ihr beraten.

»Recherchiert noch jemand?« fragt Ana, ein Riß in ihrem bemüht neutralen Ton. »Das hattest du gar nicht erwähnt.«

Luis lacht: Du, Ana, ich habe das gesagt, weil du mehr Zeit hast, wenn ich weit weg bin.

Lachen kommt keins von ihr, aber sie entspannt sich: Worüber willst du dich mit mir beraten?

Bevor sie irgend etwas beratschlagen, will er ihr etwas sagen, und er will, daß sie ihn dabei ansieht, denn beim Schreiben sieht man sich nicht, es ist auch nur ein Wort: danke, Ana, vielen, vielen Dank. Für alles, was du für unseren Film machst.

Sie preßt ein wenig die Lippen zusammen und sieht Luis ernst an: Ich möchte dir auch danke sagen, vielen Dank. Dann schüttelt sie, wer weiß mit welchem Gedanken, den Kopf, ihr Ausdruck wird lockerer: Aber ich sage dir nicht den Grund.

Und dann tut sie es doch, am Abend darauf im Aux trois maillets, bei ihrem letzten Glas. Auch wenn's genau den Teil der Familie betrifft, der nicht in deinen Film kommt, scherzt sie, César. Hernán, ihr wundervoller Vater, ihre Mutter, Tomy und sie. Das Gefängnis, das Exil, das hartnäckige Schweigen, in dem sie sich einrichten wollte. Darum habe sie ihm danke gesagt. Luis nimmt, feuchte Augen, ihre Hand. Auch er will ihr irgendwann einmal von der tiefen Erschöpfung in jenen Jahren erzählen, von der Trennung, seinem Sohn. Doch erst einmal wird er, obwohl in Argentinien alles drunter und drüber geht, seinen Film drehen, er lacht, glaubt daran, hat Hoffnung. Hoffnungen, nicht nur bezüglich des Films ... Ana spürt, daß Luis kurz davor ist, eine Schranke zu durchbrechen, aber sie will nicht, daß er es ausspricht, und steht auf. Auf der Toilette spritzt sie sich Wasser ins Gesicht, sie hat zuviel getrunken, hat zuviel erzählt, zum erstenmal hat sie mit einem anderen Menschen als ihrem Therapeuten darüber gesprochen, was in ihrer Familie passiert ist. Mit Paul hat sie es versucht, aber mittendrin aufgegeben, als er ihr sagte, daß es unsinnig sei, über eine schmerzhafte Vergangenheit soviel zu reden, wozu, das komme nur vom vielen Therapieren. Doch das ist nicht der Grund, warum sie mit Paul Schluß gemacht hat. Aber was ist passiert zwischen ihnen, was hat er gemacht, nichts, genau das, es ist nichts passiert, darum will sie ihn nicht mehr sehen. Was für eine Erleichterung, diese letzten Tage. Es tut ihr gut, allein zu sein, sie möchte auch keine Beziehung mit jemandem, der so weit weg, in diesem Land lebt, an das sie sich kaum erinnert und das sie doch nur mit Schmerz verbindet, und schon gar nicht will sie einen so wunderbaren Freund wie Luis verlieren, da sie endlich weiß, daß sie vor ihm so sein kann, wie sie ist.

»Hast du Lust, morgen am Seineufer tanzen zu gehen?« fragt Ana, als sie zurück am Tisch ist.

Ihre Stimme, ihr Gesichtsausdruck sind vollkommen anders, sie ist wie verwandelt. Traust du dich, nachdem du mich mit Pascal tanzen gesehen hast? provoziert sie ihn. Natürlich, wer ist schon dieser Lehrer, er hat vielleicht seine Tricks drauf, aber Luis hat seine eigenen. Und sollte er seine Sache schlecht machen, kann sie ihn auf der Stelle, mitten auf der Tanzfläche stehenlassen und mit einem anderen tanzen, der ihrer würdig ist.

Was als Witz gemeint war, hat Ana tatsächlich getan. Ein zauberhafter Ort, die Uferpromenade, die Seine, eine frische Brise, gute Tangos, er und Ana, unbeschwert und bester Laune, nachdem sie auf ihrem Weg entlang dem Seineufer bis Saint Bernard nett geplaudert und viel gelacht haben. Drei Tangos, die nicht übel waren, findet Luis, doch dann sind der Blonde und die anderen gekommen, und Küsse, Umarmungen. Seit über einer halben Stunde tanzt Ana mit dem Blonden. Um nicht ein langes Gesicht zu machen, hat er irgendeine Frau aufgefordert, eine Tussi, er ist nicht mit ihr klargekommen. Jetzt steht er allein herum und wartet, nur worauf. Daß sie mit dem Dünnen fertiggetanzt hat. Er will sie nicht weiter mit dem Blick verfolgen, sie nicht kontrollieren, aber er ist nicht in der Stimmung, irgendeine andere Frau zum Tanzen aufzufordern. Er geht zur Seine und überlegt, wie er sich aus der Affäre ziehen kann. Das ist es: Morgen hat er sehr früh einen Termin in der Produktionsfirma, es ist halb zwölf. Ein Glück, da kommt sie, anscheinend hat sie sich erinnert, daß er auch noch da ist, hoffentlich sieht sie ihm seine miese Laune nicht an, nein, freundlich erklärt er ihr, warum er jetzt besser geht, es ist schon halb zwölf.

Sie strahlt, glücklich, schon lange ist sie nicht mehr hier gewesen, da nähert sich ein kleiner, älterer Mann: Ana! Er streckt ihr auffordernd die Hand hin, will mit ihr tanzen. Was soll das, ist er denn unsichtbar, dieser Kerl sieht einfach nicht, daß Ana mit ihm hier ist. Nur kurz, entschuldigt sich Ana. Bon, sagt er und drückt ihr auf jede Wange einen Kuß, wir reden morgen. Du bleibst noch? schreit er nahezu. Ja, ich bleibe noch, schade, daß du früh aufstehen mußt. Und mit einer Drehung zieht sie mit dem Zwerg ab.

Was soll er schon machen, außer zu gehen, dieses verdammte Verlangen, er hätte geduldig warten sollen, bis sie sich ausgetanzt hat, und dann ... Er versteht diese Frau nicht, er hat keine Gebrauchsanleitung für sie bekommen und sich solche Hoffnungen gemacht ... Gestern war sie ihm so nah, so bei ihm, aber schon als er sie nach Hause begleitete, wollte er sie nicht bitten, mit nach oben kommen zu dürfen, als sie von der Toilette gekommen war, hatte er ihr angesehen, daß sie sich von seiner Nähe erholen mußte. Er hat noch zwei Tage, nur zwei Tage. Aber Ana will nicht, es ist offensichtlich, daß er für sie mehr ein großer Bruder, ein Verwandter ist. Oder gefällt er ihr so gut, daß sie nicht leiden will? Oder ist sie ihrem Freund treu?

Sie ist sich ein wenig grausam vorgekommen, als sie Luis' Gesichtsausdruck gesehen hat, aber nun, besser so. Noch so eine gefühlsgeladene Nacht wie die gestrige wäre ihr zuviel. Außerdem wäre es unvorsichtig, als sie heute abend am Ufer entlangspaziert sind, hat er sie so zum Lachen gebracht, daß sie ihn schon umarmen wollte. Und beim Tanzen hat sie die Augen geschlossen und gespürt, welche Wonne es ist, sich von ihm führen zu lassen. Zum Glück sind es nur noch zwei Tage bis zu seiner Abreise.

»*Wie dumm nur, wenn ihr mein Urenkel so gefällt, warum verbietet sie es sich.*«

»*Und das sagst du, Asunción?*«

Es ist der letzte Abend, aber nicht der letzte in meinem Leben, sagt sich Luis in dem Bemühen, die Traurigkeit weit von sich zu schieben, und er beschließt, daß es ein wunderbarer Abend werden soll, den er sich von nichts und niemandem verderben lassen will. Das Glück will auch ein bißchen gehegt werden.

»*Genau dein Satz, Juan!*«

»*Er war sehr klein, als ich das gesagt habe, ich hätte nicht gedacht, daß er es in Erinnerung behält.*«

»*Ich habe das noch oft gesagt.*«

Du siehst merkwürdig aus, hat Ana zu ihm gesagt, als er sie in Anzug und Krawatte abgeholt hat. Merkwürdig? Elegant solltest du sagen, aber so bist du, meine Gute, und ich sage zu dir, daß du sehr schön aussiehst, sehr elegant, und daß dieses Kleid dir fabelhaft steht.

Jetzt, da sie auf der Terrasse des Closerie de Lilas im schmeichelnden, gedämpften Licht sitzen, sagt Luis:

»Stoßen wir auf unseren Film an«, und sie heben die Gläser.

Sie überschlagen, daß sie im November in Buenos Aires drehen können, anschließend, vielleicht im Januar, in Paris. Ist sie zufrieden? Es liegt nur an ihren Mails, daß er das Paris der Vorkriegszeit mit hineinnehmen will.

»Ja, das war eine ganz besondere Zeit. Weißt du, Luis, daß man in Frankreich damals gesagt hat: *riche comme un argentin*?« sagt Ana. »Genau wie jetzt.« Ihr Lachen springt zu ihm, fängt ihn ein, aber Luis behagt es nicht, er will ihr nicht sagen: reich, Leute wie ihr vielleicht, aber das wäre nach allem, was sie ihm erzählt hat, nicht sehr einfühlsam.

»Die Argentinier im Ausland haben mehr Geld, als die gesamten Auslandsschulden betragen. Und das hat Tradition. Ich habe gelesen, daß im Jahr 1910 der Finanzminister in der Abgeordnetenkammer die jährlichen Ausgaben der Argentinier im Ausland auf vierzig Millionen Goldpesos geschätzt hat. Eine Bekleidungsfabrik mit dreitausend Arbeitern hat damals siebenhunderttausend Goldpesos im Jahr für Löhne ausgegeben. Wie findest du das? Gut, später wurden sie noch schlimmer.«

Einfach schrecklich, sie wird darüber nachlesen. Nein, lieber nicht, sonst vergehen dir noch deine zärtlichen Gefühle zu deinem Urgroßvater, es war schwer genug, dich für ihn zu erwärmen. Sie will mehr über die zwanziger Jahre erfahren, die Notizen, die Luis ihr zu lesen gegeben hat, haben sie fasziniert. Ana hätte gern in den zwanziger Jahren gelebt. Und sie wird es auch. Schließlich hat sie schon zu Jahrhundertbeginn in Buenos Aires gelebt, und 1913 in Paris. Luis versteht nicht. Das malvenrote Musikzimmer, Madame de Reskés Salon, sie erzählt es ihm in allen Einzelheiten. Warum hat sie es ihm nicht früher gesagt? Ana, ich liebe dich.

»Was soll das jetzt?« fragt sie verstört.

»*Deine Urenkelin ist aber auch hysterisch, Hernán, wirklich.*«

»*Sie verteidigt sich nur.*«

»Gar nichts, das habe ich gespürt, als du mir die Szenen erzählt hast, und da habe ich es eben gesagt«, nur schnell eine andere Richtung nehmen, bevor sie ihre spezielle Laune bekommt, wie an dem Abend, als sie sich kennengelernt haben. »Ich wünsche mir, daß du es mir erzählst, wenn du wieder so etwas vor dir siehst. Du weißt nicht, was für eine große Hilfe mir das für den Film ist.«

Wer soll sie verstehen, gerade noch hat sie ihm Mörderblicke zugeworfen, und jetzt lächelt sie ihn wie ihren besten Freund an.

»Gern, ich erzähle dir davon in meinen Mails, ich war schon versucht, sie aufzuschreiben, aber ich schreibe nur wissenschaftliche Texte, das ist doch eine gute Ausrede.«

Die Closerie de Lilas macht gleich zu, gehen wir? fragt Ana. Wohin? Es ist spät, und morgen reist du ab. Bringst du mich zum Flughafen? Aber was machst du für ein Gesicht, natürlich bringe ich dich hin. Noch ein Gläschen, also, bei dir zu Hause? Ein Augenblick, der eine Ewigkeit ist: Ich zeige dir einen Ort, der dir bestimmt gefallen wird.

»*Wie sie sich ziert! Wenn sie so weitermachen, werden sie sich erst finden, wenn sie sich bei uns im Himmel zum Tango treffen.«*

Um sechs bringt Luis Ana nach Hause, sie will ihn um zehn im Hotel abholen. Nein, schlaf du mal, ich nehme ein Taxi. Sie könne hinterher schlafen, wirklich, es mache ihr nichts aus. Wie ist es möglich, daß sie sich so gut verstehen, und er ihr nicht einmal einen Kuß geben kann. So ein Versager ist er? Nein, sie läßt ihn nicht heran, so nett sie ist. Der Zahlencode, Ana öffnet die Tür: Verschlaf nicht, Luis, dann gibt sie ihm einen Kuß auf den Mund und geht rasch weg. Aber Luis läßt sie nicht, er drängt hinter ihr ins Haus und umarmt sie leidenschaftlich. Gegen die Wand, sie küssen sich hungrig, lüsterne Hände. Gehen wir rauf? murmelt Luis. Ana nimmt Abstand, schließt die Augen, öffnet sie und sieht ihn fest an:

»Luis, ich würde gern, das weißt du, aber es ist nicht das, was ich suche. Kannst du das verstehen?«

»Als wäre sie deine Urenkelin und nicht meine. Genau das hast du mit mir gemacht, Asunción.«

»Nein, Ana, ich verstehe es nicht, aber macht nichts. Seien wir Freunde.«

Um zehn holt Ana Luis im Hotel ab, sie reden auf der Fahrt über den Film, nicht einer verliert ein Wort über das, was zwischen ihnen gewesen ist.

»Kommst du nach Buenos Aires?« fragt Luis sie am Flughafen.

»Schon möglich«, antwortet Ana, ein trauriges Lächeln.

Er gibt ihr einen Kuß, so kurz wie der von Ana an der Tür, und geht.

Es wird merkwürdig sein, nach so vielen Jahren nach Buenos Aires zurückzukehren. Ana denkt an dieses Schiff, über das Luis gesprochen hat, die *Massilia*, all die Träume, die Hoffnungen. Kurios, sie ist eine Einwanderin im umgekehrten Sinn, in die andere Richtung. So hat sie sich noch nie gesehen.

Vierter Teil
Goldene Jahre

Zwanzigstes Kapitel

Die ersten Stunden auf der *Massilia* verbrachte Rosa auf der Brücke, ihr zog es das Herz zusammen bei dem Gedanken an ihre Onkel und Tanten, Neffen und Nichten, würde sie ihnen wie versprochen schreiben?, an die Freunde aus der Kneipe, würde Rosa sich aus der Ferne an sie erinnern?, und an Manuel, seine gläsernen Augen und seine enttäuschte Fröhlichkeit. Küßchen, Tränen, gute Wünsche. Fast ganz Baiona war nach Vigo zum Hafen gekommen, um sich von ihr zu verabschieden. Wie sehr sie sie mochten, jetzt, da sie wegging, aber an diesen guten Leuten war nichts Falsches, sie hätten es lieber gesehen, sie konnten nicht anders, wäre Rosa wie jedes andere Mädchen aus dem Ort gewesen, Ehemann, Kinder, mehr Gebete zur Jungfrau und weniger eigene Meinungen. Aber das hatte sie nicht gekonnt und auch nicht gewollt.

Mein Leben war seit frühester Jugend ein ganz anderes, Tante, Gewerkschaftsarbeit, Kampf; ich habe mich jahrelang in Spanien politisch engagiert, Vorträge gehalten, Onkel, wie soll ich keine Meinung haben; du brauchst dich für mich nicht zu schämen, Vetter, in einer Kneipe zu bedienen ist genauso ehrenvoll, wie Oliven zu pflücken; lassen Sie die Hand bloß in der Tasche, junger Herr; wie könnt ihr Mädchen es hinnehmen, daß man euch einen Ehemann aufzwingt, den ihr euch nicht ausgesucht habt; ich ziehe kein Kopftuch auf, weil es mir nicht steht, Tante; Manuel, natürlich habe ich dich gern, aber ich bin nicht in dich verliebt und habe noch andere Dinge im Kopf, bevor ich an Kinder denken will.

Skandal, Traurigkeit, als sie ihren Entschluß verkündete, allein nach Argentinien zurückzukehren, aber auch Erleichterung. Rosa würde sie alle sehr vermissen, auf ihre Art waren sie sehr gut zu ihr gewesen, aber sie konnte nicht in Galicien bleiben, irgendwoher kam dieses Gefühl, das ihr sagte, daß sie erneut den Ozean überqueren und zurück in ihr Land mußte. Obwohl auch Galicien – das zog sie nicht in Zweifel – ihr Land war. Würde die Sehnsucht sie ein Leben lang im Griff haben? Als sie klein war, war Sehnsucht ein Wort ihrer Eltern gewesen, Rosa fühlte sich als Argentinierin und antwortete spanisch auf deren Galicisch, und jetzt ließ sie sich selbst in dieses Gefühl hineinfallen.

Sie atmete tief ein, wollte den Geruch des Meeres im Gedächtnis behalten. Könnte sie ohne dieses Meer leben? Rosa hatte den Verdacht, es habe weniger an der Familie ihrer Eltern gelegen als an dieser Bucht, daß sie hiergeblieben war und sich mit ihrer galicischen Herkunft angefreundet hatte. Die Zuneigung zu den Menschen kam später, am Anfang hatte die Begegnung mit dieser Landschaft gestanden. Rosa glaubte nicht an Gott, aber daß seine aufgestützten Finger die fünf Buchten geformt hatten, schon. Es war ein großes Glück, hier geboren zu sein, sagte sie sich, als sie auf ihrem langen Weg endlich in Galicien haltmachte.

»Genossen, hier bleibe ich.«

Sie verstanden sie. Seit sie nach Spanien gekommen war, hatte Rosa nicht gerastet. Die Genossen von der anarchistischen Gewerkschaft CNT waren von ihren argentinischen Freunden aus der FORA, der Argentinischen Arbeiterföderation, unterrichtet worden und empfingen sie voller Herzlichkeit und Bewunderung. Eine Kämpferin, so jung, und wegen ihrer Arbeit in der Gewerkschaft des Landes verwiesen, so wurde sie vorgestellt. Und diese Rolle hatte sie auszufüllen. Ihr Ruf verfolgte sie wie ein Stigma. Wo immer zu einem Streik aufgerufen wurde, Menschen aufgerüttelt werden sollten, schickten die Genossen Rosa vor, damit sie von ihrer Erfahrung, vom Kampf der argentinischen Arbeiterschaft berichtete. Barcelona, Madrid, Lérida, Córdoba, Sevilla. Rosas Worte peitschten auf, bewegten, provozierten, bekamen neue Nuancen und eine immer größere Reichweite. Eine ungeahnte Macht, und sie sonnte sich darin. Aber es ist nicht gut, sagte sie zum alten Ramón, und der pflichtete ihr bei, wenn einem, auch wenn es sinnvoll sein kann, die Worte näher sind als das Handeln, die Berichte näher als der

Kampf. Nein, sie mußte wieder ein normales Leben führen, sich ihr tägliches Brot verdienen, wieder auf den Boden der Tatsachen kommen. Ohne es zu wollen, wurde sie mehr und mehr zu jemandem, der sich nur um sich selbst drehte. Eine Zeitlang sah sie sich die Arbeit von Francisco Ferrers Reformschulen an. So kam sie nach Galicien. Dort war ihre Familie. Und so blieb sie. An gewerkschaftliche Aufbauarbeit war nicht zu denken, die Tage wurden gleichförmig, Tagesanbruch in der Bucht, Arbeit auf dem Feld, Sonne, Kälte und Regen, gelegentlich ein Treffen mit den anarchistischen Genossen, die Briefe aus Buenos Aires, die Diskussionen mit ihren Onkeln und Tanten, die Arbeit in der Kneipe, die Anmache dieses Schnösels, das Getuschel der Nachbarn, Manuels zärtliche Verehrung, die in der heißen Asche gerösteten Kastanien, die Lieder.

Sie mußte eine Entscheidung treffen, sie liebte dieses Dorf, ihre Arbeit in der Kneipe, und sie liebte es, zu singen, aber sie konnte nicht länger dort bleiben, ohne einen Skandal hervorzurufen. Rosa würde niemals die Erwartungen, die man an sie hatte, erfüllen, ein anderes Leben, andere Gefühle riefen sie, und sie war nicht bereit, diese in Baiona zu begraben. Sie erwog, in Vigo, in Madrid oder Barcelona Arbeit zu suchen, ihre Genossen würden ihr behilflich sein, aber sie konnte sich nicht entschließen. Doch nachdem sie im Jahr 1922 die Briefe aus Buenos Aires gelesen hatte, waren alle Zweifel wie weggewischt: Was auch immer ihre Aufgabe war, sie lag in Argentinien. Schon seit längerem versicherten ihr ihre Genossen, daß mit der von Yrigoyen erlassenen Amnestie keine Anklage mehr gegen sie vorlag. Auch würde sie ihre Eltern, ihren Bruder, ihre Genossen, Carlota wiedersehen. Ob Juan sich an sie erinnerte?

Es waren noch vierundzwanzig Tage bis zur Ankunft, und Rosa hatte nur schnell ihren kleinen Schrankkoffer in die Schlafkoje dritter Klasse spezial gestellt und ihren Kajütengenossinnen ein paar Worte hingeworfen, die für diese Frau und die beiden jungen Mädchen, ihre Töchter?, ebenso unverständlich gewesen sein dürften wie deren Worte für Rosa. Sie hatten sie mit einem Lächeln begrüßt, und wegen der Art und Weise, wie sie sich mit Händen und Füßen verständigten, wurde offenes Gelächter daraus. Mit dem Finger zeigte sie auf sich: Rosa, und auch die anderen nannten und wiederholten ihre schwierigen Namen. Das ältere der beiden Mädchen, Leysa, riß den Mund auf, als wollte sie sich etwas hineinstecken, ihre Mutter, Nyura, zeichnete mit ihren zerschundenen, schönen Händen irgend etwas Unergründliches in die Luft, und die jüngste, Mikayla, fackelte nicht lange, sie nahm Rosa am Arm und führte sie zum einzigen Speisesaal der dritten Klasse.

Unmengen von Menschen. Fremdartige Stimmen, Lachen, Stöße von allen Seiten und Babygeschrei. Sie war eine der »Neuen«. Mikayla, die alle zu kennen schien, schmetterte ein Rrrrrosa, daß sie gleich Lust bekam, es genauso zu singen. Entgegengestreckte Hände, Lächeln, freundliche und ablehnende Blicke. Sie wich ihren neuen Freundinnen nicht von der Seite, dieses Gefühl, kein Wort zu verstehen, schüchterte sie ein. Als sie auf ihrer Flucht den Ozean von Montevideo nach Barcelona überquert hatte, war es nicht so gewesen, es hatte nur wenige Passagiere gegeben, die dritter Klasse fuhren, und alle hatten Spanisch oder wenigsten dieses ihr wohlvertraute italienisch-spanische Kauderwelsch gesprochen. Ganz anders auf der *Massilia*, als Rosa zustieg, hatten Franzosen, Polen, Ungarn, Ukrainer, Russen, Deutsche, Italiener, die sich zuvor in anderen Häfen eingeschifft hatten, längst ihre festen Gewohnheiten. Wenn die Glocke schellte, holten ein paar in einem Sack das Brot, andere die große Weinflasche, wieder andere brachten in zwei wannenartigen Schüsseln das Essen aus der Küche, und die übrigen hielten die Plätze an den Tischen frei, wo sie schließlich zu acht bis zehnt aßen.

Sie stellte sich ihre Eltern auf dem Schiff vor, das sie nach Argentinien gebracht hatte, ihre Mutter mit Rosa auf dem Arm, beide genauso verschreckt wie sie jetzt über die Vielzahl an Sprachen und die verschiedenen Menschen, aber voller Träume von einem reichen, unendlichen Land, das sie auf der anderen Seite des Ozeans erwarten würde.

Sie wußte, daß zwischen den lockenden Versprechungen und dem Leben, das sie schließlich führten, eine tiefe Kluft bestand, trotzdem knüpfte Rosa auf dieser Reise an die Hoffnungen ihrer Eltern an.

Du hättest in jeder beliebigen Stadt Spaniens leben können, aber du hast dich entschieden, nach Argentinien zurückzukehren. Deine Familie, deine Erinnerungen, diese Nachrichten aus Argentinien, die dich so schmerzten, und der Wunsch, etwas zu tun. Und da war ich, auch wenn du das damals nicht wußtest, in Galicien wärest du mir nicht begegnet. Um dir die Überfahrt zu verkürzen, hast du in jener Nacht 1923 – nach einer Woche auf Reisen – auf einmal den kleinen, volkstümlichen Walzer gesungen, den Juan für dich komponiert hatte, mit dem Text, den Manuel im Dorf dazu geschrieben hatte. Du selbst hast ihn ins Spanische übersetzt. Fische und Meer, von einem, der wegging und nicht wiederkam. Eine eigentümliche Kreuzung, die du deinen Reisegefährten stolz als »original argentinische Musik« verkauft hast, wie prahlerisch du dich auf einmal gabst, nur weil du in dem Land geboren warst, auf das sich ihre Sehnsüchte richteten.

Sie hätte ihnen den Grund verraten können, warum sie aus Argentinien hatte fliehen müssen, aber sie wollte diese Menschen lieber in ihren Träumen bestärken, schließlich ermutigten ihr Applaus und ihre Bravos Rosa auch, ihren Weg zu gehen. In der Kneipe hatte sie zum erstenmal den Gedanken gefaßt, und in diesem Speisesaal der dritten Klasse auf der *Massilia* fiel ihre Entscheidung.

»Ich bin Sängerin«, antwortete sie Igor.

Igor Skudin hatte von Buenos Aires geträumt, seit er in Moskau in der Schule Staninkovichs Seefahrtberichte gelesen hatte. In der Sowjetunion konnte man die Erlaubnis einholen, in ein Agrarland auszuwandern, und obwohl sein Beruf mit Landwirtschaft nichts zu tun hatte, gab er ihm den perfekten Vorwand, um das Meer hin zur Stadt seiner Jugendträume zu überqueren. Er war sechsundzwanzig Jahre alt und fand auf der *Massilia* schnell Anschluß, denn er sprach drei Sprachen: Russisch, Französisch und Polnisch. Eine mehr sollte kein Problem sein, dachte Rosa, und von Igors Lächeln ermuntert, erzählte sie ihm ihr Leben.

Als der Hafen von Santos schon hinter euch gelegen hat und ich immer näher gerückt bin, unterschiedest du dich in nichts mehr von deinen Gefährten, die Aussicht auf ein neues Leben raubte dir den Schlaf, du würdest auf einem Platz singen, in einem Theater, in einem Café, Igor hätte seine Werkstatt, würde die wunderbarsten Gitter schmieden. Das Deck der *Massilia*, die lauen Februarnächte, die zärtlich und leidenschaftlich klingenden Worte, die Meeresbrise und ein sternesprühender Himmel. Wie hättest du dich nicht in Igor verlieben sollen? Aber es waren die Umstände, Rosa, er war nicht die Liebe deines Lebens, wie du dir unbedingt einreden wolltest, als das Leben dir andere Zeichen zu geben begann. Sie verstanden noch nicht einmal die Liebeserklärungen, die sie sich, jeder in seiner Sprache, in diesen schwärmerischen Nächten machten.

»Wenn sie verschiedene Sprachen gesprochen haben, will ich nicht wissen, was Igor verstanden hat.«

Rosa hatte schöne Stunden mit ihren anarchistischen Genossen verbracht. Sie hatte Joan in Barcelona bewundert, hatte mit Jesús gelacht und sich gut mit Luis Alberto verstanden bei den Aktionen, die sie gemeinsam in Madrid organisiert hatten, sie war bewegt gewesen von den scharfen Worten Susos in Vigo, doch sie hatte sich nie verliebt. Sie war schon drauf und dran gewesen, sich diesen sattgrünen Hügel hinunterrutschen zu lassen, der für Rosa Manuels bedingungslose Liebe versinnbildlichte, seinem Werben nachzugeben und sich gegenseitig gute Gefährten zu sein. Nein, doch nicht, Manuel war ein guter Mann, nur nicht für sie. Was willst du? Ihre Tante war der Verzweiflung nah, als sie sah, daß Rosa nicht nur die Männer ablehnte, die ihr Mann und ihr Bruder für sie aussuchten, sondern auch die von sich aus auftauchenden Verehrer. Ich weiß nicht, Tante. Du wirst noch als altes Betmütterchen enden. »Ich bin besser zur Freundin als zur Ehefrau geeignet«, hatte sie ihren Eltern geschrieben, als Antwort auf die in ihren Briefen durchscheinende Sorge darüber, daß sie nicht heiratete.

»Vielleicht hat sie dem Druck der Familie nachgegeben und sich darum mit Igor eingelassen.«

»Sie wollte nicht, daß es ihr in Buenos Aires genauso ergehen würde wie in Galicien. Obwohl das Leben in Buenos Aires ganz anders war als in Baiona.«

Gleich am Hafen würde sie ihnen Igor vorstellen, es ist soweit, Mama, auf dem Schiff habe ich die Liebe gefunden.

Yvonne hatte die Liebe nicht auf dem Schiff, sondern einige Monate zuvor in Paris gefunden. Francisco Ponce hatte ihr das Geld für eine Passage erster Klasse dagelassen, aber Yvonne war gewieft, sie hatte eine Karte dritter Klasse gekauft und die Differenz behalten. Für alle Fälle. Yvonne hatte zwar nicht ganz verstanden, warum Francisco nicht auf demselben Schiff mit ihr nach Argentinien zurückreisen wollte, aber sie hatte sich vorgenommen, besonnen zu sein. Obwohl, war es etwa besonnen, einem Mann in ein so fernes Land zu folgen, bei ihrer Erfahrung mit den Männern? Das fragte sie sich während der Überfahrt häufig. Doch als sie ihn auf der Mole erblickte, elegant und gutaussehend, seine gebräunte Haut und seine blauen Augen, diesen wahren Prinzen, der sie erwartete, beschloß sie für sich, daß er dieses Wagnis wert war.

Es gab noch ein letztes Risiko, daß man ihn hinauswerfen würde, diese geistesschwache Frau aus Murcia und ihr Ehemann hatten gesagt, sie würden Luis Fernández gleich bei ihrer Ankunft den argentinischen Behören melden, dann bekäme der Kapitän der *Massilia* eine Strafe. Das Gesetz war in dieser Hinsicht unmißverständlich: In der argentinischen Republik galt Einreiseverbot »für Menschen mit einer ansteckenden Krankheit oder einer zur Arbeit untauglich machenden organischen Schädigung«.

»Und das ist eine gefährliche organische Schädigung«, versuchte die Murcianerin die anderen Reisenden zu überzeugen. »Wir müssen ihn bis zu unserer Ankunft von den anderen trennen und ihn zurück nach La Coruña schicken.«

Er hatte sich gar nicht verteidigen müssen, die Sängerin, die aus Galicien stammte wie er, kratzte dieser Hexe und ihrem Mann in dem Streit fast die Augen aus. Sie stieg auf einen Stuhl und klatschte, um Aufmerksamkeit bittend, in die Hände.

Sie wolle es nicht noch einmal erleben, sprach Rosa, daß ein Genosse gedemütigt und fälschlich als Kranker behandelt würde. Aber er ist doch krank, sagte einer, und sie: Fürchten Sie oder ein anderer Herr auf diesem Schiff etwa, sich bei Luis Fernández »anzustecken«? Einige lachten, andere schimpften beleidigt.

In wenigen Minuten hatten die hitzigen Worte der Sängerin fast alle Reisenden in Aufruhr versetzt, wehe, der Kapitän würde, wie es die Murcianer forderten, diesen Mann tatsächlich absondern, dann würden sie das Kommando über das Schiff an sich reißen, und wehe, die Behörden würden versuchen, Luis oder irgendeinen anderen Genossen an der Einreise zu hindern, dann würden sie ...

»Rosa redete mit den Reisenden, als wäre sie auf einer Gewerkschaftsversammlung.«

»Ihr sollte man die Einreise nach Argentinien verbieten«, rief der Murcianer aufgebracht dazwischen. »In den Vereinigten Staaten lassen sie Anarchisten, Bigamisten und Prostituierte nicht rein.«

»Analphabeten auch nicht«, schaltete sich ein Mann von hinten ein, »wenn sie in Argentinien auch keine Analphabeten einreisen lassen würden, wäre die Hälfte von uns nicht hier.«

Applaus und Ausgelassenheit, Rosa solle noch einmal diese argentinischen Lieder singen.

Niemand belästigte ihn mehr, allerdings ließ er auf Rosas Rat hin auch davon ab, sich noch einmal zu schminken und in seiner Verkleidung als Prinzessin von Bourbon zu tanzen, wie er es an jenem Abend getan hatte. Es ist nicht klug, die Gemüter der Feinde zu erregen, sagte sie zu ihm. Später, in dieser riesigen, aufregenden Stadt könnte er sich ausleben, sich allen Vergnügungen hingeben.

Kaum hatte die Mutter ihr die Tür aufgemacht, feierlich und stolz: Das ist dein Zimmer, Rosita, alles war feinsäuberlich hergerichtet, blitzweiße Wände, ein Bett mit einem grünen Überwurf, rote Rosen in einer Vase auf einem Klapptischchen, ein Spiegel, und auf dem Stuhl die Puppe, mit der sie als Mädchen gespielt hatte. Zärtlich umarmte sie ihre Mutter, sie war so glücklich. Sie wußte aus den Briefen, daß ihre Eltern in die Siedlung Casas Baratas eingetreten waren, die für Familien mit geringerem Einkommen geschaffen worden war, aber aus der Ferne hatte sie sich nur schwer vorstellen können, daß alles so hübsch war, die Wohnküche mit den bunten Dosen und geblümten Vorhängen, das Zimmer ihrer Eltern mit diesem riesigen Bett, das gekachelte Bad, in dem sogar eine Badewanne mit Füßen stand, und schließlich dieses Schmuckstück von einem Schlafzimmer ganz für sie allein.

Sie wollte alles auf einmal tun, sich mit ihren Eltern und ihrem Bruder Homero unterhalten, sich mit ihren Genossen von der Gewerkschaft treffen, Carlota aufsuchen, ihre Gesangslehrerin, durch die Straßen und über die Plätze spazieren, Igor im Immigrantenhotel besuchen und alles in Bewegung setzen, um rasch eine Arbeit zu finden.

»Consuelo kann dir etwas in der Bäckerei beschaffen, du willst doch hoffentlich nicht zurück in die Tiefkühlfabrik ...«

»Nein, ich habe andere Pläne.« Und sie lächelte vergnügt.

Ihr Vater war sehr stolz, als er erfuhr, daß seine Tochter in so vielen Städten eingeladen worden war, um über den Kampf der Arbeiterschaft in Argentinien zu reden, aber fand sie nicht selbst, daß es, da sie wieder in Buenos Aires war und einen

Verlobten hatte, an der Zeit war, zur Ruhe zu kommen und sich eine Arbeit zu suchen, die es ihr erlauben würde, sich um ihren Ehemann, das Haus und die Kinder zu kümmern, die sie sicher haben würde? Ach, Papa, du bist noch immer so altmodisch wie früher, ich weiß gar nicht, wie du dich in den ganzen Jahren deiner Ehe mit Mama nicht hast verändern können. Aber er könne beruhigt sein, sie denke nicht daran, zurück in die Tiefkühlfabrik zu gehen, sie wolle Sängerin werden.

»Sängerin?« wunderten sie sich.

Und wo sie als Sängerin Arbeit zu suchen gedachte. Das wußte sie noch nicht genau, aber ihr würde schon etwas einfallen.

Was man Luis Fernández über die strammen argentinischen Männer erzählt hatte, war untertrieben. Sie waren zum Sterben schön. Aus seinem Versteck hinter einem Baum sah er sie ins Cabaret Armenonville hineingehen, wie vornehm, wie elegant sie waren. Den Anzug hatte er in einem Geschäft im Stadtzentrum gesehen, natürlich war er nicht wie die ihren, aber wer würde bei seinen großen Augen schon auf den Schnitt oder Stoff des Anzugs achten. Die Aussicht, sich bald zwischen ihnen zu bewegen, spornte ihn an, noch mehr Gemüse zu verkaufen. Der Gemüsehändler war damit einverstanden, ihm einen Wochenlohn vorzustrecken. Diesen Freitag ging die Prinzessin von Bourbon in ihrem besten Herrengewand ins Cabaret. Joaquín Irusta stand an der Theke. Sie wechselten einen Blick, schon war fast alles gesagt.

Zum erstenmal seit ihrer Ankunft in Buenos Aires ließ Francisco sie für ein paar Stunden allein. Er mußte zu einem Abendessen, aber sobald ich verschwinden kann, bin ich zurück, chérie.

Sie hatten sich mit solchem Hunger geliebt, als wollten sie in wenigen Tagen all die Monate nachholen, die sie voneinander getrennt gewesen waren. Sie waren zusammen ausgegangen:

Abendessen in Nobelrestaurants, Spritztouren mit dem Auto, Champagner und Musik in einem Cabaret, und wenn sie angeheitert und glücklich nach Hause kamen, liebten sie sich noch einmal, dann schlief Francisco ein und erwachte an ihrer Seite.

Ein großes Fenster zu einer Straße mit Bäumen, ein Bett wie von Königen, ein Wohnzimmer und noch zwei weitere Zimmer, eine prachtvolle Küche und eine bepflanzte Terrasse. Dort würden sie leben, Francisco noch nicht gleich, aber was machte es schon aus, wo er seine Sachen hängen hatte, wenn er doch die ganze Zeit bei ihr war. Dann die Kleider, die Hüte, die er eigenhändig für Yvonne aussuchte. Nein, Francisco langweile das überhaupt nicht, ganz im Gegenteil, er ziehe sie genauso gern an wie aus.

Yvonne kniff sich, sie glaubte zu träumen.

»Sie konnte es nicht glauben. Sie hatte kein einfaches Leben gehabt, und auf einmal das hier, das war wie im Märchen, mit Prinz und allem, was dazugehört.«

Das durchs Fenster hereinfallende Licht weckte sie, es war schon Morgen, und Francisco war noch nicht da. Yvonne zog die Vorhänge zu, schlüpfte wieder zwischen die seidenen Laken und schloß die Augen. Dann eben noch ein wenig schlafen.

Ein großer Patio, in dem die Spruchbänder mit den Girlanden wetteiferten, und auf einem riesigen Plakat über der Eingangstür stand »Herzlich willkommen, Rosa«. Seit zwei Wochen bereiteten ihre Genossen von der FORA die Begrüßung vor. Auch wenn sie nie den Kontakt zu ihnen verloren hatte, überraschten sie doch die Herzlichkeit und Hochachtung, mit der sie sie empfingen. Rosa wußte gar nicht, wie sehr sie in diesen Jahren zum Vorbild geworden, daß ihr Wirken in Spanien bis nach Buenos Aires gedrungen war.

Berauschtheit und auch ein Bangen, würden sie nicht zuviel von dir erwarten? Ohne dir dessen bewußt zu sein, bist du zu einer Botschafterin des argentinischen Anarchismus geworden, würden sie über deinen Entschluß nicht enttäuscht sein? Du hast auf ihre Fragen geantwortet, dann plötzlich hast du sie unterbrochen und überrascht: Ist hier irgendein Genosse, der Musiker ist und sie begleiten mag? Sie würde ihr Wiedersehen gern mit einem Lied feiern.

Ihre Eltern, ihr Bruder Homero und dessen Frau, der liebe Lorenzo, eine Schar alter und neuer Freunde, und in einer Ecke schüchtern, überwältigt, Igor. Sie sang das galicische Lied *A barca*, Das Schiff, und von soviel Applaus ermuntert, den kleinen volkstümlichen Walzer, begleitet von einem Gitarristen.

Es war nur eine Geste, ein kleines Geschenk, um ihnen ohne große Förmlichkeit mitzuteilen, daß du von nun an singen wolltest, nie hättest du geahnt, daß du schon so nahe dran warst.

»Rosa, sing doch einen Tango«, bat der Gitarrist.

»Einen Tango?« Sie lachte. »Ich kann keine Tangos.«

»Keinen einzigen? Auch nicht *La morocha*?«

Sie solle singen, bitte.

»Gut, aber nur einen, mehr kenne ich nicht.«

Ein leichtes Zittern ist durch deinen Körper gefahren und hat sich über deine Stimme gelegt, bei diesem ersten Mal, das du mich vor Publikum gesungen hast. Enrique Delfino hatte mit der FORA nichts zu tun, aber an diesem Abend war er mit einer Freundin mitgekommen, früher oder später begegnen sich eben meine Leute, und er hat dich gehört.

Er kam erst ein paar Tage danach auf den Gedanken, als er und Alberto Vacarezza, der Autor des Stücks, sich einig waren, daß keine der bekannten Darstellerinnen geeignet war, um den von Enrique komponierten Tango mit Albertos Text auf der Bühne zu singen. Weder die Meller noch die Manolita hatten den nötigen dramatischen Ton, auch Olinda nicht. Entweder mußte man einen anderen Tango nehmen oder eine Frau herzaubern. Alberto hatte bei zwei weiteren Komponisten Tangos in Auftrag gegeben, Enrique müsse verstehen ...

»Ich hab sie!« schrie Enrique geradezu. »Wieso bin ich nur nicht eher darauf gekommen.«

Einundzwanzigstes Kapitel

Wie könne er so sicher sein, daß der Direktor des Theaters sich für seinen Tango entscheide? hat Tununa ihn am Abend zuvor gefragt, hat er nicht noch andere Komponisten beauftragt?

»Weil ich ein Glückspilz bin«, hat Juan geantwortet und Tununas Taille umschlungen: »Dich habe ich doch auch bekommen.«

Er spielt ihn noch einmal durch, sehr schön, er mag diesen Tango. Jetzt muß er nur noch zu der Szene passen, die Alberto ihm geschildert hat, zum Glück braucht Juan nicht den Text zu schreiben.

Ein einziges Mal hat er versucht, einen Text zu schreiben, es war ein Martyrium. Er weiß nicht, ob er lachen oder weinen soll bei der Erinnerung an diese Stunden und Tage, in denen er fieberhaft Wörter unter die Noten seines für Rosa komponierten Walzers setzte und wieder strich, er hatte die Nacht vor ihrer Verabredung fast nicht geschlafen, um fertig zu werden, und dann hat sie ihn versetzt. Er mit seinen sentimentalen, kitschigen Versen wie ein Idiot im Park wie verabredet an der Statue *Der Kuß*, bis mit der untergehenden Sonne auch seine Hoffnung schwand. Letztlich ist es besser so gewesen, schrecklich, wenn Rosa diesen Walzer in Mexiko gesungen hätte.

Juan hat ihn liebgewonnen, erst vor kurzem hat er ihn überarbeitet und Alberto gebeten, einen Text dazu zu schreiben, mal sehen, was er daraus macht. Er hat ihn nie vor Publikum gespielt, immer nur allein, fast heimlich, anfangs einfach, um sich Rosa nahe zu fühlen, in seine Erinnerung zu sinken, als brächte die Musik ihm ihren Körper zurück, doch nach und nach wurde daraus etwas wie ein intimes Ritual. Als er 1916 von zu Hause auszog und mit den anderen Jungs die Wohnung mit Klavier mietete, spielte er als erstes seinen kleinen Walzer, und mit ihm weihte er auch seinen Steinway ein.

»Das kam nicht von ungefähr. Dieser Walzer hatte in Juans Leben eine besondere Bedeutung.«

303

»Aber das konnte Rosa nicht ahnen.«

Jahrelang hat er diesem Mädchen nachgehangen. Vielleicht, weil sie fort ist, denkt er jetzt, sonst wäre es ihm sicher ergangen wie mit den anderen Frauen, am Anfang Feuer und Flamme, aber sobald sie an einem kleben und Rechenschaft verlangen, oder sogar offizielle Verlobung, Heirat, zack, bum, ist die Liebe dahin. Das ist das Gute an Tununa, sie ist nicht nur verheiratet, sondern weiß auch, was sie will und wie sie es erreicht. Juan hätte sich niemals getraut, sie um ein Rendezvous zu bitten. Es war im Palacio Paz, als sie ihm zur Begrüßung die Hand hinstreckte und er zu seiner Überraschung ein rauhes Papier fühlte, das sie von allen unbemerkt in seine Hand gleiten ließ. Tedín 240, Dienstag 21 Uhr, geschrieben mit Lippenstift! Diese raffinierten Gesten von Tununa bringen ihn um den Verstand. Mit der Fingerkuppe ist er eins ums andere Mal über den Lippenstift gefahren, stellte sie sich vor, streichelte sie, zog sie aus.

Sie hatten kurz bei Arce geplaudert, wo Juan mit Fresedos Quartett gespielt hatte, und bereits damals schien ihm, als wäre da ein Funkeln in Tununas Blick, das er nicht recht deuten konnte, sein Puls begann zu rasen, dieses Sprühen in ihren Augen war wie ein Sog. Und Monate später erblickte er sie auf einmal im Palacio Paz, als er sich für den Applaus bedankte: eine Göttin, in diesem weißen Kleid, das aus ihrem wunderbaren Körper kein Geheimnis machte. An dem Abend spielte Juan mit Canaros Orchester, sie begrüßen zu gehen war riskant, und wenn sie sich gar nicht an ihn erinnerte?, außerdem erlegt Pirincho Canaro seinen Musikern auf den Festen der Schickeria strenge Verhaltensregeln auf: steifer Smoking, nicht sprechen, wenn sie nicht angesprochen werden, nichts trinken vor dem Auftritt, höchstens ein Gläschen, wenn sie ihnen das Abendessen servieren. Sie kam mit festem Schritt und strahlendem Lächeln über die Terrasse: Was für ein Vergnügen, Sie noch einmal zu hören, Montes.

Am Dienstag liebten sie sich bei ihr zu Hause im Musikzimmer. Ihr Mann sei verreist, war ihre einzige Erklärung. Tununa hat bei allem, was sie tut, eine wunderbare Unbefangenheit, als könnte nichts, was Genuß, Lust, Ästhetik betrifft, irgendwie anstößig sein. Juan braucht sich keine Gedanken zu machen, sie hat alles perfekt unter Kontrolle. Auf Tiffanys Fest, wo er mit Pacho gespielt hat, hat sie ihm nur aus der Ferne gewunken, dabei war ihr Mann gar nicht da. Juan ist nicht auf sie zugegangen.

Warum er an einem Tag vor ihren Freunden mit ihr reden darf und an einem anderen nicht, unterliegt den Regeln einer Welt, die er nicht kennt und die ihn auch nicht interessiert. Er haßt es, den Smoking anziehen zu müssen, er haßt die schrille Stimme der Señora de Bunge, er haßt ihre Havannas, ihre Zigarettenspitzen, ihr Lachen, er haßt Pirinchos Untertänigkeit ihnen gegenüber, er haßt diese verkehrte Höflichkeit, die Musiker immer dann, wenn sie überhaupt nicht damit rechnen, wie geladene Gäste zu behandeln, aber er liebt Tununa, alles an ihr, ihren schlanken, prallen Körper, ihre tragende Stimme, ihren Duft, ihre Eleganz, wenn sie fast raubtierhaft über ihn herfällt und mehr und immer noch mehr von ihm will. Eine süße Droge. Er kann nach einer Vorstellung noch so müde sein, es kann noch so spät sein, doch da ist dieses Viertel mit seinen verwinkelten, bezaubernden Straßen, das große Haus in der Tedín, Tununa.

Seit Monaten schwebt er über den Dingen, es ist ein Wunder, daß er es geschafft hat, den Tango fürs Theater zu komponieren. Ein Engagement jagt das nächste, ohne daß Juan dafür einen Finger krümmen muß. Den einen Abend hier, den anderen dort, mit einem Orchester im Café, mit einem anderen auf einer Feier und einem nächsten im Cabaret. Und jetzt auch noch Tununa. Er kommt weder zum Üben noch zum Komponieren, sieht noch nicht einmal seine Mutter mehr, vor ewigen Zeiten hat er einen Brief an Mercedes angefangen und ihn immer noch nicht fertiggeschrieben.

Wut durchfährt ihn, als er sich an diesen lilafarbenen Fleck in Mercedes' Gesicht erinnert, an ihre Lüge, sie hätte sich an einer Tür gestoßen. Wie hat Jordi nur so tief sinken können, und warum macht Mercedes das mit. Er will sie so bald als möglich sehen, nicht warten, bis ihn ein Engagement nach Rosario führt.

Du hast nicht bemerkt, daß du bereits die nächste Etappe deiner Karriere erreicht hattest, du konntest es dir aussuchen und mußtest nicht mehr wie früher jede Arbeit annehmen, die man dir angeboten hat. Einige Orchesterleiter haben dir besser gefallen, andere weniger, aber bei allen hast du dazugelernt.

Selbst wenn er weniger als die Hälfte arbeitet, verdient er noch genug. Erst einmal innehalten, nachdenken, komponieren, herausfinden, welche Art Tango er machen will. Und welche die passende Orchesterbesetzung dafür ist.

Fürs Theater zu arbeiten ist ideal, es erfordert nicht mehr Zeit, als einen erfolgreichen Tango zu komponieren, und dann geht alles seinen eigenen Weg und spült einem das Geld in die Tasche. Und er hat den Kopf frei für sein Werk, für seine Ideen.

Rosa hatte den Tango mehrere Male in Enrique Delfinos Studio geprobt, und er war mit ihrer Interpretation sehr zufrieden, dennoch lag ihr irgend etwas schwer im Magen, als sie sich auf den Weg ins Theater machte, wo sie dem Regisseur vorsingen sollte. Außerdem würde Enrique nicht mitkommen: es standen noch andere Tangos zur Auswahl, und Alberto, der Regisseur, würde sich gehemmt fühlen, sich in seiner Anwesenheit entscheiden zu müssen. Ob andere Sängerinnen antreten würden? Nicht mit Enriques Tango, aber mit den anderen. Bestimmt würden sie sich nicht für sie entscheiden, die anderen Sängerinnen hatten sicher mehr Erfahrung, nicht daß sie Enrique noch schaden würde.

»Du singst und denkst an nichts anderes als an die Worte, beim Tangosingen ist die Aussprache wichtig.«

Diesen Rat Enriques solltest du nie vergessen.

Als sie im leeren Theater in der vierten Reihe saß und dieser Rassefrau zuhörte (sie sollte ein anderes Kleid, eine andere Frisur tragen, wenigstens roten Lippenstift statt dieses blasse Rosa), ihrer betörenden Stimme, mit der sie diesen ergreifenden

Tango sang (sie sollte mehr Klangfarben üben, ihre Körperhaltung ändern), da spürte Rosa, daß die Wahl niemals auf sie fallen würde. Aber als Rosa an der Reihe war, ließ sie ihre ganze Unsicherheit auf dem Parkettsitz zurück, stieg auf die Bühne wie auf das Rednerpult bei einer Versammlung und hob vor den leeren Sitzreihen, als säßen dort bereits die Zuschauer, die sie verzaubern sollte, zu diesem *Dios mío querido*, Mein lieber Gott, an, und obwohl sie an selbigen nie geglaubt hatte, verschmolz sie mit dieser Geschichte einer verratenen Liebe und flehte eindringlich zu Gott, er möge ihr den Mann, der sie verlassen hatte, in Reue zurückbringen.

Ein spätes, vereinzeltes Klatschen aus der Tiefe des Saals hat die Stille unterbrochen. Ob es ihnen gefallen hatte? Warum sagte keiner etwas?

»Sollen wir noch mal?« fragte der Pianist.

Der Regisseur und die anderen beiden Männer blickten sie aufmerksam an, ohne etwas zu sagen. Rosa wollte schon von der Bühne hinuntergehen.

»Nein, warten Sie kurz, ich möchte, daß Sie diesen Tango hier singen«, und hielt ihr bereits die Noten hin.

»Tut mir leid, aber ich kann nicht so einfach einen Tango singen, den ich nicht kenne, ich habe keine Erfahrung.«

Während sie von der Bühne hinunterging, verteidigte sie sich: Falls der Komponist es ihm nicht gesagt habe, wolle sie klarstellen, daß sie nie Tangos gesungen und auch nie Theater gespielt habe, und mit bestimmter, aggressiver Stimme: Sie sei nur hier, weil Enrique Delfino sie gebeten habe, diesen und keinen anderen Tango zu singen, dann stellte sie sich vor Alberto hin: Ohne zu proben, werde sie doch nicht einfach vorsingen.

»Was für ein Charakter«, unterbrach sie Alberto freundlich. »Das ist keine Forderung, werden Sie mir doch nicht gleich böse, nur eine Bitte. Ich habe noch einen anderen Tango, der mir sehr gut für dieses Stück gefallen würde, und ich möchte gern wissen, wie er mit Ihrer Stimme klingt. Sie haben ihn schon gehört, er wurde gerade vorgetragen, als Sie kamen.«

»Für diesen Tango haben Sie schon eine Sängerin. Ich bin gekommen, um *Dios mío querido* zu singen.«

»Und wenn ich Sie mit dem Pianisten allein lasse, dann können Sie proben, und in einer Stunde kommen wir wieder? Los, auf die Bühne. Es fällt mir nicht leicht, mich nach einem einzigen Stück zu entscheiden.«

Alberto drehte sich auf dem Absatz um, ohne ihr Gelegenheit zu geben, etwas zu erwidern. Rosa fühlte sich dumm, sie hatte den Regisseur behandelt, als wäre er der Chef der Tiefkühlfabrik und nicht dieser liebenswürdige Herr, der ihr eine Chance geben wollte.

»Ich kann einen volkstümlichen Walzer, wenn Sie möchten, singe ich ihn Ihnen vor.«

»Haben Sie die Noten dabei?« Alberto blieb stehen.

»Nein, aber ich kann sie von zu Hause holen.«

Alberto schlug ihr vor, einfach a cappella zu singen, danach würde er sie, wenn sie einverstanden war, mit dem Pianisten allein lassen und sie könnten diesen anderen Tango üben.

Ja, wenn er ihr Zeit gebe, habe sie nichts dagegen, es zu probieren. Jetzt erst einmal den Walzer?

Als wären alle deine Freunde vom Schiff hier versammelt, hat sich deine Stimme aufgeschwungen. Du hast nicht verstanden, warum Alberto dich so seltsam angesehen und dann auch noch unterbrochen hat: Einen Moment, Rosa – und zu dem Pianisten: Spiel mit. Du hast dich gewundert, wie schnell der Pianist die Begleitung raushatte, es war dieselbe Melodie, trotzdem hat sie viel besser geklungen als die Version, die du sonst gesungen hast.

»Von wem ist der Text?« fragte Alberto.

»Von einem Landsmann von mir, einem Galicier, ich habe ihn ins Spanische übersetzt. Und die Musik ...«

»... ist von Juan Montes.«

Es ärgerte dich, daß Alberto Vacarezza das wußte, als wäre es ein Verrat von Juan, das Geschenk an dich einfach der Allgemeinheit preiszugeben. Du bist nicht auf den Gedanken gekommen, daß vielmehr du ihn hättest um Erlaubnis bitten müssen, den Walzer zu singen, und nicht umgekehrt. Es würde lange dauern, bis du das verstehen würdest.

Rosa war nervös, als sie mit dem Pianisten *Soy toda de él*, Ich gehöre ganz ihm, probte.

»Ein hübscher Tango, aber nichts für mich«, sagte sie in aller Entschiedenheit zu Alberto. Er teilte ihre Ansicht.

Enrique Delfino ist ein hervorragender Komponist, daß er gewonnen hat, stört ihn weniger als das, was Vacarezza gesagt hat: Ihr Tango ist hervorragend, Montes, aber die Sängerin, die ich engagiert habe, findet, er ist nichts für sie.

»Seit wann haben die Sängerinnen das Sagen? Ist es die Meller, die Bozán, die Poli?«

»Nein«, Alberto lachte. »Sie ist vollkommen unbekannt, ich setze auf sie.«

Er hat ihm nicht ihren Namen genannt, und Juan hat ihn auch nicht danach gefragt. Diese Frau ist ihm von Anfang an zuwider gewesen, bestimmt eine Ignorantin, die noch nicht einmal Noten lesen kann. Juan begreift nicht, wie man den Sängerinnen eine solche Stellung geben kann. Vielleicht im Theater, aber in den Orchestern … Der Text ist ein Zusatz, den der Tango nicht braucht. In seinem Orchester wird es kein Singvögelchen geben.

Sein Orchester? Das Angebot des Impresarios vom Pigalle, mit dessen Orchester aufzutreten, hat er ausgeschlagen, nein, Dirigieren interessiere ihn nicht, zuviel Ärger. Und nicht ungefährlich. Manche sorgen sich am Ende mehr um das Geschäftliche als um die Musik, wie Canaro, nicht von ungefähr nennen sie ihn den »Kaiser«.

Schon zum zweitenmal äußerst du dich verächtlich über Canaro, das gefällt mir nicht, Juan. Alle haben an meiner Entstehung mitgewirkt, jeder auf seine Weise. Alle gehören dazu.

Das Angebot der Plattenfirma *Electra* hingegen begeistert ihn. Eine einmalige Chance. Die bestmöglichen Musiker für seine beiden Tangos auswählen, ein paar Proben, dann im Aufnahmestudio das Orchester dirigieren.

Und eine gute Nachricht ist auch, daß Julios erstklassiges Orchester seine Komposition *Cara o cruz*, Kopf oder Zahl, uraufführen wird.

Neben allen diesen vielversprechenden Aussichten fällt es kaum ins Gewicht, daß sein *Soy toda de él* im Theater durchgefallen ist, trotzdem stellt Juan fest, daß die schlechte Laune nicht weichen will. Seine Mutter hat recht, er ist zu sehr daran gewöhnt, daß ihm alles gelingt. Wie auch nicht: Die einen werden unter einem guten Stern geboren, die anderen unter bösen Vorzeichen, Mutter, und ich gehöre zu ersteren.

Von früh bis spät horchte Yvonne auf Schritte im Hausflur, auf den Schlüssel in der Tür, gleich, ob sie im Wohnzimmer auf dem Sofa oder vor dem Spiegel saß, ob sie hundertmal ihre Kleider wechselte, ihre Frisur änderte oder nackt in diese wellenweichen Seidenlaken tauchte. Denn auf das Abendessen bei seiner Familie war ein weiteres mit seinen Freunden gefolgt: Am Ende war ich so betrunken und bettschwer, daß ich dir in diesem Zustand nicht unter die Augen treten wollte, und am nächsten Abend auch nicht, denn tags darauf mußte er gleich frühmorgens mit seinen Eltern auf das Landgut fahren. Und warum stellte er sie seinen Eltern, seinen Freunden nicht vor? Sie wünschte sich nichts so sehr, als nach Armentières zurückzukehren und Francisco ihrer Mutter, dem ganzen Dorf vorzuführen, was für eine Genugtuung wäre das nach diesen schmachvollen Blicken, mit denen sie auf sie herabgesehen hatten, damals, als sie erfuhren, was der Soldat ihr im Krieg angetan hatte.

»Später«, sagte Francisco, »erst einmal sollten wir zurückhaltend sein. Meine Eltern haben sich noch nicht erholt von dem Schmerz und der Schmach, die ihnen der Verlust meiner Schwester zugefügt hat.«

Ist sie gestorben? Nein, sie ist mit einem Ausländer geflohen, für die Familie ist sie damit so gut wie tot. Aber nicht alle Ausländer sind gleich, verteidigte sich Yvonne, sie würde niemals von ihm verlangen, zu fliehen oder seine Familie, seine Freunde nicht mehr zu sehen, und sie wären bestimmt alle sehr glücklich, wenn sie erführen, wie sehr sie sich liebten, er liebte sie doch, oder? Natürlich, und wie, je t'adore, aber Francisco war noch gar nicht mit dem Medizinstudium fertig, alles zu seiner Zeit, ma chérie. Außerdem begann jetzt wieder der Unterricht, Yvonne müsse verstehen, bei ihrer Ankunft seien Ferien gewesen, aber jetzt ... sein Studium, seine Familie, seine Freunde, der Club. Und sie wartete immerzu. Fehlt dir etwas, Liebste?

Sie hatte mehr Kleider und Schuhe, als sie ausführen konnte, Gemälde, Teppiche, Zierat, Teller, Tischdecken, Zeitschriften und sogar eine Frau, die zum Putzen und Kochen kam. Was ihr fehlte, war er. Verstand er das nicht?

Francisco gehöre ihr, mehr als jemals irgendeiner Frau zuvor, glaubst du mir, mon amour? Wie sollte sie nicht diesen starken, warmen Händen glauben, die sie kannten, als hätten sie sie selbst erschaffen, findest du es nicht auch unsinnig, daß wir unsere gemeinsame Zeit mit Streiten verschwenden? Dann seine Küsse, seine Liebkosungen, von Mal zu Mal wuchs ihre Lust. Und dann ging er weg, immer ging Francisco weg, und sie wußte nicht, wann er wiederkommen würde. Irgendwann hielt sie das Eingeschlossensein, das Alleinsein, die Langeweile nicht mehr aus.

»Noch dazu in einer unbekannten Stadt, die so großartig, so reich an Vergnügungen war, aber Yvonne kannte niemanden, und sie verstand die Sprache nicht.«

»Sie hatte Geld und einen Geliebten, aber sie war sehr einsam.«

Wenn das so weiterginge, würde sie irgendwann durchdrehen, sagte sie sich eines Nachmittags und beschloß, hinaus auf die Straße zu gehen, auf die Gefahr hin, daß sie sich verlaufen würde, oder schlimmer noch, daß ausgerechnet dann Francisco käme. Alles war besser als diese sie verzehrende Sehnsucht.

Sie hatte die Adresse aufbewahrt, die dieses lustige Mädchen, das auf dem Schiff gesungen hatte, ihr gegeben hatte. Ob es weit weg war? Sie wählte den auffälligsten ihrer Hüte, setzte ihn auf, steckte den Schlüssel in das blaue Seidentäschchen, atmete tief durch und ging hinaus.

Der erste Mensch, der ihr begegnete und den sie mit ihrem ganzen Mut und ihren wenigen Brocken Spanisch nach dem Weg fragte, erteilte ihr in tadellosem Französisch Auskunft. Es war ihr schon aufgefallen, daß an den Orten, wo Francisco verkehrte, viele sie gleich auf französisch ansprachen. Sprechen alle in diesem Land Französisch? Francisco hatte gelacht, seine Freunde natürlich schon, aber die anderen nicht, die anderen reden Spanisch, espagnol, c'est une façon de dire, man weiß gar nicht mehr, was diese Leute von Gott-weiß-woher, die in Buenos Aires von Bord gingen und die Stadt mit groben Lauten überschwemmten, für eine Sprache sprechen.

»Warum redest du von den Einwanderern mit solcher Verachtung? Auch ich bin mit einem Schiff gekommen.«

Aber Yvonne war keine Einwanderin, tu es française, und Francisco Ponce hatte sie eingeladen. Es war für sie schwer zu verstehen, warum Franzosen für die Argentinier keine Ausländer waren. Paris war auch ihre Stadt, sie alle verbrachten immer wieder längere Zeit in Paris, beauftragten für ihre Häuser in Buenos Aires oder auf dem Land französische Architekten, lernten aus französischen Büchern, kleideten sich nach der französischen Mode, spielten französisches Polo, kauften französische Kunst, viele von ihnen besaßen Wohnungen oder Häuser in Paris und Biarritz.

Als Yvonne ihm ein paar Tage darauf erzählte, wie nett es bei ihrer Rosa zu Hause gewesen sei, verstand sie noch viel weniger, warum Francisco so verächtlich über die Galicier redete, wenn er selbst doch gesagt hatte, daß seine Familie – wie die meisten – aus Spanien stammte. Familien englischer und französischer Herkunft gab es allerdings auch. Liegt Galicien nicht in Spanien? Aber das ist doch etwas ganz anderes, Yvonne, wir sind

Argentinier, wir haben Argentinien gemacht, fügte er ungeduldig hinzu. Sie solle endlich mit der Fragerei aufhören, sie sollten ihre wenige Zeit nicht auf etwas verschwenden, das sie bald verstehen würde, denn sie sei nicht nur la plus belle du monde, sondern auch sehr intelligent. Sie würde schon noch selbst herausfinden, daß man bestimmte Folgerungen nicht ziehen durfte.

Vielleicht wollte sie ihm den Gefallen tun, vielleicht begann sie auch zu begreifen, jedenfalls erzählte sie ihm, sie habe sich bei ihrem Besuch lange mit Rosas Verlobtem, einem sehr kultivierten Russen, auf französisch über Reisen, Theater und französische Kunst unterhalten. Womit Yvonne nicht log, sie hatte nur den Akzent etwas verschoben, es stimmte, daß sie sich mit Rosa und ihrer Mutter irgendwie verständigt und sie in einer Mischung aus Galicisch, Spanisch und Französisch über Theater und danach über ihre Geburtsorte gesprochen hatten. Mit Igor hatte sie nur zwei Begrüßungssätze gewechselt, er war ein einsilbiger Mensch, aber als sie sie nach Hause begleitet hatten, hatte er zu ihr auf französisch eine Bemerkung über die Balkongitter an dem Gebäude gemacht. Die Gitter waren Kunst.

Warum wollte Igor sich nicht mit dem jungen Mann treffen, den die Genossen von der FORA Rosa empfohlen hatten? Er würde ihm behilflich sein, eine Arbeit mit solchen Gittern zu finden. Manchmal dachte sie, es war ein Sprachproblem, daß es ihr trotz aller Bemühungen nicht gelang, sich Igor verständlich zu machen, doch dann wieder sah sie, daß er sich einfach nicht helfen lassen wollte und die Dinge auf seine Weise anging. Bei ihrer Ankunft hatte er das Angebot ihres Bruders Homero abgelehnt, er wollte nicht bei ihm einziehen, sondern bezog wie alle anderen im Immigrantenhotel Quartier.

»Da besser«, sagte Igor, »Arbeit.«

Am Ende hatte er recht behalten, denn er trug sich bei der Arbeitsvermittlung der Einwandererunterkunft als Schmied in die Liste ein, und eine Woche darauf arbeitete er bereits bei einem Italiener in der Werkstatt. Ganz ohne jede Hilfe hatte er dieses Zimmer in einer Mietskaserne in der Nähe seiner Arbeit gefunden und mit dem Geld, das er aus Rußland mitgebracht hatte, im voraus bezahlt. Eine Pritsche, ein kleiner Tisch, ein aus von der Straße aufgelesenen Kartons zusammengesteckter Schrank, und diese mit Schleifchen versehenen Fläschchen alle in derselben Farbe: ein Heim. Sie war gerührt, als er es ihr voller Stolz zeigte. Aber Rosa wäre es lieber gewesen, er hätte bei der Gründung seiner Existenz in Buenos Aires mehr auf sie gebaut.

Sie spazierten durchs Flores-Viertel, und auf einmal zeigte Igor zu den Balkongittern hoch, sagte ich, ich, und bewegte dazu die Hände, als wollte er die Luft flechten, da begriff Rosa, daß er diese Gitter und noch viel schönere machte.

Lange Zeit trieben sie dieses Spiel, das manchmal lustig, manchmal zum Verzweifeln war: Igors Gesten mit Wörtern, Sätzen zu unterlegen.

»Arbeit ich Italiener«, sagte Igor und führte die Hand in einer monotonen Bewegung auf und ab.

»Klar, du machst normalerweise viel feinere Arbeiten als für Don Salvatore.«

Diese Äuglein wie Rosinen, die noch kleiner wurden, wenn er etwas nicht verstand, da zeigte Rosa auf die Gitter, nahm Igors Hände und fuchtelte mit ihnen geschäftig herum. Er mußte lachen: Ja, ja, besser. Rosa fragte herum und bekam von einem ihrer Genossen jemanden genannt, der für die Bauten eines begehrten Architekten die Schmiedearbeiten machte, Igor könnte bei ihm Arbeit finden, die seinen Fähigkeiten entsprach. Sie war sich sicher, daß er ein Künstler war, obwohl sie noch nie ein von ihm gefertigtes Gitter gesehen hatte. Aber Igor wollte diesen Mann nicht treffen, nein und nochmals nein.

Es war nicht die Sprache, schlußfolgerte sie, er war dickköpfig, stolz, dumm wie alle Männer, er wollte sich nur deshalb nicht helfen lassen, weil sie, eine Frau, es vorschlug.

Der Finger auf Rosas Lippen mahnte sie, still zu sein, was sie nur noch gereizter machte: Warum willst du denn nicht diesen Mann treffen, sag schon, erklär es mir.

Mit einer Umarmung gelang es Igor, Rosa zu besänftigen.

»Gut, mach, was du willst. Aber lern bitte Spanisch oder Galicisch. Oder bring mir Russisch bei.«

»Ich lieben Rosa. Genossin. Besser.« Daraufhin der sich zum Kuß spitzende Mund.

Igor hatte recht, besser nicht reden, lieber zärtlich zueinander sein, und jeder lebt und arbeitet nach seinen eigenen Vorstellungen. Doch du hättest so gern alles, was sich in deinem Leben ereignete, mit Igor geteilt, du wolltest ihm erzählen, daß man dich für dieses Stück engagiert hatte, wolltest ihn teilhaben lassen an dem Gefühlsrausch während der Proben, der Freude und Angst angesichts der nahenden Premiere, in manchen Momenten warst du überzeugt, daß es ein Erfolg werden würde, und in anderen hast du ein furchtbares Scheitern vorausgesehen, wie an dem Nachmittag, als Alberto dich hundertmal korrigiert hat und es dir einfach nicht gelingen wollte, wie solltest du das alles mit Gesten erklären?

Rosa versuchte mit allen Mitteln, Igor mit ihren anarchistischen Genossen zusammenzubringen, seine Erfahrung aus Rußland könnte wesentlich dazu beitragen, den echten anarchistischen Kommunismus in Argentinien aufzubauen.

»Igor hat genau wie wir«, so ihre Worte an die Genossen, als sie ihn auf der Versammlung der FORA vorstellte, »1917 alle Hoffnung in die langersehnte soziale Revolution gesetzt, für die wir Anarchisten gekämpft hatten, doch bald mußte er erkennen, daß die russische Revolution nichts weiter gebracht hat, als einen Gewaltherrscher durch einen anderen zu ersetzen.«

Du wolltest mit aller Macht glauben, daß Igor so dachte, nur das konnte der Grund gewesen sein, warum er aus Rußland ausgewandert war, aus Ernüchterung über die Revolution, aber wie hätte er dir das mit den Händen und seinem äußerst spärlichen Wortschatz erklären sollen? Du hast seine Zeichensprache und seine russischen Worte so ausgelegt, wie du es gebraucht hast, um ihn zu deinem Gefährten zu machen.

315

Rosa dachte, Igor weigere sich nur deshalb so vehement, an den Versammlungen teilzunehmen, weil er die Sprache nicht verstand, darum drängte sie ihn, eine Schule der FORA zu besuchen. Dort würde er nicht nur Sprachunterricht bekommen, sondern die sozialen Konflikte gleich aus der richtigen Perspektive sehen lernen.

Galicisch könntest du ihm immer noch später beibringen, hast du dir gesagt. Damals hast du geglaubt, die Sprache sei die einzige Kluft zwischen euch, und wenn die erst einmal überwunden war, erwarte euch die reine Harmonie. Die Zeit sollte dich das Gegenteil lehren, je besser ihr euch verständigen konntet, desto tiefer wurde die Kluft.

Zehn Uhr. Er sollte längst auf Albertos Fest sein. Er hat verschlafen, war erschöpft. Stundenlang proben, und das Sextett klingt immer noch nicht so, wie Juan es sich vorstellt, er weiß, daß er mehr aus seinen Musikern rausholen kann, schließlich hat er sich hervorragende Leute zusammengesucht. Aber die Jungs meutern: Abdulah hätte sie nur für vier Donnerstage engagiert, danach würde man weitersehen, je nach Erfolg. In seinen Ohren klingt noch immer Ricardos vor Wut umschlagende Stimme: Kein Roberto Firpo, kein Osvaldo, noch nicht einmal der Tiger Arolas läßt sie so viele Stunden proben, was glaubt Juan eigentlich, wer er ist.

Kann sein, daß er zuviel verlangt, aber er kann nicht anders. Vielleicht liegt es daran, daß zum erstenmal die ganze Verantwortung auf ihm lastet, und nicht nur weil er alle Arrangements geschrieben hat, die Musiker ausgesucht und die Stücke zusammengestellt hat, sondern weil er fühlt, daß ein neuer Tangostil am Entstehen ist, sein eigener.

Es wäre dir anmaßend vorgekommen und du hättest auch nicht die passenden Worte gefunden, um den Musikern diese innere Gewißheit zu vermitteln, daß du mit diesem ersten Sextett, das du 1923 dirigiert hast, neue Wege mit mir beschreiten würdest. Noch immer spüre ich ein genüßliches Kribbeln bei diesen Gegenstimmen der Violinen, die du erfunden hast, diesen einander antwortenden Bandoneons, den exakten Einsätzen des Kontrabasses und deinen kundigen Fingerspitzen, die dies alles dirigierten, ohne daß du dir wie andere erlaubt hättest, dich selbst in Szene zu setzen. Ein wahrer Liebesakt, Juan.

All seine Zeit, all seine Energie nur für sein Ensemble. Seit Wochen nimmt Juan keinen Auftritt, keine Verpflichtung an, sogar Tununa vernachlässigt er ein wenig. Heute abend aber geht er auf das Fest, Alberto sollte nicht denken, Juan sei verstimmt, weil Alberto sich für Delfinos und nicht für seinen Tango entschieden hat.

Ich habe eine Überraschung für dich, hat Alberto zu ihm gesagt, als er ihn eingeladen hat. Was für eine? Wenn ich es dir verrate, ist es keine Überraschung mehr. Sie wird dir gefallen. Was mag es sein?

Rasch unter die Dusche, um wach zu werden. Der neue Anzug und die Seidenkrawatte, die Tununa ihm geschenkt hat. Rasierwasser. Die Klingel reißt ihn hoch. Tununa! Sie küssen sich leidenschaftlich im Flur, und Juan ist wieder einmal froh, daß er sich dazu durchgerungen hat, diese Wohnung für sich allein zu mieten, auch wenn sie ein Heidengeld kostet. Würde er weiter mit dem Franzosen und Ricardo zusammenwohnen, hätte sie nicht die Freiheit, jederzeit vorbeizukommen. Tununa hatte ihn überredet: Was macht es schon, daß sie teuer ist, bei dem, was du bald verdienen wirst, ist das doch ein Klacks. Ein Klacks würde er nicht sagen, aber Juan kann die Miete bequem bezahlen. Platten, Auftritte, das neue Engagement. Tununa bringt ihm Glück.

Selbstbewußt kommt sie herein, nimmt den Hut ab und legt den Nerzmantel aufs Sofa. Juan mag keine Pelze, sie sind ihm zu protzig, aber an ihr findet er ihn, wie alles, bezaubernd. Groß, hochmütig, so steht sie vor Juan in ihrem roten, dekolletierten Kleid, das Juan ihr gleich ausziehen wird, mit ihren schlanken Fesseln, die ihn so erregen, noch nie war sie so schön. Das Fest kann ihm gestohlen bleiben.

»Du bist wunderschön.«

»Du erst.« Vergnügt nimmt sie ihn von allen Seiten in Augenschein. »Ist dieser hübsche junge Mann, der so gut gekleidet ist, etwa mein kleiner Freund? Hast du vielleicht auf jemanden gewartet, und ich habe dich überrascht?«

»Auf dich, ich warte immer auf dich, sogar heute, obwohl es gar nicht geplant war, daß wir uns sehen.«

»Juan hat es vor mir abgestritten, aber er war verrückt nach Tununa.«

Juan hatte gedacht, sie wolle aufs Landgut fahren. Sie ist doch nicht gefahren, weil sie sich am Morgen nicht gut gefühlt hat, und die Autofahrt nach Areco schlaucht sehr, aber am Abend hat sie sich wie neugeboren gefühlt und sich gefragt: Was Juan wohl macht? Eigentlich hatte er vor, auf ein Fest zu gehen, aber das läßt er jetzt sein, daraufhin sie, ein Künstlerfest, wie wunderbar, sie komme einfach mit, oder könne er sie nicht mitnehmen?

Ich bin frei wie ein Vogel, Tununa, ich kann mich zeigen, mit wem und wo ich will, sagt Juan, doch sie versteht den Wink nicht, pudert sich die Wangen nach, setzt sich den Hut auf, gehen wir?, frei wie ein Vogel ist auch sie.

Luis Fernández wischte sich die Tusche aus den Wimpern und gab acht, daß nicht das kleinste Krümelchen haftenblieb. Das Blau seiner Augen leuchtete, und in diesem Nadelstreifenanzug sah er so männlich aus, daß niemandem auffallen würde, daß er geschminkt gewesen war.

»Bin ich schön?« fragte er und kam mit seinem Gesicht aufreizend nah an Joaquín Irusta heran.

»Ich möchte dich mit Küssen bedecken, ich möchte dich auffressen.«

Er möchte noch viel mehr mit ihm machen, aber nicht jetzt, da sie sich bereits für das Premierenfest, das Alberto gab, in Schale geworfen hatten. Nur mit Mühe hatte Luis Joaquín überredet, ihn mitzunehmen, er mischte sein berufliches Leben nicht gern mit seinem privaten, und er arbeitete schon seit Jahren für diesen Regisseur als Bühnenbildner. Aber Luis wollte keine Lügen mehr hören, wenn Joaquín sich nach all der Leidenschaft dieser gemeinsamen Tage immer noch schämte, mit ihm zusammen gesehen zu werden, drohte er, wollte er augenblicklich dessen Wohnung verlassen und ihn nie wiedersehen.

Die Frage war nur, was er dann essen sollte, wer ihn dann im Automobil herumfahren, ihn im Tango, diesem sinnlichen, wollüstigen Tanz, führen würde, und vor allem, wie er diese schwülstige Künstlichkeit aus Bildern, Düften, Nippes, Stoffen, Porzellan, diese für ihn so neue und schon unverzichtbare Kulisse, die Zeuge und Teil seiner Liebe zu Joaquín war, ersetzen sollte. Würde er es noch lange in diesem Kämmerchen hinter dem Gemüseladen, wo er noch immer arbeitete, aushalten, nach all dem, was er in diesen Tagen dazugelernt hatte? Gleich am ersten Abend, als Joaquín ihn auf ein Glas zu sich in die Wohnung eingeladen hatte, hatte er dieses Gefühl im Bauch: Hier war sein Platz, seine Welt, hier war er mit seinem Feingefühl, seiner Liebesfähigkeit gut aufgehoben. Doch er wollte sich auf keinen Fall – Joaquín schlug ihm auch nichts dergleichen vor – wie ein Hungerleider aushalten lassen. Nein, er würde ihn nach allen Regeln der Kunst umgarnen, würde sich mit jedem Treffen ein nächstes sichern, bis er für Joaquín so unverzichtbar sein würde, wie Joaquíns Welt es für ihn war.

»Luis Fernández liebte Joaquín in Wirklichkeit gar nicht. Er benutzte ihn.«

»Er war nicht auf Joaquíns Geld aus, sondern auf dessen Welt. Kunst, erotische Spiele, feinsinnige Menschen und Genießer.«

»Bei dem, was er zu verlieren hatte, war so eine Drohung unvorsichtig.«

»Nein, sie war Teil seiner Verführungsstrategie.«

Die Drohung, ihn zu verlassen, wirkte: Joaquín meldete bei Alberto an, daß er auf das Fest einen Freund mitbringen würde, einen galicischen Schauspieler auf der Durchreise.

»Mir ist es lieber, wenn die Leute glauben, wir haben uns über den Beruf kennengelernt, zum Beispiel in Madrid, und daß daraus eine Freundschaft entstanden ist und wir uns Briefe geschrieben haben«, improvisierte Joaquín nervös.

»Ich werde jedenfalls nicht erzählen, daß wir uns vor einem Monat in einem Cabaret kennengelernt und in derselben Nacht stürmisch in deinem Salon auf dem Teppich geliebt haben.«

Joaquíns Befürchtungen waren unbegründet, Luis wußte um die Heuchelei in der Gesellschaft, er würde sich in der Öffentlichkeit nicht wie sein Liebhaber verhalten. Obwohl das schade ist, was wir zusammen machen, ist wahrlich ein Kunstwerk, bei einem Stück, in dem du und ich uns auf der Bühne lieben, würden doch alle einen Orgasmus nach dem anderen kriegen, meinst du nicht? Luis' kühne Worte versetzten Joaquín gleichermaßen in Erregung und Angst. Mach dir keine Sorgen, Schätzchen, er könne sich gut verstellen und werde sich tadellos benehmen, Joaquín könne ihm für das Fest eine beliebige Biographie andichten, was ihm am besten erscheine, er werde jede Rolle hinbekommen, einen Mönch genauso wie einen verheirateten Großgrundbesitzer mit fünf Kindern. Er arbeitete zwar als einfacher Büroangestellter bei einem Anwalt, aber er war immer noch Schauspieler. Und auf diese Arbeit und das Hotelzimmer hatte er sich auch nur eingelassen, weil er erst vor kurzem eingereist war, bei der ersten Gelegenheit würde er beweisen, was für ein großer Schauspieler er war.

»Kann man wohl sagen, wenn allein in seinem Bericht der Gemüsehändler zum Anwalt, der Verkäufer zum Büroangestellten, das Gemüselager zum einfachen Hotelzimmer mutiert sind.«

Joaquín umarmte ihn: Ich will nicht, daß du irgendeine Rolle spielst, du sollst du selber sein, so genial und so ... wunderbar, wie du bist. Und bevor du in deinem Hotel trübsinnig wirst, komm doch zu mir.

»Nein, vielen Dank, wir ziehen erst zusammen, wenn ich in diesem Land Fuß gefaßt habe, so wie du. Zieh nicht so ein Gesicht, uns erwarten wundervolle Tage. Gehen wir?«

Francisco blieb im Hausflur stehen, als ihm Yvonne mit Hut auf dem Kopf und sich den Hermelin zuknöpfend entgegenkam. Was für eine Überraschung, sie habe gar nicht mit ihm gerechnet. Sie wolle ausgehen? Allein? Ein Glück, daß Francisco gekommen war, jetzt konnten sie zusammen gehen, es war ihr erstes Fest in dieser Stadt, ihr erstes Fest überhaupt, um ehrlich zu sein.

Er, nervös: Wo war sie denn eingeladen, von wem, und wie konnte sie sagen, niemand lade sie ein, wenn er sie doch an so viele Orte führte. Du hast mich falsch verstanden, mon amour, sie meinte, irgendwer anderes als er, dieses so nette Mädchen, das sie auf dem Schiff kennengelernt habe, diese Sängerin habe sie auf ein Künstlerfest eingeladen, Yvonne sei so froh, so froh, daß sie mit ihm hingehen könne. Nein, sie würden nicht hingehen, er sei müde. Bitte, sag nicht nein, ich will meiner Freundin doch zeigen, was für einen schmucken Verlobten ich habe.

Gut, einverstanden, aber nur, damit sie sehe, wie leichtsinnig es gewesen wäre, allein hinzugehen, sie kenne Buenos Aires und die Menschen hier nicht, allein abends auszugehen, undenkbar. Warum? War es gefährlich? Wurde man beraubt? Die Stadt war gefährlich, das auch, aber eine Frau, die allein zu irgendeinem nächtlichen Treiben ging, war … Yvonne lachte, jetzt übertrieb er, aber wie sagte er nicht immer, lohnte es, die Zeit mit Streiten zu verschwenden? Gehen wir? Allez, on y va.

Igor sah Rosa mit Gefallen an, als sie ins Wohnzimmer kam und ihm ein Kleid nach dem anderen vorführte, soll ich das schwarze anziehen? Oder das violette hier?

»Das besser.«

»Wieso besser? Vorhin hast du gesagt, das grüne, zu jedem, das ich anziehe, sagst du, es ist besser, kannst du mir nicht sagen, welches dir am besten gefällt? Ist das so schwer?«

»Alle stehen dir gut«, schaltete sich ihr Vater ein. »Zieh endlich irgendeines an, dann können wir gehen.«

»Das grüne, Rosa. Eindeutig das grüne«, beschloß ihre Mutter.

Sie schämte sich, kam sich dumm vor, daß sie vor ihren Eltern die Geduld mit Igor verloren hatte. Dann zog sie sich ein weiteres Mal um, ohne in Igors Blick Bestätigung zu suchen. Daß sie die Kleiderfrage auch so wichtig nahm, das Theater veränderte sie, ihr Vater hatte recht. Dann lächelte sie Igor an und hängte sich bei ihm unter: Gehen wir?

Zweiundzwanzigstes Kapitel

Tununa fährt mit derselben Eleganz Auto, mit der sie geht, als würde sie mit dem Automobil eins sein, und Juan genießt es, durch die von Bäumen gesäumten Straßen zu fahren, durch dieses Buenos Aires, das ihn wie Tununa jeden Tag mit neuen Reizen überrascht.

»Hier habe ich geheiratet, als erste«, bemerkt sie vor der Kirche Santísimo Sacramento.

Juan versucht sie sich in ihrem Brautkleid vorzustellen, voller Träume?, glücklich?, er weiß es nicht, Tununa spricht wenig über ihr Leben, und er respektiert es, nur eine einzige Frage traut er sich zu stellen, wann? Kurz nach Einweihung der Kirche, woraufhin sie sogleich in der ihr eigenen Manier, die er schon kennt, von ihrem Leben ablenkt und in allen Einzelheiten die Entstehungsgeschichte des Gotteshauses erzählt, die Idee ihrer Tante Mercedes Castellanos, auf das geerbte Grundstück hinter dem Plaza-Hotel eine Kirche nach einem von ihr bewunderten Pariser Vorbild erbauen zu lassen, die Ankunft der französischen Geistlichen des Sacré-Cœur-Ordens, der Auftrag an die Architekten Coulomb & Chauvet, das Gebäude zu entwerfen, die Änderungen, die ein Salesianerpater, welchem man die Überwachung des Baus übertragen hatte, mit Unterstützung der noch in Buenos Aires verweilenden französischen Geistlichen vornahm, die Grundsteinlegung im Jahr 1908, der Bau, den sie Schritt für Schritt mitverfolgt habe. Tununa lächelt, in eine nur ihr bekannte Erinnerung versunken, und 1916 war sie dann fertig, genau an dem Tag, als Charly und ich geheiratet haben.

Juan wäre es lieber gewesen, sie hätte ihm etwas Persönlicheres erzählt als dieses Zusammenwirken von Kirchenmännern und Geldadel, aber so ist Tununa. Er findet nichts dabei, ihr aus seinem Leben zu erzählen, er möchte mit ihr Erinnerungen teilen, darum bittet er sie, kurz an der Ecke dort vor diesem Gebäude anzuhalten: Hier war eine Brache, wo ich mit den Jungen aus der eine Straße weiter gelegenen Mietskaserne Fußball gespielt habe, und mit Pirucho. Habe ich dir von Pirucho erzählt? Ein fixes Kerlchen, er hat im selben Stadtteil wie ich Zeitungen verkauft und Flöte gespielt. Mit ihm habe ich die Cafés in La Boca entdeckt, wo der Tango in Riesenschritten vorankam, die ersten Instrumentalensembles, ein Tango, in dem die ursprüngliche Milonga noch durchklang. Dort hat er Arola, den Bandoneontiger, gehört, Gracco, den Italiener Genaro, Villoldo. Tununa lächelt.

Ihre feine Hand tupft nur auf das Lenkrad, schon biegen sie nach links ab. Eine neue Straße, breiter und dafür dunkler als die vorherige, erscheint sie ihm wie ein Ebenbild Tununas, schön und geheimnisvoll wie ihr Gesicht in diesem Augenblick, die Straße ist ein Geschenk an ihn, so wie er ihr das Bild dieses Cafés an der Ecke Suárez und Necochea geschenkt hat, ein kleiner Bretterboden, auf dem das Orchester Platz fand, auf dem die Paare ihre *cortes* und *quebradas* vorführten. Dort hat Juan zum erstenmal gespielt, im Alter von zwölf. Einen wilden Tango, ganz anders als der, den Tununa kennt.

»Du bist wirklich niedlich, du redest wie ein Alter, wie mein Vater, wenn er sich an die erste Landwirtschaftsausstellung im Retiro erinnert.«

Mit dem Heraufbeschwören alter Zeiten kommt die Erinnerung an Carlota, magisch wie das weiche Licht der Laternen auf dem Straßenpflaster, ihre flinken, unter dem langen Kleid nur zu erahnenden Beine, ihr sanfter, zugleich aufreizender Körper.

»Warst du in sie verliebt?« unterbricht ihn Tununa.

Nein, nein. Juan lächelt geheimnisvoll und gleitet schweigend zu jener Nacht im Rodríguez Peña im Jahr 1911 oder 12, als er Carlota mit dem Cachafaz tanzen gesehen hat. Eine Offenbarung.

Das Auto hält in einer Nebenstraße in Belgrano. Beim Einparken legt Tununa dieselbe natürliche Eleganz an den Tag wie bei allem, was sie tun. Juan steigt aus, öffnet die Tür, reicht Tununa die Hand. Sie gehen ein paar Meter bis zu einem Gittertor, von dem aus man ein eindrucksvolles Gebäude bestaunen kann: Nicht wie deins, aber fast, scherzt Juan, er hätte nicht gedacht, daß man als Theaterautor so viel Geld machen kann.

Das Haus gehört nicht Alberto, sondern einem Italiener, der mehrere Theater besitzt, ein reizender Herr, der sie mit geschwollener Liebenswürdigkeit begrüßt.

Yvonne folgte Franciscos überraschtem Blick und sah diese gertenschlanke, wunderschöne Frau mit dem roten Kleid und einem Hut mit einer einzelnen Feder, die einen Gang hatte, als gehörte ihr die Welt. Eine berühmte Schauspielerin? Er kam nicht dazu, zu antworten, denn die Frau ging bereits mit strahlendem Lächeln auf ihn zu und begrüßte ihn. Diesmal lief das Gespräch nicht auf französisch weiter, die Frau in Rot und dieser junge Mann mit den schwarzen Haaren und dem argwöhnischen Blick sprachen spanisch. Yvonne verstand immerhin, daß der Mann Musiker war.

»Dann ist er die Berühmtheit, nicht sie«, folgerte Yvonne, als sie sich wieder abwandten, »ich hätte geschworen, daß es andersherum ist. Kennst du die beiden schon lange?«

»Sie ja, von Geburt an. Sie war und ist die Schönste der Paz-Töchter.«

»Und ihr Mann?«

»Er ist nicht ihr Mann, Tununa Paz ist mit Charly O'Toole verheiratet. Ich weiß nicht, was sie mit Montes hier macht. Aber er ist nicht berühmt, das hast du falsch verstanden, Yvonne, er spielt in einem Orchester, wie so viele.«

»Deine Freundin hat gesagt, er ist Komponist«, verbesserte Yvonne.

»Was weiß ich, kann sein, er verkehrt nicht in meinen Kreisen.«

»Aber du kennst ihn.«

»Zufällig, er ist der Sohn einer Modistin, bei der meine Mutter nähen ließ.«

Francisco war eine ganze Weile still, abwesend.

»Ich habe ihn seit Jahren nicht gesehen, seit der Sache mit meiner Schwester.« Sein Ausdruck verhärtete sich. »Damals ist dieser dreiste Juan Montes doch tatsächlich zu mir gekommen und hat mich aufgefordert, mehr Verständnis für Mercedes aufzubringen.«

Obwohl Francisco französisch redete, spürte Yvonne, daß er nicht zu ihr sprach, und dieser bissige Ton: Wir alle würden darunter leiden, wenn wir uns nicht mehr sähen, und dann empört: Wer glaubt er, daß er ist, daß er mir vorschreiben wollte, wie ich meine Schwester zu behandeln habe, daß er mir etwas von Schmerz erzählen will, ich habe ihm natürlich seinen Platz gewiesen. In diesem Punkt bin ich mir mit meinem Vater einig, die beiden hätten nie so eng miteinander befreundet sein dürfen, er bekam sogar bei ihrem Lehrer Klavierstunden.

»Ich verstehe dich nicht, Liebster, das mußt du mir erklären.«

Yvonnes Satz schien Francisco aus einem bösen Traum zu wecken, und er blickte sie zärtlich an: Entschuldige, mein Herz.

»Du magst Francisco nicht, oder irre ich mich? Die Luft war zum Schneiden.«

»Ich kenne ihn kaum.« Juan will dieses Gespräch endlich beenden.

»Ich habe den Eindruck, Francis schmilzt dahin bei der Kleinen, man darf gespannt sein, ob diese Französin ihm ein bißchen seine Bude aufmischt, ein hübsches Ding, findest du nicht?, vielleicht ein bißchen vulgär.« Der klatschhaft arrogante Ton befremdet ihn. »Nach der Geschichte mit seiner Schwester will man sich gar nicht ausdenken, was sie sagen werden, wenn Francis die Liaison mit seiner Mademoiselle offiziell zu machen gedenkt.«

Das ist nicht seine Tununa, es kommt ihm vor, als sähe er diese ganz klar dem anderen Lager zugehörende Frau zum erstenmal, dieses Lächeln, als er einwendet:

»Warum? Was hat seine Schwester denn getan? Sich in jemanden ›aus dem Volk‹ zu verlieben anstatt in einen standesgemäßen Schnösel? Paß bloß auf«, die Blicke der Vorübergehenden mahnen ihn, seinen scharfen Ton etwas zurückzunehmen, »das kann dir auch passieren.«

Tununa mustert ihn aufmerksam, als würde auch sie in ihm zum erstenmal einen Feind sehen und als würde sie sich sorgfältig ihre Verteidigungsstrategie zurechtlegen. Eine Stille mit Nadeln, wirksamer als jedes Wort, läßt Juans Angriff ins Leere laufen, ihn dumm dastehen, wie er aufsässig ihrem Blick standhält.

»Ich war eine der wenigen, die Mercedes verteidigt haben«, kommt von ihr endlich in aufgesetzt mildem Ton, »als sie ihre Verbindung mit diesem Muttersöhnchen gelöst hat und mit dem Mann, den sie liebte, geflohen ist. Ich hätte das auch getan, um Charly zu folgen«, ihr leuchtender Blick, »aber es war nicht nötig, er hat sich von seinem Land, seinen Gewohnheiten losgesagt, um mit mir zu leben. Wir haben uns unsterblich ineinander verliebt, habe ich dir einmal davon erzählt?« fragt sie ihn, was für eine schmerzliche Erkenntnis für Juan, wie hat er nur so naiv sein können.

»Nein, nie. Was für eine Rolle spiele dann ich in deinem Leben?«

»Dieselbe wie ich in deinem, wir haben Spaß, lernen voneinander, ich lerne von dir, von deinem Talent, deiner Jugend, deinem Leben, so wie du von mir. Aber täusch dich nicht, Juan«, sagt sie ebenso entschieden wie zartfühlend, »nichts von dem, was wir zusammen erleben, kann der Verbindung zwischen Charles und mir in irgendeiner Weise etwas anhaben.«

Die Geschichte einer von den Eltern auferlegten Ehe mit einem langweiligen Engländer, die Juan sich zusammengereimt hat, zerrinnt. Charly liebt sie, stellt Tununa sachlich klar, er liebt sie, wie sie ist, er liebt sie – konzentriert sucht sie nach dem treffenden Wort – mit Weisheit. Dieses Wort wie ein Peitschenhieb, dann wieder dieser gedehnte, ruhige Ton: Du bist wichtig für mich, aber nichts und niemand kann mir den Blick dafür verstellen, wer der Mann meines Lebens ist.

Vielleicht hat sie ihm das gesagt, um es ihm heimzuzahlen, aber Juan spürt, daß es die Wahrheit ist, eine ihn verstörende Wahrheit, und um sich nicht die Blöße zu geben, läßt er sie mitten im Salon stehen und geht sich einen Whisky holen.

Applaus überrascht ihn, Alberto stellt ihm eine brünette Frau in einem grünen Kleid einfacher Machart vor – es amüsiert ihn, wieviel er von seiner Mutter gelernt hat, von Tununa auch? Sie ist nicht elegant, aber eine beeindruckende Erscheinung, er mustert sie von unten bis oben, die Beine, der drahtige Körper, das Kinn, die Nase, die ungewöhnlich hellen Augen ... Aber das ist ja Rosa! Ist sie es? Sie hat sich sehr verändert, ist eine Frau geworden, aber ja, sie lacht wie damals, als er ihr gesagt hat, sie sehe aus wie die Infantin.

Also war es Rosa gewesen, die deine Komposition fürs Theater abgelehnt hatte. Haß ist in dir aufgestiegen, als hätte sie dich eben erst im Palermo-Park sitzengelassen.

Soll er sie begrüßen mit den Worten: Ich warte noch immer am Fuß der Statue auf dich? Nein, ihm ist nicht nach Scherzen.

Er sieht Tununa herannahen, schon erscheint ihm diese ganze Szene zwischen ihnen als Verirrung, sie ist so schön, so intelligent, so fröhlich und macht keinerlei Anspielung auf ihren Wortwechsel, sie hat eben nur etwas zurechtrücken, ihm einen kleinen Denkzettel verpassen wollen – verletz mich nicht, denn ich zahl's dir heim –, da sagt sich Juan, daß er großes Glück hat, so eine Frau an seiner Seite zu haben, die nicht nur einen phantastischen Körper, sondern vor allem so eine Persönlichkeit besaß.

Wer ist sie? Fragt sie ihn mit Blick auf Rosa. Die Sängerin. Kennst du sie? Ja, provoziert er sie zum Spaß, sie ist die Frau, in die ich so verliebt war, nicht die Milonga-Tänzerin, von der ich dir erzählt habe. Touchée, erwidert sie bester Laune, und Juan ist so froh über das Ende ihres Schlagabtauschs, daß er als Erklärung nachreichen will: Ich kenne Mercedes, seit ich klein bin, sie war meine erste Freundin in Buenos Aires ... Tununa unterbricht ihn: Laß uns über die Gäste tratschen – sie muß über sich selbst lachen –, das macht man so auf Festen. Dann legt sie, großartig wie immer, ihre Hand auf Juans Arm, und zusammen wechseln sie in den Saal über.

»Das ist Enrique Delfino, mein Konkurrent«, geht er auf das Spiel ein, »er hat gewonnen, wie sollte es anders sein. Und das ist der künstlerische Leiter, ein wahres Genie, wie man mir gesagt hat«, ein wissendes Lächeln, »obwohl das nicht das einzige ist, was über ihn gesagt wird«, er zögert, senkt die Stimme: »Angeblich ist er ... vom anderen Ufer.«

Worauf sie mit aller Selbstverständlichkeit antwortet: Ach, wie meine Tante Clotilde. Was sie damit sagen will, meine Tante mag Frauen, ihre neueste Geliebte ist eine Italienerin, sie sang die Aida im Colón, eine unvergleichliche Sopranistin und sehr amüsante Frau. Der neben ihm, mit den geschminkten Wimpern, ist das sein Freund? Weiß ich nicht, ich kenne ihn nicht.

»Ich habe sie nicht für so tratschsüchtig gehalten.«

»Sie sind schlimmere Klatschbasen als wir.«

Vornehme, wunderbare, unterhaltsame Menschen, sagte sich Luis Fernández. Auf einmal dieser Applaus, wer war da gekommen? Seine Landsmännin! Die Darstellerin des Stücks war Rosita! Was für ein Glück, ein unbeschreibliches Glück er hatte, daß einer der wenigen Menschen, die er in dieser Stadt kannte, die Königin auf dem Fest von Joaquíns Freund war. Ohne irgend etwas zu erklären, flog er wie ein aufgeregtes Vögelchen auf sie zu, rief »Compañeira«, und sie fielen sich in die Arme. Das nützte er aus, um ihr ins Ohr zu flüstern, sie möge doch bitte sagen, daß sie sich von »daheim« vom Theater kennen würden. Sie, schnell wie immer: Alberto, ich möchte dir Luis Fernández, einen galicischen Schauspieler, vorstellen.

Perfekt, als hätten sie es geprobt, Rosa zwinkerte ihm zu, während der Direktor ihm die Hand gab. Joaquín gesellte sich zögernd zu ihnen, er staunte, ihn in solcher Vertrautheit mit der Sängerin und dem Regisseur zu sehen.

»Ihr kennt euch, ach nein«, und dabei kippte seine Stimme

etwas. Schon köstlich, dachte Luis, zuerst gibt er mir alle möglichen Anweisungen, und dann kehrt er aus lauter Eifersucht selbst die Tunte raus.

»Nur die Theaterbanausen in Galicien kennen Luis Fernández nicht.«

Nur er, die Prinzessin von Bourbon, konnte Rosas feinen Witz verstehen, alle anderen würden es ernst nehmen. Schon war er ein galicischer Star auf der Durchreise in Buenos Aires, und ein paar Minuten darauf stellte Joaquín ihn diesem so reizenden Paar vor, er nur Augen und Hände, sie in diesem spektakulären Kleid, dieses Feuerrot, dieses Dekolleté, dieser Stoff, der einen streicheln mußte, wie gern hätte er genauso eins, gestand er später Joaquín.

Yvonne hörte gern die romantische Geschichte von Tunuma, dem begehrten jungen Mädchen, das an keinem Mann Gefallen fand, und dem Neffen des Rennpferdezüchters, der allein hier auf Urlaub war, und nach drei Monaten, trois mois, wiederholte Francisco, als wären das die Schlüsselworte, staunten die besseren Kreise über die Nachricht von der Hochzeit zwischen Tunuma Paz und Charly O'Toole.

»Un coup de foudre, une belle histoire d'amour«, bemerkte Yvonne.

Ja, genau das mußten dann auch alle anerkennen, nachdem sich die anfänglichen Spekulationen, ausgehend von dem schnellen Jawort, dem Vermögen von Charlys Onkel und den Paz, als falsch herausstellten: Ein Jahr später kam der Sohn zur Welt, auch griff der Bräutigam nicht nach dem Vermögen seines Onkels, wie allgemein befürchtet worden war, und auch nicht nach der Mitgift seiner Frau, er kaufte Land mit dem Geld, das er aus England mitbrachte, und in wenigen Jahren hatte er Beachtliches aus seinen Ländereien gemacht. Franciscos Vater Vicente Ponce, der wußte, wovon er redete, führte ihn immer als Vorbild an.

Francisco hingegen konnte sich noch so anstrengen, nie würde er die Erwartungen seines Vaters erfüllen. Nach vier Jahren und viel Verdruß war er zu dieser Erkenntnis gelangt. Wieviel Zeit und Kraft er auch hineinstecken würde, sosehr er seine Arbeit auch lieben würde, nie würde er eigene Verantwortung übertragen bekommen, obwohl Jahr für Jahr neue Ländereien und Geschäftsbereiche hinzukamen. Sein Vater würde sich nicht zurückziehen, würde nichts an ihn abgeben. Sie hatten ein paar harte, sehr harte Auseinandersetzungen gehabt, er wollte gar nicht daran denken. Darum, und nicht, weil er für die Medizin wirklich etwas übrig gehabt hätte, bestand er darauf, sich an der Universität einschreiben zu dürfen. Zähneknirschend willigte Vicente Ponce ein: Genug der Worte, Francisco würde ein angesehener Arzt werden, bestimmte er, aber er müßte eifrig studieren, um die verlorene Zeit aufzuholen.

Für Francisco war das Studium an der Medizinischen Fakultät eine Erlösung, was waren schon die paar Stunden inmitten von Büchern und Professoren, die Praktika im Krankenhaus, zuerst im Labor, später im Operationssaal, die ständigen schriftlichen und mündlichen Prüfungen im Vergleich zu dem Druck, Tag für Tag seinem Vater gefallen zu wollen.

Ihm fehlten nur noch eineinhalb Jahre, Ende des nächsten Jahres würde er den Doktortitel überreicht bekommen, dann die ersten Patienten in der eigenen Praxis, die sein Vater bereits bei demselben Architekten, der auch ihr Haus entworfen hatte, in Auftrag gegeben hatte, und dann wäre es möglich ...

»Was?« fragte Yvonne.

»Meine Familie über die Situation aufzuklären ...«

Auf der Terrasse mit Blick auf den großartigen Park, umgeben von schönen Menschen und mit dem Kitzeln der Champagnerbläschen auf der Zunge, hätte Yvonne etwas Wärmeres erwartet als dieses Wort: »Situation«. So benannte Francisco das, was er für sie fühlte?

»Du weißt genau, wie sehr ich dich liebe.« Sein Blick widersprach seinen Worten nicht, »aber noch kann ich nicht ...«

Noch nicht oder nie? wollte sie ihn schon fragen, doch dann

wollte sie lieber in vollen Zügen dieses unverhoffte, berauschende Fest genießen, zu dem sie ihn, sie konnte es immer noch nicht glauben, eingeladen hatte. Sie nahm sich fest vor, Geduld zu haben und von ihm nicht mehr als ihr gemeinsames Vergnügen zu verlangen, es käme schon noch der Zeitpunkt, an dem alle Hindernisse überwunden wären, redete sie sich bei einem neuen Glas Champagner ein, dann würden sie glücklich sein: Moi aussi je t'aime, à la folie.

»À la folie!« Lautes Lachen hallt durch den Tango-Himmel.

»Francisco hatte keine Vorstellung, was dieses ›à la folie‹ hieß.«

»Lach nicht, Juan, auch sie wußte das damals nicht. Hätte Francisco nicht ...«

»Schluß jetzt, erzählt nicht alles. Deshalb wolltet ihr zu Wort kommen?«

Alberto hat um Ruhe gebeten und stellt Rosa Leyra vor, sie wird für euch den Tango *Dios mío querido* singen, der am Donnerstag in meinem Theaterstück Premiere haben wird.

Ihre Stimme ist kaum mehr geschult als damals, als sie, noch ein Mädchen, an jenem Nachmittag im Park von Palermo dieses Lied gesungen hat, doch ihr wohnen eine Dramatik, eine Bestimmtheit inne, die bewegend sind, obwohl sie die Musik ein wenig zu kurz kommen lassen. Sie ist gut, ja, das muß Juan anerkennen. Die Ergriffenheit in den Gesichtern, auch in seinem, zwar mag er keine gesungenen Tangos, aber sie macht mit ihm ... etwas.

Von der ersten Minute an fühlte Rosa sich zerrissen, da war Alberto, der ihr ohne Unterlaß Leute vorstellte, und Igor, immer wieder ging sie zu ihm hin, der Arme, er mußte sich schrecklich vernachlässigt fühlen, und dann die Erwartungen an *Dios mío querido*, es mußte ihr perfekt gelingen, es sind viele Kritiker da, Rosa.

Sie war davon ausgegangen, daß sie nur den Tango aus dem Theaterstück singen würde, sie verstand nicht, warum Alberto sie, die Feuerprobe war bestanden, bat: Singen Sie doch Ihren kleinen Walzer, den Sie so mögen. Er hätte sie darauf vorbereiten sollen, sie hätte ihn gern geprobt, aber nein zu sagen, traute sie sich nicht.

Es war nicht erstaunlich, daß sie ihn nicht früher gesehen hatte, es waren viele Leute auf dem Fest, erstaunlich war eher, daß mitten in der zweiten Strophe des kleinen Walzers ihr Blick ausgerechnet auf Juan fiel.

Wie auf frischer Tat ertappt fährt sie zusammen, als sie ihn erkennt, die Stimme bricht und ihr Blick flieht vor Juan, er muß wünschen, die Erde möge sie verschlucken. Aber Rosa verstummt nicht, sondern singt weiter diesen lächerlichen Text, und er weiß nicht, ob sie sich selbst oder ihn mehr blamiert. Was für Fische, was für ein Wellengang, wer fährt da übers Meer? Was hat dieser Text mit seiner Musik zu tun? empört er sich. Jeder Text verschandelt die Musik, aber das hier ist der Gipfel.

An deiner Verstimmung hatte nicht dieser Text schuld, Juan, überhaupt hatte die Musik damit nichts zu tun, sondern es war blanker Zorn, es war Eifersucht, es war Leidenschaft. Diese Leidenschaft sollte noch die wunderbarsten Verbindungen von Noten und Instrumenten hervorbringen, aber auch Worte formen für das, was du so verachtet hast: Liedtexte.

»Ihr Walzer«, hat Alberto gesagt, als gehörte er Rosa, Diebin, wenigstens spielt der Pianist das Arrangement, das Juan Alberto gegeben hat. Warum und mit welchem Recht singt sie ohne seine Erlaubnis vor Publikum, wenigstens nur auf einer privaten Feier, eine seiner Kompositionen mit einem Text, der noch schlechter ist als der, den er sich damals aus den Fingern gesogen hat. Alberto mag das lustig finden, er hat es ihm als Überraschung angekündigt, aber Juan ist außer sich vor Wut. Wird er gleich auch noch sagen, sie habe ihn geschrieben? Doch da bittet Alberto auch schon um Applaus für Juan Montes, den Komponisten des Walzers. Juan tritt noch nicht einmal vor, von dort, wo er steht, sagt er mit sauertöpfischer Miene: Er ist nicht von mir, doch alle klatschen weiter, als hörten sie ihn nicht. Es erscheint sinnlos, etwas erklären zu wollen, er nimmt Tununa am Arm, und sie gehen auf die Terrasse.

»Der Tango hat mir gefallen«, sagte Joaquín zu Luis, »aber die Frau, ich weiß nicht, zu ernst, zu schwerfällig und etwas zu maskulin.«

Luis regte sich auf, er würde nicht zulassen, daß Joaquín so über Rosa redete, sie war eine gestandene Frau und nicht wie diese gezierten Püppchen, die beim ersten Windstoß gleich umfielen.

»Ist ja gut, ich kann es nicht mitansehen, wenn du so aufgebracht bist.«

»Ich habe mich gar nicht mehr an den Walzer erinnert, ich war ein Grünschnabel, als ich ihn ihr geschenkt habe. Allerdings nicht, damit sie eines meiner schlechtesten Stücke in aller Öffentlichkeit vorträgt, und noch dazu mit diesem albernen Text!«

»Du erinnerst dich nicht mehr, und trotzdem hast du ihn mir vor ein paar Monaten gegeben, damit ich ihn mit einem Text versehe?«

»Eine andere Version, nicht Rosas.«

»Aber der Pianist hat deine Noten gespielt, Montes. Du solltest dich nicht betrogen fühlen, sondern geschmeichelt, Rosa bedeutet dein Walzer viel, sie hat ihn nicht wie du vergessen. Noch einmal, mein Freund, es war nicht meine Absicht, dich zu verärgern, ich wollte dir eine Freude machen. Als unverbesserlicher Romantiker habe ich natürlich gleich an eine rührende Geschichte gedacht.«

»Ich bin nicht verärgert, Vacarezza, es war … die Überraschung. Meine Nerven liegen blank wegen der bevorstehenden Premiere meines Orchesters.«

»Geh Rosa begrüßen, bevor du gehst. Deine Reaktion hat die Arme ganz verstört.«

»Ich rede schon noch mit ihr, sei beruhigt.«

»Immer noch schlechter Laune, mein Herz?« Tununa kommt auf ihn zu, mit einem Glas Champagner für ihn und einem spöttischen Lächeln: »Bist du nicht ein wenig müde?«

»Ja, gehen wir?«

Ja, sie sollen endlich dieses Fest verlassen. Ich kann's kaum erwarten, vor das Zeitungsgebäude von Crítica zu kommen und über Lautsprecher den Kampf Firpo – Dempsey anzuhören. Es war im selben Jahr.«

»Ja, 1923.«

Er hat es Alberto versprochen, aber er denkt gar nicht daran, Rosa, beschließt er, ist ihm eine Erklärung schuldig.

»Juan?«, beklommen.

»Wie war's in Mexiko?« Tununa sieht die beiden überrascht an. »Verzeihung, Tununa Paz, Rosa kennst du ja schon.«

»In Mexiko?« fragt sie verwirrt.

»Carlota hat mir gesagt, du konntest nicht in den Palermo-Park kommen, weil du in Mexiko ein Engagement bekommen hast.«

»Ach so.« Eine Lügnerin ist sie also. »Ich bin dann doch nach Spanien gegangen, ich hatte es schon ganz vergessen.«

»Entschuldigt mich einen Augenblick«, sagt Tununa und wendet sich zum Gehen, aber Juan hält sie am Arm fest.

»Ich will mir die Nase pudern«, setzt sie sich amüsiert durch und überläßt die beiden ihrem wachsenden Unbehagen.

»Ich hatte den Eindruck, es hat dich gestört, daß ich den Walzer gesungen habe, du hast ihn mir doch geschenkt.«

»Ich habe mich noch nicht einmal mehr an ihn erinnert«, lügt er. »Er war auch kaum wiederzuerkennen mit diesem so ... weiblichen Text.«

»Hast du für ihn einen männlichen Text geschrieben, den ich hätte singen sollen?«

»Ich habe überhaupt keinen Text geschrieben.«

»Du bist ohne Text in den Park in Palermo gekommen?« Jetzt ist sie selbst beleidigt, sie, die nicht erschienen ist. »Aber wenn du dich sowieso nicht mehr erinnert hast, dann begreife ich nicht, wo das Problem liegen soll.«

Wenn Juan ihr sagen würde, wonach ihm in diesem Moment zumute ist, wird sie glauben, daß es ihm doch etwas bedeutet. »Ich muß gehen, gute Nacht.«

Er ist schon an der Tür, als Rosa ihn einholt, sie stellt sich vor ihn: »Juan, mach dir keine Gedanken, ich werde ihn nicht mehr singen.« Unbehagen steht in ihrem Gesicht.

»Besser so«, antwortet er, bevor er sich an Tununas Arm hängt und Rosa den Rücken kehren will, endlich weg von hier.

Aber Tununa hält gegen und stemmt sich aufs Parkett. Ein absurder Anblick, sie steht vor Rosa und lächelt sie an, und Juan blickt in die andere Richtung, sein Arm wird immer länger, bis er hinfällt, genau in dem Augenblick, als Tununa sich Rosa nähert, um sich mit einem Küßchen von ihr zu verabschieden: Es war eine Freude, Sie singen zu hören, bis demnächst im Theater. Viel Glück.

Tununa war so schön, und sie war so reizend zu dir an diesem Abend, Rosa, trotzdem hast du sie gehaßt. Daß Juan so arrogant und widerwärtig zu dir war und es dir so übelgenommen hat, daß du seinen kleinen Walzer gesungen hast, lag, daran bestand kein Zweifel, an diesem Weib. Nie würdest du wie sie so ein rotes Kleid anziehen, höchstens als Gastgeberin, hast du zu Igor gesagt.

Dreiundzwanzigstes Kapitel

Mercedes hatte sich am Abend zuvor die Tasche und eine ausgefeilte Rede zurechtgelegt, aber um drei Uhr morgens war Jordi immer noch nicht da, und sie schlief ein. Besser so, dachte sie, als sie, reisefertig, jetzt zu ihm ging und seine abstoßende Alkoholfahne roch.

»Ich fahre nach Santa Fe«, verkündete sie ihm knapp.

Es machte nichts aus, daß Jordi ihr nicht zuhörte, sein Nachbar würde es ihm schon erklären und Mercedes würde behaupten, sie hätte ihm während einer Unterhaltung ihre Reise in allen Einzelheiten dargelegt. Wie oft vergaß Jordi, wenn er in diesen Zustand fiel, worüber sie geredet hatten.

Ihre Abwesenheit würde ihn zum Nachdenken bringen, redete sie sich ohne rechte Überzeugung ein, während sie die Haustür schloß.

Es war nicht das erste Mal, daß Mercedes einen Vorwand suchte, um von Jordi wegzukommen, sie war bereits 1921 nach Santa Fe ins elterliche Haus ihrer Nachbarin Olga gefahren, und im Februar 1922, nach Juans Besuch und diesem Hämatom, das sie nicht hatte verbergen können, nahm sie den Vorschlag an, nach Mar del Plata in das Haus der Laclaus zu gehen.

»Sie zahlen mir sehr gut«, hatte sie argumentiert, »und wir können eine Pause brauchen.«

Jordi wußte, daß seine Gewaltausbrüche ihre Beziehung ernsthaft gefährdeten, und er wollte sie nicht verlieren, darum mußte er wohl oder übel hinnehmen, was für ihn vor ein paar Monaten noch eine Schande gewesen wäre: Du bist ihre Klavierlehrerin und nicht ihr Kindermädchen, diese Leute wollen sich in den Ferien doch nur den Lohn sparen, du darfst nicht zulassen, daß sie dich ausnützen und mich beleidigen, welcher Ehemann erlaubt seiner Frau schon, für drei lange Monate wegzugehen?

Er war nicht ihr Ehemann, aber es war es nicht wert, ihm das in Erinnerung zu rufen, lange zurück lagen die Zeiten, als sie nach Rosario gezogen waren, schal die Träume von der eigenen Musikschule, die es ihnen erlauben würde, eine Existenz, eine Familie zu gründen. Sie würden viel arbeiten, Seite an Seite, und heiraten, sobald die Kinder kämen. Aber die Kinder kamen nicht. Der Arzt sagte zu Mercedes, er sehe keine medizinischen Gründe, die gegen eine Mutterschaft sprächen. Wollte er nicht den Rat dieses Professors einholen, der ihren Freunden so geholfen hatte? hatte sie schließlich den Vorstoß gewagt, obwohl sein Gesichtsausdruck Schlimmes hatte ahnen lassen, sie hätten inzwischen Kinder bekommen. Jordi hatte ihr den Rücken gekehrt und sich den Sakko angezogen: Er sei gesund, funkelnde Augen, er brauche keinen Arzt. Mit einem Türenknallen war er hinausgegangen.

Im Morgengrauen des nächsten Tages, vielleicht auch eines anderen, hatte er sie aus dem Schlaf gerissen, an ihr gerüttelt, alkoholisiert keuchend: Wenn sie eine verdörrte Pflaume war, sollte sie nicht ihm die Schuld geben. Das war nur der Alkohol, dieses Dunkle, Bittere, das sich Jordis bemächtigte, wenn er trank: Du willst nur keine Kinder mit einem Armen haben, besser so, denn ich werde mich nicht um irgendwelche Bälger kümmern, wenn du mich verläßt. In Wirklichkeit glaubte er selbst nicht an diese grausamen Sätze. Auch wenn er es sich nicht eingestand, das alles setzte ihm sehr zu.

Mercedes hatte sich gar nicht erst bemüht, Jordis falsches Urteil über die Eltern ihrer Schüler, der Laclau-Kinder, zurechtzurücken, sie würde kaum einen Monat in Mar del Plata sein, es war bereits Februar, und die Ferien bald vorbei.

Sie glaubte auch nicht, daß er sie nach dem Gewaltausbruch letztens an ihrer Reise hindern würde, aber es war besser, daß er gar nicht erst die Gelegenheit hatte.

Mercedes sitzt im Bus nach Santa Fe, neben ihr Olga und deren schlafende Kinder, und fühlt sich zuversichtlich, leicht. Sie lacht in sich hinein. Ist sie schon so mit der Frau, die sie in den Briefen an ihre Mutter erschafft, verschmolzen, daß deren Heiterkeit auf sie übergeht? Gestern hat sie an Inés geschrieben:

»Ich habe die Klavierstunden abgesagt, um Jordi auf eine Konzertreise nach Santa Fe zu begleiten. Meine Freundin Olga (die Mutter dieser beiden bezaubernden Kinder) kommt auch mit, und wir freuen uns schon auf Schaufensterbummel und darauf, ins Kino zu gehen und in den Konfiserien von Santa Fe etwas zu trinken. Wir werden viel Spaß haben.«

In diesen Briefen, die sie seit ihrer Begegnung letzten Sommer in Mar del Plata austauschen, schmückt Mercedes dieses Bild immer weiter aus, das sie von sich hat ... oder gern hätte. Sie lügt nicht, redet sie sich ein, sie ändert nur ein paar Kleinigkeiten ab, andere verschweigt sie, damit dieses Leben in Selbstaufgabe nicht allzusehr ihre schöngeistige Mutter schmerzt. Diese Rücksicht verdient sie. Immer hat Mercedes Inés dafür bewundert – ihre Briefe bestätigen es ihr –, daß sie mehr in der Literatur als in ihrem so glanzvollen und so hundsmiserablen Leben zu Hause ist.

Viele leidvolle Jahre mußten vergehen, bis sie zu ihrer Mutter Kontakt aufnehmen konnte, und sie will ihn nicht verlieren, denn trotz aller Beschränkungen ist er ihnen beiden lieb und teuer.

Wie war es möglich, daß Yvonne noch nie von den Bällen im Bullier gehört hatte, wunderte sich Francisco, seit über hundert Jahren, nur unterbrochen durch die Kriege, pflegten die Medizinstudenten in Frankreich diese Tradition.

Nur weil sie Französin war, verteidigte sich Yvonne, mußte sie nicht alles von ihrem Land wissen, als sie sich kennengelernt hatten, hatte sie erst vier Jahre in Paris gelebt, sie stammte aus Flandern, tatsächlich – das hatten sie schon bei vielen Gelegenheiten festgestellt – war Francisco besser über das auf dem laufenden, was in Frankreich vor sich ging, als Yvonne, er wußte sogar von allen Knochen des menschlichen Körpers die französischen Namen! Nicht nur von den Knochen, hatte er ihr kürzlich erst erklärt, sie studierten Chirurgie nach Forgue, Dermatologie nach Darié und Innere Medizin nach Sergeant. Alles

Franzosen. Wurde man in Buenos Aires auf französisch krank? hatte Yvonne gefragt, und Francisco hatte gelacht.

Aber die Bälle des Abschlußjahrgangs waren nicht mit denen im Bullier zu vergleichen, einzig im ersten Jahr hatten sie einen Schriftsteller, Ricardo Rojas, eingeladen, so wie die Franzosen Anatole France, 1915 kam der Tango, und seitdem brachten große Komponisten auf diesen Bällen der Fakultät neue, den Medizinstudenten gewidmete Tangos zur Aufführung.

Yvonne war es, die unbedingt auf das Fest gehen wollte, Francisco fand, das sei nichts für sie: Studenten trieben gern grobe Scherze, das ganze Ambiente war möglicherweise ... zweifelhaft, sie würde sich nicht wohl fühlen. Was kümmerte es sie, wer noch auf dem Fest war, solange sie zusammen waren hatte sie keine Angst, und wenn sie mit Totenschädeln spielen würden.

Wären Studentenscherze doch nur die einzigen Gefahren des Lebens, dachte sie und verscheuchte mit dem Schütteln ihrer Haarmähne die Erinnerung an jene wüste Nacht in ihrem Dorf Armentières: Ihre gewaltsam aufgerissene Zimmertür, der betrunkene Soldat, ihr zerfetztes Nachthemd.

Wenige Tage nach ihrer Flucht im Jahr 1917 hatte Mercedes Inés ein Telegramm geschickt, damit sie erfuhr, daß sie glücklich war. Was damals auch stimmte. Ab wann war es abwärtsgegangen? fragte sie sich. Jedenfalls noch nicht, als sie von Ort zu Ort tingelten, damals war ihre Hoffnung noch lebendig, und ob ihre Unternehmungen Erfolg hatten oder nicht, sie hielten zusammen und liebten sich. Aus Junín, wo Jordi Ende 1918 ein Konzert gab, rief sie ihre Mutter ebenfalls an. Inés erkannte kaum ihre Stimme, fragte sie nach einer Adresse, wie sie in Verbindung bleiben könnten, wir reisen soviel, Mama, schreib mir, bat Inés.

Sie habe nicht das Risiko eingehen können, daß irgendwer ihren Brief abfing, gab sie im Jahr darauf an, als sie sie von Rosario aus anrief. Mercedes hatte Leonors grausamen Brief bereits erhalten. Fing es an, als sie sich in Rosario niederließen? Noch nicht in der ersten Zeit, dachte sie, es ging erst allmählich bergab. War sie glücklich? Durfte sie sie besuchen kommen? Hatte sie schon Familie? All diese drängenden, sehnsüchtigen Fragen von Inés. Sie könnten sich heimlich irgendwo treffen, schlug sie vor. Mir geht es gut, Mama, aber ich muß jetzt auflegen, ich rufe dich wieder an.

1920 dasselbe, mir geht es gut, Klavierstunden, Konzerte von Jordi, Spaziergänge am Ufer des Paraná, Kinder erst mal noch nicht. Es gab bereits erste Besäufnisse, wahnwitzige Eifersuchtsszenen, Schreiereien, aber auch noch Zärtlichkeit und Liebe. Wir können uns nicht treffen, Mama, es tut mir leid, es hilft auch nichts, ich muß mich an das Leben gewöhnen, das ich gewählt habe.

Ein anderes blieb ihr auch nicht mehr. Nie wieder könnte sie nach Hause zurückkehren, ihr Vater und ihr Bruder hatten es ihr untersagt. Mercedes war für alle gestorben, das hatte Leonor ihr in diesem Brief geschrieben, doch wenn sie ihn auch in tausend Stücke gerissen hatte, in ihr Gedächtnis hatte sich eingebrannt: gestorben, daß sie sie richtig verstand und nicht auf die Idee käme, ihnen noch einmal zu schreiben, damit würde sie bloß dem Ruf der Familie schaden, sie wollten von ihrem mißglückten Leben auch nichts wissen. Obwohl in Leonors Brief von »wir« die Rede war, traute Mercedes Leonor zu, daß sie ihren Brief heimlich aufgemacht und Hernán ihn nie in die Hände bekommen hatte. Allein die Vorstellung, so etwas konnte noch einmal passieren, hielt sie jahrelang von jedem Anlauf ab, irgendwem zu schreiben, der etwas mit diesem Clan, für den sie gestorben war, zu tun hatte.

Aber sie war ungerecht, denn für ihre Mutter war sie nie gestorben, wie sie ihr diesen Sommer in Mar del Plata bewiesen hatte, als sie gegen alle guten Sitten ohne Einladung bei den Laclaus auftauchte. Irgendwer auf der Strandpromenade hatte ihr Auskunft erteilt. Aus dem Hausflur hörte sie ihre Mutter in der ihr eigenen Vornehmheit eine Lügengeschichte erzählen, daß sie zu ihrem großen Unglück nicht dagewesen sei, als ihre Tochter bei ihnen zu Hause vorbeigekommen sei, und daß Mercedes, zerstreut wie sie sei, den Namen der Familie, aber keine Telefonnummer hinterlassen habe, darum habe sie sich ein Herz gefaßt und sei einfach vorbeigekommen, um sie nicht noch einmal zu verfehlen, und Béatrice Laclau, unsere liebe Freundin Mercedes ist noch bei uns, wir sind so froh, daß sie uns die Ehre erwiesen hat, unsere Einladung anzunehmen.

Merceditas, Merceditas, feucht, glückstrunken ihre Augen, als sie ihr übers Gesicht strich, über das Haar und die Hände, so als glaubte sie erst durch die Berührung, daß sie voreinander standen. Anstatt viel zu reden, genossen sie es, zusammen durch den Park zu spazieren, sich nach so vielen Jahren einander nah zu fühlen, hier und da eine Bemerkung über das gelungene Zusammenspiel der Bäume, Büsche und Blumen, ohne Zweifel ein Werk des Landschaftsarchitekten Thais. Inés hatte einen Blick dafür, auch wenn jeder der von ihm angelegten Parks anders aussah.

Mercedes rechnete es ihrer Mutter hoch an, daß sie ihr keinerlei Fragen stellte, sondern ihr zugestand, daß sie ihr nur erzählte, was sie erzählen wollte. Seitdem dieses leichte und zugleich starke Band ihrer Briefe.

Als sie am Rosenpavillon ankamen, war der Ball in vollem Gange. Francisco stellte sie ein paar Freunden vor, als sich ein begeistertes Raunen erhob, um den Tango *Anatomía*, den Arolas für die Studenten komponiert hatte, zu feiern. Tanzen wir, ma belle?

In Buenos Aires tanzte man anders Tango als in Paris, aber Francisco hatte es ihr beigebracht, und sie schlug sich schon recht gut. *El bisturí*, Das Skalpell, von Firpo, *Matasanos*, Knochenbrecher, von Canaro, erläuterte Francisco, *El sexto*, Der sechste, von Fesedo. Sehr gut, sie hatte sich nicht einmal vertan, *El noveno*, Der neunte, von Brignolo, er war stolz auf sie. Wollen sie ein wenig ausruhen? Ja, ein Glas Champagner, und noch eins, Francisco froh, leicht angeheitert, und wie liebevoll er zu Yvonne war. Vielleicht stimmte es am Ende doch, dachte Yvonne, und es war nur eine Frage der Zeit. Francisco schien seine vagen Versprechungen, die sie ihm in Wirklichkeit nicht abgenommen hatte, von Tag zu Tag ernster zu nehmen.

Ein paar junge Männer holten ihn zur Vorbereitung eines Sketchs, ich bin gleich wieder da, Liebste. Der Mann, der sie zum Tanzen aufforderte, grinste breit. Yvonne nahm seine Aufforderung an, weil sie einen Freund Franciscos nicht vor den Kopf stoßen wollte, um einen Tango zu tanzen, brauchte man sich nur einzulassen und richtig auf die »Führung« zu reagieren. Aber wie sollte sie diese grobe, unbestimmt über ihren Rücken fahrende Hand verstehen, die bald schon ihre Taille packte, ihren Leib umschlang und sie heranriß. Die ungelenken, sich verhaspelnden Beine, der angespannte Körper, der keuchende Atem dieses Mannes an ihrem Ohr weckten die Gespenster der Vergangenheit. Yvonne stemmte die Beine in den Boden und nutzte das kurze Straucheln, um sich loszureißen: Desolée, ich kann nicht Tango tanzen, es ist so schwer. Sie drehte sich auf dem Absatz um, als die Hand des Mannes sie zurückhielt, da plötzlich saß Yvonne fest in dieser brutalen Umarmung, während fleischige, geile Lippen sich auf die ihren preßten und rastlose Finger ihr ins Gesäß kniffen, sie war gelähmt, stumm wie in jener Nacht in Armentières, der Mund des Manns fuhr ihren Hals abwärts zu ihrem Dekolleté, Spucke beschmutzte sie, erstickte sie. Wenn es nur niemand sähe, wenn es nur unbemerkt bliebe, denn fast schlimmer als das, was in jener Nacht während der Besatzung geschehen war, noch erniedrigender, war der Umstand, daß das ganze Dorf davon wußte.

Doch Franciscos Freund Patricio bekam es mit, er sah die Szene und sagte nicht, armes Kind, wie diese Menschen in Armentières, als sie es am nächsten Tag erfuhren, armes Kind, doch dann sahen alle sie wie eine Aussätzige an. Patricio sagte: Das ist die Verlobte von Francisco Ponce, und schubste ihn weg. Sie sah seinen erschrockenen Blick: Tut mir leid, das wußte ich nicht.

Alles, was anschließend geschah: Der aufgebrachte Francisco, der mit Faustschlägen auf die triefenden Entschuldigungen dieses Mannes antwortete, die Zärtlichkeit, mit der er sie tröstete, ganz und gar seine Schuld war es, er hätte sie nicht eine Sekunde allein lassen dürfen, der Mann wurde rausgeschmissen, wie sie zusammen tanzten, so verliebt, wie sie an Franciscos Arm das Fest verließ, selbstsicher, sauber, das alles war wie ein Traum, der jenen ranzig gewordenen Albtraum wegsperrte. Weit weg, für immer fort ihr Mädchenzimmer in Armentières, der Krieg, der ihr nicht nur ihre beiden Brüder, sondern auch ihre »Ehre« geraubt hatte, das Kämmerchen in Paris, in dem sie nach Kriegsende Schutz fand vor den Blicken und Betatschungen irgendwelcher Männer, ihre Arbeit als Angestellte in einem Laden am Boulevard de la Madelaine, der Verlobte, der sie verlassen hatte.

»Mein Leben begann mit diesem Fahrrad, mit dem ich dich im Luxembourg angefahren habe«, sagte sie, als sie nach Hause kamen, »davor gibt es nichts.«

Wie um dies zu beschwören, lieferte Yvonne zum erstenmal in acht langen Jahren einen ausführlichen Bericht über jene Nacht, sie sprach zu Francisco, und gleichzeitig sprach der Soldat auf dem Platz in Armentières, als könnte sie seine Worte, einfach indem sie sie wiederholte, für immer auslöschen, vergessen, wie er sich spiegelte in ihren dreisten Blicken, denen Taten folgten, armes Kind, hatten sie gesagt, doch hinterher … Sie trug keine Schuld, sie war allein in ihrem Zimmer gewesen, als jemand gewaltsam die Tür öffnete, da … Es reicht, unterbrach sie Francisco energisch und mit funkelnden Augen, er wollte nichts mehr davon hören. Auch wenn Yvonne ihm nie davon erzählt hatte, er hatte so etwas geahnt, ein solches Erlebnis war die einzige Erklärung, warum Yvonne, gleich nachdem sie sich kennengelernt hatten, mit ihm ins Bett gegangen war, doch er wußte, daß sie nicht eine von diesen war, darum gehörte seine Liebe ihr.

344

»*Er war ein Dummkopf. Überhaupt kein Einfühlungsvermö-
gen, sie erzählt ihm ihr Drama, er fährt ihr einfach über den
Mund.*«

»*Er liebte Yvonne, doch er war ein Opfer seines starren Den-
kens, wollte alles in seine Schemata pressen, Yvonnes Eröffnung,
daß der Verlust ihrer Ehre einen solchen Grund hatte, gab ihr in
seinen Augen ihre Unschuld zurück, und machte sie würdig,
seine Frau zu sein.*«

»*Aber als er sich zwischen Liebe und Geld entscheiden mußte...*«

»*Viele haben solche Dinge gemacht und sind ungestraft da-
vongekommen.*«

Yvonne wollte lieber nicht näher auf den Sinn von Franciscos
Worten eingehen, auch nicht, als er sie bat, sie solle ihm versprechen, niemals, wirklich niemals mit irgendwem über das zu
reden, was sie ihm soeben erzählt hatte, versprochen? Versprochen, antwortete Yvonne und schmiegte sich an Franciscos
Haut, nur das hatte einen Sinn, erlaubte ihr, das Glück festzu-
halten und sich endlich sicher vor den Ungerechtigkeiten des
Lebens zu fühlen.

Mercedes lernte ihn gleich an ihrem ersten Tag in Santa Fe
kennen. Roberto Morelli, der Spaßvogel aus dem Rundfunk,
wie Olgas Bruder Isaak ihn ihr vorstellte, schaute vorbei, um
sie daran zu erinnern, daß sie es auf keinen Fall versäumen
durften, am Donnerstag vor das Redaktionsgebäude der Zeitung *El Litoral* zu kommen. Es erwarte sie ein historischer, ein
überwältigender Abend.

Wie lange schon war dieses Wort, das Jordi und sie früher so
oft gebraucht hatten, aus ihren Gesprächen verschwunden?
Überwältigend, ein Abenteuer war jeder Tag in diesem Leben,
das sie gemeinsam genossen hatten, überwältigend jede Reise
mit ungewissem Ziel, überwältigend ihr Liebesspiel in der Natur, mit Weidenbäumen und dem Fluß als Zeugen, überwältigend ihr Vorhaben, eine Musikschule zu gründen, Konzerte

unter freiem Himmel, überwältigend das Orchester, das Canaro und Firpo zu Karneval 1918 in Rosario dirigierten.

Roberto fuchtelte wild mit seinen schlaksigen Händen herum, die Wörter überschlugen sich: unglaublich, aber wahr, zum erstenmal würde ein Kampf aus dem Boxring in New York direkt nach Santa Fe übertragen, sie wollten einen Lautsprecher vor dem Gebäude von *El Litoral* aufstellen, damit alle zuhören konnten, in Echtzeit!, nur kurz fiel Robertos Blick auf Mercedes, aber was für eine Spannung entstand sogleich, wo und wann waren ihr Jordis unter die Haut gehenden Blicke abhanden gekommen?

In ihre Erinnerungen versunken, folgte Mercedes mehr den Gebilden, die diese Hände wie unruhige Vögel in die Luft zeichneten, als dem Bericht der Ereignisse. Robertos Frage riß sie heraus.

»Sprechen Sie Englisch?«

»Ja, ein bißchen, warum?«

»Hab ich's mir gedacht. Kommen Sie doch bitte am Donnerstag zu uns in die Kabine und übersetzen Sie dem Sprecher den Kommentar des Kampfs, den wir aus Pittsburg bekommen.«

Nein, unmöglich, seit Jahren war sie aus der Übung, sie las nur auf englisch, und Kipling, Shakespeare, Virginia Woolf schrieben nicht übers Boxen, scherzte sie.

Lange schon hatte sie sich nicht mehr so verführerisch gegeben, ohne groß nachzudenken, nur eine kokette Änderung des Tonfalls, ein Aufblitzen in ihrem Blick: Aber neugierig bin ich schon, warum denken Sie, daß ich Englisch spreche? Glauben Sie, alle Blondinen sind Engländerinnen?

Olga, Isaac, die Mutter, Robertos Freund, sie alle traten zurück, als gäbe es sie nicht, und ließen sie allein im Rampenlicht ihres Spiels.

»Es ist mir herzlich egal, ob Sie Engländerin, Einheimische oder Piemonteserin sind oder ob Ihre großen Augen auf ein Stelldichein zwischen einer Irin und einem Araber zurückgehen. Ich komme deshalb darauf, weil ich noch jemanden für unsere Mannschaft suche, der Englisch kann und während der Übertragung in der Kabine sitzt. Bis jetzt sind wir nur Männer, und ich denke, wir brauchen, abgesehen von einem Dolmetscher, vor allem noch eine Frau. Es gibt keinen Schlüsselmoment der Geschichte ohne die Frau, selbst im Krieg ist sie in den Wünschen und Sehnsüchten der Soldaten präsent.«

Mercedes war versucht, Roberto zu sagen, sein »Singsang« mit dem leichten italienischen Akzent habe dieses gewisse Etwas, diese Mischung der Kulturen, die so typisch ist für Argentinien, bringt die besten Verführer hervor, so wie die Kreuzungen der Rinder das beste Fleisch liefern. Aber Mercedes tat nichts weiter, als befreit zu lachen, ihr klangvolles, melodiöses Lachen, das so lange Zeit verschüttet gewesen war und erst durch die Worte dieses Mannes wieder in die Freiheit gefunden hatte.

Dieses Lachen war der einzige Grund, warum Mercedes auf seinen Vorschlag einging, nicht wegen der Überredungsversuche, die Roberto wie ein Feuerwerk vor ihr entfachte: die historische Verantwortung, die Geschichten, die sie noch ihren Enkeln würde erzählen können, haben Sie Kinder, Mercedes?

In den Augen der Umstehenden das Entzücken über dieses unerwartete Schauspiel, die Lippen verschlossen, um mit keinem Wort diesem Fest des Lebens den Glanz zu nehmen: zwei Menschen, die einander beschnupperten.

Eigenartigerweise hatte er sie gefragt, ob sie Kinder hatte, und nicht, ob sie einen Ehemann hatte.

»Noch nicht«, war ihre schwebende Antwort, die hindeutete auf dieses Bild in ihrem Kopf, so ersehnt, und darüber welk geworden: Jordis Sohn, und auf ein anderes, im Entstehen begriffenes Bild: die Kinder, die sie vielleicht mit einem Mann wie ihm bekommen würde.

Sie schämte sich nicht, denn sie würde es nicht vor sich zugeben, nur der köstliche Leichtsinn der Verführung hatte sie gereizt.

Ihre gute Laune wuchs in diesen Tagen, denn wie sagte nicht dieser junge Dichter, den ihre Mutter so verehrte, das Leben kann, gelegentlich, sehr schön sein.

Vierundzwanzigstes Kapitel

In wenigen Minuten, sobald man ihr das Zeichen gibt, muß Rosa auf die Bühne. Oft hat sie sich den vollbesetzten Zuschauerraum vorgestellt, die auf sie gerichteten Blicke, die ihrer Stimme geltende Aufmerksamkeit, und bis eben hat sie diese erste Begegnung mit ihrem Publikum kaum erwarten können, doch auf einmal zittern ihr bei dem Gedanken daran die Beine, die Arme, der ganze Körper. Wie soll sie verbergen, daß sie sich wie ein Blatt fühlt, mit dem der Wind spielt? Selbst wenn sie sich weniger bewegt als vorgesehen, wird man es ihrer Stimme anmerken. Sie faßt sich an die Kehle. Wird sie einen Ton herausbekommen? Panik, sie möchte wegrennen.

»Jetzt, Rosa«, sagt man ihr.

Niemand würde sich erinnern, wie unsicher du beim Betreten der Bühne warst, auch nicht an deinen starr in einen leeren Winkel gehefteten Blick während der ersten Akkorde, in keiner der Kritiken wurde es erwähnt. Kaum hast du angehoben, diesen Menschen im Saal von deinem Schmerz zu erzählen, vom Verrat dieses Mannes, dem du deine Liebe geschenkt hast und der vorgegeben hatte, dich zu lieben, war nichts mehr an dir Rosa. Du warst diese vom Schmerz zerrissene Frau. Deine Stimme ist angeschwollen, in ernstem, dramatischem Ton hast du in *Dios mío querido* den lieben Gott gebeten, dir deinen Mann zurückzugeben, dem deine Liebe gehört, mit deinem Blick hast du das Publikum um Beistand angefleht, es möge ihn aus den Armen der anderen reißen, und obwohl er ein schändlicher Verräter war, haben sich alle gewünscht, der liebe Gott möge ihn dir reuig vor die Füße setzen. Das ganze Publikum ist mit dir mitgegangen, wo auch immer deine Gefühle dich hingetragen haben. Wenn du mich gesungen hast, hast du jedes einzelne Wort als dein eigenes gefühlt, dir selbst sind alle diese Geschichten widerfahren, das war dein Geheimnis. Dank des Zaubers deiner Stimme, Rosa, habe ich in so vielen Herzen geschlagen.

Beim letzten Wort der Strophe, langgedehnt auf dem höchsten Ton, brechen der Applaus und die Bravos los. Und Rosa – nicht die Leidende – bedankt sich gerührt für die herzliche Aufnahme bei ihrem Publikum.

Dort ist Carlota! Wie schön! Sie hatte sie seit ihrer Rückkehr noch nicht gesehen.

»Ich glaube kaum, daß wir in so kurzer Zeit eine zweite Geige finden«, klagt Juan.

»Was ist los mit dir«, sagt Julio, »wo ist der Glückspilz geblieben, den ich 1918 kennengelernt habe, hast nicht du mir gesagt, man müsse das Glück hegen, damit es einen begleitet?«

Julio hat recht, immer ist Juan davon überzeugt gewesen, daß man etwas nur stark genug wollen muß, damit man es bekommt. Was ist nur mit ihm los? Er ist sich seines Glücks nicht mehr so sicher. Sind das die Nerven, weil er dirigieren muß? Oder frustriert es ihn so sehr, daß man seinen Tango fürs Theater abgelehnt hat? »Sie« hat ihn abgelehnt. Immer wieder schiebt sich ihm dieses lästige Bild vor, Rosa beim Singen des kleinen Walzers.

»Du hängst doch nicht etwa immer noch an diesem Mädchen?«

»Spinnst du? Sie soll mir bloß nicht unter die Augen treten, nicht ausstehen kann ich sie. Heute ist die Premiere von dem Stück, ich werde nicht hingehen.«

»Ich verstehe nicht, warum du dann so aufgebracht bist. Wenn es wegen des Walzers ist, dann nehmen wir ihn eben ins Repertoire, du gibst ihm einen anderen Titel, fertig ist die Laube. Wie heißt er?«

»Er hat keinen Titel, ich habe ihn immer Rosas Walzer genannt, aber nur für mich.«

»Und Vacarezza hast du ihn auch ohne Titel gegeben?«

Er ist gar nicht darauf gekommen, Albertos Überraschung auf dieses *Rosa* zurückzuführen, das er noch rasch auf die Partitur geschrieben hatte, bevor er sie ihm gegeben hatte. Was muß er innerlich gegrinst haben, als Juan behauptet hat, er würde sich an Rosa nicht erinnern.

Dann war Juan also da, und ich habe ihn nicht gesehen, dachte Rosa, als Tununa am Ausgang des Theaters auf sie zukam, um ihr zu gratulieren. Sie wollte sie schon fragen, warum Juan sie nicht begrüßte, nur um ihn als Rüpel hinzustellen, als sie ihr diesen großen, blonden, hochattraktiven Herrn als ihren Ehemann vorstellte. Und vor dem Ehemann wollte sie sie nicht auf Juan, ihren möglichen Liebhaber, ansprechen. Am nächsten Tag im Büro von Alberto Vacarezza machte sie ihrer schlechten Laune Luft.

»Montes hat keine Manieren, er ist noch nicht einmal zur Premiere gekommen.« Meinetwegen ist er nicht gekommen, dachte Rosa, er haßt mich. »Er muß es Ihnen sehr übelnehmen, daß Sie sich nicht für seinen Tango entschieden haben.«

Alberto kramte aus seinen Papieren die Partitur hervor und stellte sie vor deinen Augen aufs Klavier, da hast du allmählich verstanden, warum er so schelmisch dreingeblickt hat. *Rosa*, hast du klar und deutlich darauf gelesen. Volkstümlicher Walzer. Juan Montes, 1922.

Ihr wurde warm ums Herz, es war also gelogen, daß er sich nicht erinnerte, und sie schämte sich, sie hätte nicht schlecht über Juan reden dürfen. Vielleicht auch nicht den Walzer ohne seine Zustimmung singen dürfen?

Um deinen Gefühlsaufruhr nicht zu zeigen, hast du dich an den Ärger geklammert: Es stimmt nicht, daß er aus dem Jahr '22 ist, er hat ihn mir 1916 geschenkt, darum habe ich ... Also ist es Ihrer? Alberto kurz davor, laut loszulachen, während in dir die Wut hochgekocht ist: Ich sage nicht, daß es meiner ist, ich sage ...

»Nein, sagen Sie mir nichts«, brach Alberto ab und hob theatralisch die Hand. »Das beste wird sein, Sie klären diesen Streit mit Montes, ich will davon nichts wissen«, log er.

Wie hatte sie sich nur so blamieren können. Sie würde nie

wieder über Juan sprechen, und auch seinen Walzer nicht mehr singen. Was wollte sie auch noch von ihm, seit letztem Abend war sie eine erfolgreiche Sängerin, und die Komponisten rissen sich darum, für Rosas Stimme Tangos schreiben zu dürfen.

Unmöglich, so kann man nicht arbeiten, zuerst geht der Franzose, jetzt Ricardo in die Vereinigten Staaten. Einmal mehr bereute es Juan, sich aufs Dirigieren eingelassen zu haben.

Doch du hast gewußt, daß du nur, wenn du selbst die Musiker, das Repertoire auswähltest, selbst die Arrangements schriebst, mich so zum Klingen bringen würdest, wie du es dir erträumt hast.

Soll er sich eine andere zweite Geige suchen, hatte der Franzose mitten in der Probe gesagt, ich denke nicht daran, unter der Leitung von einem Größenwahnsinnigen zu spielen und so viele Stunden zu proben. Er hatte Glück und konnte Manlio Francia verpflichten, einen exzellenten Musiker, der bereits mit Julio in Montevideo gespielt hatte. Und jetzt mußte er Ersatz finden für Ricardo Brignolo, den ersten Bandoneonisten. Der neue Mann könnte noch so gut sein, aber wie sollte er in fünf Tagen so spielen, daß er Juans Ansprüchen genügen würde?

Das Gespräch mit dem Intendanten Longobardi, der ihn engagiert hatte, war ebenso kurz wie klar. Juan bat ihn, die Premiere um einen Monat zu verschieben, weil ein paar Probleme aufgetreten seien, Einzelheiten nannte er nicht. Probleme?, lösen Sie sie, der Vertrag ist unterschrieben, am 20. um zehn Uhr abends spielen Juan Montes und sein Orchester, auf Wiedersehen. Er beschimpfte ihn nicht, es hätte keinen Sinn gehabt, dafür stellte er sich jetzt einfach zum Spaß vor, wie der Intendant immer wieder verzweifelt auf die Uhr sähe, die er dazu aus seiner Jackentasche zöge, halb elf, das Cabaret bis auf den letzten Platz voll, die Ankündigung bereits gemacht, Viertel vor elf, die Leute würden allmählich ungeduldig, und die Bühne immer noch leer: Probleme, Longobardi?

Aber so weit konnte er es nicht treiben, Julio war von ihrem

Tango genauso begeistert wie Juan selbst, und Leopoldo hatte seinetwegen auf ein großartiges Angebot verzichtet.

Juan wußte, was es bedeutete, diese Verantwortung übernommen zu haben: Da waren die Musiker, die das Orchester wechselten wie ein Hemd, die Impresarios, die die Sensibilität eines Stachelschweins besaßen, die Verstimmungen und Streits, zu denen es wegen der Bezahlung, der Eitelkeit der Musiker, der Länge der Proben unvermeidlich irgendwann kommen würde, darum hatte er es immer von sich gewiesen.

Doch bereits nach diesen wenigen Tagen, die dir solchen Spaß gemacht haben – das Orchester für die Aufnahme deiner Stücke zusammenstellen und dirigieren –, hast du gespürt, daß deine Vorurteile unsinnig gewesen waren, du konntest mit diesen Musikern nicht nur dein eigenes Orchester aufbauen, du mußtest es. Du hast dich nicht getäuscht, Juan. Durch die Tür, die du mir aufgestoßen hast, sollten Aníbal, Astor und noch weitere Größen eintreten, die mich hoch hinausbringen würden.

»Kannst du nicht einen Monat warten, bis du nach New York gehst?« fragte er Ricardo.

»Nein, wenn ich mich am Freitag nicht einschiffe, versäume ich die Chance meines Lebens.«

Wie oft schon hatte er gedacht, ihm eröffne sich die Chance seines Lebens, doch Juan würde nichts zu ihm sagen. Wenn Ricardo nicht spürte, was in ihren Händen lag, welche Freiheit, welcher Reichtum ihren Tango ausmachte, sollte er doch gehen. Es dauerte ihn, sie hatten so viele gute Momente zusammen erlebt.

»Es wäre sowieso zum Bruch gekommen, er spielt die richtigen Töne, aber mehr nicht, er ist nicht mit uns auf einer Wellenlänge«, urteilte Julio nüchtern. »Wir finden schon einen besseren«, munterte er ihn auf.

Noch am selben Abend würden sie losziehen, einen Bandoneonisten zu suchen.

Sie haben ein paar Gläser zuviel getrunken. Aber ein letztes in der Bar Iglesias muß sein. Warum auch nicht? Sie haben Pedro Maffia, der für seine hervorragende Fingertechnik bekannt ist, gewinnen können, das muß gefeiert werden.

»Noch einen Whisky, um diesen Kummer zu ertränken, der linker Hand sitzt.«

»Klingt wie ein Tangotext«, sagt Julio.

Das ist es, warum ihn diese Frau so aufregt: weil sie Tangos singt. Diese Sänger und Textdichter ziehen den Tango runter. »Musikalisch haben wir einen Höhepunkt erreicht«, der im Hals kratzende Whisky, »glaubt mir, wenn wir so spielen, werden wir einiges bewegen.« Dann zeigt er dem Kellner das leere Glas.

Auch Julio spürt, daß sie vor einem großen Durchbruch stehen, daß dieser Durchbruch sie ruft, beim Spiel ihre Finger lenkt, wie er zu Juan sagt.

»Kaum sind wir«, Juans verlorener Blick, »kurz davor, in voller Fahrt, kommen diese Singdrosseln daher und übertönen die gute Musik mit ihren kitschigen Anekdötchen. Das bringt mich an Rosa so in Rage, erst jetzt ist es mir klargeworden.«

»Ich habe den Verdacht«, scherzt Julio, »daß dein Gram auf das Mädchen nichts mit irgendeinem musikalischen Streit zu tun hat. Vergiß Rosa jetzt, in einer Woche hat dein Orchester Premiere.«

»Juan Montes und sein Orchester. Als ich das aus Longobardis Mund gehört habe, hat es für mich großspurig geklungen. Aber mir hat es auch gefallen, wie soll ich sagen, Julio, irgendwann wollte mir das Dirigieren nicht mehr aus dem Kopf.«

»Ich muß dir etwas beichten«, sagt Julio, die Stimme rutscht ihm weg: »Im Moment ist das, was wir zusammen machen, genau das Richtige, mit dir gehe ich einen notwendigen Schritt, wir schaffen etwas, das ein Vorher und Nachher im Tango markieren wird. Aber auch ich sehe mich mit dem Taktstock in der Hand, und ich bin mir sicher, es ist nicht mehr lange hin. Schon jetzt ...«, eine ausholende Geste, als wollte er zärtlich seine eigenen Worte nachzeichnen, »… klingt ›Orchester von Julio de Caro‹ für mich vertraut. Das ist mein Platz.«

Du hast gelacht, als hätte man dir einen Witz erzählt, aber es war keiner, das wußtest du.

»Hat nicht gerade noch mein Orchester ein Vorher und Nachher markiert? Und jetzt ist es deins?«

»Allein bringt keiner etwas zuwege, und wir am allerwenigsten, was wären deine Klaviersolos ohne das Bandoneonduo, ohne meine Geige, ohne Manlios, übrigens, der Junge spielt sehr gut.«

Sehr gut, er hat die besten Musiker, und wie immer Glück. Morgen ist eine mehrstündige Probe angesetzt.

»Morgen? Nur bis zum Boxkampf, dann ist Schluß.«

»Rosa, Sie müssen zum Redaktionsgebäude von *Crítica* gehen und sich den Kampf Firpo – Dempsey anhören«, sagte Alberto.

Sie mußte hingehen? Zorn in ihrer Stimme. Meinte Vacarezza – immer wenn sie sich über ihn ärgerte, nannte sie ihn beim Nachnamen –, nur weil sein Stück auf dem Spielplan stand, müßte die Sängerin sich bei jedem Ereignis in der Stadt blicken lassen? War er denn nicht in der Lage, anders dafür zu werben?

»Ach, Rosa, immer dasselbe, fühlen Sie sich schon wieder angegriffen?« entgegnete ihr Alberto belustigt. »Ich sage, daß Sie hingehen sollen, weil ich glaube, daß dieser Kampf das Leben der Menschen verändern wird. Aber wenn Sie etwas dagegen haben, können Sie ja mit den anderen Schauspielern zum Streik aufrufen.« Das Lachen, das daraufhin aus ihm herausbrach, steckte sie an.

Am Morgen hatte Rosa in der Zeitung aufmerksam den Artikel gelesen, in dem erklärt wurde, wie die Übertragung des Wettkampfs von New York nach Buenos Aires gemeistert werden sollte und welche Bedeutung das nach Meinung der Fachleute für die Entwicklung des Rundfunks haben würde. Wenn es stimmte, daß schon bald in jedem Haushalt ein Lautsprecher mit einem Radioempfänger stehen könnte und alle Menschen zur gleichen Zeit und an verschiedenen Orten derselben Stimme zuhören könnten, wäre das im Grunde nichts anderes als ein neues, phantastisches, um ein vielfaches größeres Theater.

Allein die Vorstellung, deine Stimme könnte eine zu Hause am Herd stehende Frau genauso erreichen wie eine gesellige Runde in einem Café, eine Fabrik, den Patio einer Mietskaserne, die Stadt und das Land, jeden einzelnen bei seiner Verrichtung, und ohne Eintritt zu zahlen, hat dich elektrisiert.

»Sie haben recht, Alberto, natürlich muß ich hingehen. Der Rundfunk ist sehr wichtig.«

»Nein, Rosa, Sie liegen schon wieder falsch, wichtig ist, daß Luis Ángel Firpo, ein Argentinier, heute abend den Titel als Weltmeister im Schwergewicht bekommt. Bringen Sie Ihren Verlobten mit zu *Crítica*, damit Firpo spürt, daß wir alle ihn in diesem Ring unterstützen.«

Für Igor wäre so ein Apparat auch gut, begeisterte sie sich, damit würde er schneller Spanisch lernen als in der Schule.

Sie traf ihn in der Bar, sehr schick mit seinem Filzhut, mit seinem neuen Freund Gyula, beide erwarteten sie schon ungeduldig: Sie müßten gleich los zu *Crítica*.

Vielleicht war dieser Kampf das erste, was Igor wirklich begeisterte, denn er konnte ihr den Ablauf in einer verständlichen Sprache erklären. Übers Boxen kann er reden, dachte Rosa, warum kann er dann nicht die Worte sagen, die so wichtig für mich wären?

Am Abend vor der Premiere hatte Rosa ihn gebeten, ihr auf russisch zu sagen, daß er sie sehr liebte, sie zeigte auf ihr Herz, auf das von Igor, schloß die Lider und seufzte (etwas hatte sie doch in ihren Schauspielstunden gelernt), da brachte er diesen schwierigen Satz über die Lippen: Ya tebya liubliu. Seitdem versuchte sie, Zärtlichkeit zu empfinden, indem sie sich diese komplizierten Laute vorsagte, und es gelang ihr sogar.

Du hast beschlossen, glücklich zu sein, dir einzureden, daß Igors Begeisterung nicht dem Boxkampf galt, sondern dem Rundfunk, diesem weitreichenden und volksnahen Theater, in dem deine Stimme so viele Menschen umarmen und streicheln würde. Und als plötzlich mitten in der Menschenmenge Juan vor dir stand, hast du ihm nicht zur Begrüßung die Hand gegeben, sondern Igors Arm gedrückt, wie um klarzustellen: Das ist mein Mann.

Die Botschaft kam bei Juan an. Aber keiner von euch beiden konnte verbergen, wie sehr euch diese Begegnung verwirrte, auch wenn ihr nur diesen kurzen verzweifelten Blick, ein Hallo und Auf Wiedersehen ausgetauscht hattet. Ihr floht voreinander, aber nicht vor mir, denn auch der Schmerz nährt mich.

Als Yvonne aus dem Auto stieg, das dunkle Kostüm stand ihr hervorragend, die Nerzstola und dieses strahlende Gesicht, sagte sich Francisco, er sollte sich nicht länger über O'Tooles Unvorsichtigkeit ärgern, sondern ihm dankbar sein.

Francisco hatte entschieden (eher, sich an den Gedanken herangetastet, ob er es wirklich tun würde, war alles andere als sicher), mit seinem Vater über Yvonne zu reden, sobald er seinen Doktortitel hätte, doch ihre zufällige Begegnung mit Charly O'Toole im Club hatte die Dinge beschleunigt. Charly hatte in London zwei Detektorempfänger gekauft, und seine Frau ohne es zu wissen einen weiteren in Buenos Aires, nun konnten sie am Donnerstag an drei Kopfhörern den Boxkampf mitverfolgen, der aus den Polo Grounds in New York übertragen werden würde. Warum wollten sie nicht zu ihnen kommen? Tununa würde sich sehr freuen, sie finde Yvonne so reizend.

Er wagte seinen Vater nicht anzusehen und erwiderte: Vielen Dank für Ihre Einladung, aber mein Studium nimmt alle meine Zeit in Anspruch. Solle er es sich doch noch anders überlegen, was Charly hoffe, könne er ihn anrufen.

Er hatte ihm noch nie von dieser jungen Frau erzählt, die die anderen so gut zu kennen schienen, warf Vicente ihm vor, sobald sie allein waren. Wer war Yvonne?

Ihm fehlten Tausende kleiner Steinchen, um auch nur ansatzweise eine Biographie für Yvonne errichten zu können. Aus dem Stegreif sagte er: eine junge Französin, die ein paar Monate in Buenos Aires ist, wo sie Onkel und Tante besucht. Wer sie seien?

»Sie ist die Nicht von ... ich bin zu müde, ich weiß nicht mehr, wie dieser Onkel heißt.«

De Bary? Bourdieu? Duhau? drängte sein Vater. Hauptsache, er kannte ihn nicht, dann würde er auch nicht herausfinden, daß er ihm die Geschichte auf die Nase band. Nein, Yvonnes Onkel war nicht Franzose, er war mit einer Französin verheiratet, der Schwester von Yvonnes Mutter. In dem Moment gesellte sich Iraola zu ihnen, und Francisco ergriff die Gelegenheit zur Flucht: er müsse lernen.

Er hatte Charly angerufen und ihm ihr Kommen angekündigt, als Vicente ihn schon wieder in die Enge trieb: War ihm der Name des Onkels dieser Yvonne endlich eingefallen? Sánchez Elías, antwortete er mit sicherer Stimme. Er hatte sich vorher mit seinem Freund Patricio abgesprochen, seine Eltern pflegten so gut wie keinen Umgang mit Ponce.

»Jacqueline Elías ist keine Französin«, derselbe Ton, in dem er an seinem Sohn herumkritisierte, wenn sie zusammen arbeiteten.

Nein, Patricios Großmutter – zum Glück war sie tot – sei Französin, warum heiße ihre Tochter Jacqueline? Yvonne sei die Cousine von Patricio Sánchez Elías.

»Die Cousine zweiten Grades«, verbesserte ihn Vicente. »Und ihre Eltern leben in Frankreich? Wie heißen sie?«

Sie sind gestorben (das hatte er sich schon seit längerem ausgedacht), aber warum stellte er ihm so viele Frage, Yvonne war nicht seine Freundin, verteidigte er sich, nur eine nette Bekanntschaft.

»Es ist besser, daß du abgelehnt hast, mit ihr zu O'Toole zu gehen, das würde dich nur unnötig kompromittieren. Eine goldene Regel, sich nicht mit irgendeiner Frau in der Gesellschaft zu zeigen, die Leute reden viel zu gern.«

Bestimmt hatte sein Vater sich nie in Gesellschaft dieser umwerfenden Frau blicken lassen, mit der Francisco im Tabarís ein paar Tangos getanzt hatte, doch als sie an den Tisch zurückgingen, ließen diese gierigen Blicke seiner Freunde ihn stutzen, offenbar wußten sie, was er aus Carlotas nun folgenden Worten schloß: Du tanzt besser als dein Vater.

Aber Yvonne war nicht die Tochter von Laura, einer stadtbekannten Dame, wie er über diese andere noch am selben Abend erfuhr. Über Yvonne wußte niemand etwas. Er konnte sie sich erfinden, wie er wollte. Und jetzt sah er sie dort im Gespräch mit Tununa sitzen, lächelnd, so hübsch, so liebenswürdig. Niemand könnte etwas gegen Yvonne haben, redete er sich ein, als er sie sah, wie sie mit einer Haarsträhne spielte, eine Geste, die sie sich bei Tununa abgeschaut hatte. Yvonne lernte schnell, es war unglaublich, wie sie nun schon viel leiser redete, ihr Tonfall stand gar nicht mehr im Widerspruch zu den Kleidern, die er ihr kaufte.

»Wir nehmen die Kopfhörer und übersetzen für Yvonne«, schlug Tununa vor.

»Achtung, der Sprecher fängt gleich an«, sagte Charly und bewegte das Kabel, um einen besseren Empfang zu bekommen.

Was sollten sie jetzt machen? Sie waren verzweifelt. Wie sollte es der Redner ihnen beibringen? Die in Santa Fe vor *El Litoral* versammelte Menschenmenge würde über das ungerechte Wettkampfergebnis enttäuscht sein. Und folglich auch über den Rundfunk, sagte Roberto besorgt.

Die Übertragung war nicht so direkt, wie Roberto kürzlich erzählt hatte: Vom Ring in New York zur Rundfunkanstalt in Pittsburg, von dort zu *Transradio International* von La Plata, das wiederum an *Radio Sudamericana* weitersenden sollte, und erst *Radio Cultura* wäre für die Ausstrahlung verantwortlich. Doch nach vielen Verhandlungen hatten sie erreicht, daß sie das Signal direkt von *Radio Internacional* bekommen und noch vor Buenos Aires senden könnten!

Es gab keinen Zweifel, Mercedes hatte dasselbe verstanden

wie Soler, Robertos Freund: Luis Ángel Firpo hatte den Kampf verloren.

Soler sprach hervorragend Englisch und übersetzte viel schneller und besser als Mercedes, was über die Kopfhörer aus dem Ring übertragen wurde. Es war ein wenig absurd, jeden Satz noch einmal abzusegnen, aber sie hatte das von Roberto vorgeschlagene Spiel mitgemacht und an einer Stelle sogar ein in der Originalübertragung nicht vorhandenes Adverb eingefügt, mit Solers Zustimmung, es war das treffende Wort, woraufhin der Sprecher es in seine Notizen übernahm. Armer Mann, dachte Mercedes, die ganze Mühe, alles in größter Eile mitzuschreiben, die ganze Begeisterung, und nun diese kalte Dusche: Der Weltmeistertitel im Schwergewicht ging an Jack Dempsey.

»Ich habe die Lösung«, sagte Roberto und stellte sich vor das monströse schwarze Mikrophon, ehe der Sprecher etwas sagen konnte: »Guten Abend, meine Damen und Herren, Luis Ángel Firpo, unser geliebter Stier der Pampa, zukünftiger Weltmeister in allen Gewichtsklassen ... hat in der zweiten Runde durch Knockout verloren.« Tausendfaches Brüllen drang von der Straße hoch. »Für Sie wird nun Felipe Poturezzi die Einzelheiten des Kampfs erläutern.«

Mercedes lachte und lachte, da kam Roberto zu ihr: Lachen Sie nicht, es besteht nicht der geringste Zweifel, daß Firpo den Weltmeistertitel holt, nicht nur, weil ich mir das wünsche. Und ins Ohr sagte er ihr: Allerdings muß ich Sie warnen, was ich mir wünsche – ein warmer Blitz schoß durch Mercedes' Körper –, geht meistens in Erfüllung.

Ich verstehe nicht, er hat schon verloren? Und jetzt fangen sie noch einmal von vorn an? fragte Asunción verwirrt vor dem Gebäude von *Crítica*. Miguel würde es ihr später erklären, sie sollte jetzt bitte ruhig sein, er wollte keine Einzelheiten des Boxkampfs verpassen, der in den Polo Grounds in New York nach kaum sechs Minuten zu Ende gewesen war und sich in der brandneuen argentinischen Radiostation über Stunden hinzog.

»Aber wie das ... Asunción zusammen mit Miguel? Hatte sie nicht beschlossen, ihn nicht wiederzusehen, als sie so ein Gefühl hatte, Inés zu verraten? Als Juan sich eine Wohnung nahm und sie insgeheim Miguel dafür verantwortlich machte?«

»Ja, aber sie waren sich im Jahr 1923 erneut begegnet und sahen sich seitdem wieder. Es war eine ganz spezielle Beziehung ...«

Sie saßen bereits beim Abendessen, als Charly O'Toole, der die ganze Zeit am Kopfhörer gehangen hatte, sagte, nur ein Schiedsrichter aus den Vereinigten Staaten habe Dempsey zum Weltmeister erklären können.

Während er in Wirklichkeit, brauste Juan vor dem Gebäude von *Crítica* auf, nach dieser gewaltigen rechten Faust von Firpo siebzehn Sekunden außerhalb des Rings war. Die Yankees machen, was sie wollen, entgegnete Ricardo und dachte in dem Moment gar nicht daran, daß er in zwei Tagen selbst in den Vereinigten Staaten sein würde. Trotz der Enttäuschung, sollte Klaus Bühl später zu Ingrid sagen (sie hatte nicht zum *Crítica*-Gebäude kommen können, weil am Morgen ihr zweites Kind geboren worden war), sei es bewegend gewesen, zuzusehen, wie sich zwischen den Leuten die Stimmung zunehmend gegen die USA gewendet habe.

Vicente mache es offenbar nicht viel aus, daß der Argentinier verloren habe, beschwerte sich Carlota, den Kopfhörer noch immer auf, und die Gereiztheit in ihrer Stimme bedrohte den zarten Frieden, der seit ein paar Tagen zwischen ihnen bestand. Und ob es ihm etwas ausmache, jammerschade sei das, aber wenn der Schiedsrichter Dempsey zum Weltmeister erklärt habe, sei er offenbar der Bessere gewesen; die Nordamerikaner sind korrekte Leute.

Trotz zerfetzter Kleider und blauer Flecken würden Hernán Lasalle und sein Freund, der Pianist Juan Carlos Coibián, kein Argument gelten lassen, schließlich waren sie in den Polo Grounds gewesen und hatten mit eigenen Augen gesehen, wie Dempsey aus dem Ring geschleudert wurde und der Schiedsrichter mehr als ein Auge zugedrückt hatte. Doch das hatten diese anderen Männer nicht so gesehen, und so war es zu dem Handgemenge gekommen.

Inés fuhr nur kurz zusammen – zwischen zwei Gedichten aus dem Zyklus *Languidez* von Alfonsina Storni –, als das Gegröle aus dem Musikzimmer drang, wo dieser Apparat mit der enormen Antenne sämtliche Arbeitskräfte aus ihrem Haus um sich geschart hatte. Ein Glück, sie hatten sie nicht einmal unterbrochen.

Rosa war es, als hätte sie Igor noch nie, noch nicht einmal auf dem Schiff, so attraktiv gefunden wie jetzt, da er lauthals in das Gebrüll dieses spontan gebildeten Fanclubs einfiel, der an Ort und Stelle gegen den Schiedsrichter die Stimme erhob.

Endlich nahm Igor Anteil an seiner Umwelt, nahm am sozialen Leben teil – hast du dir vorgemacht, vielleicht, um die Entscheidung zu rechtfertigen, die du an diesem Abend getroffen hast.

»Du brauchst mich nicht nach Hause zu bringen, ich bleibe in deinem Zimmer, für immer, bald schon sind wir Mann und Frau.«

Womit du, Rosa, die Dinge nur noch komplizierter gemacht hast. Das Problem war nicht, daß ihr Tatsachen geschaffen habt, sondern die Bedeutung, die du dem gegeben hast. Du solltest Jahre brauchen, um zu begreifen, daß es keine unauflösbare Umarmung gibt, das gilt selbst für mich.

Fünfundzwanzigstes Kapitel

Juan Montes' Orchester hat zwei weitere Tangos gespielt, das Publikum spendet stehend Applaus nach dieser großartigen Darbietung von *La cumparsita*. Zugabe, Zugabe. Mit einem leisen Nein weist Juan Luis Petrucellis Vorschlag zurück, *Cara o cruz* zu spielen. Sie haben es nicht ausreichend geprobt, und improvisieren will er nicht. Er lächelt gelassen, verneigt sich zum Dank, dann stellt er nacheinander seine Musiker vor. Applaus für alle, aber für Julio de Caros Violine ein Begeisterungssturm.

Bei den ersten Vorstellungen im Abdulah warst du überrascht, als du im Publikum Canaro, Firpo, Lomuto und noch viele andere Musiker entdecktest, mit denen du auch schon gespielt hattest. Ihr Interesse hat dir geschmeichelt. Du hast gespürt, einer dieser vielen schillernden Fäden zu sein, die in jenen goldenen Jahren mein Netz sponnen.

Ein an Mercedes adressierter Umschlag in einem anderen Umschlag mit Namen und Adresse ihrer Nachbarin Olga, so erreichte sie Robertos Brief. Eine knappe Mitteilung, die nichts sagte über das, was sie die drei Male, die sie sich in Santa Fe gesehen hatten, zusammen erlebt hatten. Eigentlich sagte Robertos Brief fast nichts, um so absurder waren die Vorsichtsmaßnahmen, die sie traf, damit Jordi ihn nicht entdeckte: die Kommodenschublade, das Hutfutter, die Rückseite eines Bildes, dieser Wahn, den Brief zu verstecken, war verdächtiger als sein Inhalt. Eine schlichte Information: In drei Monaten werde der Rundfunk in Santa Fe zu senden beginnen, Sendehaus und Klavier gebe es bereits, und eine unverbindliche Einladung: Falls sie Interesse habe, mitzuwirken, solle sie dem Intendanten schreiben. Aber wieviel stand zwischen diesen Zeilen, über die er, stellte Mercedes sich vor, hundertmal nachgedacht hatte, denn so oft hatte sie sich jene drei Begegnungen mit Roberto zurückgerufen.

Nichts hatte sich in ihrem Leben verändert, nicht die Klavierstunden, nicht das Honorar, nicht die wohlanständige Langeweile auf dem Dorf, nicht das Ufer des Paraná, nicht Jordi, und dennoch war alles anders, weil dort, hinter diesen Zeilen, eine Tür war. Eine Tür, die Mercedes beschlossen hatte nicht zu öffnen, aber allein die Tatsache, daß sie als eine Möglichkeit da war, gab ihr eine längst vergessene Leichtigkeit zurück. Sie wollte den Brief und die beiden Umschläge aufbewahren, um einen Halt zu haben, wenn die Luft wieder einmal dick und stickig werden würde. Aber das war nicht nötig, sie trug seinen Brief und ihre Begegnungen im Herzen. Den eigentlichen Brief zerriß sie und warf die Schnipsel in den Fluß. Und wieder erfüllte sie diese aufbegehrende, überschwengliche Heiterkeit ihrer Santa-Fe-Reise, aber das überraschte sie nicht mehr.

»Worüber lachst du?« hatte Jordi sie vom Bett aus gefragt, als sie an diesem Morgen aufstand.

»Ich lache, weil ich lebe«, hatte sie ohne nachzudenken geantwortet.

Sie waren eine kleine Truppe und konnten nicht sagen, wieviel sie ihr zahlen könnten, doch Rosa sagte zu, im Radiosender zu singen, unter der Bedingung, daß für die sie begleitenden Gitarristen ein paar Pesos abfielen. Aber mit Singen war es nicht getan, an einem Mittwoch kochte Rosa für alle Tintenfisch auf galicische Art, und am Freitag, als sie auf Sendung waren und der Sprecher sie hängenließ, unterhielt sie ihre Zuhörer mit der Anekdote der übergroßen Jungfrau, die die Menschen in ihrem Heimatland hatten errichten wollen und die dann doch kleiner und etwas unproportioniert ausfiel, weil ihnen das Geld ausgegangen war.

Du warst für dein Leben gern im Sender. Du hast dort Stunden um Stunden verbracht, geplant, über das Programm gesprochen, den für die Mikrophone zuständigen Techniker ermuntert, in einer Sendung *Martín Fierro* zu rezitieren, hast jedem der hinzustoßenden Künstler Mut gemacht. Das Radio war dein zweites Zuhause.

Sie liefen sich in der Eingangshalle von Radio Sudamérica über den Weg, Juan und sein Orchester kamen gerade für eine Stellprobe. Er nickte nur grüßend, doch Rosa blieb stehen, als wartete sie auf etwas. Er hatte keine Zeit für sie, zu groß war die Hektik, die Instrumente optimal zu plazieren, damit das Mikrophon jeden Klang auffing, die Aufregung, zu wissen, daß das, was sie gleich im Studio spielen würden, an verschiedenen Orten zu hören sein würde. Als sie aus dem Studio herauskamen, stand Rosa noch immer auf ihrem Posten an der Tür, als wollte sie ihn auf keinen Fall verpassen. So wie sie sprach, ohne Pausen und ohne Betonung, mußte sie die ganze lange Zeit nachgedacht haben, wie sie ihn ansprechen sollte.

»Juan, ich habe mir überlegt, daß wir noch mal über den Walzer reden sollten. Wo und wann können wir uns treffen?«

Undenkbar, ihr vor allen Leuten zu entgegnen: Es gibt nichts zu reden, oder, ich habe keine Zeit. Wie lächerlich würde sie dann dastehen. Mut hatte sie, das mußte Juan anerkennen. Oder sie spekulierte darauf, daß er sie vor anderen nicht abblitzen lassen würde.

»Weiß nicht, irgendwann in den nächsten Tagen«, und dabei blickte er nach oben, als wäre es sehr schwierig, in seinem übervollen Terminkalender eine Lücke zu finden.

»Kannst du morgen?« trieb sie ihn in die Enge, »morgen abend, oder mittags, wenn dir das lieber ist.«

Pedro kam ihr zur Hilfe: Willst du mich dieser Señorita nicht vorstellen? Eine unserer Bewunderinnen?

»Ja, eine Bewunderin«, ihr Gesicht entspannte sich, lächelte, sie war hübsch, das schon. »Rosa Leyra, sehr erfreut.«

Juan nutzte ihre Unterhaltung, um wegzugehen, er hörte Rosa etwas zu laut lachen, wahrscheinlich erzählte Pedro ihr gerade irgendwelchen Blödsinn. Er ist so nüchtern, so kontrolliert, wenn er sein Bandoneon spielt, er bewegt es kaum, und bei den Frauen ein Verführer.

»Willst du gehen, ohne ihr eine Antwort zu geben?« fragte Julio ihn verwundert.

Er zuckte die Schultern, als würde es ihm nichts bedeuten, dabei nagte es an ihm, daß Rosa erst so lange auf ihn gewartet und ihn nun vergessen hatte, nur weil Pedro ihr ein paar Komplimente gemacht hatte. Bevor sie sich noch ihres hinterlistigen Vorhabens, was immer es war, entsinnen würde, eilte Juan aus dem Sender. Eine Kokette war sie, er hatte doch gesehen, wie anders sie plötzlich war, als Pedro zu ihnen gestoßen war. Er beeilte sich, die Ecke Viamonte zu erreichen, bevor sie kämen. Er hatte nicht das geringste Interesse, mit ihr zu reden, diese Frau machte ihn nur nervös.

»Das geht jetzt nicht mehr«, sagte Julio – daß er sich auch in alles einmischen mußte –, »ich habe in deinem Namen eine Verabredung getroffen. Morgen haben wir weder eine Aufführung noch eine Probe. Um acht im Tortoni.«

Sie probiert sieben verschiedene Kleider an, keines scheint ihr für den Anlaß passend, und auch die Worte, die sie sich zurechtlegt, um endlich ihren Streit über den Walzer zu lösen, überzeugen sie nicht.

Um sechs Uhr abends klingelt sie bei Yvonne. Der grüne turbanartige Hut, den Yvonne an dem Abend getragen hat, als sie sich nach der Aufführung trafen, könnte das graue Kostüm und die hochgeschlossene Spitzenbluse, mit der sie sich gepanzert hat, etwas auflockern. Was sie zu Juan sagen soll, ist die eine Frage, aber noch schwieriger erscheint es ihr, einen Vorwand zu finden, Yvonne ihren Hut abzuschwatzen, ohne sich vollkommen idiotisch und unanständig vorzukommen. Ein einfaches Lob auf diesen aparten Turban-Hut, schon sitzt er auf ihrem Kopf, und dazu Yvonnes ehrliche Freude, ihr dieses Geschenk zu machen. Sie ist überglücklich, daß sie sie besuchen gekommen ist, wie wunderbar ist doch ihr Leben: sie hat einen Geliebten, der sie anbetet, eine Freundin wie Rosa, und neue, bezaubernde Bekanntschaften gemacht.

Yvonnes ausführliche Darlegung ihres Glücks löst ein Weilchen diese absurde Anspannung, die Rosa selbst verursacht hat. Wer zwingt sie, mit Juan zu reden? Reicht nicht vielleicht ihr Entschluß, nie wieder den Walzer zu singen? Warum muß sie ihm das persönlich mitteilen? Woher dieses dringende Bedürfnis, das sie im Sender überfallen hat? Und zu allem Übel steht ihr der Hut nicht, er gibt ihr so etwas Fremdartiges, Herausforderndes, das nichts mit ihrem Anliegen zu tun hat.

Es spielt keine Rolle, daß Yvonne weder Galicisch noch Spanisch kann, und Rosa kein Französisch, so wie die eine es geschafft hat, die Szene von dem Abschlußball zu schildern, wie nett die Leute, deren Einladung sie angenommen hatten, zu ihr gewesen sind und wie sehr Francisco sie liebt und versteht, kann Rosa ihr verständlich machen, daß ihr der Magen flattert, weil sie gleich diesen Musiker trifft, obwohl sie dieses Treffen selbst vorgeschlagen hat. Ist das nicht idiotisch? Und wenn sie nicht hingeht?

Tu es tombée amoureuse de lui, diagnostiziert die Französin. Und sie lachen ausgelassen über das übertrieben schmachtende Gesicht, das sie nun zieht. Dann wirft Yvonne sich mehrmals auf den Boden, um ihr »tombée« zu erklären, faßt sich ans Herz, küßt Franciscos Bild: »amoureuse«.

Bei coup de foudre schlußfolgert Rosa vorschnell, ein bißchen verrückt sei sie?, aber mehr Zeit für Gesten bleibt nicht, Yvonne zeigt auf die Uhr: zehn vor acht, sie trägt ihr Lippenstift auf, ja, er steht ihr phantastisch, und holt rasch einen Flakon, um Rosa mit der Fingerkuppe einen Hauch Heliotropdufts hinter jedes Ohr zu tupfen. Jetzt aber los. Vite. Dépêche-toi. Mit Hilfe der Zeiger der Uhr gibt sie ihr zu verstehen, daß sie es gerade noch für schicklich hält, wenn sie um halb neun kommt, aber nicht später.

Warum, hast du verärgert gedacht, hast du mit Igor nicht eine ebenso gute Methode der Verständigung gefunden wie mit

Yvonne? Sie hat dir vom Balkon aus nachgerufen, um dir in ihrer bemühten Aussprache »Gluck« zu wünschen, da warst du gerührt über diese Zuneigung, die sich zwischen euch entwickelt hat, bei ihr hast du dich in deiner Anspannung gut aufgehoben gefühlt.

Freundschaft, dieses kleine und so große Wort. Sie sollte nicht so viele Vorurteile haben, sich mehr Zeit geben, bevor sie urteilt. Als sie zum erstenmal zu Yvonne nach Hause kam, staunte sie über die Musselinvorhänge, die japanischen Wandschirme, den Brokatsessel, die Verzierungen an der Vitrine. Sie begriff auf der Stelle, wofür dieser Luxus stand, und bereute es schon, Yvonne zu Albertos Fest eingeladen zu haben. Sie konnte nicht mit einer Frau befreundet sein, die sich aushalten ließ. Doch Yvonne freute sich so über die Einladung und holte sie so oft am Ausgang des Theaters ab, daß Rosa ihre Entscheidung, sie nicht mehr zu treffen, ein ums andere Mal hinausschob, nur daß es eben immer Yvonne war, die auf sie zukam. Bis zum heutigen Tag, als Rosa beschloß, zu ihr zu gehen, wegen eines grünen Huts! Wie hat sie nur so hart über sie urteilen können. Mit Carlota geht es ihr genauso, sie kann nicht anders, sie ist nicht mehr elf, und irgendwann sind die so oft gedachten, ewig zurückgehaltenen Worte aus ihr herausgeplatzt: Ponce ist ein Arschloch, das weißt du genau, wie konntest du zu ihm zurückkehren, nachdem du jahrelang ein anderes Leben geführt hast? Rosa mag Carlota sehr, aber sie versteht sie einfach nicht. Yvonne wird sie von ihrem Fehler überzeugen können, sie ist eine verständige Frau und wird froh sein, diesen Windbeutel zu verlassen und ein normales Leben zu führen, leben und arbeiten wie jeder andere auch, sagt sie sich, während sie sich mit Stolz diesen Turban-Hut aufsetzt, den ihre liebe Freundin ihr geschenkt hat.

Nein, er geht nicht hin, soll sie denken, was sie will, hat sie ihn im Park in Palermo nicht sitzengelassen? Doch da macht Juan auf dem Absatz kehrt, es ist schon zwanzig nach acht, und es sind noch sieben oder acht Straßen, er hätte früher losgehen sollen. Nicht daß sie noch denkt, er flieht sie, er hat vor ihr Angst. Er will gelassen bleiben und sich anhören, was Rosa ihm zu sagen hat, ein bißchen ungeduldig will er sich geben, er habe nicht viel Zeit, nur eine halbe Stunde. Nein, eine, eine halbe ist schon rum. Er rempelt fast eine Frau an, sie muß ihn für verrückt halten, um diese Uhrzeit mit vollem Karacho durchs Stadtzentrum zu rennen.

Sie müssen beide lachen, als sie sich am Eingang treffen, sie sind außer Atem und entschuldigen sich gleichzeitig für ihre Verspätung. Dann setzen sie sich an einen Tisch hinten im Lokal.

»Du willst einen Grenadinesaft trinken? Wer soviel gerannt ist, braucht mindestens einen Whisky.«

Ist es nur ein vorschneller Eindruck, oder ist Juan viel netter als die anderen Male, die Rosa ihn gesehen hat? Will er sie etwa verführen? Dieser Verdacht beunruhigt sie, und wenn er hinter ihrem Drängen auf ein Treffen etwas vermutet, das gar nicht ist?

»Keinen Whisky, aber zu einem Wermut lasse ich mich von Ihnen überreden.« Jetzt siezt sie ihn auf einmal wie einen Unbekannten?

»Ich habe dich mit diesem Hut fast nicht erkannt. Er steht dir sehr gut, du siehst ganz anders aus.« Wie ungeschickt stellt er sich an, nicht wie Pedro, dem es von der Hand geht wie Bandoneon spielen. Am besten versucht er sich gar nicht erst als Charmeur, das geht nur schief. Sie wird ernst, kommt es Juan nur so vor, oder ist sie noch nervöser als er?

»Angenehmes Wetter, nicht wahr?« Sie hätte sich etwas Originelleres einfallen lassen können.

Juan nickt stumm. Er wird ihr nicht den Gefallen tun, übers Wetter zu reden, sie hat das Treffen gewollt, das hat sie jetzt davon. Rosa blickt um sich, wie um irgendwoher Mut zu nehmen, sie zögert, öffnet den Mund und schließt ihn wieder, wie hübsch sie ist. Leere in seinem Magen. Er möchte in diese Lippen beißen, und Rosa will ihm etwas Schwieriges eröffnen, das ist offensichtlich, sie findet keinen Anfang. Nein, nicht jetzt, sie soll ihm nicht ausgerechnet jetzt einen Satz ins Gesicht schleudern, daß er sie hassen muß, wo er doch so wahnsinnige Lust hat, sie zu umarmen, zu berühren. Oder doch, soll sie ihm nur irgend etwas sagen, das sein Verlangen dämpft, wie beschämend für ihn, daß er nur wird von ihr ablassen können, wenn sie ihn beschimpft. Doch vielleicht zeigt sie auch Reue, sie hat sich nun offenbar ein Herz gefaßt, blickt ihn fest an, wie um sich zu vergewissern, ob er ihr auch Aufmerksamkeit schenkt. Juan? fragt sie dumm und streckt die Hand über den Tisch, ihr Körper löst sich von der Stuhllehne, um die Distanz zwischen ihnen zu verkürzen.

Am besten jetzt auf seinem Klavier im Kopf Bach spielen, denn wenn sie ihn weiter so ansieht, mit diesen grünen, ihn streichelnden Augen, packt er sie noch vor allen Leuten, damit sie ein für allemal lernt, was es heißt, einen Mann zu provozieren.

»Juan, ich möchte dir etwas sagen. Ich habe eine Entscheidung getroffen.« Wird sie jetzt nicht ein wenig feierlich? Er sieht sie seltsam an, als würde er aus der Tiefe eines Waldes heraus nach ihr rufen.

»Ich auch.« Welche, sage ich dir besser nicht, meine Kleine, sonst fällst du noch vor Schreck um. Doch die Entscheidung steht. Eines Tages wird er sie ins Bett kriegen, es ist ihm egal, ob sie nur mit ihm spielt, ob sie nur ihre Karriere im Kopf hat oder ihm seinen Walzer stehlen will.

»Welche?« Wenn Juan sie unterbricht, verliert sie den Faden. Er macht es absichtlich, um sie zu verwirren. Diese schwarzen, gefährlichen Augen treffen sie und kitzeln etwas aus ihr heraus, das Rosa an sich nicht wahrgenommen hat und um jeden Preis vor ihm verbergen muß.

»Du zuerst, und nicht, weil man den Damen den Vortritt läßt, sondern weil du angefangen hast.« Sich gelassen zeigen klappt nicht auf Kommando, aber Zeit gewinnen ist alles, irgend etwas daherreden, bevor sie seine Gedanken errät.

»Ich ... der Walzer ...« Warum will sie ihn denn nicht mehr singen, hat er ihn ihr nicht geschenkt, damit sie ihn singt? Warum muß sie machen, was Juan will?

Er wird nun ärgerlich, was ist los mit ihm, ruhig Blut, die Fassung wiederfinden:

»Du, der Walzer, was ist damit, nur zu, raus mit der Sprache.« Ist das der gleichgültige, ruhige Ton, den er anschlagen wollte?

»Ich wollte dir sagen, wenn es dich so sehr stört, daß ich den Walzer singe, dann singe ich ihn nicht mehr. Obwohl ich eigentlich nicht weiß, warum ich ihn nicht singen soll.« Juans überheblicher Blick stachelt sie auf. »Es ist mir auch schnuppe, es gibt Millionen bessere Gesangsstücke.« Hat sie ihn um dieses Gespräch gebeten, um ihn zu beleidigen? »Ich will nur, daß zwischen uns beiden klar ist, daß ich ihn nicht deshalb nicht mehr singe, weil er mir nicht gefällt, sondern weil es dich anscheinend quält, daß ich ...«

»Mich quält?« Endlich, sie hat es ausgesprochen. »Hör mal gut zu, meine Gute, mich quält nichts ...«, was für ein lächerliches Wort, »mich quält nichts und niemand, schon gar nicht so eine läppische Sache, ein Mädchen, an das ich mich gar nicht mehr erinnere, singt vor Publikum irgendeine frühe Fassung eines unbedeutenden Walzers, mit einem Text, den ...«

Ihre lauter werdenden Stimmen, jeder will den anderen übertönen: Sie, es ist gelogen, daß du dich nicht an mich erinnert hast, und er, als hörte er ihr nicht zu, findet die schlimmsten Adjektive für den Liedtext, Rosas Gesicht hochrot, ihre Hand wie eine glühende Spinne, starr preßt sie sich an die Sitzlehne, als Juan ihr hinwirft, sie solle ihm nicht noch mehr Zeit rauben, er schenke ihr den Walzer, dann könne sie ihn singen, wie und wo es ihr gefällt, er hat Wichtigeres im Kopf, woraufhin sie ihre Kraft sammelt, um anzugreifen: Er könne ihn ihr nicht schenken, weil er ihn ihr schon geschenkt habe, ihre Worte von Zorn unterlegt, und diese wütenden Tränen, die sie nicht vergießt und die trotzdem in ihrer splitternden Stimme sind: Du hast dich wirklich nicht an mich erinnert?

Rosas Frage wie eine präzise geworfene Schlinge, die ihn vor dem Abgrund rettet, doch schon tut sich ein neuer vor ihm auf, er beugt sich über den Tisch, und mit leiser Stimme: Natürlich habe ich mich an dich erinnert, Rosa, oft!

Ihr wird fast schwindlig vor Freude, ihr Körper schwerelos, als sie erfährt, daß sie nie fort war aus Juans Leben, bei allen wichtigen Ereignissen in seinem Leben dabei war, dieses Ritual, das er geschaffen hatte, um sie bei sich zu haben: seinen kleinen Walzer zu spielen, den er für sie komponiert hatte.

»Als ich den Walzer auf dem Schiff gesungen habe, wußte ich, daß ich Sängerin werden würde.«

Rosa erzählte ihm von allem und jedem, nur nicht von diesem großen, plumpen jungen Mann, mit dem Juan sie vor dem Gebäude von *Crítica* gesehen hatte.

Hundertmal in einer Nacht hat Juan sich verliebt: in das Mädchen, das seine Mutter beim Aufstand der Mieter begleitete, das im Hof der Mietskaserne sang und Seil hüpfte, in dieses furchtsame Mädchen, das aus der Tiefkühlfabrik wichtige Papiere stahl, in diese aus ihrem Land abgeschobene junge Frau, die die spanischen Arbeiter zum Streik aufrief, die an der Meeresbucht träumte, in der Kneipe und auf dem Schiff sang, die Vacarezza schätzte und sich mit ihm zankte, die weiche Knie und eine aufrechte Haltung bei der Theaterpremiere hatte. Er verliebte sich in ihre Begeisterung, in ihre Art, sich dem Leben zu stellen, ihren Mut, aber... aber wenn Rosa sonst so war, klar und direkt, warum wartete sie dann bis zum letzten Augenblick, um ihn vor der Tür des Hauses ihrer Eltern, als er sie an sich drückte und sie beben spürte, sanft wegzuschieben und zu sagen: Ich habe einen Verlobten, Juan.

Sie sagte kein Wort mehr und schloß die Tür.

Eineinhalb Monate Kummer, und ein Tango. Bei der sechsten Aufführung im Abdulah klang Juan Montes' Orchester wie nie, es gab tosenden Applaus.

»Heute abend, liebe Freunde, wollen wir einen Tango aus

meiner Feder uraufführen: ¿*Qué querés de mí?*, Was willst du von mir?«

Er fragt sie mit seinem Klavier, warum hast du mich aufgesucht?, mit diesen wunderbaren Ligati und Phrasierungen von Maffia, um mit mir über den Walzer zu reden?, dann mit der Gegenstimme von Petrucellis Bandoneon, ich glaube dir nicht, Rosa, ich habe dich angesehen, dir zugehört, mit den Kantilenen der Geige von Julio, habe dich in meinen Armen beben gespürt, und Manlio Francia, ergriffen warst du vom selben Verlangen wie ich, und schließlich mit den tiefsten Tönen von Leopoldos Kontrabaß, und dann hast du mir gesagt, du hast einen Verlobten? Was willst du von mir, Rosa?

Um vom Cafferata-Viertel ins Theater zu fahren, nimmt Rosa normalerweise die Straßenbahn und steigt einmal um, doch als sie aus der ersten Linie aussteigt, beschließt sie, zu Fuß bis zur Corrientes vorzugehen. Es ist eine Freude, durch Buenos Aires zu spazieren, die Stadt ist so schön und lebhaft wie nie, die vielen verschiedenen Menschen, die mit ein und derselben Hoffnung noch immer am Hafen von Bord gehen, dann diese verrückten Bauten, die bei ihrer Ankunft so ihr Staunen erweckt haben, und die Stadt wächst weiter Tag für Tag, die Plätze, die Cafés, die Theater, die Cabarets, der Rundfunk, Hunderte von Zeitschriften und Zeitungen in allen Sprachen. Und alles vom Tango durchdrungen.

Nach Argentinien zurückzukehren ist die richtige Entscheidung gewesen. Sie vermißt das Meer, die Bucht, Manuel und sogar ihre Cousinen und Cousins, Onkel und Tanten, aber wenn sie in Galicien geblieben wäre, hätte sie ein anderes Leben gehabt. Buenos Aires hat auf sie gewartet.

Auch ich habe auf dich gewartet, auf deine samtene Stimme, deine einhüllenden Worte, die mich in diese sehnsuchtsvollen, nach neuen Gefühlen suchenden Herzen gesät haben. Wir wären nicht eins geworden, wenn du nicht an den Río de la Plata gekommen wärst.

Rosa mag die Radikalen nicht und auch keine der anderen Parteien, trotzdem herrscht ein ganz anderes Klima als damals unter der oligarchischen Regierung, als sie fortmußte. Die Kämpfe der Arbeiter sind nicht umsonst gewesen, auch wenn der Weg noch sehr, sehr weit ist und es schreckliche Rückschläge gegeben hat wie die Ermordung von eintausendfünfhundert Landarbeitern in Patagonien 1922, aber erste Erfolge werden sichtbar: Es gibt eine Altersrente, wenn auch nicht für alle; Wohnungen für die einfachen Leute, wenn auch nicht genug; es herrscht Schulpflicht, und der Unterricht ist kostenlos, auch wenn viele nicht hingehen können, weil sie arbeiten müssen.

Sie hat Glück gehabt, im Theater hat sie mehr Erfolg, als sie sich erträumt hätte, noch bevor das Stück abgelaufen ist, hat sie schon dieses neue Projekt, das ihre Freunde bei den Anarchisten an sie herangetragen haben, sie singt im Radio, ihre Eltern sind wohlauf, sie hat neue Freunde und einen Verlobten, der sie liebt. Alles läuft gut, phantastisch für Rosa, wäre da nicht dieser Stachel, der sie in ungelegenen Momenten sticht, ihr Glück in Frage stellt. Juans Anblick, seine Hände mit den langgliedrigen Fingern, seine sie erforschenden Augen, sein Körper an dem ihren breiten ein Tuch über alles, was Rosa erlebt, unter dem Formen und Bedeutungen gefährlich verzerrt werden. Sie muß Juan vergessen, beschließt sie, ihn allenfalls als den netten Jungen in Gedanken behalten, der ihr den kleinen Walzer geschenkt hat. Eine hübsche Erinnerung, und nicht diese Verwirrung der Gefühle, die ihr Leben über den Haufen werfen und noch einmal neu erfinden will.

Die Vorstellung ist um acht. Seit sieben geht Juan vor der Tür des Theaters auf und ab, von einer Ecke zur anderen, stets in der Furcht, Rosa könnte von der anderen Seite kommen. Er sieht sie die Straße überqueren, wunderschön in ihrem geblümten Kleid, und sein Puls beginnt zu rasen. Er stellt sich ihr in den Weg. Wie sie ihn im Radiosender, überfällt er sie nun mit seinen

Worten: Rosa, wir müssen reden, kann ich dich am Ausgang abholen?

Heute abend geht es ganz und gar nicht, sie beißt sich auf die Lippe, aber morgen, oder besser übermorgen, da habe ich keine Vorstellung. Um acht im Tortoni? schlägt Rosa hastig vor.

»Lieber zu Hause«, drängt er, woraufhin sie stehenbleibt und ihn überrascht ansieht. »Talcahuano 360, dritter Stock«, bleibt er hartnäckig und folgt ihr in die große Eingangshalle. »Es ist ganz in deiner Nähe.«

Sie hebt die Hand, um sich zu verabschieden, und verschwindet ohne ein Wort in dem Gang, der zu den Künstlergarderoben führt. Hat sie ja oder nein gesagt? Juan traut sich nicht, durch die Tür zu gehen und sie zu fragen, es wird seinen Grund haben, daß sie sich hier verabschiedet hat. Sie wird nicht wollen, daß ihr Verlobter oder irgendein Schauspieler sie zusammen sieht.

Er fragt sich selbst, warum er sie zu sich nach Hause gebeten hat, sie hat ihn dabei so seltsam angeblickt. Beleidigt? Erbost? Vielleicht befürchtet sie, daß ... Aber für wen hält sie ihn denn? Eine größere Garantie gibt es doch nicht, wenn er sie zu sich nach Hause eingeladen hat, wird er es sich nicht erlauben, ihr auch nur im geringsten zu nahe zu treten. Nur reden, sie soll ihm erklären, warum sie ihn unbedingt sehen wollte, warum sie ihm ihr ganzes Leben erzählt und ihn betört hat, wenn sie hinterher mit ihrem Verlobten rausrückt. Reden, sich unterhalten. Erklären.

Rosa kam um neun, da war Juan bereits mit den Nerven am Ende, hatte gezweifelt, ob sie überhaupt auftauchen würde.

»Ich dachte, wir könnten eine Kleinigkeit essen, während wir uns unterhalten«, sagte er und lächelte, während er ihr einen Stuhl anbot.

Sie war gekommen, um zu reden, wie er vorgeschlagen hatte, und nicht, um sich an diesen gedeckten Tisch mit Kerzen zu setzen, aber vor Überraschung sagte sie gar nichts mehr, die Augen fest auf die roten Rosen gerichtet.

»Die Rosen sind für dich«, sagte er, und sie konnte sich ein spöttisches Lächeln nicht verkneifen, mit was für Geschützen er auffuhr.

»Danke«, dann setzte sie sich auf den Stuhl.

Die Blumen weichten die Rüstung auf, die sie sich für ihren Besuch bei Juan angelegt hatte. Rosa hatte es vollkommen unangemessen gefunden, daß er sie zu sich nach Hause einlud, alle möglichen Gründe vermutete sie, fast alle empörten sie, doch dann beschloß sie, die Herausforderung anzunehmen und ihm zu zeigen, daß sie keine Angst vor ihm hatte. Er sagte, er wolle reden? Gut, dann bitte, und sollte er sich ihr von einer anderen Seite zeigen, würde sie ihn schon in die Schranken zu weisen wissen. Zerpflücken, erniedrigen würde sie ihn, und eine solche Schreckensszenerie würde Rosa auch helfen, endlich nicht mehr in diese aberwitzigen Träumereien abzugleiten, zu denen ihr Wunschbild von Juan sie verleitete, das sie sich nach diesem Gespräch im Tortoni gemacht hatte und das höchstwahrscheinlich – fast wünschte sie es – nichts zu tun hatte mit diesem ungehörigen, schamlosen Flegel. Und falls Juan sich doch korrekt benehmen und sie einfach zu sich nach Hause eingeladen hatte, weil er ein moderner Mensch war wie sie, der sich um keine Vorurteile oder Benimmregeln scherte, könnten sie sich in aller Ruhe unterhalten wie in einem Café auch, und sie würde klar – so klar wie möglich – dazu stehen, daß sie vergeben war, Juan war eine süße Jugenderinnerung, nicht mehr. Das Risiko war es wert, sagte sie sich, auf jeden Fall wäre nach diesem Abend das Problem Juan erledigt, wie sie für sich diese unheilvolle und irrsinnige Verwicklung nannte.

Nicht gerechnet hatte sie mit diesem Essen, das Juan liebevoll für sie bereitet hatte, ebenso überrascht war sie über das Ausbleiben jeglicher unangenehmer Fragen, die es ihr erleichtert hätten, ein für allemal die Situation klarzustellen, statt dessen lachte sie, folgte amüsiert den Geschichten, die Juan mit dem Unterhaltungstalent eines Gauklers zum besten gab, hörte voller Rührung zu, als er ihr Tangos vorspielte, vor allem bei dem, den er dieser Tage komponiert hatte. *¿Qué querés de mí?*

Da es ein Tangotitel und keine Frage war, mußte Rosa nicht antworten, als er ihr den Titel noch einmal leise brummend sagte und sie dabei eindringlich, mit zufriedener Verzweiflung ansah. Jedes Wort wäre unpassend gewesen, nicht aber ihre Hand, die sanft Juans Wange streichelte. Er tat nichts weiter, als diese Hand, die sie selbst seinem Gesicht genähert hatte, zu nehmen und an seine Lippen zu führen.

Jetzt, da die Sonne zum Fenster hereinscheint und Lichtpunkte auf den glatten Rücken des schlafenden Juan setzt, könnte Rosa nicht sagen, daß das, was letzte Nacht zwischen ihnen geschehen ist, Juans Schuld gewesen wäre, und ihre auch nicht. Überhaupt ist keiner von beiden die treibende Kraft, sondern es ist diese seltsame Explosion der Gefühle, die von der zartesten Berührung ausgelöst wird, ein Verlangen, das nur Haut und Mund und Hände und Körper stillen können.

Gewiß löst das, was zwischen ihnen passiert ist, bei weitem nicht besagtes Problem Juan, wie es ihre Absicht war, doch nun, da Juan aufgewacht ist und ihr die Haare aus dem Gesicht streicht, sie mit einem Leuchten in den Augen ansieht, ihren Mund sucht, beschließt sie, daß sie später darüber nachdenken will, denn wirklich, noch einmal vollzieht sich dieses Wunder, und sie will es sich nicht nehmen lassen. Sie will diese Hände in ihr Gedächtnis eingraben, die sie in Schönheit erschaffen, dieses Geschlecht, das sie unendlich, dieses Gefühl, das sie einzigartig macht.

Luis Fernández würde für immer dieses bedrückte Gesicht Joaquíns in Erinnerung behalten, als dieser zum Hafen aufbrach: Werde ich dir fehlen? Luis hätte gesagt: Wirst du mich vermissen, aber dieses »fehlen« gab ihm die Möglichkeit, ihn zu verblüffen.

»Wie sollst du mir fehlen, da wir soviel füreinander fühlen?« Joaquín ließ die Tasche fallen und umarmte ihn noch einmal:

du bist ein Poet, ein Genie, ein unglaublicher Dichter, und ich liebe dich so, so sehr, woraufhin er um seinen Nacken faßte und ihm einen festen Kuß auf den Mund gab. Jetzt aber los, sonst verpaßte er noch das Schiff.

War es eine von Joaquíns Eigenheiten, daß er ihm nicht erlaubte, sich am Hafen von ihm zu verabschieden – ich mag keine Abschiede, hatte er ihm gesagt –, oder waren das letzte Spuren seiner Scheu, sich mit Luis in der Öffentlichkeit zu zeigen?

Es war auch nicht so wichtig, alles würde schon noch werden, wie es sein sollte. Luis brachte Joaquín die Unbefangenheit bei, mit der er seine Liebe lebte, und Joaquín ihm Kunstverständnis und gute Manieren. Obwohl er schon in seinem Dorf immer von einer anderen Welt geträumt hatte, hatte er sich die Schönheit, für die Joaquín ihm die Augen öffnete, nicht in ihren Einzelheiten vorstellen können.

Auf dem Schiff, das ihn nach Europa brachte, würde Joaquín ein Briefchen auf cremeweißem Papier in seinem Koffer finden, das Luis unbemerkt hineingelegt hatte: »Danke, daß du mir die Schönheit zeigst, die in allem wohnt. Danke, daß du mir diese Schönheit in dir gibst.« Tagelang hatte er über diese Worte nachgedacht, sie abgeändert, die Buchstaben in Schönschrift geübt und die Zettel entnervt weggeworfen. Joaquín verdiente diese Anstrengung – enorm für jemanden, der nur vier kurze Jahre eine Schule besucht hatte –, und noch viel mehr. Er würde seine lange Abwesenheit dafür nutzen, um die Erwachsenenschule zu besuchen. Und er würde in der Zeit alle von Joaquíns Kunstbüchern lesen. Er würde mit den einfacheren beginnen: große Abbildungen von Gemälden und wenig Text, Stück für Stück würde er sich vorarbeiten bis zu diesem Wälzer, in dem Joaquín nachschlug, wenn er irgendeine Frage hatte. Seine ganze Bibliothek stand ihm zur Verfügung, dann die reichdekorierten Salons mit ihren Bildern, das Grammophon und Hunderte von Platten, klassische Musik wie sinnliche Tangos, und das Schlafgemach mit den Leinenbettüchern und Vorhängen aus Wildseide.

Noch vor weniger als einem Jahr konnte Luis Fernández keine Stoffart von einer anderen unterscheiden, jetzt liebte er dieses Ratespiel, die Stoffe zu benennen, die Joaquín zwischen ihre Körper legte. Nessel, Leinen, Samt, Seide, Guipure, Atlas, Pikee, Kaschmir waren Wörter des Begehrens, solange er nicht das richtige erraten hatte, ließ Joaquín ihn nicht diese andere seidige Textur, seine Haut, fühlen. Ach, wenn er in der Erwachsenenschule noch so einen Lehrer wie Joaquín bekäme, wäre er bald Doktor. Doch fürs erste, Verkäufer. Er konnte froh sein, in so einem guten Haus wie García und Söhne, Kaschmirimport, eine Anstellung gefunden zu haben. Ans Theater zu gehen wäre ihm lieber gewesen, aber verglichen mit dem Gemüseladen war diese Stelle das Paradies. Er hatte mit Stoffen zu tun, bekam keine dreckigen Fingernägel und hatte mit seinem ersten Gehalt seinem Geliebten sogar ein Geschenk machen können. Er könnte sich ein Automobil kaufen, wenn er das Geld fürs Hotelzimmer sparen würde, ermunterte ihn Joaquín, und Luis nahm die Idee mit Begeisterung auf, auch wenn es dieses Hotel in Wahrheit nie gegeben hatte. Aus dem Lager hinter dem Gemüseladen war er in eine Mietskaserne gezogen, wo er das Zimmer mit einem Angestellten aus dem Laden und dessen Bruder teilte, zwei groben Kerlen. Aber in den nächsten vier Monaten, wenn er allein in dieser Wohnung, umgeben vom Duft des erlesenen Geschmacks und umschmeichelt von weichen Laken sein würde, würde die Prinzessin von Bourbon ihrem Namen alle Ehre machen. Und er wäre so stolz auf sie, und sie würden sich nie wieder trennen, höchstens zum Arbeiten, Joaquín als künstlerischer Leiter, Luis auf der Bühne eines großen Theaters, gefeiert von allen.

Sie hatte schon schlimmere Mißhandlungen erlebt, im Sommer zum Beispiel, als Jordi in einer endlos scheinenden Mittagsruhe alles zerschmissen hatte, was ihm in der Wohnung in die Hände gefallen war, sie schließlich geschüttelt und geschlagen und vor die Tür geworfen hatte. Doch an diesem frühen Dezembermorgen genügten ein bißchen alkoholgetränktes Gebrüll und ein verletzender Satz, wie er in trunkenem Zustand schon viele von sich gegeben hatte, damit Mercedes die Wohnungstür hinter sich zumachte. Ohne Angst ging sie ans Ufer des Paraná, bis sie einen Platz fand, an dem sie sich sicher fühlte, um sich zu erholen. Sie blickte in die Sterne, die teilnahmslos über allem menschlichen Leid glitzerten, und dachte nach. Mit den ersten Sonnenstrahlen stand ihr Entschluß: Sie hatte Juans Adresse, und sie wußte, daß sie auf ihn zählen konnte. Die andere Tür öffnete sie besser nicht in einer verzweifelten Lage.

Um fünf Uhr nachmittags nahm sie den Autobus nach Retiro. Sie hatte Glück gehabt, Jordi hatte sie nicht bei Sonia gesucht, vielleicht hatte er sich an diesem Morgen, als er aus dem großen Rausch erwacht war, noch nicht einmal daran erinnert, daß Mercedes im Morgengrauen geflüchtet war, und würde denken, sie sei zum Unterrichten aus dem Haus gegangen. Sollte er doch denken, was er wollte. Jedenfalls hatte sie ihm, um ihm nicht noch zusätzliches Leid zuzufügen, eine Nachricht hinterlassen: »Ich gehe. Ich komme nicht zurück.«

Sechsundzwanzigstes Kapitel

Das Cabaret ist an diesem Abend nicht besonders geschmückt, doch es ist großartig wie immer, betörend das gedämpfte Licht, die erlebnishungrigen Menschen, das Gemurmel.

Longobardi ist in heller Aufregung, weil der Staatspräsident Marcelo de Alvear und seine Frau, Regina Pacini, im Publikum sitzen. Sie haben ihn gebeten, nichts zu sagen, aber alles muß perfekt sein. Bestimmt war es ihr Wunsch, ins Abdulah zu gehen, sie wird wissen, daß es ohne Zweifel, sagt er voller Stolz, das beste Cabaret ist.

»Und sie wird wissen, daß wir, die besten Musiker, spielen«, wirft Juan ein.

»Die beste Stimmung, die vornehmsten Leute«, fährt Longobardi im Rausch seiner eigenen Worte fort, »sogar ein europäischer Adliger zählt zu unseren Stammgästen.«

Ja, und Wäscherinnen, Beamte, Banditen, Zahnärzte, Intellektuelle, erfolgreiche Geschäftsleute, bürgerliche Müßiggängerinnen und Sekretärinnen, Großgrundbesitzer, Kofferträger und Luden. Hier vereinen sich Samt und Perkal, Diamanten und Blech, Havannas und rissige Hände, Schnaps und französischer Champagner. Das Cabaret, ein Paradies für alle, die den Tango lieben, kennt nur ein Gesetz: den Genuß.

»Irgendwie hat Juan gespürt, was mit uns geschehen wird, wenn wir dieses Leben hinter uns lassen. Im Himmel Tango, hier haben wir unser ewiges Cabaret.«

Nach dem Applaus für den ersten Tango steht Juan auf und sucht Rosa im Publikum. Aber sie ist nicht da. In *Flores negras*, findet Juan für Rosa ein A-Dur, sie scheint in Maffias und Petrucellis Bandoneons lebendig zu werden, und in Julios Geige klingt so sehr Rosa, daß Juan glaubt, sie müsse anwesend sein. Doch als sie fertig sind, sieht er sie nicht, dafür Mercedes, zum Glück ist sie doch noch gekommen, und Regina, die ihn fast überrennt, klatscht und Bravo ruft wie im Teatro Colón.

»Du kommst gerade recht, das ist der glücklichste Tag meines Lebens«, hatte er Mercedes bei ihrer Ankunft empfangen, aber er hatte keine Zeit gehabt, irgend etwas zu erzählen, weil er schon auf dem Weg ins Cabaret war.

Jetzt, bei sich zu Hause, eröffnet er ihr feierlich und etwas betrunken: Von allen Frauen im Universum gibt es eine, die mein Glück vervollkommnet. Sie heißt Rosa, und letzte Nacht war ich mit ihr zusammen.

»Ich habe auch jemanden kennengelernt, einen Mann, ich würde nicht sagen, daß ich mein Glück gefunden habe, aber er hat mich zum Lachen gebracht, und das ist schon ziemlich viel.«

Juan stößt auf diesen Roberto an. Gott sei Dank hat sie Jordi verlassen, armer Kerl, er hat ihm soviel zu verdanken, aber Mercedes verdient er nicht.

»Seit letzter Nacht«, sagt er euphorisch, »bricht aus allem das Leben.«

Der Morgen überrascht sie, ihre Stimmen sind schon rauh, sie sollten langsam schlafen gehen, lacht Mercedes.

Wann sieht er Rosa wieder? Sie haben nichts vereinbart, sie ist gegangen, weil es für sie schon zu spät geworden war, schon Mittag. Am Nachmittag hat Juan ihr einen Strauß roter Rosen ins Theater geschickt, ohne Namen.

Sie hat ihren Verlobten nicht zur Sprache gebracht, denkt Juan, als er in den Schlaf sinkt, er hat sie auch nicht gefragt. Warum auch, seit letzter Nacht gibt es keinen Verlobten mehr. Juan ist ihr Mann, jawohl. Morgen will er sie vom Theater abholen. Nein, er schreibt ihr lieber einen Brief und schickt ihr noch einen Strauß Rosen ins Theater.

Rosa hielt den Rosenstrauß in der Hand, als Igor es ihr sagte. Sie hatte ihn nicht aus der Hand gelegt, seit man ihn ihr nach der Vorstellung im Künstlerzimmer überreicht hatte. In dem Restaurant, wo sie mit José González Castillo und anderen befreundeten Anarchisten zu Abend aß, bat sie um einen zusätzlichen Stuhl, um die Blumen darauf abzulegen. Igor stieß beim Dessert zu ihnen und sagte ihr ins Ohr, daß sie reden müßten. Sie sei sehr müde, warum nicht am nächsten Tag, sie wollte nach Hause und schlafen, nichts als schlafen.

»Besser heute«, setzte Igor sich durch.

Im Café hielt Rosa sich an den Blumen fest, als Igor ihr mit Akzent, aber auf spanisch, seinen Antrag machte: Willst du heiraten mich? Februar oder März, sagte er noch.

Die Frage war schon seit langem beantwortet, bereits auf dem Schiff nach Argentinien hatten sie geplant, daß sie, sobald die Mittel ausreichten, heiraten und Kinder haben würden.

Hatte nicht Rosa bis zum Überdruß auf Igor eingeredet, er solle sich mit diesem jungen Mann treffen, um über ihn Kontakt zu diesem Architekten zu bekommen, für den er die Gitter machen könnte? Hatte sie ihn nicht immer für einen Künstler gehalten? Warum war sie dann so überrascht, daß man ihm in der Schmiede eine leitende Stellung übertragen hatte? Er würde ein höheres Gehalt bekommen, und auch mehr Verantwortung tragen.

»Und noch etwas Gutes es gibt«, sagte er in seiner eigentümlichen Syntax, »ich es dir sage Samstag.«

»Nicht am Samstag, jetzt.«

»Besser Samstag«, blieb er standhaft, und ein schelmischer Lichtpunkt tanzte in seinen Augen.

Ja, Samstag war besser, stimmte Rosa zu, als sie am nächsten Tag Juans Brief las.

Das hat dir ein paar Tage geschenkt, als würde Igors Antrag erst Wirklichkeit, wenn er dir am Samstag seine Neuigkeit eröffnen würde.

Am Mittwoch um sechs Uhr abends sahen sich Juan und Rosa in der Bar des Majestic, sie konnten nichts machen außer eine nächste Verabredung treffen, diese verrückte Laune von ihr, die Theatervorstellung sausen zu lassen, von ihm, die Probe zu verlassen, zusammenzubleiben, aber es liege doch ein ganzes

Leben vor ihnen, flüsterte Juan ihr zu. Rosa bückte sich nach der Serviette, sie mußte ihre Beklemmung überspielen, diese in ihr hämmernde Stimme: bis Samstag.

Am Donnerstag aßen sie gemeinsam in dem neuen ungarischen Restaurant zu Mittag. Bei Goulasch und gutem Rotwein erzählte Rosa ihm lang und breit – mit dem Mund, den Augen, Händen und dem ganzen Körper – von den Theaterplänen González Castillos, eines reizenden, begabten Herrn, und dessen Eigenheiten, nur ein störrischer Anarchist könne seinen Sohn Cátulo nennen. Es ist bei den Anarchisten Sitte, den Kindern Namen aus dem Altertum zu geben, die nicht im Heiligenkalender stehen, erklärte sie ihm, ihr Bruder heiße Homero.

»Da hast du ja noch mal Glück gehabt, Kleopatra.«

Rosa lachte laut auf, eine Freudenböe fegte über die Kellner, die Restaurantgäste, die Menschen, die auf der Straße vorbeigingen.

Keiner erwähnte mit einer Silbe ihre gemeinsame Nacht, aber wie sie dasaßen und ihre Leben in Worte faßten, lag darüber die Gewißheit ihrer Körper, die Hauptsache kannten sie schon.

Juan erzählte ihr von seinem ehrgeizigen Vorhaben: die heitere, spielerische Natur des frühen Tangos bewahren, ihm aber eine andere Ausdruckskraft geben und dabei ausschöpfen, was die Musiktheorie, die Instrumentierung ihm ermöglichten, ein Glück war es, daß er so vorzügliche Musiker um sich versammeln konnte, wann würde sie einmal zuhören können? Heute abend, sie dürfe nicht nein sagen, es war nicht schlimm, wenn sie später käme. Sie war sich nicht sicher, ob sie vorbeikommen könne, sie müsse früh aufstehen. Los, komm doch, schau wenigstens kurz vorbei.

Endlich, da Juan sich für den Applaus bedankt, entdeckt er sie, sie steht zwischen zwei Tischen, ihr Lächeln ist so zauberhaft wie der Tango, mit dem er sie willkommen heißt.

Er spielt, wie er liebt, hast du gedacht, im Duo der beiden Bandoneons hast du Juans offenherzige Zärtlichkeit aufgespürt.

im Gesang der Geigen und im Rhythmus des Kontrabasses, seine Musik war in dir wie er kürzlich in der Nacht. Deine Schläfen haben gepocht, als das Publikum im Stehen auch bei seiner dritten Zugabe, *¿Qué querés de mí?*, immer weiter klatschte, und er die Vorstellung für beendet erklärte und sich durch die Leute einen Weg zu dir bahnte.

Juan wußte schon, daß Rosa keine Zeit hatte, aber sie würde doch nicht aus dem Cabaret gehen, ohne sich zu den Jungs gesetzt zu haben, wenn Julio nicht wäre, hätten sie sich an dem Abend nicht verabredet – verschmitzt zwinkerte er ihm zu –, ich verspreche auch, nicht auf diesen Verführer eifersüchtig zu sein, den du im Radio Sudamérica getroffen hast.

Es war drei Uhr morgens, als sie das Abdulah verließen, wie hatte sie sich nur so vergessen können, sie mußte früh aufstehen.

»Ich will nicht, daß du mich falsch verstehst«, sein kurzes, unverstelltes Lachen steckte sie an, »aber wenn du morgen früh einen Termin im Zentrum hast, wäre es da nicht bequemer, du würdest bei mir bleiben? Ich lasse dich auch schlafen, Ehrenwort.«

Du hast den Kopf geschüttelt, Worte hätten dich nur verraten.

Juan begleitete sie im Taxi ins Cafferata-Viertel. Sehen wir uns morgen? Rosa konnte nicht, es waren die letzten Vorstellungen, und sie hatte noch andere Verpflichtungen, die sie nicht absagen konnte. Den ganzen Tag nicht eine einzige Lücke? War sie sicher?

Am Freitag gingen sie in die Matinee ins Lichtspielhaus Las Familias, Juan wollte mit Rosa in diesem Saal sitzen, in dem er so viele Stunden verbracht und zu den Filmbildern Melodien improvisiert hatte, dort hatte er seine ersten Tangos komponiert, dort hatte er sich ködern lassen von der Erinnerung an dieses Mädchen aus der Tiefkühlfabrik, das ihn im Park in Palermo versetzt hatte.

Die Zartheit, mit der er ihre Hand küßte, machte Rosa angst.

Auch wenn sie wenig Zeit hatten, nahm sie sich fest vor, würde sie irgendein Wort über Igor fallenlassen, eine Bemerkung, morgen war Samstag.

In dem Film war Vivien ihrem John treu, du hingegen warst eine Verräterin, hast du dir gesagt und deine Hand aus Juans gelöst. Du hast sie nicht verdient. Für dich war klar, daß du nicht an dem Verlobten, der dich um Heirat gebeten hatte, Verrat geübt hast, sondern an Juan.

Aber ihr Gespräch über den Film und Rosas ausführliche Lügen über ihre vielen Verpflichtungen in den nächsten Tagen fraßen die Zeit.

Er will sie nicht drängen, er merkt ihr ihre Nervosität an, als sie an der Ecke vor dem Theater stehenbleiben, vielleicht erschreckt es sie, wie schnell sie Teil voneinander geworden sind. Bestimmt hat sie diese Endlosliste an Verpflichtungen nur auf ihn losgelassen, um ihn zu prüfen, denkt Juan, so ist Rosa eben, auf ihre Rechte versessen, er will sie nicht mit seiner Ungeduld überfahren, nein, er will ihr Zeit geben: Sehen wir uns dann am Sonntag?

Bedrängnis in ihrem Gesicht, nicht daß er sie enttäuscht, er muß zurückhaltender, vorsichtiger sein.

»Es war nicht so gemeint, wir sehen uns, wenn du kannst. Nächste Woche« – wie ohne konkrete Verabredung die Sehnsucht ertragen. »Wie sieht es Dienstag aus?«

Er setzt sie unter Druck, und Rosa sträubt sich, beißt sich in ihrer typischen Art auf die Lippe, wie sehr ihm diese Frau gefällt, sogar, daß sie sich sträubt, sich zum Antworten Zeit nimmt, ihn einfach zappeln läßt, daß er sich verkriechen möchte.

»Einverstanden, am Dienstag, um vier. Im Tortoni«, legt sie fest.

Seine plötzliche Eingebung ist einfach zu hübsch, als daß er sie ihr vorenthalten könnte: um vier ist in Ordnung, aber im Park in Palermo, an der Statue.

Rosa nimmt sein großes Lächeln mit einem Blick der Verzweiflung auf, sie nickt nur und geht schnell weg. Wahrscheinlich glaubt sie, daß er einer ist, der immer alles bestimmen will, aber am Dienstag, wenn Juan den Spaßvogel geben und mit einem Strauß leicht verwelkter Rosen in der Hand an dem Jakarandabaum lehnen und ihr sagen wird, daß er seit 1916 auf sie wartet und endlich, endlich bist du gekommen, meine Liebste, gefolgt von einer leidenschaftlichen Umarmung, wird sie entzückt sein, da ist er sich sicher.

Am Samstag morgen nahmen Igor und Rosa die Straßenbahn bis zur Avenida Independencia. Einander an den Händen haltend, gingen sie noch drei Kreuzungen weiter, dann blieben sie vor einem Haus stehen, das noch im Bau war.

»Hier, neue Werkstatt, ich«, und dabei breitete er in einer alles umfassenden Geste die Arme aus.

»Sie werden die Werkstatt in dieses Gebäude verlegen, und du wirst ihr Leiter sein«, übersetzte Rosa. »Es sieht aus, als würde es groß und schön werden.«

Igor nickte eifrig. Sie freute sich mit ihm, doch dann dieser Stich, bohrend, als sie erfuhr, daß dieses Haus über der Werkstatt, an dem einige Bauarbeiter zugange waren, ihr eigenes werden sollte. Der Architekt, ein freundlicher Herr, den Igor ihr vorgestellt hatte, hatte gesagt, in drei, vier Monaten sei es fertig, Rosa könne aber noch wählen, ob sie lieber zwei geräumige Schlafzimmer haben wollte oder ob man eines in zwei kleine unterteilen sollte, für den Nachwuchs, und was halten Sie davon, Rosa, wenn wir die Küche hierhin setzen, mit Tür zu dem großen Patio, Sie müssen ihn sich mit gefliestem Boden, Pflanzen, einem kleinen Grillplatz, einem Tisch und einem im Sommer schattenspendenden Feigenbaum vorstellen.

Mit deinem exaltierten Lachen und deinem Jubeln hast du Igor und seinem Chef eine Freude vorgemacht, die du bei allem Bemühen nicht empfinden konntest. Du warst einfach überrumpelt, hast dich selbst belogen, um diese guten Nachrichten gebührend aufnehmen zu können.

Alles gehe so schnell, da werde einem schwindlig, sagte sie zu Igor im Fortgehen, keine drei Monate sei es her, daß er die neue Arbeit habe, und schon sei er nicht nur zum Werkstattleiter aufgestiegen, sondern bekomme gleich noch ein Wohnhaus hingestellt. Ihre Eltern hatten Jahre gebraucht, bis sie aus der Mietskaserne ausziehen und sich diese Wohnung in Cafferata leisten konnten, und dabei waren sie fleißige Leute.

»Nicht richtig, nicht gut?« fragte Igor, ein leichter Vorwurf in der Stimme.

»Doch, natürlich ist es richtig, du bist ein Künstler, und man würdigt deine Arbeit. Aber nur großzügig ist dieser Penedo auch nicht, es kommt ihm sicher gelegen, wenn du dort wohnst, die Werkstatt wird bewacht, ohne daß er ein weiteres Gehalt bezahlen muß.«

»Du nicht magst Penedo? Nicht nett?« Und verzagt: »Dir nicht gefällt Haus, Patio?«

Rosa mißtraute aus Prinzip jedem Kapitalisten, erklärte sie, auch wenn es tatsächlich schwierig war, in diesem grauhaarigen Herrn mit dem freundlichen Lächeln einen Feind zu sehen, immerhin war er eigens gekommen, um dabeizusein, wenn Igor ihr seine Überraschung eröffnete. Mit aufrichtiger Begeisterung hatte er sie über die Baustelle geführt, jeden Raum vor ihren Augen erstehen lassen, als würde er selbst in dieses Haus einziehen, und hat dabei ein Glück verströmt, das Rosa gern gefühlt hätte, doch es schien ihr so fern. Es rührte sie, diese zugleich respektvolle wie herzliche Freundschaft zu sehen, die Igor in so kurzer Zeit geschlossen hatte.

»Unser Russe hat aber auch eine wunderschöne Braut«, klopfte er ihm auf die Schulter. »Und Sie, Rosa, haben ein Goldstück abbekommen.«

Rosa falsch, Igors Stimme wurde laut und bestimmt, und auf einmal fand er alle Worte, um ihr zu erklären, daß Penedo nicht der Bauherr, sondern einer der beauftragten Architekten war, und auch wenn er eine gewisse Entscheidungsmacht besaß, so hatte er das Haus für ihn trotzdem bei den Direktoren des

Unternehmens heraushandeln müssen. Und das nicht leicht. Architekt froh, sie haben schönes Haus mit Patio und Blumen, Igor auch froh. Nur sie nicht.

Sie wollte diese unangebrachte Verstimmung loswerden und Igor zeigen, daß sie glücklich war, daß sie begeistert war von dem Haus, daß sie ihn sehr liebte und er vollkommen recht hatte, aber..., sie wechselte den Tonfall, wie sie es im Schauspielunterricht gelernt hatte, fändest du es nicht vernünftiger, noch ein paar Monate zu warten, bis du in deiner neuen Arbeit Fuß gefaßt hast, und ich auch? Mit diesen beiden Stücken ist es gut gelaufen, aber ich kann nicht absehen, wie es bei dem nächsten Projekt sein wird, und wenn ich dann arbeitslos bin?

»Nicht wichtig jetzt, ich, dein Mann, ich Verantwortung für dich, du nicht brauchst arbeiten«, versuchte er sie zu beruhigen, und sagte doch genau das Falsche.

»Was willst du damit sagen?« reagierte Rosa beleidigt. »Ich habe eine Karriere vor mir, eine Zukunft im Tango. Verstehe ich dich falsch, oder willst du mir damit sagen, daß meine Arbeit nichts wert ist?«

Das konntest du ihm nicht durchgehen lassen. Er verlange doch gar nichts, hat er dir erklärt, wenn du arbeiten wollest, gern, aber du bräuchtest es nicht, es spiele keine Rolle.

»Würde es dir gefallen, wenn ich zu dir sagen würde, es spielt keine Rolle, ob du deine Gitter schmiedest oder nicht? Willst du, daß ich alles für dich aufgebe?«

»Nein, Rosa, alles nicht, wenn Singen gut, dann singen.«

Alles würdest du nicht aufgeben müssen, aber Juan schon. Nie wieder Juan, auch wenn Igor es nicht von dir verlangen würde, er wußte nichts von dem, was das Gedächtnis deines Körpers wie einen Schatz in sich trug. Um ihn auszulöschen, um die Sehnsucht nach der Berührung, die nicht sein durfte, auszutreiben, bist du mit zu Igor gegangen und nicht einen Augenblick von seiner Seite gewichen. Ihr habt euch eine Decke aus euren Plänen, euren Zärtlichkeiten – und der einen oder anderen Lüge gewebt –, und am Sonntag abend habt ihr es deinen Eltern verkündet. Immer fester hat sich die Schlinge zugezogen. Dein Vater hat einen Cidre aufgemacht und auf euch und die zukünftigen Enkel angestoßen. Deine Mutter geriet in Verzückung bei der Beschreibung dieses großzügigen Hauses, in dem ihr wohnen würdet. Und du hast selbst diese Schlinge weiter festgezurrt, um dich an das, was dir unwiderruflich schien, zu binden: an dein Versprechen.

An diesem Abend holte Rosa Juans Brief unter der Matratze hervor. Sie stellte sich seine langen, schlanken Finger mit den kräftigen Knöcheln vor, wie sie den Bleistift hielten, Klavier spielten, glaubte diese Hand an ihrem Nacken zu fühlen, Juans Lippen auf den ihren, und ließ sich in diese warme Umarmung fallen. Am Dienstag mußte sie Juan die Wahrheit sagen: Ich heirate Igor.

Als Juan sie kommen sieht, springt er mit den leicht welken Blumen aus dem Baum, aber er spricht nicht aus, was er sich überlegt hat, denn Rosa lacht nicht, wie er es erwartet hat, sie sieht ihn ernst an und schlägt ihm einen Spaziergang vor: Sie müsse mit ihm reden. Er versucht ein paar unglückliche Witze über den Walzer, während sie, wie um einem Verfolger zu entkommen, den Schritt beschleunigt und immer wieder neue Sätze beginnt, die sie nicht zu Ende führt. Es gefällt ihm, daß sie so ist, ein bißchen kopflos, die Liebe macht einen durcheinander, er steht auch seit jener Nacht etwas neben sich, er komponiert, dirigiert, unterhält sich mit Mercedes, den Jungs, ißt, lacht, macht alles wie sonst auch, aber in einem anderen Zustand, als trüge er sie Tag und Nacht mit sich herum, ein Glückszustand – *Estado de gracia* hat er auch seinen neuen Tango genannt. Das erzählt er ihr, um sie zu beruhigen, um ihr Mut zu machen, über diese einstürmenden Gefühle zu sprechen, da kann man schon erschrecken, ich verstehe dich. Beunruhigt blickt sie ihn aus dem Augenwinkel an und geht noch schneller. Er will scherzen, ihr verliebte Dummheiten sagen, damit sie sich entspannt, in G-Dur, cis-Moll, er liebt sie so sehr.

Er versteht den Satz nicht, den Rosa im Sturmschritt von sich gibt, als wollte sie ihn abhängen. Er ist unhörbar, vor Scham ist ihre Stimme ganz dünn. Juan legt sein Ohr an Rosas Mund und ermuntert sie mit einem Lächeln.

»Ich werde Igor heiraten.«

Er hört die Worte, ohne sie zu verstehen, Rosa sagt mit dem Mund, ich heirate, und mit den Augen, ich liebe dich so sehr. Ich heirate Igor, wiederholt sie.

Das ist ein Hilferuf, er ist für sie da, jetzt und wann immer sie Hilfe braucht, ist Juan für sie da, als erstes will er ihr helfen, es ihrem Exverlobten möglichst schonend zu erklären, irgend etwas wird sie sicher noch für ihn empfinden, und morgen will er sie zur Probe begleiten, mit ihr ein Repertoire zusammenstellen, ihr in schwierigen Momenten den Rücken stärken, und noch viel mehr, denn er ist ihr Gefährte, jetzt und für immer. Rosa bleibt stehen und sieht aus einem tiefen Abgrund zu ihm auf, die Augen wie Hände, ausgestreckt nach Juan.

»Seit Monaten planen wir unsere Hochzeit.«

»Hast du auch in dieser langen Nacht, in der wir uns geliebt haben, daran gedacht, ihn zu heiraten?«

»Ja, natürlich.«

»Was war es dann, was du mit mir gemacht hast?« Wutschnaubend. »Ein Junggesellinnenabschied?«

Daraufhin sie mit beängstigend natürlicher Stimme: vielleicht.

Wut vernebelt Juans Blick, er sieht den Weg nicht mehr, um seine Schritte zu lenken. Er bleibt stehen und springt vor sie, um ihr in die Augen zu sehen. Er packt sie am Arm, sie hält seinem Blick stand, er läßt los, sie rührt sich nicht. Rosa lügt, er weiß es.

»Du heiratest, warum erzählst du es mir, als erwartete dich der Tod?«

Rosa zuckt die Schultern und weicht seinem Blick aus, sieht sich in dem Park vergeblich nach einer Antwort um: Ich hatte Angst, du wärest mir böse, aber es ist besser, daß du die Wahrheit weißt. Wir beide, sagt sie zu dem Baum, das soll nicht sein.

Es juckt ihn nicht mehr, ob sie lügt und warum sie lügt, er haßt sie. Mehr noch als damals, als er sie auf dem Fest traf und erfuhr, daß sie es sich erlaubt hatte, seinen Tango zurückzuweisen. Das Leiden ist vorbei, blindwütig schlägt er mit Worten um sich: Er habe immer geglaubt, nur die Männer gehen vor ihrer Hochzeit zu den Nutten, um vor dem Ehetrott noch mal ihren Spaß zu haben. Genau das hast du gemacht: mich benützt hast du, wie ein Kerl eine Nutte.

Aber sie fährt nicht aus der Haut, sie lacht, ihre Augen sind glasklar. Was gibt es da zu lachen? Sie finde es einfach zu komisch, sagt sie, sich Juan als Nutte vorzustellen, mit schwarzen Strapsen und Seidenstrümpfen ... reizt sie ihn immer weiter.

Wie sehr haßt er sie, und wie sehr erregt sie ihn, und da schon alles egal ist, packt er sie an der Taille und küßt sie. In diesem strahlend reinen, perfekten Raum zerfließt der Haß in Sekundenschnelle, weicht dem Begehren, in beiden, ja, in beiden, wenn es anders wäre, würde Rosa ihm nicht den Hals streicheln und sich nicht an ihn pressen, würde sie nicht den Mund für ihn öffnen, würde nicht ihr ganzer Körper ihn wollen. Zum Verzweifeln, die Hände im Zaum halten zu müssen, aber es ist mitten am Tag, Leute gehen vorbei, gehen wir nach Hause. Sie geht, Juans Hand um ihre Taille, da reißen die Blicke dieser Gruppe Frauen sie aus der Benommenheit.

»Wir können nicht zusammensein, Juan, begreifst du nicht, wenn wir uns umarmen, gibt es niemanden und nichts mehr um uns herum, wir würden nichts mehr zustandebringen, du würdest nicht mehr komponieren und ich nicht mehr singen, wir würden nicht mehr essen, nicht mehr ...« Juan stürmt los und faßt sie an der Hand, sie lachen, während sie zur Straße rennen. Ein Taxi, bitte. Aber in dem Augenblick, als der Wagen hält, erstarrt Rosas Gesicht, und sie weigert sich, durch die Tür, die Juan ihr aufhält, einzusteigen: Ich komme nicht mit, ich kann nicht, ich heirate Igor. Komm mit, und wenn du sonstwen heiratest. Der Taxifahrer wird ungeduldig, aber Rosa stemmt die

Beine in den Boden und bewegt den Kopf von einer Seite zur anderen.

Juan reicht dem Fahrer einen Schein und schließt die Tür. Rosas Hin und Her steigert Liebe und Schmerz ins Unerträgliche.

Rosa bewegt sich nicht von der Stelle, Juan geht auf sie zu, spürt, wie sie zittert, und dann ein in Flüstern gehüllter Schrei: Du bist nicht ganz bei Trost, vollkommen verrückt, und sie darauf, es tut mir leid, Juan, ehrlich, und dann wiederholt sie zum tausendstenmal diesen Satz, der allen Sinn verloren hat und nur noch erbärmlich, grausam ist, der Zwang, noch einmal die Peitsche niedersausen zu lassen. Juan hält sich die Ohren zu, umsonst: das an dem Abend war... eine Laune, weiter nichts...

Es war keine Laune, sondern pure Berechnung, fällt er ihr ins Wort und tritt gefährlich nah an diese Frau, die er nie mehr in seinem Leben anfassen will, du bist mit mir ins Bett gegangen, damit ich einen Tango für dich komponiere, voller Zorn blickt er sie an, weil du mich für deine Karriere mißbrauchen wolltest, rote Flecken treten in sein Gesicht, soll seine Wut Rosa verbrennen, und er wird nichts dagegen unternehmen, aber da hast du dich geschnitten, mein Herzchen, denn für gesungenen Tango habe ich nichts übrig, Juans Wutausbruch ein Lavastrom, der sie niederreißt, und selbst wenn es anders wäre, würde ich niemals einen schreiben, nur damit du ihn nicht singst.

Vor lauter Genugtuung, es ihr heimgezahlt zu haben, ruft er sie nicht, als sie langsam weggeht. Er sieht ihr nach, wie sie im Park verschwindet, und währenddessen hört er in seinem Kopf in aller Deutlichkeit eine Melodie. Die Geigen, die Bandoneons, das Klavier klingen weiter, als von Rosa schon nichts mehr zu sehen ist.

Siebenundzwanzigstes Kapitel

Die schmutzige, zerzauste Frau zeigte sich auf den Bauch und brabbelte unverständliche Laute. Da die Patientin nicht ein Wort Spanisch sprach, probierte Francisco es mit Französisch, Englisch, sogar mit Deutsch, aber er bekam keine Antwort. Die ganze Nacht würde er nicht mit ihr Rätselraten spielen. Er maß ihr den Blutdruck, er war normal. Dann drückte er ihr ein paar Aspirin in die Hand und wies ihr in einer letzten höflichen Aufforderung die Tür. Sie rührte sich nicht, betrachtete mißtrauisch das Medikament, dann gab sie auf bulgarisch?, russisch?, polnisch? irgendwelches Gezeter von sich. Mußte er sie hinausbefördern? Grob zu werden kam für ihn nicht in Frage, sollten das doch die Krankenschwestern erledigen.

Er wusch sich gründlich die Hände und wünschte, er wäre bereits ein Jahr weiter und würde in seiner Praxis in der Calle Agote saubere, wohlerzogene, gebildete Kranke behandeln.

»Der nächste«, sagte er matt.

Die Vorstellung von seiner Praxis, sein Namensschild an der Hauswand, die große Tür, die in den Empfangsraum und weiter in das elegante Wartezimmer führen würde, sein zukünftiger Schreibtisch mit dem großen Chippendale-Sessel milderte die Ungeduld, die in ihm aufkam, wenn er aus dem italienischen Kauderwelsch des Patienten irgendwelche Symptome herausraten mußte. Was hatte er gegessen? »Mandschare«, ließ er sich auf dessen Sprachniveau herab.

Wieso sollte eigentlich er Italienisch reden? Doktor Udaondo bestand auf praktische Erfahrungen im Krankenhaus, daran führte kein Weg vorbei, wenn er den Doktortitel wollte. In den letzten Jahren seien drei Millionen Ausländer eingewandert, überall in der Stadt gebe es Mietskasernen und Wohnbaracken. Bedauerlicherweise stimmte das, dachte er, aber das würde ihn nicht weiter kümmern müssen, diese Menschen, die sich nicht auf spanisch ausdrücken konnten, würden auch seine Honorare nicht bezahlen können.

Der Eingang zur Praxis würde in der Calle Agote liegen, der zur Wohnung in der Calle Guido, eine Verbindung gäbe es erst ab dem ersten Stock. In einem Bereich seine Familie, im anderen seine Patienten und Sprechstundenhilfen, und um das stattliche Haus ein großer Garten. Der Architekt wußte, daß die Familie großen Wert auf Gärten legte. Die Gärten, die seine Mutter anlegte, erregten den Neid von ganz Buenos Aires. Yvonne könnte sich allmählich etwas Wissen aneignen. An diesem Morgen hatte er ihr alle Bücher über französische Gartenkunst gekauft, die er in der Buchhandlung in der Calle San Martín hatte finden können.

»Blinddarmentzündung«, diagnostizierte er und rief die Krankenschwester, den Patienten auf der Station aufzunehmen.

»Draußen wartet niemand mehr«, Marinas beredtes Lächeln, »wir sind allein.«

Marina war das beste Mittel, um sich bei diesen endlosen Nachtdiensten wach zu halten, aber seit – wie lange schon? – zwei, drei Monaten passierte nichts mehr zwischen ihnen. Dabei war Yvonne bereits in Argentinien gewesen, als er diese heißen Nächte mit Marina, Teresa und der Jüngsten der Gainzas erlebt hatte. Doch mittlerweile begehrte er keine andere Frau mehr als sein Bijou, seine Yvonne. Alles war anders, seit er seinen Plan gefaßt hatte.

Gefallen hatte Yvonne ihm immer, sonst hätte er sie nicht nach Buenos Aires eingeladen, aber damals war er weit davon entfernt gewesen, sie sich als seine Frau vorzustellen, ungeachtet der Lügen, die er auf ihre Fragen geantwortet hatte. Doch irgendwann hatte er, ohne daß es ihm bewußt gewesen wäre, begonnen, seine eigenen Lügen zu glauben: »Son prince allait l'épouser.« Er war in Yvonne verliebt, geradezu infiziert, vergiftet, hatte Javier Rebollo mit seiner frechen Schnauze zu ihm gesagt. Er fand, Francisco gehe in diesem Abenteuer entschieden zu weit. Zum zweitenmal in wenigen Monaten hatte er, der jede Handgreiflichkeit floh, Yvonne mit Fäusten verteidigt. Er würde sich besser nicht mit ihr in der Öffentlichkeit zeigen, bis er ihre Verbindung offiziell gemacht haben würde, bald würde Yvonne salonfähig sein. Sie lernte erstaunlich schnell, hatte die Kunstlehrerin ihm gesagt, und nach drei Wochen Unterricht konnte sie schon fast perfekt Englisch. Nach und nach würde Francisco ihr alles Nötige beibringen. Es hatte seinen Reiz, jemanden wie Ton zu modellieren, nach seiner Vorstellung zu formen, sogar eine angemessene Biographie hatte er ihr verpaßt, die sie bereits auswendig konnte.

Außerdem tat ihm diese Frau, der er Geschmack, Wissen, gute Manieren hatte anerziehen müssen, den Gefallen, in Frankreich geboren zu sein, und den Franzosen schauten sie, die Argentinier, sogar das Atmen ab, hatte er zu seinem Freund Patricio gesagt. Er war der einzige, der von Franciscos streng geheimen Plänen wußte – nach dem Abend bei O'Toole hatte er ihm davon erzählt – und ihn darin bestärkte. Vielleicht waren diese Pläne also doch nicht so aberwitzig, wie sie ihm selbst noch bis vor kurzem erschienen waren, als er bereits mit der Vorstellung geliebäugelt hatte, aber ein grelles Lachen, ein ordinäres Make-up, eine allzu schrille Tonlage in Yvonnes Stimme ihn noch hatten zurückschrecken lassen. Sie selbst hätte seine Pläne beinahe zerstört, als sie ihm unverhohlen alle Einzelheiten jener Kriegsnacht erzählte. Aber die Entscheidung zwischen Gut und Böse hängt nun einmal davon ab, von welchem Standpunkt aus man die Dinge betrachtet, und Franciscos nicht vergossene Tränen des Zorns hatten zur Folge, daß er den Standpunkt wechselte und diese Geschichte (die er Yvonne zu vergessen befahl) zum Anlaß nahm, um seine Geliebte von jeder Befleckung zu reinigen: Ohne den Krieg wäre Yvonne eine Jungfrau gewesen wie jedes andere Mädchen der Stadt mit einer guten Kinderstube.

»Ich ertrage ihn nicht, so ein Idiot, so ein Narr. Zum Glück ist er nicht bei uns.«

»Aber er war ein sehr guter Tänzer, noch besser als sein Vater. Ich dachte, daß ...«

»Genügt es dir nicht, mit mir, dem Cachafaz und so vielen

anderen zu tanzen? Willst du Francisco auch noch bei uns ha-
ben? Daß du noch als Tote so unersättlich bist…«

»*Wir sind nicht tot.*«

»*Noch im Himmel, wollte ich sagen.*«

Es war vollkommen widersinnig, irgendeine dieser jungen Damen zu heiraten, die wer weiß wie im Bett waren, wenn er doch eine Frau hatte, die seine Lust mehr als befriedigte. Eine Frau, wie für Francisco Ponce gemacht. Es war ein heikler Plan, ein Balanceakt, der viel Fingerspitzengefühl verlangte, aber er würde ihn möglich machen. Und er würde ihn mit Zähnen und Klauen verteidigen, wie sein Vater, wenn es um seine Besitztümer ging.

»*Niemand hatte ihm Yvonne vorgeschlagen oder gar aufgenötigt, sie war das einzige wirklich Eigene, das Francisco hatte.*«

»*Die Frauen bekam Vicente nie unter Kontrolle. Carlota machte, wozu sie Lust hatte. Ganz zu schweigen von seiner Tochter Mercedes.*«

»*Auch Inés hat ihn in gewisser Weise verlassen, Jahre bevor er etwas bemerkte.*«

Aber damit sein Vorhaben gelingen konnte, war größte Vorsicht geboten. Er würde Yvonne nicht in die Calle Agote führen und ihr das Haus zeigen, und wenn sie ihn jeden Tag darum bat.

Sie kamen um sechs Uhr abends, eine günstige Uhrzeit, es war noch hell genug, und sie würden niemandem begegnen. Als sie dann doch Stimmen hörten, hatten Yvonne und Francisco bereits die Eingangshalle durchquert, sie standen im großen Salon und bewunderten den Erker, von dem Francisco ihr soviel erzählt hatte.

»Er ist wunderschön, genau die Farben der Glasfenster von Sacre Cœur« – eine gute Gelegenheit, ihm vorzuführen, wieviel sie bei ihrer Kunstlehrerin gelernt hatte –, »und die Motive sind Art déco.«

»Pss«, unterbrach Francisco sie, blaß, starr, entsetzt.

Die Stimmen kamen näher, Francisco machte hastig kehrt und scheuchte Yvonne, ihm zu folgen. Sie hatten die Eingangshalle noch nicht erreicht, als sie eine warme Stimme vernahmen: Francisco? Was für eine Überraschung.

Über die große Haupttreppe sah Yvonne zwei tadellos gekleidete Herren herunterkommen. Monsieur Bourdieu, l'architecte, Vicente Ponce, mon père, Mademoiselle Yvonne de Labulère, stellte Francisco sie vor und verzog sein Gesicht zu einer Grimasse, die als Lächeln gemeint war.

Hier endete das Französisch, Yvonne verstand dennoch die Erklärung, die Francisco eifrig gab: daß er gerade vorbeigekommen sei und beschlossen habe, einen Blick hereinzuwerfen, sich anzusehen, was für Lichtreflexe das Glasfenster zu dieser Abendstunde werfe, Mademoiselle de Labulère habe die Freundlichkeit besessen, ihn zu begleiten. Woher kam dieses »de«, das nie zu ihrem Nachnamen gehört hatte? Yvonne lächelte. Der Architekt wechselte wieder ins Französische, erkundigte sich, ob Yvonne Buenos Aires gefalle und seit wann sie hier sei. Francisco beeilte sich, ihm mit ein paar Sätzen auf spanisch zu antworten. In diesem Augenblick, vielleicht auch schon vorher, wußte sie, daß sie ihn nicht hätte drängen sollen, ihr das Haus vorzuführen, in dem sie eines Tages wohnen würden. Hätte sie ihm doch einfach weiter geglaubt. Doch nun starrten sie diese runzligen Rosinenaugen Vicente Ponces an, durchbohrten sie, und dann dieses wahnsinnige Unbehagen seines Sohnes.

Keine zwei Monate erbat er von seinen Musikern, soviel ist das nicht. Im Mai würden sie im Chantecler auftreten, es winkte ein üppiges Honorar. Von dem Vorschlag von Impresario Ochoa, in Privathäusern zu spielen, wollte Juan nichts wissen, das lenkt nur ab, und wir brauchen die Zeit, um ein neues Programm einzustudieren. Und wovon sollen wir in der Zwischenzeit leben? erwiderten ihm seine Leute. Keine Woche später das

Adiós von Manlio Francia und Leopoldo Thompson. Große Verträge, große Zahlen. Und unser Tango, was ist mit dem?

Du hast geglaubt, nur weil ihr diesen Klang hattet, mich so gespielt habt, wie du es wolltest, wärt ihr ein Mann gewesen. Dabei hattest du, als du noch in anderen Orchestern mitgespielt hast, genau dasselbe getan. Bist du nicht von Tito weggegangen, weil du bei Canaro mehr verdient hast? Und von Canaro, weil du gesagt hast, dein Klavier sei mehr als nur eine Rhythmusmaschine?

»Ich bitte dich, zwei Italiener, ein Argentinier, ein argentinischer Sohn eines Italieners und einer Uruguayerin, ein Engländer, das ist doch für den Anfang schon etwas«, sagte Pedro.

Ihr wart grundverschieden. Das galt für eure Leben wie für eure Instrumente. Manlio hatte in Belgien studiert und kam von der klassischen Musik, Pedro hatte am Konservatorium Williams de Flores studiert, Julio an dem seines Vaters José de Caro und anschließend bei Privatlehrern, und du bei dem Katalanen. Du, der Ärmste von euch, hatte in einem Reichenviertel seinen ersten Unterricht genossen, und der Reichste von euch, Julio, hatte in einfache Pensionen umziehen müssen, als er mich zu entdecken begonnen und sein Vater ihn aus dem Haus geworfen hatte. Aber wie auch immer die Umstände im einzelnen ausgesehen haben mochten, alle hattet ihre lange Jahre des Studiums hinter euch und den Anspruch, mich auf höchstes musikalisches Niveau zu bringen, denn in eurer Liebe zu mir wart ihr euch einig.

»Das war's dann wohl. Nichts zu machen«, sagte Juan deprimiert.

»Gute Musiker findest du an jeder Ecke«, munterte Julio ihn auf.

»Und der harte Kern steht«, half Pedro.

»Ich kann nichts machen«, ihn schmerzten sogar die Hände, wenn er an Rosa dachte.

»Daß diese Frau dich sitzengelassen hat«, meinte Pedro, »hat dir schwer zugesetzt.«

»Sucht ihr die Musiker aus, verhandelt mit dem Impresario, organisiert alles und gebt mir ein bißchen Kohle fürs Dirigieren ab, das ist die einzige Möglichkeit, die ich sehe.«

»Für mein eigenes Orchester würde ich das tun«, wies Julio ihn ab, »und ganz bestimmt besser als du.«

»Mit mir brauchst du nicht zu rechnen«, sagte Maffia.

Aber du hast mit ihnen gerechnet, als Musiker und als Freunde. Sie haben zu dir gestanden, deine Vision geteilt. Doch wie hätten sie auf deine überstürzte Entscheidung denn reagieren sollen? Sie hatten recht.

Die Gespräche mit Mercedes haben Juan geholfen, von dieser blinden Wut herunterzukommen, sich aus diesem Groll, in dem er erstarrt war, zu lösen. Es ist gut, das Leben so intensiv, so stark gespürt zu haben. Mercedes mag die Erkenntnis gewonnen haben, daß sie Jordi besser schon vor Jahren verlassen hätte, dennoch bereut sie es nicht, diese Liebe gelebt zu haben.

»Danke, daß du mir die Augen dafür geöffnet hast, was es heißt zu leben, Mercedes.«

»Ich danke dir, Juan. Weißt du, daß ich nie, weder zu Hause, als ich noch klein war, noch bei Hernán und der Hexe, und auch nicht in den ersten Zeiten mit Jordi solche Freiheit, solche Wärme, mich so gut aufgehoben gefühlt habe? Noch nie war jemand so gut zu mir wie du, Juan.«

»Schade, daß wir uns nicht ineinander verlieben können, wir wären das perfekte Paar.«

»Es ist ein Glück, daß das Leben uns als Kinder ein wenig zu Geschwistern gemacht hat, du bist ein Einzelkind, ich habe einen Bruder, der als solcher nicht taugt.«

Hätte sein Vater ihn in diesem Streit nicht so in Rage gebracht, wäre Francisco bei seinem Plan geblieben, seine Verbindung erst im nächsten Jahr nach Bezug der neuen Praxisräume zu verkünden. Aber nach diesen Ausdrücken, die sein Vater für Yvonne gebrauchte, fiel es Francisco sogar schwer, seine Faust zurückzuhalten, er sah zu Molina und Rebello, dann fiel er ihm energisch ins Wort: Ich erlaube Ihnen nicht, so über meine Verlobte zu reden.

Er kannte dieses arrogante Lächeln, das selten genug auf sein Gesicht trat, aber er erinnerte sich nicht, seinen Vater jemals lachen gehört zu haben, höchstens über die ordinären Witze irgendeines Beamten aus dem Finanzministerium Yrigoyens, von dem er sich einen Gefallen erhoffte, jedoch nie in dieser Art, ein tonloses, verletzendes Lachen, das zu einer schallenden Salve anschwoll und sofort wieder abbrach, in seinem Blick lag ein Haß, wie er ihn niemals für seinen Vater spüren könnte.

Vicente wußte alles, daß sie auf der *Massilia* angereist war, dritter Klasse, daß sie in einem auf Franciscos Namen gemieteten Appartement in der Calle Ayacucho wohnte, daß sie mit irgendeinem Schauspielergesindel aus dem Nationaltheater verkehrte, und noch viel mehr ..., was ihm vermutlich gar nicht bekannt war, aber was bei einer Frau ihrer Couleur nicht weiter verwunderlich sei.

»Lüge«, entgegnete Francisco von dem Sessel aus, in den er sich hatte fallen lassen.

Was war Lüge? Das, wovon Francisco nichts wußte? Daß sie dritter Klasse gereist war, sie kam mit der ersten. Vicente zog eine Schublade seines Schreibtischs auf, holte ein Papier heraus und bewies ihm, daß Yvonne dritter Klasse gereist war.

»*Und Francisco hat nichts gesagt, als er mitbekam, daß er Yvonne wie eine Verbrecherin bespitzelt hatte?*«

»*Das waren seine Methoden. Klaus hatte er seinerzeit auch verfolgen lassen.*«

Francisco wollte das Gespräch möglichst rasch beenden, bevor sein Vater ihm noch mehr erzählen würde, das konnte alles nicht sein, schließlich kannte er sie gut, hatte sie erfunden, doch er würde an diesem Abend keine weitere Demütigung ertragen.

»Guten Abend, ich werde mich zurückziehen.«

Ja, sollte er sich nur zurückziehen, er müßte hart arbeiten, wenn er am Ende des Jahres seinen Doktortitel erlangen wollte. So lange benötigte er nicht mehr als sein Automobil.

Erst als er zur Bank ging, verstand Francisco den Sarkasmus. Das dort hinterlegte Geld reichte für die Benzinkosten und eine lausige Pension.

»Na und, ich kann arbeiten gehen, Rosa hat mir angeboten, in dem Rundfunksender, in dem sie singt, französische Gedichte zu rezitieren.«

»Rundfunksender?« brauste Francisco auf.

Aber warum wurde er gleich so ärgerlich. Das war die üble Laune, weil er kein Geld hatte, es findet sich schon eine Lösung, mon amour, es sind doch nur noch ein paar Monate, das sage er doch selbst.

An diesem Abend ging er mit Türenknallen, und sie begriff, daß sie nicht im Radio arbeiten sollte. Aber woanders schon, nahm sie an, etwas mußte sie tun. Die Miete für die Wohnung war beglichen, Francisco hatte sie im voraus bezahlt, aber in der Schachtel, in der er Manuela Geld zum Einkaufen daließ, lag nichts mehr. Auch war Manuela nicht zur Arbeit gekommen, und die Kunstlehrerin und der Englischlehrer auch nicht.

Alles – bis hin zu dieser offenstehenden Tür in Santa Fe – verschwamm ineinander, wurde unwirklich. Bücher, Klavier, Gespräche. In den ersten Tagen bewegte sich Mercedes fast nicht aus Juans Wohnung weg, aus Angst, sie könnte ihrem Vater, den Gespenstern der Vergangenheit begegnen, doch eines Nachmittags ging sie in die Buchhandlung und bestellte den Gedichtband, den Inés in ihren Briefen erwähnte, und spazierte ein wenig die Corrientes entlang. Am darauffolgenden Tag gelangte sie bis zum Hafen, und an einem der nächsten staunte sie, wie sich die Avenida de Mayo gemacht hatte, von dem Barolo-Gebäude hatte sie schon gehört, doch wie unglaublich hoch kam es ihr vor, als sie es sah. An diesem Freitag nun wagte sie sich über die Grenzen des Stadtzentrums hinaus und tastete sich in die

Straßen ihrer Kindheit vor. Sie hatte die Gedichte, die ihre Mutter so berührten, bereits gelesen, und als sie an die Plaza San Martín kam, setzte sie sich unter den Jakarandabaum. Auch für sie zählte nicht die Zeit, die sie weg aus der Stadt gewesen war, die Worte des jungen Dichters Borges hätten auch Mercedes' sein können: »Ich war immer (und so bleibe es auch) in Buenos Aires.«

Sie ging nicht an der Tür vorbei, sie wollte nicht dieses Haus sehen, das ihr Vater 1917 hatte bauen lassen und das er sie niemals betreten lassen wollte, aber am selben Nachmittag rief sie ihre Mama an, und sie verabredeten sich für den nächsten Tag.

Was für eine besondere Frau ihre Mutter war. Entgegen ihren Erwartungen schien es Inés nicht zu verwundern, daß sie Jordi verlassen hatte, es sei ganz richtig von ihr, sich erst einmal bei Juan zu erholen, redete sie ihr gut zu, sie war sich ganz sicher, daß sie ihren Weg finden würde, so mutig, wie Mercedes war.

Inés hatte den Umschlag zwischen die Bücher gleiten lassen, die sie ihr mitbrachte, und kein Wort darüber verloren. Mercedes sagte sich, daß sie gut daran getan hatte, ihn anzunehmen. Sie wollte nicht unter Druck irgendeine Entscheidung treffen müssen, bevor sie nicht allen Schmerz überwunden hatte, und dieses Geld half ihr dabei. Letztendlich war es auch ihres, dachte sie, und das leichte Unbehagen verflüchtigte sich, als sie zu lesen begann.

»Warum sollen wir denn so tun, als wären wir nicht zusammen?«

»Nur ein paar Monate, Yvonne. Ohne Geld kann ich nicht denken, und schon gar nicht lernen. Mein Vater ist so, ich werde ihn nicht mehr ändern. Ich muß etwas unternehmen, damit er mir nicht weiter das Konto sperrt. Ende des Jahres, wenn ich den Doktortitel habe, wird alles wieder zur Normalität zurückkehren, versprochen.«

»*Er hat sie belogen.*«

»*Nicht ganz, er hat ihr nur verschwiegen, daß er seinem Vater versprochen hatte, die Französin nicht mehr zu sehen, aber ir-gendwie glaubte er noch immer, er würde das schon noch lösen.«*

Wegen des Geldes brauchte er sich keine Sorgen zu machen, Yvonne hatte viele Ideen: ein flämisches Spezialitätenrestaurant, eine Anstellung in einem Modegeschäft. Aber Francisco hörte sich das alles nicht an, er war müde, betrübt, sorgengeplagt, warum verwöhnte sie ihn nicht ein wenig, anstatt ihm angst zu machen? Es war ihm ein beschämender Gedanke, daß seine Verlobte arbeiten mußte, und schon gar, daß sie ihm in aller Überzeugung vortrug, mit ein paar kleinen Einschränkungen würde es bestimmt für sie beide reichen. Für wen hielt sie ihn?

Yvonne wollte nicht schon wieder damit anfangen. Francisco wußte doch, daß die Zeiten andere geworden waren. Eine ganze Weile lang sprachen nur ihre sich liebenden Körper.

Wie sollten sie alle die Monate aushalten, ohne sich zu sehen? fragte Yvonne in ihr Stöhnen und Keuchen hinein. Natürlich würden sie sich weiter sehen, wie könnte er leben, ohne diese Haut zu spüren, ohne wieder und immer wieder in sie einzudringen.

Francisco würde sie besuchen kommen, wenig, weil er schrecklich viel pauken mußte, und vorsichtig müßten sie sein: für ein paar Monate würden sie sich nicht in der Öffentlichkeit sehen lassen.

»Francisco hatte zu ihr gesagt: nicht in der Öffentlichkeit.«

»Das Fest wurde bei ihm zu Hause gegeben, nicht an einem öffentlichen Ort.«

Yvonne beschloß, mit ihm nichts mehr zu besprechen, was mit ihrer Arbeit zu tun hatte, der Arme, das würde ihn nur unnötig belasten. Dabei war Arbeiten für sie nichts Schlimmes, ihr gefiel die Idee.

Luis Fernández war nicht Verkäufer im Laden, er hatte andere Aufgaben, und als der Besitzer ihn dabei überraschte, wie er den vom Ballen abgewickelten Kaschmirstoff einem seiner besten

Kunden anhielt und um ihn herumging, eilte er rasch herbei, um den Herrn selbst zu bedienen. Was erlaubte der sich, sobald der Kunde gegangen sein würde, würde er etwas zu hören bekommen. Señor Lanteri bedankte sich, doch er wollte weiter von dem jungen Mann beraten werden.

Daß der Kunde eine für ihn außergewöhnlich hohe Rechnung bezahlte, milderte die Standpauke etwas, aber daß dies das letzte Mal gewesen sei.

»Ganz wie Sie wollen«, erwiderte Luis sarkastisch. »Es ist Ihr Geschäft. Sie können mir das, was Sie bei diesem Verkauf verloren haben, vom Gehalt abziehen.«

Keine Woche verging, da kam Don Roque, der Besitzer, mit einem Jackett und einer Krawatte in der Hand in den Hinterraum des Ladens und verkündete ihm, er wolle ihm nun doch eine Chance geben, er solle sich rasch umziehen, in Hemdsärmeln könne er keine Kunden bedienen. Der Angestellte antwortete darauf nichts, er öffnete einen Schrank, nahm ein vorzüglich geschnittenes Jackett heraus, zog es an, rückte seine Fliege zurecht und ging, ohne ihn anzusehen, hinaus in den Laden, um Señor Lanteris Freund zu bedienen, der höflich darauf bestanden hatte, auf Señor Fernández zu warten, und sollte er nicht da sein, würde er an einem anderen Tag wiederkommen.

Es war erstaunlich, daß dieser Galicier, obwohl er wenig Erfahrung besaß und kaum eingearbeitet worden war, so gewandt im Umgang mit Kunden war. Aber Geschäft ist Geschäft, und nachdem der Herr seine Rechnung bezahlt hatte, beschloß Roque García, daß der Schneider Fernández' Maße nehmen sollte, um ihm die Anzüge seiner Verkäufer zu fertigen.

»Nein«, überraschte Luis ihn abermals, »ich werde mich nicht kleiden wie alle anderen.«

Luis Fernández wählte Tuch und Modelle seiner Anzüge selbst aus, er änderte die Schaufensterdekoration und handelte zielstrebig seine Prozente am Verkauf aus.

»Joaquín hat ihm viel geholfen, aber Luis wußte sich durchzusetzen.«

»Er war überhaupt sehr geschickt in allem, was er tat.«

Der Besitzer von García und Söhne war ein Kaufmann, er interessierte sich für Zahlen und nicht für psychologische Spekulationen, darum stellte er sich keine Fragen mehr über seinen Verkaufschef Luis Fernández, bis dieser ihm den Grund seiner Kündigung vortrug. Er ging nicht zur Konkurrenz, die ihn mit mehr Gehalt und höheren Prozenten gelockt hatte, wie García vermutet hatte, auch wollte er kein eigenes Geschäft aufmachen, nein, es ist das Theater, Don Roque, dort gehöre ich hin. Die Prinzessin von Bourbon kehrt auf die Bühne zurück, verkündete er feierlich und tat einen Satz in die Mitte des Ladens, fest aufstampfend, höchst peinlich, und dazu bewegte er die Hände wie eine Flamencotänzerin. Kunden wie Verkäufer sahen zu, wie er auf den konsternierten Roque García zuging, ihn am Kinn nahm, auf den Mund küßte und flink davoneilte. Don Roque schien zum Eisklotz erstarrt zu sein und ließ noch nicht einmal eine Regung sehen, als Luis Fernández so frivol war, ihnen von der Ladentür aus einen schmachtenden Blick zuzuwerfen, gefolgt von einem spitzen Kuß, den er mit der Hand zu einem Kreis vergrößerte, damit auch niemand ihm entkam: Weint mir nicht allzusehr nach, ich werde mit dem Herzen immer bei euch sein.

Er fand es eine gute Idee, zur Premiere von Rosas Stück zu gehen und zu fühlen, daß er darüber hinweggekommen, nicht mehr auf sie böse war, daß er ihre Entscheidung akzeptiert hatte und sie nur mehr eine zärtliche Erinnerung war wie Tununa, doch kaum sah er sie, war es um ihn geschehen, und als er sie den Tango singen hörte, stürzte er in Verzweiflung. Wie kann es sein, daß diese Frau, die mir gehört, einen anderen heiratet? Er wollte schreien, um sich schlagen. Noch bevor die Vorstellung zu Ende war, stand er auf, er hatte sich gerade noch zurückhalten können, bis sie von der Bühne ging. Mercedes, die mit ihm ins Theater gekommen war, mußte ihn bis vier Uhr morgens trösten.

»Mercedes hat ihn auch überredet, Lomutos Angebot anzu-
nehmen.«

Am Tag darauf kam Lomuto bei Juan zu Hause vorbei. Bei
dem Klavier auf der *Cap Polonio,* wo sie spielten, sei eine Taste
defekt und er habe sich beim Improvisieren den Finger ver-
knickt eine lästige Sache, eine Entzündung, er wisse nicht,
wie lange er nicht würde spielen können. Er wolle weiter dirigieren, aber er brauche einen Pianisten von Montes' Kaliber,
mit tadelloser Technik. Viel Geld, Meer, Strände. Überleg es dir
schnell, am 8. April laufen wir aus.

»Hätte Julio de Caro oder irgendein anderer von uns mich
gefragt«, sagte er zu Mercedes, »würde ich keine Sekunde zö-
gern. Ich achte Lomuto, ich bewundere ihn, aber er spielt nicht
unseren Tango.«

»Du sollst Lomuto nicht heiraten, nach Oktober geht das
Leben weiter. Du bist sechsundzwanzig, Juan, du solltest einmal durchatmen. Es wird dir guttun, Abstand zu gewinnen.«

Von April bis Oktober auf einem Schiff, ringsum Meer, vielleicht zwischendurch gerade einmal ein paar Tage in Buenos
Aires ... Aber wie könnte er das seinen Leuten antun, sie hatten
sich seiner Vision genauso verschrieben wie er. Mercedes daraufhin: Julios oder Pedros Gefühle sollten ihn nicht kümmern,
sie würden schon wieder zusammenfinden und weiter zusammen spielen.

»Darin irrte Mercedes, an diese Beziehung wieder anzuknüp-
fen sollte sehr mühsam werden.«

Nur seine Mutter und Mercedes sind gekommen, um ihn zu
verabschieden. Juan hat gehofft, Julio würde zum Hafen kommen und ihm alles Gute wünschen, hat gedacht, nach ihrem
langen Gespräch würde er seine Beweggründe verstehen. Es
tut ihm weh, daß Julio es als Verrat empfindet. Hat nicht Julio
ihm gesagt, er soll die Musiker nicht verurteilen, wenn sie weggehen?

»Aber nicht von ihrem eigenen Tango, Juan«, war seine Antwort, »das ist unser gemeinsames Projekt, von Maffia, dir und mir.«

Vielleicht hat er recht, denkt er auf dem Deck der *Cap Polonio*, als Mercedes' und Asuncións Gestalten nur noch winzige, verschwommene Punkte sind.

Es war ein gewagter Entschluß von dir, aber nichts von dem, was ihr gemeinsam zu mir beigetragen habt, ist verlorengegangen, im Gegenteil, es hat sich fortgesetzt. Früher oder später würde jeder von euch sein eigenes Orchester gründen.

Das Blau verschlingt das Löwengelb, der Strom geht im Meer auf. Juan atmet tief ein, und die feuchte, frische Brise betäubt allmählich jeden Schmerz.

Achtundzwanzigstes Kapitel

Das Papier ist schon ganz zerfleddert, so oft hat Rosa es zusammengefaltet und wieder geöffnet, um noch einmal diese Sätze zu lesen, die sie schon auswendig weiß: »Ich bereue es, dir gesagt zu haben, daß du nur den beruflichen Aufstieg gesucht hast. Ich habe nie daran geglaubt und mich nur deshalb so über dich gestellt, weil du mich so fallengelassen hast. Aber ich will nicht, daß du mich wegen dieses Unrechts in Erinnerung behältst, lieber wegen des kleinen Walzers, der dich mit unserer Stadt verbunden hat, als du weit weg warst. Niemals werde ich vergessen, welches Wunder mit uns beiden geschieht, wenn wir einander umarmen. Mach es gut. Juan.«

Es ist niemand zu Hause, und Rosa läßt ihren Kummer heraus, den sie – jetzt wird es ihr bewußt – seit jenem Nachmittag im Park hinuntergeschluckt hat. Die ganze Zeit über hat sie unbedingt beweisen wollen, daß sie ihre Versprechen hält, sie hat gelächelt, gesungen, ihre Aussteuer anprobiert, sich für eine Zwischenwand entschieden und die Fliesen für den Patio des neuen Hauses ausgesucht, sie hat für die Radioleute galicische Teigtaschen und Ravioli gekocht, sich beschwert, weil sie die Gitarristen nicht bezahlten, einen Protest organisiert, ist ins Kino und Restaurant gegangen, hat Igors Schmiedegitter bewundert, mit ihren Eltern, ihrem Verlobten und ihren Freunden geredet. Als wäre diese Frau, der es so gutgeht, die vor Erwartung, Tatendrang und Glück sprüht, wirklich sie. Nicht sie selbst, eine andere ist es, die jeden Tag beharrlich an ihrem Werk weiterbaut und schon selbst daran glaubt.

Doch sie brauchte nur im Publikum Juan neben dieser hübschen Frau zu erblicken, schon fiel das sorgsam errichtete Gebäude in sich zusammen. An dem Abend spürte Rosa, daß ihr Versprechen ernsthaft gefährdet war. Gar nicht so sehr wegen Juan, sondern wegen Igor, redete sie sich ein. Nicht sie, eine andere soll in diesem so adretten Haus mit Gärtchen, Grünzeug und Grill wohnen und mit Igor diese schlichte und zugleich rührende Freude teilen (die sie noch heute, nach so vielen Jahren bei ihren Eltern spürt), eine andere soll die fünf Kinder bekommen, die Igor möchte. Möchte Rosa ein Kind?

Irgendwann vielleicht, aber erst einmal will sie im Theater singen, im Radio, mit Orchester, in einem Cabaret, sie will auf Tournee gehen, nach Montevideo, Rosario, Spanien, wohin der Tango sie führt. Doch wie und wann soll sie alles das tun, zu dem das Leben sie ruft, und gleichzeitig ihr Versprechen halten. Aber sie bringt es nicht über sich, sie kann die Vorstellungen Igors, ihrer Eltern einfach nicht zerstören.

Auch jetzt weiß sie nicht, was sie sagen soll, als ihr Vater unerwartet hereinkommt und zärtlich zu ihr tritt, sie am Kinn faßt, um in dieses verquollene Gesicht, die geröteten Augen zu blicken: Ist das das Gesicht einer Braut? Was ist los? Probleme am Theater? Rosa weint noch stärker. Wäre es nicht besser, sie würde es aufgeben?

»Nein«, schreit sie beinahe, »das wäre überhaupt nicht besser.«

Zerfetzte, wirre Sätze. Verheiratet sein ist gut, aber doch nicht ... das Glück liegt für mich woanders, ich weiß auch nicht ... Was macht es schon, daß ihr Vater nichts versteht, er liebt sie, und wo besser weinen als an seiner Schulter.

»Gibt es einen anderen Mann? Rosita, sag mir die Wahrheit.« Es ist nicht Ärger, es ist Besorgnis.

»Ja, nein. Es ist nicht wegen ihm«, gibt sie seine Existenz zu und leugnet es zugleich. »Es geht sehr viel weiter, tiefer, um den Sinn des Lebens ...«

Ein dünnes, stilles Weinen. Erzähl mir nichts, wenn du nicht willst, aber wenn es so ist, mein Kind, darfst du Igor nicht heiraten.

Dich bei deinen Eltern auszusprechen war eine große Erleichterung. Jetzt brauchtest du nur noch – und das war das schwerste – einen Weg finden, es Igor möglichst schonend zu sagen. Nie war der passende Moment, und jeder Tag, der verging, machte es schlimmer. Schließlich drängte dich dein Vater am Ende eines langen Gesprächs: Entweder sagst du es ihm, oder ich tue es.

Mercedes würde nicht ewig bei Juan wohnen bleiben, aber seine Reise erlaubte es ihr, diese geruhsame Zeit mit soviel Raum für Lektüren und Träume noch etwas auszudehnen. Wie eine Katze kuschelte sie sich in den Sessel. Sie fühlte sich so wohl hier, sie würde nicht nach San Isidro oder in das Haus in der Calle Perú umziehen.

Auf jeden Fall fand sie es nett von ihrer Mama, daß sie ihr dieses Haus anbot: Mit dem Zug ist man von dort in einer Dreiviertelstunde in Retiro, sagte sie, und es ist angenehm, du wirst schon sehen. Angenehm? Großartig wie die Idee, aus der heraus es geboren worden war.

»Da sie in Paris leben, sehe ich nach dem Rechten«, flocht Inés zum wiederholten Mal ein, um sich zu rechtfertigen, wozu sie sich vor anderen offenbar gezwungen sah.

Es berührte sie, sich ihre Mama und Onkel Hernán vorzustellen, wie sie sich mit vollem Eifer in die Suche nach der Immobilie gestürzt hatten, dann in die Renovierungsarbeiten, die Anlage des Parks, und schließlich in die Einrichtung dieses Hauses, in das niemand einziehen würde, und wie damit ihr stilles Einverständnis immer weiter reichte, ohne daß sie sich jemals eingestanden, warum sie eigentlich dieses Haus gekauft hatten. Da stand es nun hoch über dem Fluß, ließ sie Luft holen von ihren jeweiligen Gefängnissen.

»Für Inés war es noch härter, Hernán war ein Mann und konnte sich viel freier bewegen.«

Dieser einzigartige Stil beeindruckte Mercedes so sehr, während sie im Park unter den Akazien und Tipabäumen ging, daß sie sich gehemmt fühlte, ihre Mutter dafür zu beglückwünschen, was für eine kühne, feine Form sie gefunden hatte, um ihrem Vater und dieser fremden Gesellschaft, die dennoch die ihre war, zu entkommen. Sie lächelte einfach und hängte sich bei ihr unter, um mit ihr zusammen durch diesen Garten zu wandeln, den schönsten, den ihre Mutter je angelegt hatte, und auch den freiesten, in diesem Pfeilkrautpolster, kombiniert mit Thunbergien hatte sie Inés' Wut vor Augen, ein zu Blumen gewordener Ausbruch, da mußte sie lachen. Ein federleichtes Lachen, und doch stark genug, um ihre Mutter mit ihrer Fröhlichkeit anzustecken.

Mercedes war sich sicher – auch wenn sie es nicht sagte –, daß Inés' Oase durch ihren Aufenthalt in San Isidro bedroht wäre. Wie lange würde es dauern, bis es ihrem Vater oder Leonor zu Ohren gekommen sein würde? Was für neue Gewalttaten würde es womöglich auslösen? Noch einmal der auf ihre Finger knallende Klavierdeckel, der verletzende Brief Leonors.

»Ich bleibe lieber bei Juan, ich wohne gern im Zentrum«, erwiderte sie, getarnt im Stil ihrer Mutter. »Genau wie du Hernán, habe ich Juan versprochen, mich in seiner Abwesenheit um die Wohnung zu kümmern.«

Weder ihre Mutter noch ihr Onkel würden es wagen, anzumerken, daß eine Vierzimmerwohnung wie Juans nicht mehr Pflege bedarf, als hinter sich die Tür zu schließen, das würde genauso mißtönen, wie wenn sie fragen würde, warum sie soviel Mühe aufwandten für ein Landhaus, in dem niemand wohnte.

Als Hernán nach Buenos Aires kam, trafen sie sich in San Isidro. Eine lange, warme Umarmung, wie hübsch seine liebe Nichte geworden sei, feuchte Augen und ein leichter Vorwurf: Er hätte sich in all den Jahren ein Lebenszeichen von ihr gewünscht, aber er verstand sie. Mercedes erwähnte den Brief nicht, den sie ihm im Jahr 1917 geschrieben und den Leonor abgefangen hatte, und auch die verletzende Antwort nicht. Wozu häßliche Töne in diese ruhige Unterhaltung an dem großen Fenster bringen, in der sie sich ihre Leben erzählten, ohne etwas zu sagen?

»*Mercedes hat ihn bewundert.*«

»*Hernán hat ihr sehr geholfen.*«

Mercedes sei so froh, wieder in Buenos Aires zu sein, die letzten Jahre … ein trauriges Kapitel, dann Hernáns Schwärmen von seinen Reisen: New York, Indien, London, Wien, sein

Sohn César gerate ganz nach Leonor, er wachse in Paris gut heran, und das Klavier?, Mercedes spiele kaum, müsse sich erholen von den vielen Klavierstunden, die sie gegeben habe, später vielleicht will sie in einem Radiosender spielen, aber erst mal will sie das Leben laufen lassen, ohne irgendeinen Druck. Genauso fürstlich wie er, auch er fühle sich nun freier, seit seine Familie ihn nicht mehr auf seine Reisen nach Buenos Aires begleitete, konnte er sich in dem alten Haus der Familie in der Calle Perú einrichten, dort war es immer noch am behaglichsten. Mercedes könne auch dort wohnen, wenn es ihr, anders als Leonor, nichts ausmache – nur ein bitterer Zug um seinen Mund und ein leicht spöttelnder Unterton –, daß kein Mensch mehr in San Nicolás wohne.

Sie bewunderte Hernán für seine Nüchternheit, mit der er ihr mitteilte, wie unglücklich seine Ehe war, doch dann erlaubte sie sich diese sinnlose Frage, die sie ihrer Mutter niemals stellen konnte: Warum trennte er sich nicht?

Hernán zwirbelte seinen Schnauzbart, während er im Park die passende Antwort zu suchen schien.

»Hättest du Lust, meine kleine Mercedes, mich ins Colón zu begleiten? Glucks *Orpheus* hat Premiere, und ich bin in der Loge allein.«

Das Gerücht würde bereits umgehen, seit sie Julita Laprida begegnet war, was war besser, als es im Teatro Colón am Arm ihres geliebten Patenonkels zu bestätigen.

»Mit größtem Vergnügen.«

Während sie es sich auf dem Sofa bequem machte, überlegte sie vergnügt, was sie sagen würde, wenn jemand sie, wie vor einigen Tagen Julita, fragen würde: Bist du vor deinem Leben geflohen? Anstatt nur ein unbeholfenes Stottern hervorzubringen, weder ja noch nein, würde sie sagen: Im Gegenteil, ich habe es wieder in die Hand genommen.

Juans Entscheidung war nicht in New York gefallen, wie er bei *Víctor* nach Ende der Aufnahmen vorgab, sondern bereits viel früher, als die *Cap Polonio* die Rückreise nach Buenos Aires antrat und diese Wunde, die er bereits vernarbt geglaubt hatte, auf einmal wieder aufbrach. Er wollte das Angebot der Plattenfirma, in den Vereinigten Staaten aufzunehmen, annehmen und nicht mehr zurückkehren. Er schickte zwei kurze Briefe an seine Mutter und an Mercedes, in denen er ihnen mitteilte, daß er seine Reise verlängerte, Erklärung gab er keine, die hatte er selbst nicht. In Rio de Janeiro trennte er sich von Lomutos Orchester, nein, mein Freund, ich habe kein Problem mit Ihnen oder den Musikern, es sind persönliche Gründe. Ich brauche Abstand.

»Wenn nicht wegen der Plattenaufnahme, warum ist er dann in die Vereinigten Staaten gegangen?«

»Anstatt nach New York hätte er genauso auch irgendwo anders hingehen können, damals war sein einziger Gedanke, möglichst weit weg von Buenos Aires zu sein ...«

»In den Vereinigten Staaten hat er Zeit verloren ... und die Orientierung.«

Auf dem Billett, das dem Zobelmantel beigelegt war, stand: »Für die eleganteste aller Nichten zum Namenstag, ihr stolzer Patenonkel.« Seit Jahren hatte ihr niemand mehr zum Namenstag gratuliert, immerhin wußte Mercedes noch, daß er im Sommer und nicht im Winter lag.

In weniger als drei Tagen stellte Asunción in fieberhafter Begeisterung das Kleid aus malvenrotem Seidenmusselin mit genähten Falten fertig. Mit diesem vorne geknoteten Tüchlein als zusätzlichem Blickfang würde niemand darauf kommen, daß es die genaue Kopie eines französischen Modells war, das eine Kundin ihr – unter dem Siegel der Verschwiegenheit – dagelassen hatte, damit sie es ihr in einer anderen Farbe und mit leichten Abwandlungen nachnähte.

Mercedes wurde nicht nur von tout Buenos Aires in der Loge gesehen, sondern auch von Roberto Morelli, der nicht wußte, wie er den endlos langen ersten Akt durchstehen sollte, ohne von seinem Parkettplatz aufzuspringen und sich in den Rang zu begeben, wo Mercedes war: Ich dachte schon, ich hätte dich auf immer verloren, ich war in düsterster Stimmung, als mich ein Besuch nach Buenos Aires führte und mein Freund Susini die großzügige Einladung aussprach, die mich vor das Tor des Paradieses setzt, begrüßte er sie, ohne sich mit Formalitäten aufzuhalten, als er sie im Foyer traf.

Alle würden das schallende Gelächter gehört haben, mit dem Mercedes seine sich überschlagenden Worte aufnahm, alle würden gesehen haben, wie er ihre Hand nahm, ohne daß sie sie ihm hingestreckt hatte, und sie in schwülstiger, parodistischer Gebärde küßte. Wer war dieser Mann, den Hernán Lasalle mit so offenherzigem Lächeln begrüßte? Der Frack sagte gar nichts, er war bei Festveranstaltungen Pflicht, und es fehlte nicht an Stimmen, die raunten, er sei geliehen.

Susini, Lasalle, Mercedes und der unbekannte junge Mann wichen in der ganzen Pause nicht voneinander, sie unterhielten sich, als wären alle anderen unsichtbar, und erwiderten höchstens zerstreut den einen oder anderen Gruß. Für den zweiten Akt wechselten Susini und sein Freund in Lasalles Loge, und während der Pause wurden sie nicht im Foyer gesehen. Noch vor Beginn des dritten Akts war bekannt, jemand hatte die Nachricht gestreut, daß Roberto Morelli aus Santa Fe stammte und seine Geschäfte mit dem Radio machte. Also kein Arzt wie Susini?, nein, ein Ingenieur, sein Name sage ihm etwas, ein Großgrundbesitzer, es müsse jemand aus den guten Kreisen sein, sonst hätte Susini ihn nicht ins Colón eingeladen, und Lasalle nicht in seine Loge, das habe nichts zu sagen, bei Francisco Ponce schon, da wäre es eine Garantie. Aber die Ponces waren an diesem Abend nicht gekommen. Ob Inés von ihrer Tochter und diesem jungen Mann wußte? War sie einverstanden? Seine Umgangsformen ließen einiges zu wünschen übrig, und ihre? Unglaublich, wie vulgär Mercedes in diesen Jahren geworden war, wer weiß, wo und mit wem sie sich herumgetrieben hatte, das mit dem Kloster habe ich nie geglaubt, seltsam nur, daß Francisco nichts gesagt hat, wahrscheinlich war er sprachlos. Der Junge macht sich, und diese Französin? Er hat sie verlassen, er hat es nie ernst mit ihr gemeint, ich weiß auch nicht, warum man sie so wichtig genommen hat, jetzt macht er Malena Zorraquín den Hof, ob er sie heiraten wird?, oder Leticia Jiménez.

Der Dirigent des Orchesters, Emil Cooper, wurde ungeduldig wegen dieses Getuschels, das sich wie ein sonderbares Instrument mit Saiten, Blech und Holz mischte: Ende des Jahres wird er seine Verlobung bekanntgeben.

Francisco wollte weder Malena noch Leticia heiraten, aber er antwortete stets mit einem rätselhaften Lächeln, wenn man ihn danach fragte, sollten sie glauben, was sie wollten, und wenn das Gerücht bis zu seinem Vater vordrang, um so besser, dann würde er ihn in den noch verbleibenden Monaten vor seinem Studienabschluß in Frieden lassen.

Nach dieser grauenvollen Erfahrung, ohne Geld dazustehen, hatte Francisco beschlossen, Yvonne nicht mehr zu sehen, ehe er nicht seinen Titel und seine Praxis hätte, aber das durchzustehen war unmöglich, es war so schwer, ohne ihren Körper zu leben, ohne ihre geradezu hündische Dankbarkeit, ihre Liebe. Er erzählte fast niemandem von seinen flüchtigen Treffen mit Yvonne, ließ sich nie in der Öffentlichkeit mit ihr blicken, und sie, mußte er anerkennen, zeigte viel Verständnis, keine Forderung, keine Fragen und nicht eine ungehörige Bemerkung. Wenn sie sich sahen, die reine Lust.

Yvonne las keine Gedichte für LOX noch für irgendeinen anderen Radiosender, aber sie half mit großem Eifer bei den Kostümen für das Stück von González Castillo, und anschließend für ein weiteres, und in der Küche ihrer Wohnung machte sie Torten für die Konfiserie an der Ecke. Sie konnte jeden Tag Essen kaufen, gönnte sich zweimal pro Woche einen Kinobesuch und dreimal einen im Restaurant. Sie war geradezu reich, dachte sie bis zu diesem Novembermorgen, als Francisco gegangen war und sie die Schachtel öffnete. Die beiden Scheine, die er am Abend zuvor hineingelegt hatte, waren das Doppelte dessen, was sie in zwei Monaten verdient hatte. Doch das stimmte sie nicht freudig, sondern wütend. Ein kleiner Beitrag, hatte er gesagt, und mit anzüglicher Miene: Er war doch an diesem Abend bei Yvonne gewesen und nicht mit seinen Freunden weg. Ein Kneipenabend für Francisco, die Arbeit von Monaten für Yvonne. Das Blut schoß ihr in den Kopf.

»Als hätten diese Geldscheine sie endlich mit beiden Beinen auf den Boden gebracht.«

»Aber kaum kam Javier Rebollo zu Besuch, schnalzte sie wieder wie eine Sprungfeder zurück zu ihrem Prinzessinnentraum.«

Da auch dieser Nachmittag historisch sein würde, brauchte Roberto Mercedes' Unterstützung, nicht zum Übersetzen, die Abgeordneten sprachen Spanisch, aber, davon war er überzeugt, allein Mercedes' Anwesenheit würde garantieren, daß diese komplizierte Anlage, die man im Sitzungssaal der Abgeordnetenkammer aufgebaut hatte, reibungslos funktionieren würde. Zu den Mikrophonen, die von der gläsernen Deckenkonstruktion hingen, ein fest montiertes und zahlreiche tragbare Mikrophone mit den dazugehörigen Kabeln, auf einem Podest Verstärker, Schalttafeln mit Reglern, durch die Luft schwebende Leitungen zu den Geräten zur Modulation des Senders außerhalb des Gebäudes, eine Antenne, die elektromagnetische Wellen aussendete.

Sie betrachtete Robertos Hände, die jedes Wort in die Luft zeichneten, das Funkeln seiner Augen, das jeden Schritt zu einem spektakulären Ereignis aufwertete: Aus dem Rundfunkgebäude würden Mercedes und Roberto den Übertragungsweg überwachen, stünden mit den Technikern in der Abgeordnetenkammer und der Sendestation in Kontakt. Sie? Was konnte

Mercedes bei diesem ganzen hochkomplexen Vorgang ausrichten?

Ihre Anwesenheit sei von fundamentaler Bedeutung, erklärte Roberto, wie die Mikrophone reagiere sie hochempfindlich auf kleinste Nuancierungen der menschlichen Stimme, des menschlichen Wesens, und dazu ihre Fähigkeit, Wellen auszusenden, nicht nur Schallwellen, Schwingungen jeglicher Art, so etwas habe er noch nicht erlebt, wie sonst sei es zu erklären, daß Robertos Haut so auf ihre Anwesenheit reagiere, er sei sich sicher, daß Mercedes' Schwingungen im Radio die technischen Möglichkeiten potenzieren würden, was gab's da zu lachen?, glaubte sie ihm nicht?, dann solle sie einen Finger an Robertos Wange legen, sie würde schon sehen, was geschehe. Mercedes streckte die Hand aus und streichelte seine Wange, woraufhin er so tat, als würde er von einem elektrischen Schlag geschüttelt werden.

»Ein Kuß würde mich umhauen. Wollen wir es probieren?«, und ehe sie sich's versah, umschlang er ihre Taille und küßte sie auf den Mund. Dann ließ er sich auf den Boden fallen und spielte den Ohnmächtigen.

Tags darauf las Mercedes in den Zeitungen über die erste Radioübertragung aus einer Sitzung der Abgeordnetenkammer solche unsinnigen Erklärungen wie, die Technik würde es nach monatelang fehlgeschlagenen Versuchen nun ermöglichen, Stimmen aus einem Raum deutlich im Radio zu hören. Obwohl die Zeitungen sie nicht erwähnten, sondern nur den »wichtigen Beitrag Roberto Morellis, eines Ingenieurs aus Santa Fe«, zweifelte sie nicht eine Sekunde daran, daß der Erfolg ihren Schwingungen zu verdanken war.

Wie er es von ihr erbeten hatte, gewährleistete Mercedes während der gesamten Übertragung den physischen Kontakt zu Roberto, und war es auch nur über einen Finger. Am Ende umarmte er sie vor der versammelten Radiomannschaft: »Danke«, flüsterte er ihr aufgewühlt ins Ohr. »Zusammen werden wir Wunder vollbringen.«

Möge er recht behalten, dachte Mercedes, doch für sie lagen die Dinge anders als für Roberto, er mußte zurück nach Santa Fe, und für sie kam das Angebot, bei dem Radiosender zu arbeiten, nicht in Frage, sie wollte jetzt nicht aus Buenos Aires weg, da sie es nach so vielen Jahren wieder für sich zurückgewann. Nein, stell mir keine Fragen, ich will nicht über mein Leben reden, ich will es leben, jeden Moment auskosten. Wir werden uns schon wieder begegnen, eines Tages.

Roberto fuhr an einem Montag bei Tagesanbruch ab. Am Samstag um zehn Uhr morgens klingelte es an der Tür Sturm.

»Santa Fe ist gleich nebenan«, sagte er hinter einem Blumenstrauß hervor. »Ich habe sie gestern in meinem Garten geschnitten und sie eilends hierher gebracht.«

December 3th, steht auf der Zeitung, und auf der Straße sticht die kalte Luft Eismesser in seine Haut, seltsam. Es hat aufgehört zu schneien, und ein weicher Glanz, wie poliertes Silber, erleuchtet die Straßen von New York. Hochgeschlagene Mantelkrägen, weißbestäubte Hüte, und diese gehetzten Schritte, als fürchteten die Menschen stets, ihren Zug zu verpassen. Für ihn sind alle Züge abgefahren, alle Schiffe, nicht nur die *Southern Cross*, auf der er eigentlich nach Buenos Aires hat zurückreisen wollen, denkt Juan auf dem Weg ins Café, wo er mit seinen Freunden verabredet ist. Er hat kaum noch Platz für seine Erinnerungen. Mit allen Poren hat er New York aufgesogen, und irgend etwas an dieser Stadt – der Jazz, die Menschen – ruft ihn, in ihr einzutauchen. Juan Montes sein, und doch ein anderer.

Außer im Morocco, wo er hin und wieder spielt, hat er nur ein paarmal Gelegenheit bekommen, mit seinem Klavier ein Dinner in einem Hotel zu unterhalten – wie er dieses Wort verabscheut –, trotzdem genießt Juan das Gefühl, sich endlich aller Fesseln entledigt zu haben.

Ein schäbiges Café, zwielichtige Gestalten, auf dem Tisch weiße Teetassen aus Steingut, die beiden Juans, Cobián und Montes, im vertraulichen Gespräch. Allerdings trinken sie nicht Tee, sondern Wermut und Whisky, die ihnen die Speak-Easy, Shultz' Gangsterbande, besorgen. Prohibition. Tango, Jazz und Frauen, die ihnen Abfuhren erteilt haben.

»Hopp und ex, schluck's runter«, sagt einer der beiden.

»Von Frauen sollte man besser gar nicht reden«, erwidert der andere und hebt seine Tasse, ein getarntes Zuprosten.

Der Schnee weht gegen die Scheiben.

Neunundzwanzigstes Kapitel

Seit Javier Rebollos Besuch konnte Yvonne an nichts anderes mehr denken als an das Fest. Die prächtige Tunika, die sie an diesem Abend tragen würde, hatte ihr der Kostümbildner des Theaters entworfen. Rosa hatte ihr ein Orchester besorgt und würde für Francisco einen besonderen Tango singen. Und Yvonne wußte bereits, welche Desserts sie anbieten würde. Nur das Datum konnte sie noch nicht festlegen. Javier hatte es gestern von ihr verlangt, daraufhin sie, mit aufgesetzter Bestimmtheit: nächste Woche. Er war ein freundlicher Mann, aber etwas an ihm machte ihr angst. Yvonne mußte aus Francisco mit aller ihrer List ein genaues Datum herauskitzeln – anstatt der üblichen verschwommenen Aussagen –, wann sie beide, nur sie allein, den frischgebackenen Doktor feiern wollten. Aber dann, kaum würde er mit dem Schlüssel die Tür aufgesperrt haben – so der von Rebollo ausgeheckte Plan –, würden alle Lichter angehen und alle seine Freunde wären da, dazu Champagner, Musik und köstliche Nachspeisen, die sie selbst zubereiten wollte, laß mich nur machen, Javier, ich kenne seinen Geschmack.

»Yvonne wird gedacht haben, seine Freunde wollten den Doktortitel deshalb in ihrer Wohnung feiern, weil sie in ihren Augen seine Verlobte war.«

»Sie kannte die ungeschriebenen Gesetze nicht. Mit diesem Fest hat sie ihre Wohnung aus eigenen Stücken zur Garçonnière, der Wohnung einer ledigen Frau, gemacht. Franciscos Freunde haben sie reingelegt.«

An diesem Abend war sie besonders zärtlich, und Francisco willigte ein. Am nächsten Morgen rief Yvonne Javier Rebollo an: Das Fest sei am 13. Dezember, um neun.

Die Villa der Ponces war nicht nur eine der schönsten in Buenos Aires, sondern auch eine der stattlichsten. Große und kleine Säle, Salons, Bibliothek, Garten, Schlafzimmer, Galerien,

Arbeitszimmer, Balkone, Patios, doch vielleicht fürchtete Vicente, die Mauern oder Pflanzen im Garten könnten hören, was er mit seinem Sohn zu besprechen hatte, darum schlug er ihm gleich bei seiner Ankunft vor, einen Spaziergang über die Plaza San Martín zu unternehmen. Dort war es so angenehm am Abend.

»Hat deine Mutter dir von Mercedes erzählt?« fragte er, während sie über die Straße gingen.

Ein Orkan hinter diesem Wispern: Sie heiratet, im März, ohne vorherige Verlobung. Wie, sie heiratet, fuhr Francisco auf, wen, wo. Morelli. Den Ort wußte Vicente nicht, Inés hatte es ihm gar nicht erst gesagt, denn er hatte sofort klargestellt: er denke nicht daran, zu dieser Zigeunerhochzeit zu gehen, und er erwarte, daß sein Sohn – dieses Wort betonte er gebieterisch – es genauso halten würde. Mit deiner Mutter kann man ja nicht reden, als ich ihr meine Ansicht mitgeteilt habe, hat sie wie immer nicht geantwortet.

»Was gelogen ist, Inés hat ihm die Antwort gegeben, die er verdiente: daß sie ihn zu der Hochzeit auch nicht eingeladen, sondern ihn nur darüber in Kenntnis gesetzt habe.«

Nie würde Vicente Mercedes verzeihen. Und Francisco ihr auch nicht. Wenn sie wenigstens den Anstand besessen hätte, nicht wieder in Buenos Aires aufzutauchen, hätten die Leute sie irgendwann vergessen. Vicente schnaufte, als würde er rennen: Sie müßten sich einigen, wie schon getan, als sie sich mit diesem verantwortungslosen Hernán im Colón der Öffentlichkeit gezeigt hatte. Damals hatten sie Mercedes' Gefühlsschwankungen ins Spiel gebracht, derentwegen sie den Orden verlassen habe, ein Glück immerhin, daß sie noch vor Ablegen des Gelübdes darauf gekommen sei. Vicente hatte herausgefunden, daß es sich bei dem jungen Mann um einen alleinstehenden Ingenieur aus Santa Fe handelte, der nichts besaß außer einem auf Raten gekauften Haus am Stadtrand, und daß er irgend etwas mit dem Radiosender zu tun hatte. Sie vereinbarten zu sagen, sie kennten nur seinen Namen, und dann rasch das Thema zu wechseln, damit es zu keinen peinlichen Fragen kommen würde. Sie konnten sich nicht vorstellen, daß dieser Morelli, der offenbar gute Beziehungen bis in die Politik hinauf hatte (auf einem Foto in *La Prensa* war er neben dem Präsidenten Alvear und einigen Abgeordneten abgebildet), so dumm war, Mercedes heiraten zu wollen, bei dem Ruf ...

»Vielleicht ist er gar nicht dumm, sondern ein Mitgiftjäger«, ereiferte sich Francisco. »Er heiratet eine Erbin.«

Es seien zwar noch ein paar Tage hin, bis Francisco seinen Doktortitel verliehen bekommen würde – Vicente tat etwas für ihn Seltenes und legte seinem Sohn den Arm um die Schulter, als könnte diese Demonstration von Vertrautheit ihre Schwierigkeiten miteinander in nichts auflösen –, aber jetzt wäre ein günstiger Moment, seine Verlobung anzukündigen. Es wäre gut für die Leute, und auch für Inés. Wie sieht's aus? Was sagte er dazu? Er würde doch nur um ein paar Monate vorziehen, was so oder so im nächsten Jahr anstand, das Haus war fertig, und Vicente dachte daran, ihm das Anwesen »La Blanqueada« zur Hochzeit zu schenken. Oder wäre ihm ein anderes lieber? Mal was Neues, im Januar in Mar del Plata Verlobung feiern – ein Geräusch, das ein Lachen sein sollte –, das wird noch Mode werden, und die Hochzeit auf März oder April legen. Könne er auf ihn zählen? Solle er Señor Zorraquín auf das Landgut einladen und ihm ganz formlos die Nachricht überbringen? Oder sei ihm Leticia Jiménez lieber?

Francisco bat darum, es sich ein paar Tage überlegen zu dürfen, am 11. hatte er seine letzte Prüfung, gab er als Entschuldigung an, und was die haarsträubenden Heiratspläne seiner Schwester anging, so könne er schon jetzt mit ihm rechnen, dagegen müsse man etwas unternehmen. Er wolle mit seiner Mutter reden, machen Sie sich keine Sorgen, Vater.

Francisco zog sich etwas durcheinander, aber zufrieden auf seine Zimmer zurück. Sich von Vicente gemocht zu fühlen war gut, er war ein Ponce, und sein Vater erkannte ihn an.

Beim Gedanken an Yvonne ein Stich, vielleicht fiele ihm

doch noch irgend etwas ein. Sein Vater hatte es eilig, seine Verlobung anzukündigen, unter diesen Umständen würde ihm vielleicht das eine oder andere entgehen. Keine der beiden Familien würde eine so überstürzte Bekanntmachung gutheißen, eine Waise hingegen, noch dazu aus Frankreich ... Am 13. würden sie zu zweit ein wenig feiern. Yvonne würde etwas Besonderes zu essen bereiten, den Tisch dekorieren, ihre gesamte Garderobe durchprobieren, ihm zu Ehren. Malena Zorraquín beim Betreten der Kirche, Leticia, die sofort die Renovierung von »La Blanqueada« in Auftrag gab, und Yvonne nackt auf dem Leintuch, auf ihrer Haut nichts als das mit Brillanten und Saphiren besetzte Collier, das der Juwelier Francisco vor einigen Tagen angeboten hat ...

Sie betrachtete sich im mittleren Spiegel und stellte den seitlichen so ein, daß sie sich ringsum sehen konnte. Die Tunika war spektakulär, bestickt im japanischen Stil mit Chrysanthemen in kräftigen Farben, und diese seitlichen Schlitze, durch die der kurze, enge Unterrock aus pfirsichrosa Satin zum Vorschein kam, Luis Fernández hatte gut daran getan, ihr zu dieser Farbe zu raten, viel dezenter als schwarzer Satin, und die Tunika kam auch besser zur Geltung.

»Sie würden über sie sagen, daß sie nichts unter der Tunika anhatte, daß sie nackt war.«

»Du bist umwerfend schön«, sagte Luis Fernández. »Du solltest dich trauen, gar nichts unter die Tunika zu ziehen. Du bist bei dir zu Hause, und wenn noch so viele Schnösel kommen, du kannst machen, wonach dir der Sinn steht.«

»Das hebe ich mir für später auf«, scherzte Yvonne, entzückt über ihren eigenen Anblick.

Sie hatten sich bei den Proben zu Romeros Stück kennengelernt, für das Yvonne bei den Kostümen half und in dem Luis den Galicier in der Mietskaserne spielte. Sie fand ebensowenig Gefallen an den Änderungen in letzter Minute wie er an dieser grobschlächtigen Rolle, aber es war eben ein Anfang, sie würden schon noch Aufgaben bekommen, die ihrer Begabungen würdig waren. Während dieser ganzen Monate tauschten sie Klagen, Hoffnungen und Vertraulichkeiten aus.

Es war schon halb neun, und außer Rosa, Luis und seinem Freund Joaquín war noch niemand da. Javier hatte ihr erlaubt, einzuladen, wen sie wollte, es sei ihre Wohnung. Da hatte Yvonne auch die O'Tooles angerufen.

Hast du dich vielleicht im Tag vertan? Nein, die jungen Männer, die Javier für den Service geschickt hat, sind schon in der Küche zugange.

Rosa hatte Bauchschmerzen: Kein Wunder bei soviel Torte und Durcheinander, das du mich seit heute morgen hast kosten lassen – gab sie vor, aber sie spürte, daß an diesem wachsenden Unwohlsein nicht Yvonnes Nachspeisen schuld waren, und auch nicht die ideologischen Konflikte, in die sie diese Feier stürzte. Irgend etwas Bedrohliches, nichts Greifbares, schwebte über diesem Warten.

Es war zehn vor neun, als sie in ihren gutsitzenden Anzügen, ihren Seidenkrawatten, ihren Saphirnadeln grölend einfielen und diese Garde an Frauenspersonen mitbrachten, die nicht nur der Epoche wegen, so sollte Joaquín Irusta später anmerken, aus einem Gemälde Toulouse-Lautrecs entstiegen zu sein schienen. Anführer der ganzen Truppe war Javier Rebollo, mit seinem fiesen Lächeln und seiner gekünstelten Stimme ein Schlag ins Gesicht für sie alle. Rosa haßte ihn auf den ersten Blick.

Die Verpflichtung, glücklich zu sein. Der Satz seiner Mutter klang noch in ihm nach, als Francisco das Automobil in der Calle Ayacucho parkte. Er begriff nicht ganz, was sie ihm mit diesen Worten hatte sagen wollen. Seinen Vater nicht zu enttäuschen hatte ihn immer so in Anspruch genommen, daß er sich nie gefragt hatte, was seine Mutter eigentlich von ihm erwartete.

Er hatte beschlossen, das Gespräch über Mercedes zu verschieben, doch Inés rief ihn am selben Nachmittag in die Bibliothek. Jetzt, wo er so glücklich über seinen Titel sein konnte, habe sie noch eine weitere freudige Nachricht für ihn: Seine Schwester werde im März heiraten.

»Weiß ich bereits, aber eine freudige Nachricht ist das nicht, vielmehr ein Riesenproblem, dem wir mit aller Entschlossenheit entgegentreten müssen, Mutter.«

Was ihn sprachlos machte, war nicht, was Inés über Mercedes sagte: daß sie ein Recht darauf habe, glücklich zu sein, zu lieben, wen sie sich erwählte, sondern daß sie das auch auf ihn bezog: Du genauso, Francisco, auch du hast dieses Recht. Vergiß das nicht.

Daraufhin sah sie ihn lange an, als wollte sie ihn einladen, einen Fuß auf diese Brücke zu setzen, die sie ihm baute. Ob sie etwas wußte? Hatte sie seinen Vater von Yvonne reden hören? Er fühlte sich klein und dumm unter diesem beharrenden Blick, mit dem sie ihn befragte, sich ihm anbot, ihn forderte, auch beurteilte? Er zog seine Uhr aus der Tasche.

»Laß uns ein andermal reden, Mutter, ich muß jetzt gehen, sie warten auf mich«, und er küßte sie eilig auf die Wange.

»Francisco«, hielt sie ihn zurück. »Es ist nicht nur ein Recht, es ist eine Verpflichtung, die einzig wichtige.«

»Was?« fragte er von der Tür.

»Glücklich zu sein.«

Javier erteilte links und rechts Anweisungen, plazierte die Gäste wie ein Theaterregisseur auf der Bühne, ihr in den Sessel hier, und ihr dorthin, und ihr kommt hierher, woraufhin er die Frau in dem aufreizenden Kleid am Arm faßte, er zischte etwas, das Yvonne nicht verstand, und sie unsanft in den Gang schob, der zu den Schlafzimmern führte, die Kellner sollen die Getränke zum Servieren fertig machen, Yvonne, zeig ihnen, wo sie die Lichter ausmachen sollen, und sie rannte von hier nach dort, zeigte auf die Lichtschalter, und währenddessen beschlich sie die fürchterliche Angst, sich in irgend etwas getäuscht zu haben.

Yvonnes Blick fiel auf dieses Mädchen mit den verweinten Augen und dem langen, offenen Haar.

Es war neun. Die Lichter, brüllte Rebollo. Schlagartig alles schwarz, Tuscheln, Lachen, sie bekam ein flaues Gefühl im Magen, irgendwo ein gellender Schrei, eine rauhe Zurechtweisung, in der Küche zersprang ein Glas, ihr Herz raste in diesem aufgeladenen Dunkel. Seit dem Krieg hatte sie Angst im Dunkeln, aber das waren doch keine Soldaten, nur Franciscos Freunde, sie stützte sich an die Wand, sie war zu Hause, in Buenos Aires, warum soviel Angst? Er soll endlich kommen, mein Gott, hoffentlich geht alles gut, »notre père qui êtes aux cieux, que votre nom soit sanctifié, que votre regne vienne, que votre volonté soit faite sur la terre comme au ciel ...«, überkam es Yvonne.

Die Verpflichtung, glücklich zu sein, sagte Francisco sich noch einmal vor, während er den Aufzug links liegen ließ, um die Treppen hochzurennen, Yvonne, er hatte den Wohnungsschlüssel in der Hand und auf einmal die Gewißheit, daß er auf dem richtigen Weg war, um seiner Mutter zu gefallen.

Auf einmal das unüberhörbare Geräusch des Schlüssels im Schloß. Die Lichter gingen an, Applaus und Jubelrufe: Hoch lebe Doktor Ponce, er lebe hoch, Francisco blickte erschrocken zu Boden, dann von einem zum anderen, suchte er sie? Javier hatte ihr nicht gesagt, ob sie in diesem Augenblick auf ihn zugehen oder sich zwischen den Leuten versteckt halten sollte. Sie machte einen zaghaften Schritt, und noch einen, während sich diese rothaarige Frau Francisco um den Hals warf – wer war sie? – und ihn küßte, er beachtete sie nicht, er riß die Rothaarige von sich und sperrte die Augen auf, als wollte er die ganze Szene überblicken, seine Freunde, die Lichter, die Bedienungen, und sie, die nun vor ihm stand in ihrer wunderschönen Tunika, ihrer neuen Frisur und mit offenen Armen. Francisco rang sich ein Lächeln ab, der Ärmste regte sich nicht, er war nervös. Da machte sie den Anfang und küßte ihn, aber Franciscos Lippen blieben starr.

Rosa krampfte sich das Herz zusammen, als sie sie lachen, applaudieren sah, als wären sie im Theater, und in gewissem Sinn war das auch so, denn während Yvonne Francisco küßte und er nicht wußte, was er mit seinen Armen und seinem Körper anstellen sollte, wurde schon die nächste Nummer vorbereitet. Die lärmenden, ordinären Weiber stellten sich in die Schlange: Jetzt ich, kreischte eine Blondgefärbte mit Ballonbusen und stieß Yvonne weg. Rosa war froh, daß die Musiker kamen und sie woandershin gucken mußte.

»Yvonne!« rief sie laut.

Wie eine Puppe ließ er reglos die Küsse der ganzen Geliebten seiner Freunde über sich ergehen und blickte währenddessen zu Yvonne, sehr ernst und prüfend, aber ihr war klar, daß es ein weiterer Scherz war, sollten diese Frauen ihn nur betatschen, küssen, auch wenn ihr Herz fast zersprang, sie würde keine Eifersucht zeigen, sondern die Überlegene, Vergnügte spielen. Oder gar die Gleichgültige, da endlich reagierte sie auf Rosas hartnäckiges Rufen. Sie war die Gastgeberin, und die Musiker warteten auf ihr Zeichen, um anzufangen.

Wie später auch Luis Fernández wollte Rosa einzig und allein die Aufmerksamkeit von diesem Schauspiel ablenken, darum drängte sie die Musiker und legte sich mit diesem widerlichen Javier Rebollo an, der sie am Spielen hindern wollte, weil er, bevor sie tanzen würden, noch weitere Überraschungen für Francisco vorbereitet hatte.

»Das entscheidet die Hausherrin!« schrie Rosa ihn an, »und sie will es so.«

Sie sah ihn mit drohender Gebärde auf Yvonne zugehen, da

kündigte Rosa selbst das Quartett und den ersten Tango an, den sie singen würde: *De mi barrio.*

»Es ist ein neuer Tango, Musik und Text sind von Roberto Goyeneche.«

Es war einer der wenigen Tangos, die die Sicht der Frau wiedergaben, und mit diesem Gedanken im Kopf widmete sie ihn der Gastgeberin, meiner lieben Freundin Yvonne, und nicht Francisco, worum sie sie gebeten hatte.

»*Daß sie ausgerechnet diesen Tango Yvonne widmen mußte!*«
»*Wie hätte sie darauf kommen sollen, daß diese skrupellosen Menschen das ausnutzen würden, um sie zu demütigen.*«

Sie war glücklich, daß Rosa ihr den ersten Tango widmete und diesen herumkommandierenden Javier gebremst hatte, dieser Mann machte sie entsetzlich nervös, jetzt wußte sie, warum sie ihn nicht mochte, bestimmt hatte er sich das mit den Küssen ausgedacht.

Rosa sang mit einer Gier, als wollte sie ins Mikrophon beißen, Yvonne verstand nicht alle Worte und konnte auch nicht konzentriert zuhören, doch bei »*ich war in meinem Viertel das hübscheste aller Mädchen*« begriff sie sofort, daß das ein Kompliment an sie war. Vom anderen Ende des Zimmers sah Francisco zu ihr her, doch sie konnte seinen Ausdruck nicht deuten. War er verärgert, weil sie ihm verschwiegen hatte, daß seine Freunde kommen würden? Oder beleidigt, weil Rosa den ersten Tango nicht ihm, dem Ehrengast, gewidmet hatte?

Da sie ihre ganze Aufmerksamkeit darauf richtete, Rosa mit Handzeichen daran zu erinnern, daß sie den eigens einstudierten Ärztetango, den über den Kopf des Italieners, singen sollte, begriff sie nicht, daß dieser junge Mann mit ihr sprach. Javier Rebollo übersetzte für sie: »Il veut savoir si ton quartier était Montmartre.« Was fragte er, ob ihr Viertel das Montmartre gewesen sei?

»*Rosa hätte sterben wollen, als ihr klar wurde, daß hier unterstellt wurde, De mi barrio würde von Yvonne handeln: Das*

hübscheste Mädchen aus meinem Viertel schenkte ihr Herz dem
Industriellen, der ihr seinen Namen versprach.«

»Und am Ende verkaufte sie ihr Lächeln und ihre Liebe in
einem Cabaret.«

»Um den Mann zu vergessen, der längst gegangen war.«

Rosa brach ab und kündigte rasch einen anderen Tango an,
dann noch einen; dieser Javier brachte sie wahrscheinlich so
durcheinander, daß sie den vorbereiteten Tango vergessen hatte,
dachte Yvonne, die ersten fingen an zu tanzen, das war der
Moment, um zu Francisco zu gehen.

Yvonnes Auftritt an diesem Abend war geradezu schrill. Francisco sah sie unsicher auf ihn zukommen, dieses dümmliche
Lächeln und diese peinliche Tunika, wo hatte sie die nur aufgetrieben? Noch nie hatte er so eine geschmacklose Stickerei
gesehen, sein ganzer Körper spannte sich wie die Saiten der
Violine. Und in dem nun einsetzenden Bandoneonsolo schien
sich seine Verzweiflung auszudrücken. Genial, dieser Mann, er
würde ihm ein gutes Trinkgeld geben.

Alle Augen auf ihnen, diese Blöße würde er sich nicht geben.
Würde sie nicht packen, sie nicht ohrfeigen, würde auch nicht
vor Wut heulen, wonach ihm zumute war: Warum hast du uns
das angetan, Yvonne, ausgerechnet heute, da wir so nah dran
waren. Er sah diesen geliebten, von dem hautfarbenen Satin
betonten Körper und raste vor Begehren, er hätte die Schlitze
der Tunika öffnen, ihr das Gewand vom Leib reißen, sie hier auf
der Stelle vor allen besitzen wollen, das verdiente sie, und
gleichzeitig fuhr in ihn der Haß auf sie, er wollte sie von diesem
Publikum fortschaffen, sie ins Schlafzimmer schleifen und sich
mit ihr einschließen, um sich mit ihr nie wieder irgendwelchen
Blicken aussetzen zu müssen. Aber Yvonne stand da, nichts
kam bei ihr an: Zufrieden, mon amour? Und dieser Javier Rebollo, die Zähne zeigend bei seinen vergifteten Worten: Ein
schönes Fest hat deine Yvonne dir da organisiert.

»Fürstlich«, erwiderte er bitter.

»Wir haben auch niemanden auf der Gästeliste vergessen«, dazu umarmte Javier augenzwinkernd Marina.

Mitten im Zimmer auf einmal Tununa und Charly O'Toole, sichtlich verwirrt. Yvonne lief zu ihnen, um sie zu begrüßen.

Was die O'Tooles denken mußten, während sie sich umblickten und die Edelnutten von Buenos Aires versammelt sahen. Und diese beiden Männer, die zusammen tanzten? Sollte das auch ein Scherz sein, fragte er, ohne vor Rebollo seine Empörung zu verbergen.

»Die beiden Schwuchteln hat Yvonne eingeladen.«

Joaquín, der bisher in der Öffentlichkeit immer nur mit Frauen getanzt hatte, legte seine Hand an Luis' Taille, dann schwangen sie sich auf die Tanzfläche. Luis hatte ihn darum gebeten, um die Aufmerksamkeit von Yvonne abzulenken, aber schon gab es nichts mehr außer ihre umschlungenen Körper und diesen Tango, in dem sie einzigartig, wunderbar waren, sich liebten. Die bewundernden Blicke, der losbrechende Applaus, es war einfach herrlich.

Luis hatte Joaquín nicht geglaubt, als er ihm gesagt hatte, er wolle ein Leben lang mit ihm zusammensein. Natürlich würde er ihn verlassen, sobald er einen anderen gefunden haben würde, der so vornehm und gebildet war wie er.

Er hatte es auch noch nicht geglaubt, als Joaquín Luis' Entschluß unterstützte, sich nicht mehr in den Laden zu stellen und damit auf Sicherheit und ein geregeltes Einkommen zu verzichten, als er jeden Tag ins Theater kam, obwohl Luis nur fünfzehn Minuten auf der Bühne stand, und ihm Mut zusprach, er würde bestimmt bald eine seinem Talent entsprechende Rolle bekommen. Die Prinzessin von Bourbon glaubte ihm erst, als Joaquín vor allen diese wunderbaren Tangos mit ihr tanzte.

Francisco fand die Vorstellung dieser einander in den Armen liegenden, Pirouetten drehenden Schwuchteln unendlich peinlich.

»Ils dansent très bien, n'est-ce pas?«

War sie wirklich so dumm? Tat sie das mit Absicht? Haßte sie ihn? Er zog es vor, ihr nicht zu antworten, der Zorn kribbelte ihn in den Armen, und da er sich nicht sicher war, ob ihm nicht die Hand ausrutschen würde, ballte er sie zur Faust und ging weg. Dann schenkte er sich einen doppelten Whisky ein. Er hatte schon eine Idee, wie er sich aus dieser peinlichen Situation mit den O'Tooles herausretten könnte, er würde ihnen sagen, daß Yvonne ihn betrogen hatte, daß er erst lange Zeit nachdem sie bei ihnen gewesen waren, erfahren habe, was sie für eine Frau sei, und es sehr bedaure, daß sie auf eine solche Einladung hin gekommen seien, anschließend würde er sie nach unten begleiten. Noch einen Whisky. Und wenn sie weg waren, würde er lachen, würde Yvonne vor allen in den Hintern kneifen, sie so behandeln, wie sie es von ihm verlangte, wie eine Nutte. Einen Whisky, bitte. Er wollte trinken, trinken, bis alles eine einzige Wolke wäre.

»Dürfte ich einen Moment um Ruhe bitten«, trat Javier an die Musiker heran. »Doktor Francisco Ponce wird nun seine erste Patientin untersuchen«, woraufhin er in den Flur zeigte.

Francisco kannte den Scherz. In irgendeinem Zimmer lag wahrscheinlich eine nackte Frau in unzüchtiger Haltung und würde ihn auffordern, er solle sie hier, und hier anfassen, etwa in unserem Schlafzimmer? Ihm spannte sich die Haut vor Wut, ob Yvonne davon wußte?

»Nicht jetzt.« Was er in möglichst natürlichem Ton hatte sagen wollen, kam als theatralische Aufforderung: »Das Orchester soll weiterspielen.«

»Aber die Patientin wartet auf dich, sie hat starke Schmerzen.«

»Musik, bitte«, befahl Francisco.

Unter solchen Bedingungen könnten sie nicht spielen: Zuerst sollen sie spielen, dann wieder aufhören, nichts wie weg hier, versuchte Rosa, die Musiker zum Gehen zu bewegen. Doch die wollten bleiben.

»Gehen Sie einfach, Rosa«, sagte Agesilao freundlich zu ihr, »machen Sie sich keine Gedanken, ich verstehe Sie.«

Was machte diese nackte Frau in ihrem Bett? Und die andere dort mit Schwesternhaube und Unterwäsche? Yvonne scheuchte sie auf französisch hinaus, doch sie lachten nur, als auf einmal Tununa hereinkam. Sie schäme sich so, sie wisse nicht, wer diese Frauen seien und was sie hier wollten, erklärte sie ihr unter Tränen. Das denke ich mir, Yvonne, und dann sagte sie in bestimmtem Ton, ohne laut zu werden, etwas, das saß, denn die Frauen lachten nicht mehr, und die eine im Schwesternkostüm bedeckte sich die entblößten Brüste mit einem Kissen.

»Yvonne, wir müssen reden.«

»Im anderen Zimmer«, sagte Yvonne rasch.

Dort jedoch: drei Männer, eine ältere Frau und dieses Mädchen mit den langen Haaren und erschrockenen Augen, nackt unter ihrem durchscheinenden Negligé. Yvonnes Arm zitterte, als sie ihnen die Tür wies, und da ihr die Worte fehlten, sprang Tununa für sie ein: Raus, sofort.

»Du mußt handeln, Yvonne, entweder wirfst du alle raus, oder...«

»Aber... es ist doch Franciscos Fest«, mit gebrochener Stimme. »Javier Rebollo wird kochen vor Wut, und seine anderen Freunde auch, sie haben es schon lange vorbereitet.«

»Es ist deine Wohnung, Yvonne, und das ist nicht das Fest, das du dir vorgestellt hast.«

Die nackten Frauen in ihrem Schlafzimmer, Francisco, der sie fortschickte, als sie gerade mit den O'Tooles sprach, dieses Mädchen, das in demselben Alter sein mußte wie sie, als der Soldat in Armentières... Wie ein Sturzbach brachen die Tränen aus ihr heraus, und Tununa umarmte sie: Ja, sie hatte recht, sie durfte sich das nicht länger antun, nicht noch mehr Schocks, Yvonne würde jetzt mit zu den O'Tooles nach Hause gehen und sich ausruhen...

»Und Francisco?«

Tununa machte eine schroffe Geste: Du wirst schon noch Gelegenheit haben, mit ihm zu reden, wenn er weniger betrunken ist.

Beim Hinausgehen hielt Francisco sie brüsk am Arm zurück: Er, nicht Yvonne, würde die Gäste nach unten begleiten. Da stellte sich Charly O'Toole dazwischen: Nicht nötig, Yvonne kennt den Weg.

Sie wollte Francisco noch sagen, daß sie weggehe, doch Tununa packte sie am Arm und zog sie entschlossen hinter sich zur Tür hinaus. Sie holten den Aufzug und stiegen ein. Francisco versuchte, die Tür zu öffnen, aber Charly hinderte ihn daran. Einen Moment lang blieb er reglos stehen und sah ihnen nach, als begriffe er überhaupt nichts mehr. Saukerl, meinte er zu verstehen, obwohl Tununa sehr leise gesprochen hatte.

Francisco war mit sich zufrieden, am Ende hatte Rebollo ihm einen Gefallen getan und ihm geholfen, wieder auf den Boden zu kommen, Malena Zorraquín war ein bildhübsches, stilles Mädchen, das Pflanzen und ihr Klavier liebte, so wie seine Mutter Bücher, sie würde eine gute Ehefrau sein, und auch wenn Yvonne am Anfang weinen würde, wußte er, daß er sein Leben lang mit ihrer glühenden Fügsamkeit rechnen konnte. Er hatte nichts verloren, im Gegenteil, endlich hatte er die Anerkennung seines Vaters gewonnen. Allerdings wollte er Inés' Gesichtsausdruck nicht deuten, als er ihr sagte: Ich werde mit Malena sehr glücklich sein, Mutter.

Dreißigstes Kapitel

Die New Yorker Wolkenkratzer verschwimmen nach und nach am Horizont, und mit ihnen Lilian, Cobián, Bill, Gordon, die Jungs seiner Band, die Latinofreunde aus dem Morocco. Unruhe, Traurigkeit überfallen ihn, als wäre der gelichtete Anker der *Southern Cross* der seines eigenen Lebens, als würde Juan sich abermals in eine Irrfahrt flüchten. Obwohl New York sich letztlich mehr als Motor denn als Anker herausgestellt hat, und auch wenn er nun die Vielfalt der Leute, die Musik, die Verrücktheit dieser Stadt nicht mehr jeden Tag um sich haben wird – versucht er sich zu beruhigen –, kann ihm doch niemand nehmen, was sie ihm gegeben hat. Wovor fürchtet er sich? Der Vertrag, den er bei der Kreuzfahrtgesellschaft unterschrieben hat, sichert ihm nach drei Monaten die Rückkehr nach New York zu.

Du hast gespürt, auch wenn du dir das nicht einzugestehen gewagt hast, daß du dich am Río de la Plata nur schwer meinem Zauber würdest entziehen können. Du hattest andere Pläne: die Gründung der Band, die Reise nach New Orleans mit Lilian. Der Jazz war nun deine Welt. Mir hat das nichts ausgemacht, ich bin nicht eifersüchtig, willkommen alle neuen Klänge und deine Freiheit. Ich war dir nicht gram, ich würde dich mit offenen Armen aufnehmen, Juan, auch wenn du dich in Wahrheit nie von mir gelöst hattest.

Juan hat Mercedes die Partitur eines Tangos geschickt, den er für sie komponiert hatte. *Corajuda* hat er ihn ihr zu Ehren genannt, weil sie genau das für ihn immer gewesen war – die Mutige. Er hatte sich schon damit abgefunden, nicht zu ihrer Hochzeit zu fahren, als er das Angebot bekam, auf der *Southern Cross* die Abendgesellschaften zu unterhalten. Das hat er als Zeichen genommen, das Schiff soll am 23. März einlaufen, am 25. heiratet Mercedes. Ein paar Tage Buenos Aires, dann wieder Meer, Rio de Janeiro, New York. Und er braucht seine Pläne nicht aufzugeben, nur zu verschieben.

»Du fährst ans Ende der Welt, weil eine Freundin heiratet?« hat Lilian gesagt, und ihre feuchten Augen haben ihr spöttisches Lächeln nichtig gemacht. »Das glaube ich dir nicht.«

Es ist kein Vorwand, er möchte diesen Tag mit Mercedes teilen, doch nur die Vorstellung, nach so langer Zeit Buenos Aires zu betreten, berauscht ihn. Seine Mutter, Palermo, die Akazien, Kapok- und Weidenbäume, San Telmo, die reizvollen Körper, das Lächeln der Hauptstädterinnen, das Café El Parque, das Real, die Cabarets: Chantecler, Armenonville, Abdulah, Tabarís, ein Labyrinth aus Straßen, und der auf dem Pflaster widerhallende Tango.

In New York haben ihn die Stimmen über Julios Debüt mit seinem Orchester im Vogue's Club erreicht, beeindruckend, fabelhaft, das hat ihn mit Stolz erfüllt wie einen Vater, dem man von den glänzenden Leistungen seines Sohns erzählt.

Dabei bist du das Wunderkind gewesen und nicht sie.

Roberto und Mercedes unterbrechen nach dem letzten Takt von *Nostalgias* ihre Umarmung nicht, sie lösen sich auch bei dem losbrausenden Applaus nicht voneinander, eine lebende Statue mitten auf der Tanzfläche des Chantecler, in der sie das Einswerden ihrer beiden Körper beim Tango noch etwas auskosten.

Du hast nie aufgehört, mich zu mögen, Mercedes, doch als du mit Roberto getanzt hast, hast du wieder mir gehört wie zu Zeiten unserer ersten Bekanntschaft, bist wieder ganz du gewesen.

»Wenn wir uns im Leben, ich will nicht sagen, halb so gut, vielleicht ein Viertel so gut verstehen wie beim Tangotanzen...«, sagt Mercedes zu ihm, als sie sich wieder an den Tisch setzen.

»Wir werden uns verstehen, aber vor allem werden wir uns aneinander laben wie beim Tangotanzen, tagaus, tagein, Minute für Minute.«

Er übertreibt, wie immer, aber Mercedes nimmt es ihm ab.

Erst heute hat er es ihr bewiesen. Nichts und niemand – noch nicht einmal sie – kann Roberto dieses pure Glück schlechtmachen, das er mit Mercedes leben will.

»Warum müssen wir dieses Gerede ertragen, was zwingt uns, uns in Buenos Aires trauen zu lassen?« hat er an diesem Abend zu ihr gesagt, als sie ihm die neueste Folge des »Romans der Woche« erzählt hat, wie sie es ironisch nennt.

»Erinnert ihr euch an den Roman der Woche? Es gab noch andere Namen dafür: mein Roman, Roman des Tages, alles mögliche. Ich habe sie verschlungen.«

»Ich auch, aber daß Mercedes diese Blättchen las, hätte ich nicht gedacht ...«

Robertos Eltern, seine Geschwister, seine ganze Familie und seine Freunde freuen sich aufrichtig über seine Hochzeit, wäre es da nicht besser und angenehmer, in Santa Fe zu feiern? Da sie in Robertos Stadt leben werden, sollten sie der Gerechtigkeit halber in ihrer Stadt heiraten. Findest du nicht, Liebster? Schon, aber sie wolle doch nicht nur hier heiraten, weil sie aus Buenos Aires ist – sein Lächeln eine Brücke, eine Bitte um Aufrichtigkeit: Irre er sich, oder habe sie ihren Spaß daran, daß der Ruch des Skandals ihre Hochzeitsvorbereitungen umgab?

»Stimmt, ich habe meinen Spaß daran, und meine Mutter auch. Du hättest sie sehen sollen, als sie mir erzählt hat, welchen Text sie sich für die Vermählungsanzeige ausgedacht hat: Sie war ein anderer Mensch, sie strahlte, war vergnügt, hatte einen Sinn für Humor, der vollkommen neu an ihr ist.«

»Vielleicht hatte sie ihn schon immer, und du wußtest es nur nicht. Als du sie kennengelernt hast, war sie bereits mit deinem Vater verheiratet.«

Mit ihm zusammen lachen, schon ist das Leben leicht.

Wie zwei Mädchen, die etwas aushecken, stürzen sich Inés und Mercedes in die Hochzeitsvorbereitungen. Sie ist seit Jahren für ihren Vater, für ihren Bruder gestorben? Also wird in den Einladungen, die sie verschicken wollen, in der Anzeige, die in den Zeitungen erscheinen soll, nur Inés Lasalle de Ponce

die Vermählung ihrer Tochter Mercedes Ponce Lasalle mit Señor Roberto Morelli bekanntgeben. Die Trauzeugen: Hernán
Lasalle und Elizabetta Barate de Morelli. Nirgendwo der Name
ihres Vaters Vicente, als wäre er gestorben, und nicht Mercedes.

Nun knallt der Klavierdeckel auf Vicentes Finger, und Inés
vermutet, was sie ihrer Tochter allerdings nicht sagt, daß ihn
noch andere, viel tiefere Schmach trifft.

»Soll das ein Fest oder ein Krieg sein, was ihr da vorbereitet?«
Eine ironische Bemerkung, die nicht zum Vorwurf wächst.

Obwohl Roberto nicht allzuviel Einblick hat, was für alte
Rechnungen bei der Vorbereitung ihrer Hochzeit beglichen
werden sollen, überspielt er seine Verstimmtheit mit Humor,
ist ihr Gefährte, Verbündeter, Geliebter.

»Wir bereiten ein Fest vor. Aber vorher müssen noch ein paar
Schlachten geschlagen werden, und so wie's aussieht, gewinnen
wir sie alle.«

Sollen sich Vicente und Francisco das Maul zerreißen, diese
Freude kann ihnen niemand nehmen. Hernán wird dasein und
sie in die Kathedrale von San Isidro führen, die Familie und
Freunde Robertos und alle, die mit ihnen in dem Landhaus feiern wollen, in dem ihre Mutter zum erstenmal aufgeatmet hat.

*»Nach all der Auflehnung heiratet sie am Ende doch kirch-
lich? Noch dazu in der Kathedrale von San Isidro! Wie wider-
sprüchlich Mercedes war.«*

*»Auch Roberto wollte kirchlich heiraten, seine Familie war
katholisch. Und dadurch, daß sie in San Isidro, in Inés' und
Hernáns Refugium, feierten, sonderten sie sich gewissermaßen
ab.«*

Da nur Inés die Einladungen verteilt hat und der Weg weit
ist, werden nur die kommen, die wirklich ihre Freunde sind.

Aber Mercedes täuschte sich, denn auch wenn die Anfahrt nach
San Isidro umständlich war und Ponce und sein Sohn sagten, sie
würden diese Verbindung nicht anerkennen, oder vielleicht gerade deshalb, es war eben doch die Familie, eine Freundin aus

Kinderzeiten, der Trauzeuge ein Lasalle, und Präsident Alvear hatte sich mit dem Bräutigam fotografieren lassen, wer würde sich schon diese Hochzeit entgehen lassen, die soviel Gesprächsstoff liefern würde.

Einfluß, vor allem auf die Jüngeren, hatte auch die Zusage von Malena Zorraquín, Franciscos offizieller Verlobter: Sie würde ihre zukünftige Schwiegermutter, eine bemerkenswerte Frau, doch nicht im Stich lassen. Da war etwas faul.

Als die Brautleute vor der Kathedrale winkten, ging Malena auf sie zu. Wer war diese junge Frau, die sie so warmherzig umarmt hatte? fragte sich Mercedes.

»Ich bin Malena, Francisco läßt dir seine innigsten Glückwünsche überbringen, er wäre so gern gekommen«, log sie und glaubte es. »Er liebt dich sehr«, und dann flüsterte sie ihr noch ins Ohr, »aber wie die meisten Männer ist er schwach, und ich bin mir sicher, daß dein Vater Druck auf ihn ausgeübt hat.«

»*Zum Glück konnte sich Mercedes dank Malena mit ihrem Bruder versöhnen. Sonst wäre es später für sie noch schrecklich geworden.*«

Ein wohliger Schwindel. Es ist der Champagner oder der Duft des Nachtjasmins aus dem Park oder Mercedes so glücklich zu sehen. Juan hat nicht wie seine Mutter geweint, aber er war ergriffen, als er sie am Arm ihres Onkels die Kirche betreten sah, sie beide mit ihrem strahlenden Lächeln.

Die offenstehenden Türen zu der um das Haus laufenden Galerie, im großen Salon der Pianist, die Musiker, die sich einspielen.

Wie gern wärst du zu ihnen gegangen und hättest Julio de Caro, Pedro Maffia umarmt, aber mit der Last deiner Flucht bist du lieber in der Menge untergetaucht. In der Pause willst du sie begrüßen gehen. Auf einmal diese Spannung in deinen Händen. Francisco de Caro hat am Klavier und Julio am Dirigierpult deinen Platz eingenommen. Ob sie weiter deine Arrangements spielen?, hast du gewünscht und gefürchtet zugleich.

Sie sind auf einer Hochzeit, erst wenn die altbekannte Folge an Walzern durch ist, wird er erfahren, wie sie es halten. Aber... das ist doch ... *El porteñito*! Eine geniale Idee.

Mit *El porteñito*, Mercedes, hast du deinen Vater provoziert, dabei hat dich gar nicht dein Groll, sondern die Liebe zu dieser Entscheidung bewogen. Hernán hatte dir gratuliert, als er erfuhr, daß du Tangos spieltest, Hernán hatte dich vor Vicente, vor Leonor gerettet, Hernán hatte dir in Paris beigebracht, wie man mich tanzt, Hernán hat dich immer so genommen, wie du warst. Keine schönere Liebeserklärung hättest du deinem Patenonkel machen können, als anstelle des Eröffnungswalzers *El porteñito* spielen zu lassen. Der »porteñito« war Hernán. Und auch unsere Geschichte, durch ihn hast du nicht nur zu dir... sondern auch zu mir gefunden.

An einer Seite der Tanzfläche legen Mercedes und Hernán feierlich die Arme umeinander, bleiben eine Weile in dieser Haltung, bis die Bandoneons sie zu einem *floreo* anspornen, wie Juan ihn seit Carlotas Zeiten nicht mehr gesehen hat. Er ist überwältigt, es sind nicht seine Arrangements, aber er erkennt seinen Tango, wie er ihn sich immer erträumt hat, nicht ein Tüpfelchen seines spielerischen, übermütigen Charakters hat dieser *Porteñito* verloren, und doch entfalten sich in ihm nun komplexe Harmonien und eine romantische Expressivität, die so anders sind als damals.

Dieses Paar in seiner Eleganz und Verwegenheit hat deine Vorstellung von mir auf der Tanzfläche lebendig werden lassen, Juan, das hat dich bezwungen. Wie oft hast du, du Hochmütiger, von den Traditionalisten Abstand gesucht und solchen Unsinn von dir gegeben wie: »Meine Musik gibt die Hoheit nicht an die Tänzer ab.« Sollten Mercedes und Hernán Julio etwa um Erlaubnis fragen, ob sie mich so tanzen dürfen? Ihr Komponisten, Arrangeure, Dirigenten habt doch gar keine Hoheit, die ihr an irgendwen abgeben könntet, ich tue das, und ich übergebe sie dem, der mich begehrt. Die Tänzer gehören genauso zu mir wie Julio und sein Orchester, wie du selbst, wie Rosa, wie Gardel.

»Das ist es. Eben nichts von außen. Keine Idee eines einzelnen, so genial sie sein mag. Der Tango selbst sucht sich seinen Ausdruck in der Musik Juans und anderer Komponisten.«

»Und in uns Tänzern«, sagt Carlota. »Der Körper bewegt sich wie aus sich selbst heraus, unabhängig von irgendwelchen Vorgaben ... wie von etwas besessen. Genau das wollte ich in den Kursen an der Tanzakademie in Paris vermitteln: Entscheidend ist nicht die Choreographie, sondern daß man sich gehen, sich vom Tango ausfüllen läßt.«

»Oder eher, daß man den Tango mit Leben ausfüllt«, sagt Rosa, »die Texte haben mit mir etwas Magisches gemacht, ich habe sie gesungen und dabei gespürt, daß ich das, was ich ausspreche, in diesem Augenblick selbst durchlebe. Der Tango, seine Stimmungen, haben sich meinem Gesang aufgeprägt.«

»Gewiß hat der Tango in uns seinen Ausdruck gefunden«, sagt Hernán, »aber nicht jeder für sich, sondern wir alle zusammen haben ihm seine Gestalt gegeben, und daß wir im Tango Ewigkeit erlangt haben, hat seinen Grund. Wir haben es uns verdient.«

Zu den schleppenden Legati des Bandoneons gleitet Mercedes in Robertos Arme, Hernán holt Doña Inés, was für eine tolle Frau sie ist, und sie tanzt so unbeholfen. Das Klaviersolo nimmt noch einmal den ersten Teil von *El porteñito* auf, und immer mehr Paare gesellen sich dazu. Kühn von ihm, das Stück einfach zu wiederholen, denkt Juan, doch Villoldo selbst beseelt Julios Orchester, die Melodie der Geigen, Asunción, die mit Hernán tanzt, ihr glühendes Gesicht, ihre flinken Beine, und nun zerrt Mercedes Juan auf die Tanzfläche, du kennst mich doch, ich stolpere über meine eigenen Füße, Drehung, Stand, schon liegen sie sich in den Armen: Wie schön, daß du gekommen bist, ich hab dich so gern, ich dich auch, dann übergibt er sie Robertos Armen und zieht sich zurück, um vom Rand diese brodelnde Tanzfläche bei den letzten Takten von *El porteñito* zu genießen.

Rosa würde am liebsten alles machen: mit Canaros Orchester nach Paris gehen, in dem Stück von Manuel Romero singen, im Radio weiter mit den Gitarristen arbeiten, für Odeón aufnehmen und Fresedos Angebot annehmen, abends im Lichtspielhaus Gran Splendid zu singen ... und was sich sonst noch auftut. Aber sie wird sich entscheiden müssen, sagt sie sich, während sie zerstreut die Pflanzen in dem kleinen Patio gießt. Die strahlende Sonne, die Blumen, und dieses flirrende Glücksgefühl, seit Enrique Delfino ihr gesagt hat, daß Juan in Buenos Aires ist (er sei ihm auf einer Hochzeit begegnet), bringen sie zu der Überzeugung, daß das Leben ihr ein Zeichen geben will und sie ihren Weg findet. Nur wann?

Es ist ein schöner Morgen, sie könnte sich unter den Feigenbaum setzen, ein paar Mates trinken, den Roman der Woche lesen und an nichts denken. Sie muß erst um vier in die Probe. Doch genauso könnte sie einen Spaziergang durchs Viertel unternehmen, die Corrientes bis Talcahuano hinuntergehen, ob Juan noch dieselbe Wohnung hat?, sie könnte wie jemand, der auf dem Weg irgendwohin ist, an dem Haus vorbeigehen und einen verstohlenen Blick zu den beiden Fenstern im vierten Stock werfen. Eigentlich ist Rosa nie eine von denen gewesen, die die Dinge gern dem Schicksal überlassen. Ein bißchen nachhelfen muß man. Ihre Absicht würde Juan bestimmt nicht durchschauen, Rosa, mit ihrer Einkaufstasche in der Hand, würde sich kaum beruhigen können vor Überraschung: Du hier?, und dann würde sie ihm sagen, daß sie jetzt Nachbarn seien, wie lustig, daran habe ich nie gedacht.

Nie? Das war dein erster Gedanke, als du beschlossen hast, diese Wohnung in der Corrientes zu mieten: Wir werden nur vier Straßen voneinander entfernt sein. Kaum warst du eingezogen, der Gedanke, daß Juan wie du bei Mocho seine Backwaren kauft, die besten im Viertel, und am Kiosk an der Ecke deines Hauses die Zeitung, und wenn du am Café Real vorbeigehen würdest, sähest du ihn an einem der Tische sitzen. Aber Juan, hast du Monate später erfahren, war längst in New York.

Sie setzt den Glockenhut auf, ohne in den Spiegel zu sehen, zieht ihren neuen Mantel an, einen Paletot, und betritt mit festem Schritt das Viertel. Die ofenwarmen Croissants, »man kann nicht widerstehen«, wie der gute Don Mocho zu ihr gesagt hat, sind kalt und krümelig geworden, als sie mindestens zum sechstenmal in die Talcahuano einbiegt. Sie kennt sämtliche Modelle in der Auslage des Hutgeschäfts Sherrer zum Überdruß, aber sie bleibt davor stehen, als wäre dieser Chinchillahut mit der breiten Krempe aus Goldlamé der Traum ihres Lebens. Wenn Juan aus dem Haus kommt und nach rechts geht, wird er sie hier, in den Anblick dieses Huts vertieft, antreffen. Und wenn er den Blinden spielt – auch diese Möglichkeit hat sie bedacht –, kann sie immer noch im rechten Augenblick den Kopf abwenden und ihn im Eilschritt an der Ecke Cangallo, bevor er die Straße überquert, einholen. Da taucht ein gutgekleideter junger Mann in der Tür des Hutgeschäfts auf.

»Warum kommen Sie nicht herein und setzen ihn auf?« lädt er sie freundlich ein. »Bestimmt steht er Ihnen vorzüglich.«

Lächelnd folgt sie der Aufforderung. Ihr bleibt wohl nichts anderes übrig, als sich einen Hut zu kaufen, wenn sie nicht verdächtig erscheinen will, sie blickt noch einmal rasch zu beiden Seiten, da macht ihr Herz einen Satz, denn kurz vor der Ecke sieht sie in die entgegengesetzte Richtung der Cangallo laufend eine Gestalt, sie glaubt Juans Rücken zu erkennen. Wieso hat sie ihn nicht eher gesehen?

»Erschrecken Sie doch nicht, Señorita«, ruft der junge Mann ihr nach. »Wir tun Ihnen nichts«, aber Rosa hört ihn schon nicht mehr.

An der Ecke, wo sie ihn aus den Augen verloren hat, brummt die Stadt, es wimmelt von Menschen, die Geschäfte und Gebäude betreten und verlassen, laufen und stehenbleiben, kreuz und quer die Straße überqueren, sie ist verzweifelt, keiner von ihnen ist Juan. Wohin ist er nur verschwunden? Ist er abgebogen? Ist er auf die andere Straßenseite gegangen? Sie will sich auf den Boden werfen und strampeln und schreien, wie als kleines Kind im Hof der Mietskaserne, diese Wutanfälle, die ihre Mutter so verärgert haben.

»Rosa, ist etwas mit dir?«

»Juan?« Ihr Gesicht leuchtet auf. »Juan Montes?« wiederholt sie, als traute sie ihren Augen nicht.

Um neun im Real. Abermals ist Juan in die Falle getappt. Es war so normal, zwei alte Freunde, die das Wunder des Zufalls zur selben Stunde in dieselbe Straße geführt hat, und sie hat sich so gefreut, ihn zu sehen: Ich dachte, du bist in den Vereinigten Staaten, und er, als hätte seine Flucht aus Buenos Aires nicht das geringste mit ihr zu tun gehabt: Ja, ich mache jetzt Jazz. Ist ja großartig, ich muß jetzt los, werde erwartet, aber treffen wir uns doch später, wir haben uns so viel zu erzählen.

Vielleicht hat ihn dieses Lächeln verhext, oder ihn hat ihre ungezwungene, herzliche Art entwaffnet, oder er hat einfach so spontan sein wollen wie sie, jedenfalls hat er es nicht geschafft, sich zu widersetzen.

»Um acht? Im Tortoni?« drängte Rosa.

Wie kannst du nach allem, was du mir angetan hast, so dreist sein und mit mir reden, als wäre nichts? Was haben du und ich uns zu sagen? hätte er ihr erwidern sollen.

»Lieber um neun.« Seine Stimme klang fast normal. »Im Real.« Sogar nett und genauso lebhaft wie Rosas. »Bye-bye.«

Alles an ihr hat ihn angelächelt, ihre Augen und ihr Mund und ihre Hand, die sie so anmutig hob, um sich zu verabschieden, und als sie sich umgedreht hat, haben ihn ihre Beine angelächelt, das rhythmische Schwingen ihrer Hüften und ihr entzückender Po. Und es hat ihm überhaupt nichts ausgemacht, ihr ins Netz gegangen zu sein. Vielleicht ist es ein feiner Streich des Schicksals, hat er sich gesagt, denn im schlimmsten Fall – was heißt hier schlimm? – würden sie im Bett landen, er erwartet nichts mehr von ihr. Ein prickelnder Moment, nichts weiter. Was soll ihn schon verletzen. Rosa ist eine verheiratete Frau, und Juan fährt am Sonntag mit der *Southern Cross* ab,

Meer, Klavier und Vergessen, Rio de Janeiro und Lilian in New York erwarten ihn: Siehst du, ich bin zurückgekommen, Kleines.

Lilian ist nicht die Liebe seines Lebens, aber mit ihr läuft alles ruhig und friedlich, sie stürzt ihn nicht in diesen sinnlosen Taumel von einem extremen Gefühl ins andere wie diese Frau. Ich bin ein anderer, Rosita, täusch dich nicht in mir, man muß jeden Moment des Lebens genießen – im Geiste mit sich zu reden beruhigt ihn –, bleib mir fern mit Plänen, Vergangenheit, Zukunft, heute nacht bin ich bei dir, und morgen schon Rauch. Muß ziemlich öde sein mit deinem Ehemann, sonst würdest du nicht hochspringen wie ein Hündchen vor seinem Herrn, wenn du einen alten Liebhaber triffst. Einen, der es dir besorgt, willst du? Sollst du haben. Aber komm mir nicht mit Liebe, mit Melodramen, wie in den kitschigen Texten, die du singst, ich bin jetzt ein Mann von Welt.

»Ich bin empört, wie Juan über die Texte spricht. Was glaubt er eigentlich?«

»Das ist doch nur dahergeredet, Carlos. Den du da hörst, ist der junge Juan.«

»Und sie verstehe ich noch weniger. Diese Verachtung, mit der dieser Jungspund auf unsere Texte herabgeblickt hat, mit denen wir Leidenschaften geweckt haben – und immer noch wecken –, muß sie doch entsetzlich verletzt haben. Jetzt sage ich dir mal eins, ich bereue es, daß ich eines seiner Stücke aufgenommen habe. Ich bewundere den Autor, dem für die Musik eines so kalten Menschen so herausragende Verse eingefallen sind.«

»Moment, Carlos, reg dich nicht so auf. Juan schützt sich doch bloß, er glaubt selbst nicht an das, was er sagt. Mann von Welt! Zum Totlachen. Du brauchst gar nicht Jahre zu warten, du wirst sehen, ein paar Stunden später platzen seine ganzen Worte wie Seifenblasen, er ist schwach wie ein Mädchen aus der Provinz, das die Lichter der Stadt verführen.«

Sie redeten und redeten, erzählten sich alles und sagten doch nichts. Die *Cap Polonio*, der Sainete von González Castillo, die in den Schnee einsinkenden Schuhe, der Seehecht galicischer Art und die Gnocchi, die Rosa fürs Radio kochte, die Latinofreunde aus dem Morocco und der Wermut in Teetassen, der Patio mit dem Feigenbaum und den Prachtmalven der Wohnung in der Calle Corrientes, das dunkle Zimmer in der schäbigen Pension am Broadway mit den irrsinnig netten Leuten aus aller Welt, die Gewerkschaftsproteste, damit sie die Gitarristen bezahlten, und das besondere Erlebnis, mit Paquita Bernardos Orchester im La Terraza zu singen: sollte noch einer sagen, das Bandoneon sei ein männliches Instrument, der Jazzsänger Rudy Vallé, den Juan begleitet hatte, der Jazz, der einem unter die Haut ging, wie ein Handschuh habe ich mein Inneres nach außen gekehrt, die außergewöhnlichste, bewegendste Stimme, die ich je gehört habe, Carlos Gardel, bei ihr bekomme ich Gänsehaut, Gordon an der Trompete, Jack an der Klarinette, ungewöhnliche Harmonien und aufregend das Improvisieren.

Kein Wort über Igor, über Lilian, und auch an ihrer kurzen, stürmischen Geschichte rührten sie weder im Café Real noch im Pedemonte, wo sie zu Abend aßen, nichts sollte diese Entspanntheit unter Freunden stören, die sie sich stillschweigend auferlegt hatten.

»Wollen wir noch irgendwo etwas trinken?« schlug Juan vor, und ohne ihre Antwort abzuwarten: »Aber du bestimmst das Lokal, ich will etwas Neues kennenlernen. Führ mich durch die Nacht von Buenos Aires wie einen Touristen, schließlich bin ich das, in fünf Tagen fahre ich nach Hause.«

»Du bleibst nur noch fünf Tage? Die Pension nennst du dein Zuhause?« Und mit kaum zurückgehaltener Entrüstung: »Nach New York?«

Juan hebt die Schultern, und sein ironisch vergnügter Blick gibt sie der Lächerlichkeit preis. Rasch einen anderen Umgang, einen anderen Ton finden, sonst merkt er, wie sehr sie sein Fortgehen mitnimmt. Wenn du nur noch fünf Tage hast, sollst du deine Zeit nicht mit mir vergeuden, sagt sie schroff, doch die Besonnenheit siegt über sie.

»Es gibt so viel zu hören.«

Ciro's Club ist voll, nicht ein Tisch ist mehr frei. Rosa und Juan bleiben hinten im Raum stehen, bis ein älterer, ausgesprochen eleganter und freundlicher Herr auf sie zukommt, Juan herzlich umarmt und sie an seinen Tisch einlädt. Zwei Männer und eine große, bildschöne Frau begrüßen sie mit einem Lächeln.

»Juan Montes und seine Verlobte Rosa Leyra«, stellt Hernán Lasalle sie seinen Freunden vor.

Dieser eine Satz von Hernán, und du warst aus dem Häuschen, wolltest ihn glauben, dir vormachen, es wäre so.

Pedro Maffia freut sich, als er während des stürmischen Applauses auf *Todo corazón* im Publikum Juan entdeckt. Er teilt nicht Julio de Caros Verbitterung über Montes. Sicher hat auch er sich schwarz geärgert, als Juan sie von einem Tag auf den anderen sitzengelassen hat, aber das ist vorbei, ich habe mich auch schon über dich geärgert, Julio, ziemlich sogar, als du dem Orchester im Vogue's einfach deinen Namen verpaßt hast, und wir spielen bis heute zusammen. Der Tango, den sie spielen, schuldet Montes viel, wolle er das nicht anerkennen?, erst kürzlich habe er es zu ihm gesagt.

Maffia will Juan einladen, selbst seine Milonga *Corajuda* zu spielen, sie würden ihn aus dem Stegreif begleiten. Soll Julio nur den Kopf schütteln, Pedro greift zum Mikrophon, dankt Juan Montes für sein Kommen und bittet ihn auf die Bühne. Francisco de Caro steht vom Klavier auf und beginnt mit strahlendem Gesicht zu applaudieren.

Julios Augen, zwei Dolche, haben dich erstarren lassen, dann hat er dir den Rücken zugekehrt. Rosa, ganz Schauspielern, hat auf dich gezeigt, und die Leute haben dir applaudiert. Wie über Eis bist du gegangen, als könntest du mit jedem Schritt ausgleiten, eine Hand hat dich von innen gewürgt, du warst so nervös wie damals, als du zum erstenmal vor Publikum getreten bist. Pedro umarmte dich fest, und dann Francisco de Caro, bevor er die Bühne verließ. Du bist ans Klavier gegangen, ohne zu wissen, was du spielen sollst, *Corajuda*, hat Maffia dir ins Ohr gesagt, um dich darauf vorzubereiten, daß du allein anfängst, doch du konntest nicht einfach so in die Stücke hineinfinden, es war lange her, daß du sie mit ihnen gespielt hattest. Julio war nun der Dirigent, und du hast ihm sofort angesehen, daß er von Pedro genötigt worden war, mit dir zu spielen.

Nach den ersten Takten von *Corajuda* haben die Bandoneons eingesetzt, der Kontrabaß, und schüchtern eine Geige, aber nicht Julios. Das hat dich geschmerzt, aber nur einen Moment, denn als dieses erhabene Duo der beiden Bandoneons, Maffia und Laurenz, a cappella die Melodie übernommen hat, bist du innerlich mitgegangen, und in deinen darauffolgenden zwölf Solotakten sind deine fiebrigen Hände die Tasten hoch- und runtergelaufen. Doch sie haben nicht die Noten gespielt, die du geschrieben hast, vollkommen neue Töne, und in dieser Freiheit, die dir mein Bruder Jazz gezeigt hat, bin ich gewachsen, habe ich das Ciro's zum Vibrieren gebracht und alle, die mir zugehört haben und ihre Körper nicht mehr im Zaum halten konnten, die Arme umeinander legten und sich auf die Tanzfläche stürzten zu dieser Geige mit Schalltrichter, die sich nun vordrängte, um die Melodie aufzunehmen, Julios Geige, unter Tausenden hättest du sie herausgehört neben Emilio de Caros, die die Gegenstimme spielte. Mit einemmal haben sich deine Hände beruhigt, und dein Gehör, dein ganzer Körper schwelgte in dieser Version von *Corajuda*, die hier soeben entstand, für die jeder alles auf seinem Instrument gab und die alle Spannung, alle Leidenschaft vertrieb, außer der, die hier erklang: ich.

Trotz der Zugaberufe des Publikums will Juan nicht weiterspielen, nicht daß ihr soeben erlebtes Einswerden bei *Corajuda*, das mehr als alle Worte sagt, wieder zerbräche. Julio wehrt sich nicht gegen die Umarmung, Juan drückt ihn aufgewühlt, bevor er von der Bühne geht.

Rosa hat gespürt, daß dies der einzige Moment des ganzen Abends war, an dem Juan er selbst war: diese hingebungsvolle Verzweiflung, dieser Tangohunger, diese Unbedingtheit. Das war der Juan, den sie in Erinnerung hatte, den sie liebte. Als er an den Tisch zurückkam, dachte sie nicht nach, sie warf sich ihm um den Hals und küßte ihn, kurz, aber auf den Mund. Hatte Hernán nicht gesagt, sie sei seine Verlobte? Warum taten sie nicht so, und sei es nur für eine Nacht?

Doch Juan hat ihr klar gezeigt, daß er nichts von ihr will, er war nett, aber nicht mehr, warum hat sie ihn dann so bedrängt? Weil sie sich eingeredet hat, sie müßten sich nur lieben wie in jener langen Nacht, dann würde die Liebe sich schon ihren Weg bahnen, diesmal würde sie sich nicht der Wahrheit ihrer Körper verschließen. Wie erbärmlich fühlt sie sich nun in ihrer Vampirrolle, als sie ihn lockt: Bist du dir sicher, daß du nicht hereinkommen magst?, du willst es doch. Woraufhin er stumm bleibt, sie langsam, Augen wie Hände, abtastet, und dann sagt: Gute Nacht, Rosa.

»Arme Rosa. Warum ist er nicht mit ihr ins Bett gegangen? Das hatte er doch sogar geplant.«

»Er hatte in dem Moment begriffen, daß Rosa den anderen nicht geheiratet hatte.«

»Mehr noch als Rosa hat ihn der Tango verstört. In fünf Tagen sollte er nach New York abreisen, er wollte dort seine eigene Jazzband gründen. Und an diesem Abend im Ciro's ... fielen alle seine Pläne wie ein Kartenhaus in sich zusammen.«

Rosa lächelt traurig und reicht ihm die Hand: Mach's gut, Juan, wirklich, das wünsche ich dir.

Die Begegnung mit Rosa ist für ihn, als hätte er in eine Zitrone gebissen. Ihrer unverhüllten Einladung vor ihrer Haustür zu widerstehen war schwer, aber viel schwerer noch ist es gewesen, sich nicht von dieser verletzten Stimme mitreißen zu lassen, als sie sich von ihm verabschiedet und ihn angesehen hat, als würde es ihr ehrlich weh tun, ihn nie mehr wiederzusehen, als würde sie etwas für ihn fühlen. Das schlimmste war, sie nicht zu umarmen und mit ihrem Haar zu spielen, sie nicht ins Gesicht und auf den Nacken zu küssen und ihr nicht zu sagen, wie furchtbar er sie vermißt hat. Aber zu heftig war der Schlag, erfahren zu haben, daß sie nicht geheiratet hat, alles Leiden umsonst gewesen ist, und er weiß nicht einmal, ob sie den Russen überhaupt heiraten wollte oder das nur erfunden hatte, um ihn loszuwerden. Er hat sie nicht gefragt, wozu, diese Frau ist ein Wust an Widersprüchen, er wird sie nie verstehen. Juan ist auch nicht nach Rätselraten. Er hat genug mit sich auszumachen.

Der Jazz fasziniert ihn, aber wie soll es mit dem Tango weitergehen, mit seinem Tango, der ihn, wie er gestern abend gemerkt hat, in Hochgefühle versetzt. Obwohl: Was hindert ihn eigentlich daran, in New York Tangos zu komponieren?

Alles, das hast du doch gewußt. Darum hast du dich nicht getraut, deine Partitur von *Corajuda* mit dem, was im Ciro's erklungen ist, zu vergleichen. In New York hast du mich nicht geatmet, Juan, du hast mich heraufbeschworen, aber das ist nicht dasselbe. Dein Blick ist auf den schmalen Gehweg der Calle Serrano gefallen, den du entlanggegangen bist, auf dieses Rankwerk, das das Gitter hochkletterte, auf die Pflastersteine, auf den Lümmel, der in die Bar hineinlunzte, auf diese aufgedonnerte Schönheit, überall war ich.

Um die Klänge, die er hört, nicht zu vergessen, will Juan seinen Tango gleich hier auf der kleinen Plaza Serrano aufschreiben. Dieser erweiterte Septakkord ist Rosas Gesicht eines geprügelten Hündchens, als sie sich von ihm verabschiedet hat, er klingt gut. *Indescifrable* will er ihn nennen, denn genau das ist Rosa, unentzifferbar.

Hättest du nicht die Variationen in Maffias und Laurenz' Spiel gehört, diese Harmonien, die entstanden, als sie alle zusammen gespielt haben, hättest du *Indescifrable* nicht so komponieren können. Die Klänge, die mich befruchten, bringen neue hervor, und wieder neue und neue. Wie konntest du nur daran denken, so weit wegzugehen, Juan?

Kaum kommt er nach Hause zu seiner Mutter, stürmt ihm Rosas Stimme aus dem Radio entgegen, umherwirbelnde Blütenblätter, fliegende Vögel, und plötzlich diese Ahnung von Glück, das auf dich lauert.

Asunción wischt sich die Tränen weg.

»Was ist, Mama? Weinst du, weil ich gehe?«

»Nein, Juan, es ist dieser Tango, den ich höre ...«

»Du weinst also wegen eines Tangos! Sei nicht traurig, Mama, weißt du, ich bin ... irrsinnig glücklich.«

»Ach ja?« Ein leicht vorwurfsvoller Ton in ihrer Stimme. »Weil du bald wieder fährst?«

»Nein, weil ich an einem Tango komponiere, der mich glücklich macht. Weil ich in Buenos Aires bleibe ... und weil ich eine Frau liebe, obwohl sie es noch nicht weiß.«

Wenn Rosa *Nostalgias* singt, ist niemand im Publikum, der nicht an eine verlorene Geliebte denkt – oder sich eine erfindet –, um »ihr verrücktes Lachen zu hören / und nahe an ihrem Mund wie ein Feuer / ihren Atem zu spüren«, niemand, der nicht »sein Herz betrunken machen will, / um eine verrückte Liebe auszulöschen, / die mehr als Liebe, die Leiden ist«.

Doch diese Sehnsucht, dieses Leiden, und sogar Juan selbst verflüchtigen sich mit dem Applaus, und es bleibt nur dieses so erhebende Gefühl, den Herzschlag dieser Frauen und Männer, die sie gar nicht kennt, erreicht zu haben. Warum wegen Juan leiden, wenn sie diese Macht hat.

Eineinhalb Monate waren wenig Zeit, aber Juan nahm ohne Schwanken das Angebot von Impresario Álvarez an: Ende Mai würde er im Petit Splendid Premiere haben. »Juan Montes und sein Orchester, die Melodie von Buenos Aires«, sollte der

Werbespruch lauten. Er hatte sein Orchester noch nicht einmal beisammen – ihm fehlten noch ein Bandoneon und eine Geige –, als er den Vertrag unterschrieb. Arrangements, Proben, die sorgfältige Auswahl des Programms. Die gute Laune verließ ihn in keinem Moment, übertrug sich auf die Musiker, beflügelte die Erwartungen. Dieses kleine und doch so große gemeinsame Laster, der Tango, verband sie.

Als wärest du nach langer Abwesenheit endlich wieder zu Hause, geborgen, vertraut und sicher, so hast du dich am Tag der Premiere gefühlt. Die Zeiten unserer Liebeleien im Kino Las Familias hast du in warmer Erinnerung behalten, vierzehn warst du, als du mich zum erstenmal komponiert und vor gleichgültigem Publikum aufgeführt hast. An diesem Abend, ebenfalls in einem Lichtspielhaus, hast du mit mir und deinem Publikum auf unsere erneute Begegnung angestoßen. Jetzt hat man dir sehr wohl zugehört. Die Musiker deines Orchesters haben alles für *Indescifrable* gegeben, das Publikum ist in Begeisterungsstürme ausgebrochen.

In dieser ganzen Zeit ist Juan bewußt nicht zu Rosa gegangen. »Ich erwarte dich am Donnerstag im Petit Splendid, um acht« stand schlicht auf dem Billett, das er vor zwei Tagen bei ihr zu Hause eingeworfen hat. Sie ist gekommen, sitzt in der zweiten Reihe, doch er hat absichtlich seinen Blick nicht eine Sekunde lang auf sie gelenkt. Ein leichter Einsatz mit der Hand zeigt seinem Orchester an, daß es soweit ist: Die Melodie beginnt in den Geigen, geht über auf die Bandoneons, jetzt alle zusammen, und dann sein Klavier.

Es hat dich vom Sitz gerissen, Rosa, als du den kleinen Walzer in so außergewöhnlicher Version erkannt hast. In dieser geheimen Unruhe, die großen Entdeckungen vorausgeht, hat deine Haut zu glühen begonnen, und du hast dir gesagt: Juan liebt mich auch. Ein samtenes Erschaudern sein Klaviersolo, als ob seine Hände dich im Innersten berührten.

Ein Lächeln auf seinen Lippen, als er aufsteht, um sich für den Applaus zu bedanken. In aller Kürze sagt er: *Rosa*, Walzer, aber sein feuchter, funkelnder Blick, auf Rosa gerichtet, bestätigt ihr, was er ihr mit seiner Musik längst gesagt hat.

Einunddreißigstes Kapitel

Ein Gefühl der Leere, der Übelkeit quälte ihn, als er spät von Malena fortging. Trotzdem hätte er nicht sagen können, daß er es bereute, dem Druck seiner Verlobten nachgegeben zu haben, nach der Begegnung mit Mercedes war eine Last von ihm abgefallen.

Keine Erklärungen, keine unangenehmen Worte, in einer einzigen Umarmung löste sich aller Groll auf.

»Ich bin so froh, dich zu sehen!« sagte Mercedes zu ihm.

Francisco log nicht, als er ihr mit erstickter Stimme antwortete: ich auch.

Malena hatte es zur Bedingung gemacht: Sie würde ihn nicht heiraten, wenn er sich nicht mit seiner Schwester versöhnen würde. Was ihr Schwiegervater dachte, beeindruckte sie ebensowenig wie die immer schwächeren Einwände ihres Verlobten. Francisco war sich gar nicht bewußt gewesen, wie schwer er die ganzen Jahre getragen hatte, er spürte es erst im Moment der Erleichterung.

Vor ihm stand, schön und glücklich, seine Schwester Mercedes, er liebte sie, verrückt wie sie war.

War sie die Verrückte? fragte er sich wenig später, als er sie mit ihrem Mann Roberto sah. Wie Geier schwebte über ihm das Bild von sich und seinem Vater, wie sie Pläne entworfen hatten, um diese Verbindung zu zerstören, wie sie sich das Maul über diesen Mann zerrissen hatten, der ihn nun so selbstsicher anlächelte und ihm gänzlich ohne Arg die Hand reichte. Mercedes und Roberto, ihr Strahlen, ihr offensichtliches Glück, im Vergleich zu ihnen hatte er einen Metallring im Gesicht, wie man sie dem Vieh durch die Nase zieht, an dem er sich von einem Zwang im Leben zum nächsten schleifen ließ. War sie die Verrückte?

Er sah zu Malena, die sich mit ihnen freute, und da schämte er sich. Wie würde es ihr ergehen, wenn sie erführe, daß ihre überstürzte Verlobung Teil dieses albernen Plans war, den sein Vater sich ausgedacht hatte? Und Francisco hatte daran mitgewirkt, ohne sich ein einziges Mal in Malena hineinversetzt zu haben. Denn Malena – er wollte, es wäre nicht so – liebte ihn wirklich. Er würde sie heiraten, das wurde von ihm erwartet, aber er konnte nicht mehr die Augen davor verschließen, daß auch das eine Lüge war, ein weiteres Glied dieser langen Kette, die ihn an seinen Vater fesselte.

»Das Leben forderte eine schwierige Entscheidung von ihm. Es waren drei Opfer: Malena, Yvonne und er selbst.«

»Aber es war noch Zeit. Er hatte Malena noch nicht geheiratet.«

Er stellte den Packard an der Ecke Ayacucho und Juncal ab. Er konnte es nicht weiter hinausschieben, an diesem Abend mußte er Yvonne von seiner Hochzeit mit Malena erzählen, sie beschwichtigen, daß sich nichts zwischen ihnen ändern würde, ihr helfen, diese bittere Pille zu schlucken.

Sie hatte es selbst darauf angelegt, redete Francisco sich ohne Überzeugung ein, das hatte sie nun davon. Sie stritten schon lange nicht mehr über dieses Fest, irgendwann hatte die Routine aus Begehren, Umarmungen und Schweigen gewonnen.

Er traf sie schlafend an, und so kleidete sich Francisco leise aus und schlüpfte zu ihr ins Bett. Reden würden sie später oder am nächsten Tag, denn diese Nacht würde er bei Yvonne bleiben, sie lecken, berühren, streicheln, diese feuchte, pochende Öffnung suchen, die glühend sein Geschlecht aufnehmen und umschließen würde, die er so oft schon besessen hatte, das war das Leben, und an nichts mehr denken.

Sie hatten sich auf alle möglichen Arten geliebt und würden sich weiter lieben, redete Francisco sich ein, warum dann diese Verzweiflung, die sich wie ein Abgrund vor ihnen auftat, vor ihren hungrigen Körpern, diese Furcht und dieses Begehren in einem, in einer einzigen Nacht alles zu geben?

Der Wortwechsel war kurz und direkt. Nicht Francisco hatte ihn herbeigeführt, sondern Yvonne, während sie mit dem Löffelchen ihren Milchkaffee umrührte.

»Gestern nacht hast du gesagt: Das ist das Leben. Warum bestehst du dann darauf, fern vom Leben zu sein? Hier ist dein Platz, bei mir.«

»Yvonne, ich heirate nächste Woche. Es tut mir leid. Das sind die Zwänge des Lebens. Aber sei unbesorgt, wir beide …«

»Die Zwänge des Lebens?« unterbrach ihn Yvonne mit Bestimmtheit. »Ohne mich gibt es kein Leben. Das weißt du, du selbst hast es gesagt.«

Er fand keine andere Form, als sie zu umarmen, um ihr seine Gefühle zu zeigen: Yvonne, je t'adore. Sie drückte sich an ihn, nur einen Augenblick, doch sie ließ ihn nicht weiter mit seinen Küssen ihren Hals hinabwandern. Sie riß sich los und sah ihn mit durchdringendem Blick an.

Francisco versuchte sich ihr zu nähern, er hatte den ganzen Tag frei, sagte er ihr, aber Yvonne wand sich aus seinen Armen.

»Nein«, sagte sie leise und fest. »Nein«, sagte sie noch einmal laut, dann schritt sie mit langsamen, gemessenen Schritten zur Tür.

»Das war das erste Mal, daß sie sich Francisco verweigerte, und dann gleich mit dieser Klarheit. Ob sie in diesem Moment den Entschluß gefaßt hatte?«

Yvonne machte die Tür auf.

»Könnte sein. Jedenfalls hat sie sich ihm gegenüber klar ausgedrückt.«

»Ich werde jeden Tag, jede Stunde, jede Minute auf dich warten. Und wenn du kommst, werde ich dich mit offenen Armen, mit meinem offenen Körper empfangen. Mit dem Leben.«

Aber Francisco kam nicht.

Er stand im Vorraum der Kirche im Socorro-Viertel, küßte zur Begrüßung Parfüm, Schmuck, Seiden und Spitzen, da erblickte er sie. Yvonne unten an der Treppe, ihr langes, offenes Haar glänzte mit dem Nerzmantel um die Wette. Francisco ließ eine Wange stehen, rannte die Stufen hinab und ging zu ihr.

»*Er selbst ist auf sie zugegangen.*«

»*Man weiß nicht, ob er zu Yvonne ging, um den Skandal zu verhindern, oder um ihr zu sagen, daß auch er sie ›à la folie‹ liebte, zu einem Gespräch kam es nicht mehr.*«

Yvonne gab drei Schüsse auf ihn ab, den letzten, als er schon am Boden lag.

Schreie, Aufruhr und entgeisterte Blicke, doch niemand trat vor, um diese vor Schmerz wahnsinnige, Franciscos Leiche umklammernde Frau wegzuschaffen. Erst als Malena kam und stumm und reglos die Szene betrachtete, packten zwei Männer Yvonne an den Armen und zerrten sie von Franciscos Körper weg.

Der Mantel, das Gesicht, die Hände mit Blut besudelt, so war Yvonne eine lange Weile den Blicken aller ausgesetzt, doch sie war bereits woanders.

»*Von wo sie nie wieder zurückkehren sollte. Obwohl sie noch viele Jahre lebte.*«

»Warum hast du ihn getötet?« erhob sich aus dem Klagegeschrei endlich Malenas Frage.

Yvonne antwortete nicht, sie sah sie nicht einmal an.

Von Mercedes gestützt, ging Inés auf Yvonne zu und sah sie aus ihrem erstarrten Gesicht an. Mit klarer, kräftiger Stimme, die nicht die ihre zu sein schien, sagte sie: »Vicente«, er stand einige Meter entfernt im Kreis von Leuten, »kennst du diese Frau?«

Vicente nickte. Inés sah ihn voller Haß an, während er auf sie zukam und stammelte: Ich habe versucht, das alles aufzuhalten, Inés, aber Francisco …

Inés hörte ihn nicht bis zu Ende an, sie drehte sich um und ging.

»*Inés begriff, daß Vicente sich ihnen in den Weg gestellt hatte, und machte ihn für die Tragödie verantwortlich.*«

Sie sah ihn nie wieder. Bei der Trauerfeier verlangte sie, daß er die Kapelle verließ, damit sie sich allein von ihrem Sohn verabschieden konnte. Dann zog sie in das Landhaus in San Isidro, das Hernán Mercedes zur Hochzeit geschenkt hatte. Nie gab sie Vicente die Chance zu einem Gespräch, auch wenn er nichts unversucht ließ, um von ihr empfangen zu werden.

Carlota hatte Vicente lange nicht mehr gesehen, seit dem Abend, als sie ihn aus der Wohnung geworfen hatte. Zum erstenmal nun ging Carlota auf ihn zu, als sie vom Tod seines Sohnes erfuhr. Sie schickte ihm einen Brief an sein Büro und bat ihn, bei ihr zu Hause vorbeizuschauen. Doch es dauerte Wochen, bis er kam.

In der Tür stand ein gebrochener Mann. Carlota konnte einer Zärtlichkeit nachgeben, die sie in ihrem früheren Spiel von Leidenschaft, Sex, Macht, Wut und Wahnsinn nicht zugelassen hatte. An diesem Abend fühlte Carlota, daß sie Vicente, trotz allem, liebte.

»Sie hatte ihn auch davor schon geliebt, sonst hätte sie nicht jahrelang dieses Hin und Her zwischen ihnen mitgemacht.«

»Auf seine Weise liebte er sie auch.«

Endlich konnte Vicente weinen und, sehr viel später, reden. Über seinen ermordeten Sohn und seine Frau, die ihn verlassen hatte, was er sich nicht erklären konnte. Nie hatte er von Inés gesprochen, als hätte sie nicht existiert. Carlota war überzeugt, daß diese plötzliche Liebe, die er für seine Frau empfand, nichts anderes war als ein weiterer Zug seines schwachen Charakters, er ertrug es einfach nicht, daß Inés ihm nicht erlaubte, sie zu sehen und sie um Verzeihung zu bitten. Ob Vicente sich etwas vormachte oder nicht, er litt, sehr sogar. Carlota war seine Zuflucht, er brachte Stunden bei ihr zu, aß, oft schlief er bei ihr. Manchmal wartete er bis spät auf sie, bis sie mit ihrer Arbeit in der Tanzakademie oder einem Tangoabend fertig war. Er versuchte nicht mehr wie früher, Carlota dazu zu bewegen, in die Wohnung in der Avenida de Mayo zurückzukehren oder irgendwohin zu ziehen, wo »es sich anständig leben ließ«, er brauchte sie.

»Macht hin, Reichtum her, er war einsam wie ein Straßenköter. Carlota war die einzige, die ihn liebte.«

»In der Wohnung in Chacarita, diesem ›Rattenloch‹, wie er es einmal genannt hatte, konnte Vicente Ponce, wenigstens für eine Zeit, menschlich werden.«

Ihn quälte die Schuld. Er bat Carlota um Rat, als müßte sie, allein weil sie eine Frau war, einen Zugang zu Inés haben, zu dieser Unbekannten, mit der er mehr als zwanzig Jahre zusammengelebt hatte und die er erst sah, als es schon zu spät war. Carlota fand, er sollte nicht mehr nach San Isidro gehen und Inés' Willen respektieren, er sollte ihr alles, was er fühlte, schreiben. Der Brief kam ungeöffnet zurück. Auch seine Tochter Mercedes weigerte sich, ihn zu sehen.

Bei einem ihrer Aufenthalte in Buenos Aires sprach Mercedes darüber mit Juan. Was dachte er? War es nicht vielleicht schlecht von ihr, ihrem Vater die Möglichkeit zu verwehren, mit ihr zu reden? War Mercedes, indem sie den Haß immer weiter trug, nicht selbst auf dem besten Weg, eine Ponce zu werden? Francisco hatte seinem Vater zuliebe Mercedes jahrelang gemieden, und jetzt tat sie genau das gleiche. Und dabei hatte Inés das gar nicht von ihr verlangt, Mercedes erzählte es ihr auch nicht. Sie war sehr in Sorge um ihre Mutter, es schien ihr nicht gutzugehen.

»Ist Hernán nicht mit ihr nach San Isidro gezogen?« fragte Juan.

»Er ist nach Paris zu seiner Familie zurückgekehrt«, antwortete Mercedes. »Die Sache mit Francisco war für alle ein harter Schlag. Hernán hat auf einmal gespürt, daß er seinen einzigen Sohn nicht so vernachlässigen darf, er hat mehr Zeit auf Reisen als mit ihm verbracht, und César ist schon fünfzehn.«

»César, Anas so verhaßter Großvater.«

Inés war nicht aus San Isidro wegzubewegen, und ihr Gesundheitszustand verschlechterte sich von Tag zu Tag. Es war ein einziger Albtraum gewesen nach Franciscos Tod: die Ermittlungen der Polizei, die Zeitungsmeldungen, das Gerede, die ekelhafte Neugierde der Leute, die angeblich ihr Beileid bekunden wollten, als wollten sie sich mit ihren fetten Bäuchen genüßlich in dem Blut suhlen, abstoßend.

»Es sicht so aus, als würden sie die Frau freisprechen, sie soll in eine psychiatrische Klinik kommen. Das ist nicht richtig, sie hat vorsätzlich getötet.«

»Die Presse hatte bedeutenden Anteil daran, daß Yvonne nicht verurteilt wurde, sie weckte Sympathien, die Menschen sahen in ihr eher ein Opfer als eine Mörderin.«

Juan war nicht wohl dabei, Mercedes nicht zu sagen, daß Rosa und Yvonne befreundet waren, und ihr damit vorzuenthalten, was er über die Geschichte wußte. Aber er schwieg darüber, er wollte ihr nicht noch mehr zumuten.

»Ich werde nicht zu meinem Vater gehen«, sagte Mercedes wie zu sich selbst, »ich weiß nicht, ob ich wissen will, inwieweit er in der Geschichte zwischen Francisco und dieser Frau die Finger im Spiel hatte.«

Mercedes schüttelte den Kopf: genug davon, er solle ihr von sich und Rosa, von ihren Plänen erzählen. Sie seien ständig unterwegs, er mit Folies Bergères, Armenonville und American Palace, Feste im Tigre-Hotel, Aufnahmen für *Víctor*, Arrangements und Kompositionen, und Rosa mit dem Stück von Discépolo, Radio Bruza, die Tanztees mit Politos Orchester. Zeit für die Liebe mußten sie sich herausschnitzen, dafür ihre Pausen, ihren Schlaf opfern. Aber es gehe ihnen gut, sehr gut sogar.

Schon lange hatte Mercedes ihn nicht mehr spielen gehört, am Freitag, wenn Roberto käme, würden sie ins American Palace kommen.

Was für ein Film gezeigt wird spielt keine Rolle, ins American Palace geht man, um das Orchester von Juan Montes zu hören. Rosa setzt sich in die erste Reihe zu den jungen Musikern, die sich dort gern treffen. Sammy, Armando, Aníbal, Pepe, Elvino.

Ich gehe aufs Konservatorium, aber das hier ist meine eigentliche Musikschule, hat dieser so nette junge Mann ihr an einem

Abend gesagt. Er wolle einmal wie Ciriaco Ortiz phrasieren und sein eigenes Orchester dirigieren, er habe bereits ein paar Tangos komponiert. Aber er ist doch fast noch ein Kind! Ja, und? Montes war so alt wie er, als er zum erstenmal aufgetreten ist. Das habe ihm ein alter Mann im Petit Splendid erzählt, wo Aníbal Troilo Montes kennengelernt hat, seitdem verfolge er seinen Weg.

Es ist so wunderbar, daß dieser geniale Musiker zu ihr gehört, und sie ist sich sicher, daß Juan auch auf sie stolz ist, wenn er sie im Tabarís mit Maffias neuem Orchester singen hört, auch wenn er zuerst versucht hat – ohne Erfolg –, es ihr auszureden.

»Juan war ein Macho, wie man heute sagt. Eifersüchtig noch dazu. Er wollte nicht, daß seine Verlobte in Cabarets sang, aus Angst, die Leute könnten sie mit einer Nutte gleichsetzen.«

»Das war eine normale Reaktion. Damals galt eine Frau, die in einem Cabaret arbeitete ...«

»Aber Rosa war Sängerin von Beruf. Das machte sie ihm dann auch begreiflich.«

»Er war auch nicht begeistert, daß sie mit Maffias Orchester sang. Er war doch einer der zentralen Gestalten aus Juans erstem Orchester.«

Die Vorstellung ist zu Ende, die Leute rufen nach den ersten Zugaben, und Rosa verläßt das Kino, um nicht zu spät ins Tabarís zu kommen. Juan ist mit Mercedes und Roberto zum Abendessen verabredet. Aber nächste Woche will er sie anhören kommen, und wenn er erst sieht, wie glücklich es Rosa macht, im Cabaret zu singen – redet sie sich ein –, wird sich sein alberner Widerstand schon legen.

Es war spät, Asunción würde den letzten Zug nach Retiro verpassen, aber sie brachte es nicht über sich, Inés zu verlassen. Vielleicht war es das letzte Mal ...

»Und wenn ich über Nacht bleibe? Geht das?« fragte sie sie lächelnd. »Morgen arbeite ich nicht.«

»Du kannst gern bleiben, aber ... wird er sich nicht sorgen?«

»Wer? Juan wohnt seit Jahren nicht mehr bei mir.«

»Nein, Miguel.«

Sie konnte es nicht glauben, bei all ihren Gesprächen in den letzten Monaten, über all die Jahre, die sie Abstand gehalten hatten, dachte Inés also ...

»Miguel? Du glaubst, ich lebe mit Miguel Rinaldi zusammen? Woher hast du denn das?«

»Du hast es mir selbst gesagt, vor Jahren. Ihr habt nicht geheiratet?«

»Nein, nie.«

»Sie hatte ihr von ihm erzählt, als sie Miguel im Jahr 1922 wiedergetroffen hatte. Offenbar mißverständlich. Inés hatte daraufhin von ihr Abstand genommen.«

Sie suchte nach den treffenden Worten, um ihr die besondere Beziehung begreiflich zu machen, die Miguel Rinaldi und sie verband, doch das Anzeichen eines Lächelns von Inés ließ sie umschwenken.

»Miguel hat immer nur dich geliebt. Er hat mir eine Zeitlang den Hof gemacht, das stimmt, aber er hat mich nicht geliebt.«

Ein offenes Lächeln, Inés' vom Schmerz gezeichnetes Gesicht erhellte sich. Da wußte Asunción, daß das der richtige Weg war. Und fuhr fort: Ich habe es dir nie erzählt, weil ich mir so dumm vorgekommen bin, ich habe mir Hoffnungen gemacht, und er ... Ich rechne ihm hoch an, daß er immer ehrlich zu mir war, er hat mir gesagt: Ich werde nie eine andere Frau lieben können als Inés Lasalle.

Fort waren die Jahre, wohlig ließen sie sich in die Unschuld jener Tage zurückgleiten.

»Und warum hat er dich umworben?«

»Weil er Zärtlichkeit suchte, hat er mir gesagt, wir könnten Gefährten im Leben sein, doch er wollte mich auch nicht belügen: Die Frau seines Lebens würdest immer du sein. Aber, was soll ich dir sagen, Trostpreise mag ich nicht.«

»Und du hast nichts mehr von ihm gehört?«

»Doch. Ich bin ihm nicht böse, hin und wieder trinken wir

einen Mate zusammen, und er erzählt mir von seinem Leben.«

»Was erzählt er dir?«

»Immer dasselbe: Wie ihr 1897 bei der Jungfernfahrt der ersten elektrischen Straßenbahn wart, wie er dich auf dem Paseo de Palermo gesehen hat.«

Ein langer Seufzer. Inés schloß die Augen, da sprang Asunción schnell zu ihr: Sie hielt das Ohr an Inés' Mund, sie atmete. Ein Glück. Es war nicht, wie die Krankenschwester meinte, dem Beruhigungsmittel zuzuschreiben, daß sich ihr Gesicht entspannt hatte.

Noch am Abend rief sie Miguel an und erzählte ihm von Inés' Zustand und ihrer barmherzigen Lüge.

»Nein, Asunción, es wäre noch nicht mal eine Lüge. In gewisser Weise war Inés die Frau meines Lebens«, überraschte Miguel sie. »Ich habe es nur nicht richtig angestellt. Ich hätte mit ihr fliehen sollen, wie du mit diesem Uruguayer.«

Als Mercedes zu ihr kam, sprühte sie vor Leben, war ausgeglichen, rosig, wie um Jahre verjüngt. Wer weiß, ob es stimmt, aber man sagt, daß es vor dem Tod einen Moment gibt, an dem der Schmerz aufhört und sich tiefes Wohlbefinden einstellt.

»*Stimmt. Ich war bester Dinge, fast glücklich, kurz bevor ich aus diesem Leben geschieden bin.*«

»*Ich auch, aber mir ging es noch viel besser, als ich hier in unserem Tango-Himmel angelangt bin. Inés hatte nicht dieses Glück.*«

»*Sie wird ein anderes gefunden haben. Mercedes ist mal hier, mal dort, an einem anderen Ort voller Geschichten, Verse, wo die Wörter sich unendlich aneinanderknüpfen und ablösen, diese Dinge, die ihnen soviel Lust verschaffen wie uns das Tanzen und Brummen des Bandoneons.*«

Kaum war Mercedes im Zimmer, erzählte sie Inés, daß sie schwanger war. Sie hatte es schon gewußt, sagte sie später glücklich zu Roberto, sie hat es uns angesehen. Uns beiden.

Da umarmte Inés sie, gab ihr einen Kuß, und sagte ihr, daß sie schlafen wolle. Mercedes schmiegte sich an sie und schlief ein. Als sie aufwachte, war ihre Mutter tot. Ein freundlicher, stilvoller Tod, genau wie sie.

Sie benachrichtigten Vicente. Sollte er darauf bestehen, würde Mercedes ihn hereinlassen, ihre Mutter hatte ihn im Leben nicht mehr sehen wollen, aber jetzt war sie tot, und Mercedes spürte, daß die Entscheidung nun bei ihr lag.

»Ich kann nicht, ich will keinen Haß mehr, nicht mit diesem Leben in meinem Körper.«

Diesmal war nicht Carlota die treibende Kraft, sondern Vicente. Schon oft hatten sie miteinander gebrochen, für immer, hatten sich Verletzungen zugefügt, und in dieser Nacht, ihrer letzten, liebten sie sich wie nie zuvor. Am nächsten Tag wollte Vicente gar nicht erst hereinkommen:

»Wir können uns nicht mehr sehen, Carlota«, teilte er ihr mit, »Inés ist tot. Ich schulde es ihr.«

Carlota fand seinen Entschluß unsinnig, Inés hatte ihm im Leben nie etwas bedeutet, warum dann jetzt als Tote, aber sie respektierte es. Auf irgendeine Weise mußte Vicente für seine Verfehlungen büßen, und ihr zu entsagen war die größte Strafe, die er sich auferlegen konnte, schließlich war sie vielleicht der einzige Mensch, den er geliebt hat.

Ohne einen Vorwurf trat sie zu ihm und umarmte ihn. So blieben sie eine lange Weile stehen, zwei Liebende.

»Sie haben sich nie wiedergesehen.«

»Am Anfang hat sie ihn vermißt, aber es hat ihr gutgetan, endgültig von ihm loszukommen.«

»Kein Zweifel, das Leben sollte ihr noch so manchen Tango schenken.«

Einzelne Sätze, dann wieder nur die Wärme der Laken und Gefühle. Der Preis, den Juan beim Wettbewerb Odeón für seinen Tango *Siempre mía*, Für immer mein, bekommen hatte,

Rosas Erfolg im Tabarís, die Reise nach Mar del Plata, wo sie beide Auftritte hatten, ihre nackten Füße im Sand, Augen und Sinne wach, die Brandung der Wellen, ich möchte einen Tango komponieren, der wie das Meer klingt, ich möchte in den Färbungen dieser Abendstimmung singen, die Arrangements alter Tangos, bei denen er die Harmonien ausreizen wollte, das Stück von Discépolo, in dem Rosa diesen Tango sang, der sich in unzähligen Stimmen, Patios, Cafés, Stücken fortsetzen sollte, sogar in den Kapokbäumen war er zu vernehmen.

Worte sind immer einen Schritt hinter den Gefühlen zurück, und nichts gegenüber dieser Besessenheit, mit der sich die beiden hineinstürzten in ihr Ziel, mich zu erheben, zu bereichern, zu genießen, mich so weit zu bringen wie möglich. Daß sie sich in einigen Punkten uneinig waren, hielt sie nicht davon ab, an einem Novembermorgen 1927 ihre beiden Unterschriften in das Zivilregister in der Calle Libertad einzutragen.

Zweiunddreißigstes Kapitel

Blasses Sonnenlicht fällt durch das Fenster der kleinen Wohnung in der Calle Cramer im Colegiales-Viertel. In einem Sessel mit Ohren, wie Juan ihn nennt, sitzt Rosa und liest kopfschüttelnd die Zeitung.

»Was da gerade läuft, gefällt mir überhaupt nicht, Juan, diese scharfe Kritik an der Regierung, so kurz vor den Parlamentswahlen ... ich habe ein ungutes Gefühl.«

»Verteidigst du jetzt Yrigoyen? Weil er Simón Radowitzky freigelassen hat?«

Sie verteidigt ihn nicht, er ist unfähig und senil, wie soll sie ihn verteidigen, bei zehntausend gefeuerten Arbeitern? Die Sache mit Simón hat sie natürlich gefreut, aber sie hätten ihn schon vor Jahren freilassen müssen, das hätte er in seiner ersten Amtszeit tun sollen. Rosa ist besorgt über das, was im Hintergrund abläuft, schon bevor Yrigoyen überhaupt die Präsidentschaft antritt, hat General Justo einen Aufruf veröffentlicht, hinter dem sich Pläne für eine Militärdiktatur vermuten lassen. Eine klare Drohung. Die Konservativen haben verloren, und Yrigoyen will, bevor bei den nächsten Wahlen womöglich die Radikalen die Mehrheit im Senat erhalten, das Gesetz über die Verstaatlichung des Erdöls verabschieden, das scheint sein wichtigstes Anliegen zu sein – auch Rosa hält es für vorrangig –, doch das werden sie nicht zulassen. Wie wollen sie die Macht bekommen, wenn nicht durch Wahlen? Mit Waffen. Hier braut sich etwas Schreckliches zusammen, Juan, es scheint mir nicht klug zu sein, weiter Öl ins Feuer zu gießen. Darum wollte Rosa vor kurzem auch nicht ins Teatro Boedo gehen, wo eine Versammlung von Oppositionellen stattgefunden hat. Viele Künstler waren dort, ohne darüber nachgedacht zu haben, wer diese Veranstaltung organisiert hat. Yrigoyen ist nicht der größte Feind.

»Er hat nicht nur die Konservativen gegen sich, auch die Sozialisten, die Fortschrittsdemokraten, die Studenten und einige mehr, sogar aus den Kreisen, die ihn gewählt haben. Diese Regierung hat ausgedient, sie ist eine Katastrophe.«

»Ja«, antwortet Rosa ironisch, »Demonstrationen über Demonstrationen, von den vierundvierzig Abgeordneten der Konservativen, den unabhängigen Sozialisten, den Rechten, die sich in *La Nación* zu Wort gemeldet haben, und den Alvear unterstützenden Antipersonalisten. 1928 hat er bei den Wahlen doppelt so viele Stimmen bekommen wie die Rechte. Jetzt hat er die ganze Welt gegen sich. Aber nicht alle haben dieselben Gründe, und sie arbeiten den Verbrechern in die Hände, siehst du das nicht, Juan? Ihr werdet es noch bereuen.«

»Ihr? Nimm mich nicht als Zielscheibe, ich spiele nur Tangos. Und schimpfe ein bißchen, aber nicht so wie du und nur zu Hause oder unter Freunden.«

Rosa ist angst und bange, sie steht auf, niemand teilt offenbar ihre Befürchtung, weder im Theater noch im Radio, und auch ihre früheren Genossen der FORA schätzen ihrer Meinung nach die Lage nicht richtig ein. Das hat sie Lorenzo kürzlich auch gesagt. Was hast du, Rosa, hast du die tausendfünfhundert Landarbeiter vergessen, die sie in Patagonien auf brutalste Weise ermordet haben?, unter Yrigoyens Präsidentschaft. Und du willst einen neuen Oberst Varela, viele Varelas im ganzen Land? entgegnete Rosa verärgert. Was glaubst du, wird Uriburu mit der Unterstützung dieser ganzen Schurken tun?

»Juan, ich habe Angst.«

Juan umarmt sie: Es wird nichts passieren, meine Süße, ich bin doch bei dir.

Sie hat nicht um sich selbst Angst, doch sie kuschelt sich an ihn, sucht die Wärme seines Körpers und genießt es, daß Juan ihren Hals mit Küssen bedeckt, damit sie wieder lacht. Sie liebt ihn so sehr. Soll sie es ihm jetzt sagen? Nein, sie will noch ein paar Tage warten, Gewißheit haben, bevor sie es Juan eröffnet. Sie versuchen es schon lange, seit ihrer Rückkehr aus Europa im Juli 1929.

Anfangs waren sie sich einig gewesen, daß sie vorerst noch

keine Kinder wollten. Aber wann? Sie wußten es nicht. Sie erinnert sich an die Premiere von Juans Orchester in Nizza im Palais de la Mediterranée, dort überrumpelte sie ein klarer, bislang unbekannter Wunsch. Aber sie sagte Juan nichts. Dann fuhren sie nach Paris, die ergreifende Begegnung mit Carlos Gardel, der später einen Tango von Juan aufnehmen sollte, Rosa sang mit Canaros Orchester, Juan im Foyer des Pariser Kasinos, und dieser wunderbare Abend in Pizarros Cabaret, Rosas Stimme erklang zum erstenmal zu Juan Montes' Orchester, das Publikum applaudierte, und sie sahen sich an, als hätten sie sich erst jetzt entdeckt, ein Lusttaumel, wie sehr sie sich liebten.

»Bevor wir abreisen, Juan, möchte ich dir mein Meer zeigen, mein Dorf, Baiona.«

Oben auf dem Monte da Grova, als die Sonne langsam ins Meer sank und dieses Licht- und Farbenspiel die Bucht verzauberte, beschlossen Juan und Rosa, daß sie ein Kind wollten.

Mehr als ein Jahr ist vergangen. Über ihre Rolle in dem Theaterstück, die Auseinandersetzungen mit der Plattenfirma und dem beunruhigenden Klima im Land hat Rosa gar nicht mehr an Schwangerwerden gedacht. Und auf einmal die Verspätung.

»Zieh dich an Rosa, wir müßten längst bei Hernán sein.«

Hernán lebte seit 1928 wieder in Buenos Aires, in dem alten Haus in der Calle Perú. Dort fühlte er sich wohler als in dem Haus, das sie 1914 gekauft hatten, und wozu sich zu etwas zwingen, Leonor lebte in Paris, und sein Sohn César hatte beschlossen, nachdem er ein paar Monate für Vicente in dessen Büro gearbeitet hatte, zu seinem Onkel zu ziehen. Der Arme ist so allein, sagte er.

»Und Hernán? War der etwa nicht allein?«

»Es hat ihn sicher geschmerzt, daß sein Sohn lieber bei Vicente lebte als bei ihm. Er war schließlich noch nicht erwachsen. Ihm zuliebe war Hernán doch in Buenos Aires geblieben, denn

als sie alle drei zu Besuch waren, hatte César Interesse bekundet, sich um die Ländereien zu kümmern.«

»Nicht nur deshalb, die Entscheidung seines Sohnes löste für ihn ein Problem. Leonor würde nicht mit nach Buenos Aires ziehen, ihre Beziehung zu Charles de La Rochefoucauld hatte sich bereits herumgesprochen, übrigens derselbe, den sie mit Mercedes hatten verheiraten wollen.«

César weigerte sich zu akzeptieren, daß seine Eltern getrennt waren. Meine Eltern leben in Paris, hörte er ihn bei einem Treffen in Hernáns Anwesenheit sagen, als wäre dieser unsichtbar. Doch sie hatten auch nie mit ihm geredet. Ich reise am Samstag zurück, hatte Leonor ihm, nur für sich sprechend, mitgeteilt. Und er: Fahr nur, ich bleibe bei César. Das war alles. Ein paar Briefe gingen hin und her: Wir verlängern unseren Aufenthalt, César macht sich hervorragend in der Verwaltung der Ländereien, so Vicente. Leonor vermißt ihren Sohn, aber sie findet es gut, daß sich endlich jemand um ihren Besitz in Argentinien kümmert, apropos, sie will das Haus an der Champs-Elysées verkaufen, wäre Hernán so gut, ihr die Vollmacht zu schicken? Über ihre Leben fragten sie sich nie etwas. Warum sich zwingen?

Für diesen Mittag hatte Hernán seine Freunde eingeladen, um seinen Geburtstag zu feiern. Dreiundfünfzig, ein alter Knacker. Ach was, Sie sind der Jüngste im ganzen Cabaret, hatte Rosa zu ihm gesagt, man braucht Ihnen nur beim Tanzen zuzusehen. Eine Freude.

Hernán hatte sich recht eng mit den Montes angefreundet, vor allem mit Rosa. Wenn Rosas und Juans Auftritte sich überschnitten, holte Hernán sie vom Theater ab und ging mit ihr in das Cabaret, wo Juan spielte. Kino, Theater, lange Spaziergänge durch Buenos Aires. Rosa mochte es, wenn er ihr die Orte zeigte, wo man früher, als der Tango noch verboten gewesen war, getanzt hatte, und wenn er ihr von verruchten Frauen und Vorstadthelden erzählte.

Aber noch mehr Vergnügen bereitete es Hernán, sich mit ihr

zu zanken, das heißt, eigentlich zankte sich immer nur Rosa, er wandte nie etwas ein gegen die Zahlen, die sie ihm genüßlich an den Kopf warf: Wußte er, wie viele Rinder es gab? Mehr als zweiunddreißig Millionen, und fünfundvierzig Millionen Schafe. Und jetzt sagen Sie mir, wie viele Menschen diese Tiere und Ländereien besitzen, und? Finden Sie das gut, Hernán?

Ein bißchen spät, Rosa, sich das so zu Herzen zu nehmen. Es ist nie zu spät, Hernán, sich über etwas bewußt zu werden. Aber du magst mich doch auch so. Stimmt – wenn sie lächelte, ging die Sonne auf –, Sie sind der einzige Geldsack, der bei mir Gnade findet. Sie ließ nicht locker, er müsse den Menschen, die auf seinen Ländereien arbeiteten, auch Landbesitz geben, er müsse …, aber Rosa, ich habe dir doch gesagt, daß ich mich um die Ländereien nicht kümmere, ich kann nichts entscheiden. Das ist keine Frage des Könnens, sondern des Wollens, Hernán. Laß uns tanzen, Rosa, nach einem Tango bist du immer viel netter. Trotz allen Neckens hörte Hernán ihr zu, sie hatte erreicht, daß auch er über die Situation im Land beunruhigt war. Er wollte ihr heute das Flugblatt zeigen, das man ihm im Teatro Colón in die Hand gedrückt hatte, Rosa hatte recht, was da im Hintergrund verhandelt wurde, war gefährlich. Allerdings würde er ihr nicht sagen, daß sein Sohn diese Flugblätter auf allen Sitzen verteilt hatte. Was ist das für ein Schrieb, César? Er habe ihn verfaßt, stolzgeschwellt, Yrigoyen müsse so schnell wie möglich gestürzt werden. War er etwa anderer Ansicht?

»Präsident Yrigoyen hat doppelt so viele Stimmen bekommen wie Melo-Roca, und noch nie waren in Argentinien so viele Menschen zu einer Wahl gegangen«, war das einzige, was Hernán seinem aufgebrachten Sohn, der ihn so sehr an seinen Bruder César erinnerte, zu erwidern vermochte.

»Ich möchte im Theater nicht diskutieren, Vater, aber wir sprechen schon noch.«

Im Club, in den er hin und wieder ging, erfuhr er, daß César dieses ohrenbetäubende Pfeifkonzert angestimmt hatte, mit dem sie Agrarminister Fleitas bei der Einweihung des neuen

Sitzes der Agrargesellschaft fast vertrieben hätten. Das sagte ihm Luro mit einem Lächeln, ein charakterstarker junger Mann, entschlossen, tatkräftig, er könne stolz sein.

»*Man sah bereits, was später aus ihm werden würde.*«

Hernán machte dieses überhebliche, intolerante Verhalten Césars angst. Er mußte mit ihm reden, dachte er an diesem Mittag, als Rosa ihm ihre Befürchtungen mitteilte. Aber allein. Auch Roberto, Mercedes' Mann, glaubte, daß unheilvolle Zeiten auf sie zukamen. Er war enttäuscht über die Tatenlosigkeit ihres Staatschefs Yrigoyen, aber noch viel empörter über den Vorschlag, mit dem General Uriburo an Lisandro de la Torre herangetreten war: Er würde ihm einen Sitz in seinem Kabinett geben, wenn er den Sturz von Sáenz Peñas Wahlgesetz mittrüge. Zum Glück war César noch nicht da, Hernán hatte Konfrontationen noch nie gemocht, und er war sich sicher, daß César das, was sein Freund Maco und dessen Frau dachten und nicht sagten, nicht für sich behalten würde.

»Señor Hernán, Ihr Sohn ist am Telefon.«

Er hörte, wie Juan das Thema wechselte, habt ihr diesen jungen Bandoneonspieler, Troilo, gehört? Phantastisch. Ein Glücksfall.

»Schade, daß du nicht kommen kannst, César, Juan Montes wird spielen.«

»Jammerschade, ja, aber ich habe eine Sitzung«, er senkte die Stimme, »die Lage ist äußerst brenzlig, Vater. Grüßen Sie Montes von mir, ich werde ihn mir schon noch anhören.«

Wie gern wäre Hernán dieses in ihm rumorende Unbehagen los, seinen Sohn in wer weiß was verwickelt zu sehen. Sein Vater und sein Bruder wollten mit der Politik nie etwas zu tun haben. Wozu auch, hatte Rosa auf diese Bemerkung von ihm geantwortet, alle, vor allem Rocas Partei der nationalen Autonomie, PAN, sind der Oligarchie doch immer in den Hintern gekrochen, verzeihen Sie mir den groben Ausdruck, Hernán.

»César läßt euch alle sehr herzlich grüßen. Er hat eine heftige Erkältung, Fieber.«

Später spielte Juan sein *Rey del bailongo*, das er Hernán Lasalle, dem König des Tanzbodens, widmete: Wie sehr er es bedauerte, daß sein Sohn nicht da war. Hernán lächelte: Darin hatte er nicht versagt, sein Sohn war ein guter Tangotänzer.

»So gut auch wieder nicht, sonst wäre er hier.«

»Jemand so Grausames wie César würde niemals in unseren Tango-Himmel kommen …«

Mit Rührung betrachtete Hernán Rosa, wie sie Juans Spiel zuhörte, was für eine starke, fast greifbare Liebe. Er sagte ihr ins Ohr: Wie schön dich Juans Tangos machen. Ich mag ihn so sehr, daß ich es nicht verbergen kann, antwortete sie lachend, als der Tango zu Ende war. Jeden Tag mehr.

»Und Sie, Hernán …« Rosa nützte die Gelegenheit, daß sich einzelne Grüppchen gebildet hatten. »Warum erzählen Sie mir nichts von sich?«

»Was möchtest du denn, daß ich dir erzähle?« Rosas funkelnde Augen, ein verschmitztes Lächeln.

»Die Geschichte zwischen Ihnen und meiner Schwiegermutter.« Hernán zuckte auf dem Sofa zusammen. »Sie kann ich nicht danach fragen, aber Sie«, sie rückte näher an ihn heran, »wir sind Freunde.«

»Wie ungehörig, was bildet sie sich ein?« beschwert sich Asunción. *»Ich bin froh, daß Hernán ihr nicht geantwortet hat.«*

»Sei still, Asunción, sonst verstehen wir nichts.«

Sie waren Freunde, Hernán wollte nicht darüber reden, aber auch nicht unaufrichtig sein.

»Woher weißt du das?« fragte Hernán brummend.

»Ganz einfach, ich habe eure Gesichter gesehen, kaum kam das Gespräch auf den jeweils anderen, habt ihr ein Interesse gezeigt, das mehr war als nur höflich. Und als Juan diese Anekdote zum besten gab, die Asunción ihm erzählt hatte: Wie sie euch in Ihrem Elternhaus beim Tanzen erwischt haben, habe ich Sie beobachtet, Hernán, Ihr Gesicht hat geleuchtet, und dann haben Sie sich verloren in dieser Erinnerung, die Sie bis heute berührt, ist es nicht so? Und meiner Schwiegermutter entwischte, als wir irgendwann über Sie geredet haben, ein langer, vielsagender Seufzer.«

»*Das ist eine Lüge, ich würde doch nie vor Juan wegen Hernán seufzen.*«

»*Sie wird das gesagt haben, um ihm die Zunge zu lösen.*«

»Ich verrate dir ein Geheimnis, Rosa, aber du mußt mir versprechen, daß es unter uns bleibt: Ich war sehr in Asunción verliebt. Es war nicht möglich ...«

Aber jetzt, sagte Rosa begeistert, ihre Schwiegermutter sei allein, und dieser Freund ... sie sähen sich kaum mehr, und er sei auch nie ihr Verlobter gewesen, Asunción selbst habe es ihr gesagt. Hernán lachte. Was ist in dich gefahren, Rosa. Ich lade euch beide zum Abendessen ein, und ...

»Was tuschelt ihr denn da?« Juan trat zu ihnen. »Heute will ich ein Auge zudrücken, weil Sie Geburtstag haben, Hernán, aber beim nächsten Mal mache ich euch eine Szene.«

»Paß bloß auf, Montes«, sagte Maco. »Hernán ist ein Schwerenöter.«

»Ja, er verführt alle«, scherzte Roberto. »In Santa Fe zittern die Männer, wenn Hernán zu Besuch kommt.«

Schallendes Gelächter. Rosa stand auf, sie wollte einen Tango singen, der alles erklärte, einen Tango für Hernán. Juan begleitete sie auf dem Klavier.

Rosas Stimme vermengte sich mit dem Lachen ihrer Freunde. »Ich bin eben so, / was soll ich tun? / Von Geburt ein schmucker Junge und verschossen ins Begehr'n. / Ich bin eben so, / was soll ich tun? / Den Frauen kann ich nicht widersteh'n.«

Wie seltsam das Leben ist, dachte Hernán, Asuncións Nähe hatte er nie gewinnen können, und jetzt, auf seine alten Tage, diese herzliche, wunderbare Freundschaft mit Juan und Rosa.

Yrigoyen könne ihn nicht empfangen, sagte der Sekretär zu Roberto, er sei krank.

»Was ist denn hier los?« erwiderte er ungeduldig, »merkt denn hier keiner, daß der Putsch unmittelbar bevorsteht?«

»Glauben Sie, das sehen wir nicht? Aber der Präsident sträubt sich gegen jegliche Maßnahmen zur Verteidigung, er weigert sich einzuschreiten, er denkt, es wird schon nichts passieren, ›das sind vorübergehende politische Unruhen, eine Folge der letzten Wahlkämpfe‹, sagt er. Der Verteidigungsminister tritt heute zurück, er kann nichts machen.«

Noch in der Bar schrieb Roberto den Text, der in seinem Radiosender verlesen werden sollte, um die bedrohte Demokratie zu verteidigen. Er rief seine Familie in Santa Fe und Mercedes an, sie würden erst mal in Buenos Aires bleiben. Er wollte Interviews mit Politikern führen, sich bemühen, den immer heftigeren Umsturzgerüchten Einhalt zu gebieten.

»Dann laß uns ins Theater gehen, um Rosa zu hören«, schlug Mercedes vor.

Morgen bekommt sie das Untersuchungsergebnis. Aber Rosa braucht es nicht abzuwarten, um es Juan zu sagen. Sie spürt es, tief in ihrem Körper. Sie ist überglücklich. Lacht von innen heraus, und als sie abends im Theater *Haragán* von Manuel Romero singt und dazu diese Clownsgesten macht, schüttet sich das Publikum, vor allem die Frauen, aus vor Lachen.

Aber am Ausgang empfängt sie Roberto mit der Nachricht, der Präsident sei zurückgetreten und der Vizepräsident habe die Wahlen in Cuyo am 7. November abgesagt und den Ausnahmezustand verhängt. Rosa blickt auf diese ihre Meinung kundtuenden, sich die eierschalfarbenen Handschuhe überstreifenden Bürger und die Frauen in ihren Pelzmänteln, und weiter hinten die Jüngeren, Medizinstudenten. Rosa kann nicht anders, als auf diesen jungen Mann mit dem dünnen Schnauzbärtchen loszugehen, der lautstark von sich gibt: Weg mit denen.

»Ihr werdet weg sein. Wenn die erst einmal da sind, nach denen ihr ruft, werdet ihr nichts mehr zu lachen haben, stumm, verletzt, tot werdet ihr sein. Kapiert ihr das nicht, ihr Ignoranten?«

Mercedes zieht sie am Arm weg: Komm, Rosa. Beruhige dich.

Wie soll sie sich beruhigen? Ausnahmezustand, wie damals, als sie klein war, sie erinnert sich noch gut, an diese Leute, die auf der Straße nach dem Militär gerufen, mehr Repressalien gefordert haben.

»Du kannst nicht jeden einzelnen überzeugen, Rosa«, sagt Mercedes zu ihr, »du mußt ruhig bleiben.«

Ruhig? In Panik versetzen sie diese Soldaten am Morgen darauf in ihrem Viertel Colegiales. Rosa mit dem Untersuchungsergebnis in der Hand, Glück zum Anfassen, und dann dieses bedrohliche Uniformgrün. Was machen diese Soldaten hier? fragt sie, kaum ist sie zur Tür herein, Juan klebt mit dem Ohr am Radio: Ein Glück, daß du wieder da bist, Rosa, was hattest du so früh auf der Straße zu tun? Er wartet nicht auf ihre Antwort, in aufgebrachtem Ton berichtet er:

»Sie warten auf Uriburus Befehl zum Vormarsch, es sind Einheiten der Hauptstadt, sie haben sich in Colegiales formiert, ausgerechnet. In Belgrano und Flores sammeln sich die Zivilisten. Uriburu ist in der Militärakademie, er hat ein Ultimatum gestellt, in dem er die Regierung zum Rücktritt auffordert. Aber Campo de Mayo und andere Kasernen wollen sich nicht erheben. Die Lage ist unklar, Rosa.«

Das Telefon klingelt. Es ist Mercedes: Roberto hat ihr gesagt, Campo de Mayo sei umgeschwenkt und habe sich Uriburu unterstellt. Sie marschieren auf den Regierungspalast zu.

»Du hattest recht, Rosa«, sagt er, »harte Zeiten kommen auf uns zu. Ich glaube nicht, daß das eine Lösung ist, wie viele hoffen.«

Rosa führt Juans Hand an ihren Bauch: Wir müssen ihm beibringen, stark zu sein, Juan.

General Uriburu schreitet wohlgefällig über die Plaza de Mayo, kein Widerstand stört seinen Weg in den Regierungspalast. Vizepräsident Martínez und seine Ministerriege sind bereits gegangen. Auf dem Tisch sein Amtsverzicht. Das Volk, nicht ahnend, welches Schicksal es erwartet, feiert in den Straßen voller Euphorie das Ende von siebzig Jahren Demokratie und politischer Bewegung.

»Vor euch, Soldaten unseres Vaterlands«, mit diesen Worten richtet sich Uriburu am 8. September 1930 an die auf dem Platz gedrängte Menge, »vor euch, dem souveränen Volk, will ich den Eid ablegen. Ich schwöre auf Gott und das Vaterland, daß ich das Amt des Präsidenten, das ich auf euren Willen hin antrete, voller Respekt vor der Aufgabe ausüben werde.« Kaum läßt der brausende Applaus nach, erhebt Uriburu erneut die Stimme: »Schwört ihr bei Gott und dem Vaterland, den von euch selbst eingesetzten Staatsführern die Treue zu halten?« Ein ohrenbetäubendes, gedankenloses »Ja!« steigt von der Plaza de Mayo auf.

Nein, sagen Rosa und Juan, die zu Hause sind. Nein, sagt Lorenzo an diesem kalten Morgen im letzten Jahr seines Lebens. Die neue Regierung wird ihn erschießen, so wie sie Hunderte Gewerkschafter verurteilen, inhaftieren und deportieren wird. Yrigoyen bringt noch nicht einmal ein Nein heraus in seinem Gefängnis auf der Insel Martín García, seine Stimme ist gelähmt vor Angst.

The New York Times und andere nordamerikanische Zeitungen frohlocken in ihren Leitartikeln über den politischen Richtungswechsel in Argentinien. *Il Corriere* hingegen beklagt die Zerschlagung der einzigen Regierung Südamerikas, »die die Voraussetzungen mitbrachte, um sich an die Spitze der lateinamerikanischen Republiken zu stellen und die Hegemoniebestrebungen der Vereinigten Staaten zurückzudrängen«.

Mit der rosigen Haut von ihr, mit den schwarzen Augen von ihm wird am 5. Mai 1931 Lucía Montes geboren.

Dieses für dein Land so harte Jahr war eines der fruchtbarsten für deine Kunst. Im San Martín hast du *Lucía* uraufgeführt, im Theater hast du mit deinem Orchester Rosa begleitet, in diesem so treffenden Tango ¿*Qué sapa, Señor?* deines Freundes Discépolo.

Sie haben an diesem Novemberabend das Radio nicht eingeschaltet, aber zum Fenster dringen Hupen und Jubelschreie hoch, die General Justos Triumph bei den Wahlen feiern.

»Dieselbe Scheiße, sie riecht nur anders, Lucía«, bringt Rosa ihrer Tochter bei.

»Meinst du nicht, sie ist noch ein bißchen klein, um das zu verstehen, Rosa?« sagt Juan und lacht.

Epilog

Heute, am Dienstag, *Der Kuß*, darauf hatte Luis bestanden. Da sitzt Ana nun an einem Tisch in einer Milonga in der Calle Riobamba und sieht sich neugierig um. Nach dem, was sie an ihrem ersten Tag in Buenos Aires erlebt hat, ist sie überrascht über die entspannte, ausgelassene Stimmung unter diesen vielen Leuten, die tanzen, sich unterhalten, lachen, als wäre dieser Saal in einer anderen Stadt als die Bank, die Ana heute morgen gesehen hat, als würden diese Leute nicht in dem ins Chaos gestürzten Land leben, das die Fernsehbilder zeigen, über das sie heute, am 18. Dezember 2001, in den Zeitungen gelesen hat.

Luis ist an die Bar gegangen, um sich mit ein paar Freunden zu unterhalten.

»Genieß es«, hat er zu ihr gesagt und gelächelt. »Allein wirst du schneller zum Tanzen aufgefordert.«

Sie muß an die Nacht am Seineufer denken, als sie ihn wer weiß wie lange allein gelassen hat. Rache. Dümmliche Rache, sie will mit ihm tanzen, jetzt, da am Ende dieses langen Tages endlich der Luis zum Vorschein gekommen ist, den sie kennt, kaum ist er die Stufen hochgestiegen und hat vor dem *Kuß* gestanden, ein anderer Mann: übermütig, locker, verführerisch, als gäbe es dieses ganze Bündel an Problemen nicht.

Schon das, was er ihr auf dem Weg vom Flughafen in die Innenstadt alles aufgezählt hat, hat Ana ermüdet: das Geld, das die Franzosen ihm seit Monaten überweisen, auf der Bank gesperrt, dabei seine aufs Lenkrad schlagende Hand, der Besitzer des Hauses, in dem sie die Innenaufnahmen drehen, verlangt die Miete in Dollar, will Bargeld, das er wie alle nicht hat, seine tiefe Falte zwischen den Brauen, die Schwierigkeiten bei den Außenaufnahmen, weil wegen der Demos und Proteste ständig Straßen gesperrt sind, zweimal in zwölf Tagen mußten sie die Filmarbeiten einstellen, es sei unmöglich, Entscheidungen zu treffen oder Alternativen zu erwägen, weil niemand wisse, wie es weitergeht, seine sich überschlagende, kaum ihre Tonlage findende Stimme, wie schwierig es sei, irgendwelche Zeiten einzuhalten, weil immer irgendeiner von ihnen gerade auf der Bank sei, dieser verdammte Minister zwingt sie nämlich, ein Konto zu eröffnen oder Sparbuch anzulegen, sein finsterer Blick, die Schuld, die er gegenüber den Technikern, seinem Produzenten, Philippe fühlt, wie konnte er auch so dumm, so naiv sein und in diesem Land der Halsabschneider die Kohle auf der Bank lassen, es hat solche Gerüchte gegeben, aber auch eine Bestimmung, die die Unantastbarkeit des Bankvermögens garantiert. Naiv?, seine Lippen, die seinem Gesicht etwas Verbittertes geben, nein, saudumm, sein Ton ein Peitschenhieb, jawohl, was muß Luis Ruccoli auch mitten in der Krise einen Film drehen, vierzig Menschen Arbeit geben und Optimismus und gute Laune verbreiten, während ringsum die Leute am Hungertuch nagen.

»Aber Luis, gib dir doch nicht die Schuld. Woher hättest du das wissen sollen?«

»Nicht zum erstenmal wurden im letzten Jahr Milliarden Dollar aus dem Land geschleust, insgesamt sechsundzwanzig, allein vierzehn Milliarden, seit Cavallo Wirtschaftsminister ist. Das war bekannt. Die meisten Menschen, die von der Sperrung der Bankkonten betroffen sind, besitzen weniger als dreißigtausend Dollar. Die Produktionsfirma hatte viel mehr ... und ich Esel habe es auf der Bank gelassen.«

»Kannst du denn die Leute, die für den Film arbeiten, nicht bezahlen?«

»Schon, mit Schecks, aber wir sind hier nicht in Europa, Ana, viele leben in ungeregelten wirtschaftlichen Verhältnissen und brauchen Bargeld. Inzwischen gibt es eine Bankpflicht, in zwei Wochen sind sechshunderttausend Konten eröffnet worden! Alles haben die Banken geschluckt, hat sich ja auch gelohnt ... Für einen selbst nur Zahlen und Papier, man bekommt nämlich nicht mehr als zweihundertfünfzig Pesos in der Woche ausbezahlt ... Der Besitzer des Hauses, in dem wir drehen, denkt bestimmt, ich mache es wie er und habe die Dollars unter der Matratze. Es gibt einen gültigen Vertrag, aber was bedeutet das hier schon ...«

Luis ist dermaßen in Rage geraten, daß Ana sich schwergetan hat, die vielen Informationen auf einmal aufzunehmen. Vielleicht hätte sie nicht kommen sollen, hat sie gedacht, sie hatte in den Zeitungen die Nachrichten aus Argentinien gelesen, und Luis hatte sie in seinen E-Mails schon darauf vorbereitet, daß ein höllisches Chaos herrsche, wobei sich ihr die volle Bedeutung dieser Formulierung wenig später in der Bankfiliale erschließen sollte.

Es ist Anas Idee gewesen, ihn zu begleiten. Luis' schallendes Lachen dröhnte durch die Hotelbar, in der sie beim Frühstück saßen: zur Bank? Du weißt nicht, was du sagst, Ana, ruh dich besser aus. Aber sie bestand darauf, sie sei nicht müde, schlafen könne sie später, da sie heute nachmittag sowieso nicht drehen könnten ...

Endlos lange Schlangen, fassungslose Gesichter, verzweifelte Blicke, Stimmen, die kurz zu Geschrei anschwollen und wieder in sich zusammenfielen, Männer und Frauen jeden Alters, die sich wie alte Freunde gegenseitig von ihren Nöten erzählten, Wut und Verluste teilten, Informationen und Vermutungen austauschten. Und plötzlich dieses alles übertönende Lachen, das sie für eine Weile allen Ärger vergessen ließ, als eine Familie mitten in der Bank ihr Lager aufschlug, Sonnenschirm, Sonnencreme und Sonnenbrille auspackte, Eimer, Schaufel, sogar Sand für das Mädchen, der selbstvergessen vor sich hinpfeifende ältere Junge hatte einen Walkman auf, ein buntes Strandtuch und ein Panamahut, Bermudas und T-Shirt, die Eltern klappten ihre Strandstühle auf und machten es sich auf der Fläche, die die Leute ihnen großzügig freimachten, gemütlich und plauderten.

»Wenn die Bank das Geld für unsere Ferien nicht rausrückt, genießen wir unseren Urlaub eben hier«, erklärte die Frau mit einem Lächeln.

Männer mit ebenso düsteren Anzügen wie Blicken machten Anstalten, sie fortzuschaffen, doch da errichteten die Kunden eine stabile Menschenmauer um diese Sonneninsel und jubelten und klatschten.

»Nein, wir gehen nicht«, antwortete der Mann dem Angestellten in ruhigem Ton, »wir warten auf ein paar befreundete Journalisten.«

Die Blitzlichter der Fotoapparate machten diese eigenartige Improvisation, bei der man nicht wußte, wer Publikum und wer Schauspieler war, noch skurriler. Die Mikrophone der Presse reichten vorne und hinten nicht, um alle Aussagen dieser Familie einzufangen, die weit über die anfängliche Gruppe hinausgewachsen war, eine vielköpfige Familie aus Geprellten, die vor Kameras und Mikrophonen redeten, gestikulierten, lachten, weinten. Träumte sie? fragte sich Ana.

Nach drei Stunden hatte Luis sein Anliegen erledigt. Sie könnten etwas essen gehen, hat er ihr vorgeschlagen, und reden, nur bitte nicht über Banken, Geld: über sie, ich habe dich noch nicht einmal gefragt, wie es dir geht, was bin ich für ein unhöflicher Mensch, über den Film, ich habe dir bis jetzt nur den ganzen Zoff erzählt, aber es ist wunderbar, wie ... Luis' Handy, er sieht auf die Uhr, ein schuldbewußter Blick zu Ana: Tut mir leid, ich muß los. Ein Taxi, ich fahr mit dir bis zum Hotel und dann weiter, es ist wegen ... Laß nur, erklär es mir später, hat Ana ihn unterbrochen. Das war ihr alles zuviel auf einmal. Gut, ruh dich aus, meine Hübsche, ich rufe dich später an.

Aber sie konnte sich nicht ausruhen. Sie machte die Augen zu, und da waren die erbosten Gesichter, die Geschichten, die sie gehört hat: von der älteren Dame, der man – wie allen – seit Monaten die Rente gekürzt hat und die Strom und Wasser nicht bezahlen kann, von dem jungen Typ, dem sie die Abfindung für seine Entlassung gesperrt haben, von dem Mann, der in Kanada lebt und dessen Geld bei der Überweisung auf eine andere Bank einfach verschwunden ist, die Strandfamilie, Luis, der so schnell geredet hat. Sie zog sich an und ging hinaus, Zeitungen zu kaufen, sie mußte mehr erfahren, ein Graffito hielt sie auf: »Sie pissen auf uns und sagen, daß es regnet.« Humor haben sie, das hatte sie auch am Morgen bei dem originellen Protest dieser Familie gedacht. Aber seltsam sind die Argentinier schon.

Was sie jetzt auch wieder feststellt, als ein Mann mit gegelten Haaren sie zum Tanzen auffordert und sie kurz zu Luis hinübersieht, der mit seinen Freunden an der Bar steht und lacht. Hat er sich nicht so gefreut, daß sie nach Buenos Aires kommt? Und jetzt läßt er sie stehen? Die Leute gehen ganz im Tanzen auf, und draußen diese horrenden Ereignisse.

Doch kurz darauf denkt sie an nichts mehr und genießt nur noch die Umarmung, die der Mann nicht unterbricht, während seine Beine mit Anas gegengleichen Bewegungen perfekt zusammenspielen. Er wagt noch mehr, vielleicht hat sie es ihm mit ihrer letzten Drehung auch entlockt, und Anas Körper wird Vogel, Schaum, Blume.

»Du bist eine Göttin«, raunt der Mann mit den gegelten Haaren, während er am Ende des Stücks seine Hand langsam von Anas Rücken gleiten läßt. »Aus welchem Himmel bist du herabgestiegen, daß ich dich nicht kenne?«

»Aus Paris«, antwortet sie lachend, schon im Gehen.

Luis' nicht von ihr weichender, begehrender Blick überrascht sie. Der Mann sagt: Ich darf dir eine französische Freundin vorstellen. Keiner der beiden antwortet ihm. Luis legt den Arm um Ana, sie warten, wiegen sich bis zu ihrem perfekten Einsatz in diese Milonga von Juan Montes, ach, der Zufall.

Luis hat Glück, *milonga cruzada* ist seine Stärke. Er wollte, daß Ana sich wohl, sich frei fühlt, darum hat er sich gefreut, daß Guillermo sie aufgefordert hat, einer der besten Tänzer, Ana soll sehen, was wir haben. Aber das war beim ersten Tango so, beim zweiten nicht mehr ganz, und als sie beim dritten immer mehr miteinander verschmolzen und ihre Lust spüren ließen, hat Luis die ihn stechende Eifersucht gerade noch von sich geschoben, doch beim vierten Tango ist er an die Tanzfläche gegangen, sobald sie sich zwei Zentimeter voneinander gelöst hätten, würde er an sie herantreten. Irgendeinen Witz könnte er immer noch anbringen, um nicht lächerlich dazustehen, aber das ist nicht nötig, sie sieht ihn an mit diesem goldschimmernden Blick, als hätte sie auf ihn gewartet, und kaum berührt seine Hand Anas Rücken, merkt er ihrem Körper die freudige Erwartung an. Alles Weitere besorgt die Milonga seines Großvaters mit ihrer Magie.

»Juan, schau, dein Enkel tanzt zu deiner Milonga.«

»Luis hat vor ein paar Tagen noch nicht so gut getanzt«, sagt Carlota, »Ana spornt ihn an.«

»Ich freue mich, Carlota, daß du meiner Urenkelin endlich einen Verdienst anrechnest.«

»Es ist nichts«, sagt Ana, als sie wieder am Tisch sind, »ich bin nur sehr müde, für mich ist es halb sechs Uhr morgens. Ich bin heute aus Paris gekommen. Hast du das schon vergessen?«

»Armes, ich bring dich ins Hotel.«

Auch er ist müde, trotzdem war es eine gute Idee, direkt mit ihr tanzen zu gehen. Er hatte erst um halb elf Uhr abends frei, weil sie am Nachmittag doch noch drehen konnten. Anrufen wollte er sie nicht gleich, damit sie sich ausruhte, sie kann auch morgen noch an den Set kommen, sie werden alle Szenen drehen, die in diesem Haus spielen, was Stunden dauern kann, bevor der Besitzer es sich noch anders überlegt, wer weiß, was für Überredungskünste sein Partner angewendet hat, daß er ihnen das Haus bis zum Ende der Woche überläßt. Die Leute seiner Filmtruppe sind alle großartig, von den Schauspielern bis zum letzten Kameraassistenten.

»Warum wundert es dich so«, hat er sie im Auto gefragt, »daß so viele Leute tanzen gehen? Natürlich haben alle Probleme, aber beim Tangotanzen tauchst du in die Illusion ein, es gäbe nichts außer der Umarmung.«

Ana stieß am Vormittag zu den Dreharbeiten in dem Haus in Palermo Chico. Sie wiesen ihr einen Platz, von wo aus sie den Schauplatz beobachten konnte.

Das Musikzimmer sah bis ins kleinste Detail so aus, wie es in ihren Träumen vor ihr gestanden hatte, selbst die Locken und das Kleid des Mädchens waren identisch, und die Augen des

Jungen, der Juan spielte, waren so schwarz und leuchtend, wie sie sie sich vorgestellt hatte.

Etwas Warmes erfüllte sie, während sie zusah, wie gekonnt und liebevoll Luis die Kinder durch die Szene führte, wie sicher und ruhig er Kamera und Beleuchtung überwachte, irgendeinen Gegenstand umstellen ließ, seinen Assistenten um eine Meinung bat. Stolz könnte man dieses Gefühl nennen, denkt sie nun, in ihrem Hotelzimmer liegend, und muß lachen, als ob er ihr gebührte. Warum nicht, sagt nicht er immer »unser Film«? Eigentlich sehen viele ihn als ihren Film an. Mehrmals ist in ihrer kurzen gemeinsamen Essenspause das Wort »wir« gefallen, sie hat sofort dazugehört, alle wußten, daß Ana die Partnerin aus Paris ist, die für sie recherchiert.

Die Meldungen über die Plünderungen der Supermärkte, die die Hinzustoßenden brachten und von denen auch die berichteten, die im Zimmer nebenan am Radio hingen, drängten sich in die Anekdoten, die man Ana über die Dreharbeiten erzählte, und wirkten sich auch auf die Arbeit aus, an der sie gerade waren.

»Kannst du dir den Salon ansehen, den wir für die Szene bei Madame de Reské vorbereitet haben?« fragte die Ausstatterin sie. »Du sagst mir dann deine Meinung, Ana.«

Perfekt, urteilte sie. Wie ergriffen sie war, als sie ihr das Kleid zeigten, das Ana sich, mit ihrem Urgroßvater tanzend, an sich selbst vorgestellt hatte. Sie hatten es nach dem Foto aus dem Buch, das sie Luis auf seiner Parisreise gegeben hatte, angefertigt.

»Ein fünfzehnjähriger Junge ist getötet worden, bei einer Plünderung in Merlo«, unterbrach sie ein aufgebrachter junger Mann: »Von einer Kugel in den Hals. Und zwei weitere in einem Supermarkt in Quilmes.«

Um fünf beschloß Ana, zurück ins Hotel zu gehen, sie müsse ein paar E-Mails verschicken und wolle die Nachrichten im Fernsehen verfolgen, erklärte sie Luis. Heute abend lade ich dich zu mir nach Hause zum Essen ein, schlug er vor. Ist das nicht zuviel Streß? Nein, wir holen eine Pizza, ich will, daß du Fede kennenlernst. Um sie herum standen Leute, Ana sagte leise zu ihm: Ich bin begeistert von deinem ... unserem Film. Als sie den Fernseher einschaltet, spürt sie noch immer diese Wärme, die Luis' strahlendes Lächeln in ihr ausgelöst hat.

Bestürzende Bilder: rennende Frauen mit ganzen Hühnchen, Fleischstücken, Flaschen mit Speiseöl unterm Arm, Kinder und Erwachsene fangen mit ausgestreckten Armen Lebensmittel auf, die man ihnen von einem Laster aus zuwirft, um weitere Überfälle zu vermeiden, ein paar Jugendliche versuchen mit ihren Körpern Scheiben einzurammen, eine behinderte Frau führt die Stürmung eines Supermarkts an und verfängt sich in dem Gitter, das sie niederzureißen hilft, ich habe so was noch nie gemacht, sagt eine Frau vor der Kamera, mit einem schmerzlichen Ausdruck im Gesicht, wir haben nichts zu essen. Ana schaltet auf ein anderes Programm um: Präsident De la Rúa verleiht im Regierungsgebäude den Offizieren der drei Streitmächte Orden, heute? Ist das möglich? Ja, denn dasselbe Programm zeigt als nächstes weitere Plünderungen an anderen Orten, Zusammenstöße, Tote, erstochen oder erschossen von den zur Gegenwehr schreitenden Händlern oder der Polizei, Dutzende Verletzte, eine Gruppe Arbeiter, die seit Monaten kein Gehalt ausbezahlt bekommt, stürmt die Stadtverwaltung in Córdoba und zertrümmert die Einrichtung, ein hagerer Mann, ein Regierungssprecher, gemahnt zur Ruhe, er habe den Eindruck, hier werde ganz bewußt übertrieben, es gebe nur einige wenige gewalttätige Demonstranten, die als Provokateure vorgeschickt würden. Sind die denn beschränkt? wundert sich Ana.

»Dreh doch den Fernseher leiser«, bittet Ana Luis.

Sie macht einen angespannten Eindruck, sie ist zwar nett zu Fede und zu ihm, aber sie benimmt sich ganz anderes als heute nachmittag und gestern abend.

»Ist irgend etwas los, Ana?« fragt er sie, als sie die Teller in die Küche tragen will.

»Nein, nichts. Bei meiner Arbeit in Paris gibt es auf einmal Schwierigkeiten, und ich glaube kaum, daß ich sie von hier aus lösen kann. Höchstwahrscheinlich muß ich morgen oder übermorgen schon wieder weg.«

Ein Brunnen, in den Luis plumpst, doch er klettert wieder hoch, stemmt sich über den Rand: Das schaffst du schon.

»Logisch«, erwidert sie bissig, »es ist ja alles so einfach hier, ich kann noch nicht mal meine Mails abfragen.«

Fede ruft nach ihm: Papa, der ›Schnuller‹ redet gleich. De la Rúa, erklärt er Ana, wegen seines Babygesichts.

»... Wir müssen die Forderungen der Menschen in diesem Land ernst nehmen. Wenn wir, die wir dieses Land führen, nicht die Größe und Entschlossenheit besitzen, diese Verantwortung zu übernehmen ...«, sagt ein hilfloser Präsident. »... Ich bin nicht hier, weil ich an meinem Amt festhalte, sondern weil es meine Pflicht ist ...«, ihm verkrampft sich alles, wenn er diesen Menschen nur sieht. »... Wir steuern eine wirksame Politik an, die sich an den Bedürfnissen der Menschen orientiert ...«

Luis steht auf, vor sich hin schimpfend geht er im Wohnzimmer auf und ab, doch als er das Wort »Ausnahmezustand« hört, geht er in die Luft: Arschlöcher, kommt, wir gehen, sagt er zu Fede und Ana, wir gehen zur Plaza de Mayo. Das Telefon klingelt, es ist Alberto, sie gehen auch mit den Kindern hin, sie kommen bei ihnen vorbei. Wieder das Telefon, José, der Kameramann: Ja, wir gehen jetzt los.

Das scheppernde Geräusch hat schon vor der Rede begonnen, aber jetzt wird es noch stärker. Ana steht auf dem Balkon und staunt: Was ist das für ein Lärm?

»Die Menschen haben es satt«, antwortet Luis.

Kommt alle mit, ruft die Nachbarin und schlägt mit dem Kochlöffel auf eine Pfanne. Wir sammeln uns an der Ecke Humberto Primo und gehen dann alle zusammen, antwortet ein älterer Herr vom Balkon gegenüber, sein Milchkännchen von den vielen Schlägen verbeult.

Ab Mitternacht soll Ausnahmezustand herrschen, hat der Präsident der Argentinier gesagt. Ana weiß, was das bedeutet, die Außerkraftsetzung der durch die Verfassung gesicherten Rechte, aber nach diesem Marsch von San Telmo zur Plaza de Mayo, begleitet von der Kochtopfperkussion und den zornigen Sprüchen der durch die Straßen ziehenden Menschen, hat Ana begriffen, daß dieses Wort bei den Argentiniern finsterste Erinnerungen weckt. »Schiebt euch den Ausnahmezustand in den Arsch«, haben sie gegrölt und sich gegenseitig hochgeschaukelt.

Zunächst, bei Luis zu Hause, hat Ana nicht zum Platz mitkommen wollen, ihre Rückreise nach Frankreich war beschlossene Sache, nichts wie weg aus diesem Land, das ihr zum Empfang gleich diese Ohrfeige verpaßt hat, doch sie hat nicht gewußt, wie sie es Luis sagen sollte. Sie würde sie ein Stück begleiten, es war dieselbe Richtung wie zu ihrem Hotel, ihr würde schon noch eine Ausrede einfallen: die Hitze, ihre Müdigkeit.

Wann genau war es, daß Ana sich nicht länger als Zuschauerin fühlte, sondern zu der Menschenmenge dazugehörte, die sich auf der Plaza de Mayo versammelt hatte? Frauen und Männer jeglichen Alters, aus sämtlichen sozialen Schichten, in unterschiedlichster Kleidung, Kinder an der Hand oder auf den Schultern ihrer Eltern, alle sangen das bekannte Freiheitslied: »El pueblo unido jamás será vencido.«

Das vereinte Volk wird niemals besiegt werden ... – War es, als sie, schon auf dem Platz, in das Lied einstimmte? Als sie ihren ersten Schlag auf den Kochtopf tat? Als der Rücktritt des Wirtschaftsministers Cavallo bekannt wurde und Luis und Fede und ihre Freunde sie umarmten? Als dieser Alte mit kräftiger Stimme brüllte: »Es reicht, verdammt, sie sollen alle gehen«, woraufhin das Feuer seiner Worte gleich einer Fackel weitergetragen wurde und auf einmal Tausende und Abertausende im Chor riefen: »Alle sollen sie gehen, nicht einer soll mehr bleiben.« Wie der Journalist nun einen älteren, schmutzigen und splitternackten Mann, der gerade in einen Einsatzwagen der

Polizei gestoßen wird, fragt: »Schämen Sie sich nicht, sich nackt vor diesen ganzen Leuten zu zeigen?«, und der Mann antwortet: »Natürlich schäme ich mich. Wie sollte ich mich nicht schämen?«, da spürt Ana auf einmal, wie entblößt diese Menge ist, die nichts mehr hat, um sich vor der Skrupellosigkeit zu schützen.

Drei Palmen stehen in Brand, die Flammen verleihen der die Hymne singenden Menschenmenge einen dramatischen Glanz, unterdessen rückt die Polizei vor, sie auseinanderzutreiben. Ana kennt die argentinische Nationalhymne nicht, ihr sagen diese Melodie und dieser schwülstige Text nichts, aber von denjenigen, die sie anstimmen, gehen ein Ernst und eine Erhabenheit aus, als erlangten sie in diesem Moment eine vor wer weiß wie vielen Jahren verlorene Würde zurück.

»Einundsiebzig Jahre«, wird Luis ihr später auf dem Weg zu ihrem Hotel sagen. »1930 war der erste Militärputsch. Ab da ging es mit dem Land bergab, in einer Folge immer blutigerer Diktaturen, die alle demokratischen Bestrebungen immer wieder zunichte machten. Aber diesmal können die Ewiggestrigen nicht an die Tore der Kasernen klopfen, das Volk hat gelernt«, sein Gesicht leuchtet auf vor Siegesgewißheit. »Die Militärs werden nicht zurückkommen. Ab heute, Ana, ist Schluß damit.«

Sie ist sich nicht so sicher wie Luis und seine Freunde, daß diese Nacht das Ende bedeuten soll für Militärs, Radikale und Peronisten, für korrupte Politiker, die für die von ihnen vertretene Gesellschaft weder Augen noch Ohren haben. Sie hält es für eine verzweifelte Hoffnung, aber sie stellt es nicht in Frage, weil ihr dazu mehr Angaben fehlen, und vor allem, weil sie diese Freude nicht stören will, die alle so überraschend erfaßt hat. Und an der sie an diesem Abend teilhat.

Im Hotel findet sie zwei Nachrichten von ihren Eltern: sie möge sie anrufen, egal um welche Uhrzeit. Sie bräuchten sich keine Sorgen zu machen, sie komme von der Plaza de Mayo, ja, Mama, Polizei war auch da, aber die Leute sind friedlich auseinandergegangen, sie mußten nicht eingreifen, es ist nichts passiert, obwohl, passiert ist schon viel, auch mit ihr. Nein, nicht was ihr denkt, etwas in mir drinnen, erzähl ich euch später. Natürlich passe ich auf mich auf, Papa, freu dich doch, seit heute ist Schluß mit der Angst in deinem Land.

»Sie sagt ›dein‹ Land? Es ist auch ihres, obwohl sie in Frankreich wohnt.«

»Gib ihr Zeit, Asunción.«

Als sie das Licht ausmacht, klingelt das Telefon. Es ist Luis: Er ist gut nach Hause gekommen, alles in Ordnung, aber er hat gesehen, daß sie das Finanzministerium angezündet haben und brutal durchgreifen, Anas Hotel liegt in der Nähe des Obelisken, sie soll nicht rausgehen, bis er sie morgen abholt. Da lacht sie: Ich scheine überall Eltern zu haben.

Luis weiß nicht, was er machen soll: Gestern hat die CTA zum Generalstreik aufgerufen, es sind zwar alle bereit, weiterzuarbeiten, weil sie sich des Problems mit dem Drehort bewußt sind, aber er findet das nicht in Ordnung. Alberto besteht darauf, der Hausbesitzer hat gesagt, bis Samstag, er wird dabei bleiben. Willst du Szenen auslassen? Willst du in Kauf nehmen, daß wir uns in dem Chaos einen neuen Drehort suchen müssen? Sein Partner hat recht, es gibt nicht viele Orte, wo man die Szenen, die im Haus der Lasalles, der Ponces, auf den Festen in Paris spielen, drehen kann. Er wird den Plan ändern, damit nur diejenigen kommen müssen, die unverzichtbar sind, alle Szenen, die irgendwelche Extras erfordern, will er morgen drehen. Und wenn Ana heute nach Paris zurückreist und er sie nicht mehr sieht?

»Wie geht es dir, Ana, hast du gut geschlafen? Ich kann dich erst am Nachmittag abholen, wir haben heute viel zu tun, aber komm nicht, versuch lieber, deine Angelegenheiten zu regeln. Frag doch im Hotel, ob sie dich an ihren Computer lassen.«

»Es gibt ein Internetcafé in der Nähe, in der Diagonal.«

»Danach gehst du aber sofort wieder ins Hotel, die Straßen

werden so lange voller Menschen sein, bis alle zurückgetreten sind, und diese Schweine schieben den Ausnahmezustand vor, um alle niederzuknüppeln.«

»Mach dir keine Sorgen, Luis, ich kann auf mich aufpassen.«

Sie kann es doch nicht, oder will es nicht, als sie jedenfalls die nördliche Diagonal entlanggeht und sehen muß, wie irgendwelche Einsatzkräfte einen jungen Mann zu Boden werfen und schlagen, ihm Fußtritte verpassen und schließlich zu einem Polizeiauto schleifen, ich bin von HIJOS, ich bin Wado, schreit er, schließt sie sich der die Polizei beschimpfenden Gruppe an. Drei oder vier Uniformierte kommen auf sie zu, schnell, nichts wie weg. Ana steht mitten auf der Straße, gelähmt, als jemand sie fest am Arm packt und hinter sich herzerrt, und noch bevor sie begreift, was passiert, kauert sie in einem ein Meter mal ein Meter engen Verschlag: Kisten, Dosen, die haarigen Beine des Mannes, der sie hierher geschleppt und gezwungen hat, sich zu ducken. Sie versucht, sich aufzurichten, doch sogleich drückt eine Pranke kräftig ihren Kopf runter, gefolgt von einem gedämpften Zischen. Einssiebzig, hört sie jemanden sagen. Gib mir Feuer, befiehlt eine metallisch klingende Stimme. Ein Fuß schläft ihr ein, ihr ganzer Körper ist steif, aber Ana rührt sich nicht, bis auf dieses Zittern, das sie nicht kontrollieren kann. Elende Vollidioten, hast du gehört, wie sie uns beschimpft haben? Ja. Ciao, Kollege. Endlose Minuten, dann entdeckt sie dieses Gesicht, grünliche Haut, diese leuchtenden Augen, die sie nicht anblicken und die sie sehen kann, weil der Mann sich umgedreht hat, nach einer Dose greift und wispert: Wie kannst du nur so saudumm sein, echt, du kannst doch nicht aufstehen, wegen dir hätten sie uns fast festgenommen, kein Wort, keine Bewegung, solange ich es dir nicht sage. Coca-Cola, Particulares, Jockey light. Das Zittern läßt nach, sie begreift, daß sie unter der Theke eines Kiosks versteckt ist, sie kann es nicht glauben, daß dieser Mann sich wegen ihr in Gefahr gebracht hat, obwohl er sie gar nicht kennt, sie ist ihm so dankbar, möchte ihn am liebsten umarmen, küssen, ihm sagen, wie gern sie ihn hat.

»Nur zu, ich halte dich nicht davon ab«, sagt er später zu ihr, als die Polizei abgezogen ist. »Aber ich will einen ordentlichen Knutscher. Mitten auf dem Gehweg, wo ist sonst der Reiz?« Sein ansteckendes Lachen. »Ich will, daß uns der Dicke aus der Bar sieht, der immer zu mir sagt, ich Krücke würde nie bei einer landen.«

Diese sofortige Zuneigung, die Ana sich nicht nur einredet, sie spürt sie wirklich, als sie ihm seinen Wunsch erfüllt und sich auf dem Gehweg verabschiedet, mit den lauten Worten: Bis später, mein Schokoprinz, und er: Paß auf dich auf, mein Schatz. Auf einmal ist sie mit den Argentiniern, mit der ganzen Menschheit versöhnt. Darum geht sie bis zum Platz. Der Schwarze hat ihr gesagt, daß dort viele Bullen sind, in Uniform und Zivil, die in Anzug und Krawatte sind die Schlimmsten, aber die Mütter der Verschleppten werden trotzdem ihre Runde drehen.

In den umliegenden Straßen brodelt es vor Menschen, eine bunte Versammlung von Herren mit Krawatte und Sakko über der Schulter, andere in Bermudas und T-Shirts, Büroangestellte im Kostüm, Mädchen in Minirock und mit bauchfreien Hemdchen, Alte, Junge, Kinder. Ana bahnt sich einen Weg durch die Menge und gelangt zur pulsierenden Mitte des Platzes, wo dichtes Gedränge herrscht. Die Mütter und Menschenrechtsorganisationen sind schon seit dem Morgen da, erzählt ihr ein junger Mann, sie hatten einen Interviewtermin mit dem Innenminister, doch man hat einen großen Zettel mit Klebestreifen an einen Bauzaun gehängt: Mestre kommt nicht. Irgendwer gibt ihr einen Schnitz Zitrone, zum Schutz vor dem Gas? Welches Gas? fragt Ana. Die Antwort bringt die Luft, die man auf einmal nicht mehr atmen kann, ein beißendes Gas greift die Schleimhäute an, läßt einen wie durch Säure erblinden. Durch den über dem Platz hängenden Rauch sieht Ana die Pferde der berittenen Polizei auftauchen. Ist das eine vom Tränengas her-

vorgerufene Halluzination? Werden sie die Menschen nieder-
trampeln? Ein Pferd schlägt aus und trifft eine grauhaarige Frau
von hinten, dann noch eine, die Mütter!, ein Aufschrei, die
Mütter doch nicht, ihr Schweine! Eine Gruppe Leute hilft ihnen, den Platz zu verlassen, während Tausende Stimmen zu
ihrer Unterstützung weitere Schlachtrufe anstimmen. Von
Wut getrieben werfen sie sich so lange gegen den Zaun, der
das Regierungsgebäude schützen soll, bis sie ihn niederreißen.

»Sie sind mit Gas auf die Mütter losgegangen, wie seit ’89 nicht
mehr«, unterbricht Alberto empört die Dreharbeiten. »Und sie
haben die berittene Polizei auf sie gejagt!«

»Wie können sie so barbarisch sein, achtzigjährige Frauen
anzugreifen!«

»Ich gehe«, sagt der Kameraassistent. »Meine Mutter ist
dort.«

»Wir gehen alle«, sagt Luis, das Handy in der Hand.

»Das geht nicht«, bedauert Alberto. »Iribarren gibt uns das
Haus nur bis Samstag.«

»Wir besetzen es, soll er uns rauswerfen, dann schlagen wir
alles kurz und klein.«

Ana ist noch immer nicht zurück im Hotel. Zum vierten Mal
hat Luis angerufen.

»Wir können nicht drehen, während das Land in Flammen
steht. Los, kommt.«

Wo ist Ana nur? Wo soll er sie suchen? Verzweiflung, als er
beim Hinausgehen auf die Polizei stößt, sie marschieren auf die
vor dem Haus des Exministers Cavallo versammelte Menschenmenge zu. Ist sie festgenommen worden?

Sie weiß nicht, wo sie ist, beim Verlassen des Platzes ist Ana
einer organisierten Gruppe gefolgt, ein Mann hat geschrien, sie
sollen nicht rennen, hat die Hände gehoben, die anderen auch,
und sie hat sich ihnen angeschlossen. Sie weiß nicht mehr, wo
sie sie aus den Augen verloren hat. Was diese Frau, die der

Zufall an ihre Seite gebracht hat, ihr anvertraute, hat sie alles um sich herum vergessen lassen, Ana hatte geglaubt, die Bedeutung des Wortes Hunger zu kennen, aber nein, sie hatte keine Vorstellung von der Vergiftung durch das Nichts, der dürftigen Hoffnung, die den Körper aufrecht hält, denn da sind noch andere Münder zu stopfen, die ihrer Kinder. Sie hat eine entsetzliche Ohnmacht gespürt. Gestern abend hat ihr jemand gesagt, daß mehr als ein Drittel der Bevölkerung unter der Armutsgrenze lebt. Und das im Land des Getreides und des Fleischs?

Ihre Brieftasche ist weg, sie muß ihr an der Ecke abhanden gekommen sein, wo sie, vor dem wilden Angriff von Pferden und Gas fliehend, einander fast überrannt haben. Ihr Paß, ihr Kalender, ihre Kreditkarten! Doch beim Anblick der sich über die Knochen spannenden Haut der Frau, ihrem zerbrochenen Lächeln kommt ihr der Verlust bedeutungslos vor.

Am Eingang einer Bank sieht sie einen Jungen in kurzer Hose, taumelnd, mit aufgerissenen Augen, er geht ein paar Meter und fällt zu Boden, eine Kugel hat seinen Schädel durchbohrt, sie sieht einen verzweifelt weinenden Mann, sein Vater?, sein Freund? Nein, er hat den Toten nicht gekannt, Ana wird schlecht vor Schmerz. Sie biegt in eine enge Seitenstraße ein, und wieder Gas. Aus einem Fenster wirft ihr jemand ein nasses Handtuch hinunter, damit sie sich schützen kann.

Sie sieht Jugendliche auf einem Balkon, die aus Eimern Wasser auf die Polizei schütten, sie sieht einen Uniformierten, der wütend, Gummigeschosse?, in die Luft schießt, sie sieht, wie Menschen brutal zu den Polizeiwagen geschleift werden, sie sieht umgestürzte Bäume als Straßensperren, sie sieht den weißen Rauch des Tränengases auf den schwarzen Rauch der angezündeten Barrikaden treffen, ein Schutzwall, um durchzuatmen, sie sieht himmelblau-weiße Fahnen wehen, sieht die Motorräder dieser blaugekleideten Mörder immer wieder herannahen, und sie sieht eine Gruppe mutiger Kuriere, die sich ihnen auf ihren Motorrädern entgegenstellen, sie sieht Menschen von den Balkonen aus applaudieren, sieht einen wahrscheinlich noch nicht einmal zwanzigjährigen jungen Mann neben seinem Motorrad sterben, die Steine, die es auf die Killer hagelt, sieht sie nicht nur, sie selbst greift danach und wirft. Ach, Mama, wie gut kann ich dich verstehen, sagt sie laut, als wäre Marie mit ihr auf der Straße.

Seit Stunden hält sie nicht mehr Ausschau nach dem Obelisken, um sich zu orientieren, da taucht er auf der Corrientes vor ihr auf, rot wie der Abendhimmel, seine Umrisse rauchverschleiert. Die Blicke wenden sich nach oben, wo in einem Hubschrauber der brandneue Expräsident flieht. Sie kennt weder die Frau noch diese Jungen, die sie jubelnd umarmt, aber Ana ist Teil dieses gewaltigen Körpers, der, überrascht von seiner eigenen Macht, die Straßen von Buenos Aires eingenommen hat.

»Wir haben einen Minister gestürzt, einen Präsidenten ... He, wer soll uns jetzt noch aufhalten«, sagt ein schmächtiger Junge zu ihr, was für eine Begeisterung, »niemand, sollen die Bullen uns nur festnehmen, wir sind viele, und wir werden nicht nachgeben, bis wir das Land wiederhaben, das man uns gestohlen hat.«

»Wir werden alles ändern«, fällt das Mädchen neben ihm ein, »wir werden ein neues Argentinien gründen, ohne Halsabschneider und Mörder.«

»Vorbei ist es mit der Amnestie«, ruft ein anderer.

Wie sehr sie sich wünschte, ihr Vater würde sie hören: Es ist nicht alles verdorben, Papa, nicht alle sind in Argentinien abgestumpft. Ihn haben sie wie einen Verbrecher ins Gefängnis gesteckt. »Staatsfeinde«, haben sie sie genannt, wohingegen sie jetzt die Armen wie Verbrecher behandeln, sie töten, festnehmen. Jetzt, da alle Masken gefallen sind, begreift Ana, warum ihre Eltern gekämpft haben.

Ein Jammer, daß Luis heute drehen muß, wie gern hätte sie diesen ergreifenden Moment mit ihm geteilt. Ohne ihn würde sie weiter ihrer Mutter verbieten, über das, was in Argentinien passiert ist, zu reden. Sobald sie ihn sieht, will sie ihm das sagen.

Ein baumlanger, schwarzhaariger Mann, der sich das T-Shirt wie eine Mütze um den Kopf gebunden hat, singt mit befreiter Stimme einen dem geflohenen Präsidenten gewidmeten Tango: *Adiós muchachos*, »ich geh' dann jetzt und zwar für immer, / muß mich verabschieden von meiner feinen Mädchenschar.« Ana öffnet die Arme, wie um Tango zu tanzen, und ein Dickleibiger nimmt eilig die Einladung an.

Luis geht den nördlichen Teil der Diagonal entlang und sieht nervös auf sein Handy, bitte, bitte, laß es Ana sein. Aber nein, es ist Pablo, der Anwalt der Menschenrechtsorganisation CELS, man habe ihm bestätigt, daß Ana Lasalle weder im zweiten Polizeikommissariat noch im vierten ist, aber sie hätten ihren Namen schon auf die Liste der Vermißten gesetzt. Und bald würden alle freigelassen werden. Auch im Argerich-Krankenhaus ist sie nicht, dessen hat Luis sich selbst versichert, indem er das Zutrittsverbot mißachtet hat und durch die Säle gelaufen ist, Ärzte, Krankenschwestern gefragt hat. Er ist zu ein paar Verletzten gegangen, hat mit ihren Angehörigen geredet. Wie können sie so dreist sein, zu behaupten, sie würden nur Gummigeschosse verwenden?

Ein Augenblick der Erleichterung in Stunden der Angst. Vielleicht hat Ana sich nur verlaufen, sie kennt sich in Buenos Aires nicht aus. Ist sie womöglich ohne Paß hinausgegangen, und sie haben sie festgenommen? Klar, das erklärt, warum ihr Name nicht auf der Liste der Inhaftierten steht. Ein plötzlicher Stich ins Herz. Er will sämtliche Kommissariate ablaufen, die französische Botschaft anrufen, von ihnen verlangen, sie zu suchen. Seine Augen weit geöffnet, als wollten sie alle und jeden der Vorbeikommenden in sich aufsaugen, und dieser übermächtige Wunsch, Ana zu sehen, mit seiner Hand ihr Gesicht zu berühren, ihre Wange zu streicheln, hinabzugleiten zu ihrem Hals, ihrem Nacken, sie zärtlich zu küssen, mit seinen Fingern in ihren Haaren zu wühlen und langsam an ihnen zu ziehen: Ana, ruf mich an.

»Ja, warum ruft sie ihn nicht an?« regt Juan sich auf. »Luis ist am Verzweifeln, und sie tut so, als gäbe es ihn gar nicht.«

»Wie soll sie ihn anrufen, wenn sie nicht eine Münze in der Tasche hat.«

»Also bitte, irgendwer wird ihr wohl so ein Telefon leihen, wie man sie heutzutage hat.«

»Was sich jetzt in Ana abspielt, ist sehr wichtig«, sagt Rosa, »fundamental. Gestern abend wollte sie noch zurück nach Paris, und seht sie euch heute an. Sie hat in ein paar Stunden mehr gelernt als in einunddreißig Jahren.«

»Wäre sie nur im Hotel geblieben, mir gefällt es gar nicht, daß mein Urenkel etwas mit ihr anfängt«, sagt Asunción. »Esteban, den Ärmsten, hat die Polizei in Montevideo ermordet.«

Luis eilt durch die blutgetränkten Straßen, neunundzwanzig Tote, haben sie gesagt, ein verrohtes Buenos Aires, und doch schön, die Rebellion hatte es befreit von aller Scheiße, unter der es begraben war. Der rauchumhüllte Obelisk gibt ein danteskes Bild ab, darunter wird gefeiert mit Gesängen und Jubelrufen. Er will einen Moment stehenbleiben und sich mit über De la Rúas Sturz freuen.

Das Gesicht verklärt, rußgeschwärzt, aus den hochgesteckten Haaren fallen wirre Strähnen, die verdreckte Bluse um die Taille geschlungen, die neue Glut in ihren Augen, die nun auf Luis treffen, Ana, sie fällt ihm um den Hals, und dann diese feste, immer noch festere Umarmung, Ana, mein verrücktes Mädchen, meine Süße, ich liebe dich so sehr.

Ein Mann mit einer wunderbaren Stimme singt *Adiós muchachos*, ihre einander umarmenden Körper beginnen, sich im Rhythmus des Tangos zu bewegen.

Im Wohnzimmer bei Luis zu Hause läuft in voller Lautstärke *Corajuda*. Der vertraute Lärm der Kochtöpfe, der durch die Fenster heraufdringt, gibt ihm einen fremdartigen, lebendigen Takt.

Nichts bleibt ihren Beinen ein Geheimnis, wenn Luis' kundige Hand ihre Taille führt. Jetzt will er, daß sie Schwung nimmt, und Ana hat selbst mit geschlossenen Augen absolute Kontrolle über dieses schlanke, sinnliche Bein, das der Volant ihres schwarzen Kleids nun entblößt, über diesen Fuß in der Luft, der elegant einen Kreis zieht und im Nu wieder auf dem Holzboden zum Stehen kommt. Sie sieht auch Luis' Oberkörper nicht, aber sie spürt ihn, liebevoll, seine Spannung, seine Sicherheit, mit der er sie perfekt im Gleichgewicht hält, damit sie auf nur einem Bein diese ganze Drehung ausführen kann, die Luis ihr auf diesen Taktschlag vorgegeben hat. Welch ein unvergleichlicher Genuß es doch ist, mit dem Mann Tango zu tanzen, den sie liebt.

Tangoverzeichnis

Alphabetisches Verzeichnis der im Roman genannten
historischen Tangos

Adiós muchachos (Auf Wiedersehen, Jungs), berühmter Tango
von Julio Sanders, Text von César Vedani, entstanden um
1928.

Argañaraz, Tango von Roberto Firpo, entstanden 1918, eine
der ersten Tangoaufnahmen auf Schallplatte mit Firpo als
Pianist.

Delia, Tango von Eduardo Arolas, dem »Bandoneontiger«.

De mi barrio (Aus meinem Viertel), Musik und Text von Roberto Emilio Goyeneche, entstanden etwa 1920.

El apache argentino (Der argentinische Apache), Tango von
Manuel Eduardo Aróstequi, uraufgeführt 1913.

El bisturí (Das Skalpell), von Roberto Firpo, *Matasanos* (Knochenbrecher), von Francisco Canaro, *El sexto* (Der sechste),
von Osvaldo Fresedo, *El noveno* (Der neunte), von Ricardo
Brignolo. Alle vier Tangos wurden für die Bälle der Abschlußjahrgänge der Medizinischen Fakultät komponiert.

El choclo (Der Maiskolben), Tango von Ángel Villoldo, dem
»Vater« der alten Garde. Entstanden um 1903. Der heute
bekannte Text ist späteren Datums und stammt von Enrique
Santos Discépolo.

El compinche (Der Kumpan), Tango von Roberto Firpo.

El morochito (Der Dunkelhaarige), Tango von Juan Maglio
Pacho.

El porteñito (Der Mann aus Buenos Aires), Tango von Ángel
Villoldo. Entstanden 1903 und sein erster großer Erfolg.

El queco (Das Bordell), anonym, einer der frühesten überlieferten Tangos, entstanden vermutlich bereits um 1870.

Felisa, Tango von Enrique Saborido aus dem Jahr 1907.

Flores negras (Schwarze Blumen), Tango von Francisco de Caro, entstanden 1928.

Haragán (Faulenzer), Tango des Theaterautors und späteren Filmregisseurs Manuel Romero.

Joaquina, Tango von Juan Bergamino, vermutlich einer berühmten Milonguera gewidmet. Sie tritt auch im Roman auf.

La cara de la luna (Das Gesicht des Mondes), Tango von Manuel Campoamor.

La Cumparsita (Der Karnevalsmarsch), von Gerardo Matos Rodríguez komponierter Tango, 1917 in Uruguay von Roberto Firpo uraufgeführt. Der spätere Text stammt von Pascual Contursi und Enrique Maroni. Das Stück ist weltberühmt geworden.

La guiñada (Das Zwinkern), Tango von Agustín Bardi.

La morocha (Die Dunkelhaarige), Musik von Enrique Saborido, Text Ángel Villoldo zugeschrieben, entstanden 1905.

La payanca (Das Bauerntrampel), von Augusto Berto, entstanden 1906.

Los tres tauras (Die drei Draufgänger), anonym.

Nostalgias (Sehnsüchte), Musik von Juan Carlos Cobián, komponiert 1924 in den USA, in Argentinien erst 1936 verlegt. Der heute bekannte Text stammt von Enrique Cadícamo.

¿Qué sapa, Señor? (Was ist los, Señor?), Text und Musik von Enrique Santos Discépolo, entstanden 1930.

Retintín (Sporengeklingel), Tango von Eduardo Arolas.

Si soy así (Ich bin nun mal so), Musik von Francisco Lomuto, Text von Antonio Botta. Entstanden um 1924.

Todo corazón (Mit ganzem Herzen), Tango von Julio de Caro, der auch ein bekannter Violinist war.

Una noche de garufa (Eine durchzechte Nacht), Tango von Eduardo Arolas, entstanden 1909.

Die von Juan Montes komponierten Tangos sind, wie er selbst auch, fiktiv.

Inhalt

Elsa Osorio
Mein Name ist Luz

Roman. Aus dem Spanischen
von Christiane Barckhausen-Canale
432 Seiten. Gebunden

Zunächst ist es nur ein unbestimmtes Gefühl, dann verdichten sich erste Indizien und weitere Nachforschungen zu einer erschütternden Gewißheit: Luz ist nicht die Tochter ihrer vermeintlichen Eltern. Sie ist die Tochter einer politisch Verfolgten, einer der vielen »Verschwundenen« unter der argentinischen Militärdiktatur. Luz weiß nicht, wer sie ist, bis sie eines Tages in Madrid ihrem wirklichen Vater gegenübersitzt.

Ihm, der die schlimme Vergangenheit begraben wollte, entlockt sie nach und nach ihre wahre Geschichte. Gleich nach der Geburt wurde sie ihrer Mutter weggenommen, die von den Militärs verhaftet und schließlich umgebracht wurde. Hinter Luz' scheinbar normaler Kindheit in der Familie eines hohen Militärs verbirgt sich ein Drama, das all die Menschen, die sie kennt und die sie liebt, als Täter und Opfer auf immer verknüpft.

»Das geraubte Ich: Elsa Osorio schreibt in einer klaren, unprätentiösen Sprache, überzeugend und eindringlich.«
Frankfurter Allgemeine Zeitung

»Dieses Buch, das gegen das Vergessen geschrieben ist, ist selber eines, das man nicht vergißt.« *Der Spiegel*

»Aus vielen Splittern setzt Elsa Osorio ein Bild aus den Zeiten der Diktatur zusammen, als systematisch Babys geraubt und um ihre wahre Identität betrogen wurden. Ein mitreißender Roman...« *Brigitte*

Tomás Eloy Martínez
Der Tangosänger

Roman. Aus dem Spanischen von Peter Schwaar
237 Seiten. Gebunden und st 3833

Wenn Julio Martel singt, dann wühlt seine Stimme das Innerste der Zuhörer auf. Warum aber finden die stets unangekündigten Auftritte des Tangosängers an den obskursten Orten von Buenos Aires statt? Welche Geschichte verbirgt sich dahinter? Für den jungen Amerikaner Bruno Cadogan, der eigentlich an seiner Dissertation über Borges schreiben soll, wird die Suche nach dem ebenso legendären wie scheuen Sänger zu einer Reise ins Herz der unfaßlichen Hauptstadt des Tangos.

»*Der Tangosänger* läßt sich trotz seines ernsten Hintergrunds auch als durchaus amüsanter Führer durch Buenos Aires sowie durch die Literatur und jüngste Geschichte Argentiniens lesen.«
Frankfurter Allgemeine Zeitung

Tango. Verweigerung und Trauer

von Dieter Reichardt
Mit Abbildungen. 450 Seiten. st 1087

Dieter Reichardt geht auf die historische und kulturelle Entwicklung des Tangos in seinen Ursprungsländern Argentinien und Uruguay ein. Einen großen Teil des Buches nehmen Tangotexte im spanischen Original mit Übersetzung ein, die von Träumen und Hoffnung, Liebe und Erotik sprechen und die Lebenswirklichkeit der Tango-Anhänger widerspiegeln.

Isabel Allende
Mein erfundenes Land

Aus dem Spanischen von Svenja Becker
208 Seiten. Gebunden

Isabel Allende entführt uns in ihre Vergangenheit und nach Chile, in das langgestreckte Land am Rand der Welt, in dem sie aufwuchs und das sie unter Pinochets Militärdiktatur verlassen mußte. Chile ist das Land ihrer Sehnsucht, doch auch ein Eldorado der Machos, gegen die sie bereits als junge Frau aufbegehrte. Ausgehend von ihrer eigenen Geschichte und der ihrer Familie erzählt sie schwungvoll von den Marotten und den liebenswerten Eigenarten ihrer Landsleute, von der Enge einer traditionellen Gesellschaft und der Weite großartiger Landschaften. Und davon, was es bedeutet, ein Land zu verlieren und ein Zuhause zu finden.

»Wer etwas über die Menschen dieses Landes erfahren möchte, über ihre Hoffnungen und Schicksale und nicht zuletzt über Allendes außergewöhnliche Familie: Die Autorin erzählt es auf 200 prallen Seiten. Mit so viel Aufrichtigkeit, Sprachwitz, Humor und Ironie, daß es eine Freude ist.«

Kölner Stadt-Anzeiger

Mario Vargas Llosa
Das böse Mädchen

Roman. Aus dem Spanischen von Elke Wehr
395 Seiten. Gebunden

Sie scheinen auf fatale Weise füreinander bestimmt: ein Mann, der nichts anderes wünscht, als in Paris zu leben und große russische Literatur zu übersetzen; eine Frau, der stilles Glück ein Greuel ist und die sein Leben immer wieder durcheinanderwirft.

Das böse Mädchen ist die Geschichte einer erotischen Obsession. Mario Vargas Llosa erzählt darin das Rätsel einer Beziehung, deren Unglück und Glück, untrennbar, wie ein Verhängnis über den Liebenden liegt.

»Eine ganz heutige Liebesgeschichte: Erotik, Begegnungen, Trennungen, Schmerz, Betrug, Hingabe – und sehr viel Wahrheit.«   *El País*

»Ein zauberhaft-magischer Roman – getragen von einer elanvollen Fabulierlust –, der uns Mario Vargas Llosa auf der Höhe seiner Erzählkunst präsentiert.«   *literaturkritik.de*

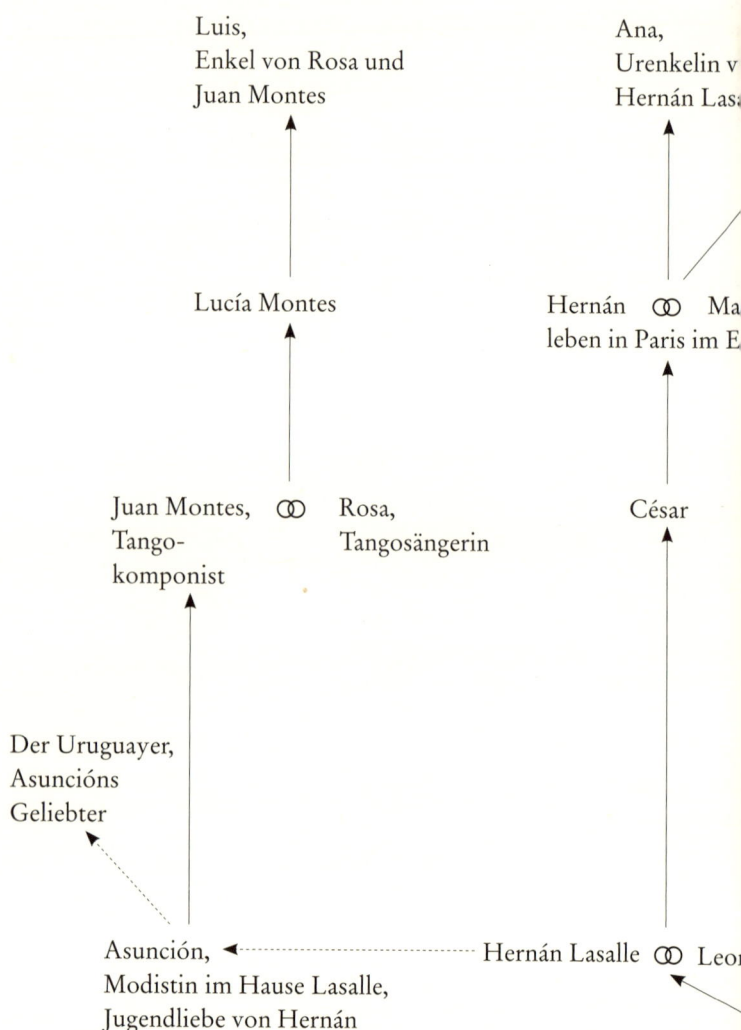

Luis,
Enkel von Rosa und
Juan Montes

Ana,
Urenkelin v
Hernán Las

Lucía Montes

Hernán ⊗ Ma
leben in Paris im E

Juan Montes, ⊗ Rosa,
Tango-   Tangosängerin
komponist

César

Der Uruguayer,
Asuncións
Geliebter

Asunción, ◄┈┈┈┈┈┈┈┈┈┈┈┈ Hernán Lasalle ⊗ Leo
Modistin im Hause Lasalle,
Jugendliebe von Hernán